明文東洋古典

新譯
史記講讀

司馬遷 著　　陳起煥 譯

明文堂

史 記 講 讀

序　言

「史記」130권은 漢의 太史令인 司馬遷의 저술이다. 본래「太史公書」라고 부르던 이 책은 魏·晉 연간부터「史記」라고 불렸던 것 같다. 사마천은 '歷史의 父'라 할 만하고,「사기」는 중국 역대 '史書의 典範'이라 할 수 있다.「사기」는 후세의 史學에는 물론 문학에까지 큰 영향을 끼쳤으며, 고전 중의 고전으로 다대한 가치를 지니고 있다. 때문에 역사와 문학을 공부하는 사람들의 필독서가 되었다.

사마천의 일생은 하나의 커다란 경이, 바로 그것이라 할 수 있다.

대를 이은 史官의 집에서 태어난 조숙한 천재로서 폭넓은 독서와 젊은 날의 여행, 벼슬살이, 부친의 유언, 태사령이 되어 저술에 착수, 李陵의 禍, 腐刑이라는 치욕을 당하고도 그 치욕과 울분을 참아야만 했다. 그러한 극한 상황 속에서 52만6,500자의「太史公書」를 쓸 때의 심정은 얼마나 괴롭고 뜨거웠겠는가?「사기」는 그야말로 비극의 結晶이라 할 수 있다.

본「史記講讀」은「史記」의 本紀, 表, 書, 世家 중에서 중요하고 뛰어나며 교훈적인 부분들을 발췌하여 해설하였다. 그리고 列傳은 국내에 譯本이 많이 있는 관계로 管晏列傳 하나만 실었다.

4

본「史記講讀」의 주된 목적은 '史書 독해 능력의 향상'에 있다. 經書는 많은 주해서가 있지만 사서 분야에는 그런 책이 없어, 사서를 읽으려는 初學者들에게 도움이 될 수 있도록 이 책을 엮었다. 즉,「사기」의 原文을 節錄하고 註解를 달았다.

주해에서는 역사적 사실·인물·지명에 대한 설명이 있고 난해한 자구에 대한 해설과 문법적 설명. 그리고 【用例】를 들어 같은 용법을 확인토록 하였다. 특히, 용례는「論語」,「孟子」및「사기」自體에서 주로 인용하였다. 한문 독해에는「논어」·「맹자」·「사기」가 역시 중요하기 때문이다. 또, 參考란을 두어 사기나 다른 책의 원문을 그대로 싣기도 하였다.

註解 다음으로 語譯을 실었는데, 될 수 있는 대로 직역하였다. 물론 우리말 직역이 어색한 경우에는 약간 의역을 했다. 이는 原文과 직역에 가까운 語譯을 대조하여 한문의 독해 능력을 기르기 위함이다.

필자는 한문 공부를 敎職에 들어선 후에 시작하였다. 만학이요, 독학이었으며 困學이었다. 지금도 계속해야만 下愚를 겨우면할 수 있으리라 생각한다.

朱子는 "困學工夫가 어찌 쉽게 성공하리오."라고 말했다. 이말은 사실이라 할 수 있다. 다만 好學하고 力行하면 下愚의 困學이라도 成就하는 바 있으리라 생각하며, 이 한 권을 사서공부에 힘쓰는 同學諸賢께 올리며 叱正과 편달을 기다린다.

편저자　　陳 起 煥

目　次

6

1. 司馬遷의 生涯와「史記」

前漢 武帝 재위시(기원전 141~87)는 국력과 문화면에서 다대
한 성과를 거둔 시기였다. 武帝 이전, 昇平時代인 文帝·景帝
이래 國富의 축적이 이루어지고 민생이 안정되었으며, 吳楚七
國의 亂도 평정되어 국가의 기반이 튼튼하였다.

武帝는 중앙집권책과 통일정책을 펴 古代 統一帝國의 완성이
라는 정치적 위업을 이루었다.

그러나 건국 이래의 숙제이던 흉노의 정벌 이외에 南越의 토
벌, 西域의 중국화, 西南夷의 평정, 衛滿朝鮮을 치고 四郡을 설
치하는 등 外征에 막대한 국력을 소모하였다.

이에 재정 부족을 보충하기 위하여 鹽鐵의 전매제 및 平準法
실시 등의 새 경제정책을 폈다. 이러한 武帝의 통치는 豪族에
대한 탄압과 백성 경제력의 철저한 착취 그리고 엄격한 법치주
의적 정책을 필요로 하였다.

사마천의 일생은 대부분이 武帝 재위 기간과 일치하는데, 이
러한 시대적 상황하에서 위대한「사기」의 편찬이 이루어진다.

사마천은 기원전 145년경 龍門(지금의 陝西省 韓城縣 부근)에서
출생한 것으로 추정된다. 출생연도도 확실치 않지만 그의 沒年
역시 확실치 않다.

　사마천은「사기」130권 중 맨 마지막에 太史公 自序를 썼는데, 그 속에서 사마천은 선조 및 가문에 대하여 큰 자부심을 갖고 있었음을 알 수 있다. "司馬氏는 대대로 周의 史官職을 담당하였다."(司馬氏 世典周史)라고 기록하였다. 漢代의 史官은 왕실 관계의 기록뿐만 아니라 天文·祭祀·律曆까지도 관장하였다.

　사마천의 부친 談은 武帝가 즉위한 建元 元年에 太史令이 되었다.

　사마천이 죽기 몇 해 전쯤, 그의 친구인 任安에게 보낸 편지「報任少卿書」에 보면 당시의 史官은 天文·曆法을 맡으며 점쟁이나 무당에 가까워(近乎卜祝之間) 본디 主上의 희롱하는 바 있고 倡優처럼 대우받았다는 말이 있으니, 권세나 재물과는 처음부터 인연이 없었던 것 같다.

　司馬談은 천문과 주역 및 道家의 이론에 해박한 지식을 갖고 있었던 것 같다. 太史公 自序에 부친에게서 들은 六家의 요지를 기록하였는데, 陰陽家·儒家·墨家·名家·法家·道家의 주장 및 特長을 잘 파악한 것으로 평가되고 있다.

　사마천은 10세에 古文을 읽고 외웠으며, 19세를 전후하여 공자의 14대 후손인 孔安國을 스승으로 하여 古文尙書를 배웠다.

　20세에 남으로 淮水와 長江을 거쳐 會稽 및 浙江·湘水 지역의 유적을 살피고 齊와 魯에서 학업하며 공자의 遺風을 보고, 梁과 楚를 거쳐 돌아왔다고 하였다. 당시의 교통 사정을 감안할 때 이런 넓은 지역을 여행하였다는 것도 대단한 일이었다. 그런 지역에서 先賢과 聖王의 족적을 더듬고 漢·楚의 격전지를 탐방한 경험은, 뒷날「사기」를 쓸 때 생생한 문장으로 다시 살아났다. 長安에 돌아온 사마천은 郎中이 되어 武帝에게 出仕하였다.

　다시 36세 전후에 武帝의 명을 받아 巴·蜀 이남의 정벌에 참여하여 邛(공)·筰(작)·昆明(곤명) 등을 공략하고 돌아와 보고 하였으니, 당시로서는 대단한 미개지인 변경 지방을 살펴보았다는 것 또한 큰 의의가 있다고 보아야겠다.

지적 탐구심에 불타는 젊은이가 당시의 전 중국을 두 차례에 걸쳐 여행하였으니, 이는 생동하는 기록으로서의「史記」의 출현을 예고하는 역사적인 태동이었다고 생각된다.

사마천이 여행에서 돌아오던 해, 武帝는 封禪禮를 泰山에서 거행하는데(기원전 110년) 그의 부친 사마담은 周南에 머물면서 이 중요한 의식에 참여하지 못한다. 참여하지 못한 사연은 잘 알 수 없지만, 여하튼 史官으로서 의식에 참여 못한 것을 대단한 수치로 여겼던지 결국 사마담은 發憤하여 죽게 된다.

사마담은 아들 遷에게 史官으로서「春秋」이후를 역사로 편찬해야 한다는 유언을 남긴다.

"소자 불민하오나 선인께서 간추려 놓은 舊聞들을 논술하여 빠뜨리지 않겠습니다."

사마천은 고개를 숙이고 눈물을 흘리며 대답하였다.

부친 사후 3년에 사마천은 太史令이 되었다.

漢代에는 각 지방의 문헌이나 정치 실적이 우선 太史府로 보내졌다고 하니, 그것은 사관으로 하여금 국가 기구와 역할을 잘 알게 하기 위한 것이었다.

사관은 왕실의 書庫를 조사하고 궤를 열어 찢어진 비단쪽이나 목간을 검사하기도 한다. 사마천은 自序에 모든 기록과 비장된 石室金匱之書를 읽었다고 썼다. 그는 太初 元年(기원전 104년)에 曆書를 편찬하였는데, 아마 이 무렵부터 부친의 유언에 따라「太史公書」(史記)의 초고를 쓰기 시작한 것 같다.

그러나 사마천에게 부친의 죽음보다 더 큰 불행이 찾아온다.

소위 '李陵의 禍'가 그것이다.

일찍이 흉노 정벌에 명성을 떨쳤던 飛將軍 李廣의 손자인 李陵은 武帝에게 자청하여 출정하였다가 흉노의 대군에게 포위된다. 원군도 없고 화살도 떨어진 막다른 상황에서 李陵은 할 수 없이 흉노에게 항복하게 된다.

사마천의 「報任少卿書」에 쓰여진 李陵의 禍에 관한 내용을 발췌하면 다음과 같다.

"나는 이릉과 같은 시기에 벼슬을 했지만 평소 친하지도 않았으며 文武의 취향이 달라 같이 술을 나눈 적도 없었다. 그러나 내가 볼 때 그 사람됨이 奇士라 할 수 있었고, 孝親하며 신의가 있고, 재물에 대해 염치가 있었으며, 분별심도 있고 恭儉한 사람이었다. 그는 자신을 돌보지 않고 국가의 위급에 몸을 바치려 하는 國士之風이 있는 사람이었다고 생각했다."

"이릉이 항복하기 전 그의 승전보가 전해지면 公卿王侯가 모두 잔을 들어 축수하였으나, 이릉의 敗書가 보고되니 주상께선 식사를 하시되 맛을 모르고 조회할 때 불쾌한 표정만을 지으시니 대신들은 두려워 어찌할 바를 몰랐다."

"나의 비천함을 생각지 않고, 주상의 참담함을 보고 나의 충성을 다하려 하였다. 그리하여 주상께 이릉을 변호하는 말을 하였다."

"이릉의 평소 사람 사귐이나 士卒을 대함을 보면 능히 타인의 死力까지도 얻어낼 수 있는 사람이다. 비록 옛 명장이라도 이릉보다 나을 수 없다. 몸은 비록 패전하고 항복하였지만 그 뜻은 뒷날 적당한 때에 漢 황실에 보답할 것이다. 이미 지나간 일은 어쩔 수 없지만 그가 쌓은 이제까지의 공적은 천하에 드러낼 만하다."

사마천이 武帝에게 이릉을 변호한 것은 이릉의 功過를 분명히 밝혀 대신들이 그를 일방적으로 매도하는 것을 막아 보려는 의도였다. 그러나 오히려 武帝의 큰 노여움을 받아 형벌 중에서도 가장 치욕스러운 형벌인 腐刑(宮刑이라고도 함)을 받게 된다.

이때가 그의 나이 48세쯤 된 때이니 인생의 가장 원숙한 시기에 제일 큰 치욕을 당한 것이다.

2년 뒤, 사면되어 복직은 되었지만 굴욕을 참으면서 刑餘의 몸으로 살아간다는 것은 차라리 죽음보다도 더 큰 고통이었다.

사마천은「報任少卿書」에서 형을 받은 이후의 심경을 오히려 담담하게, 그러면서도 비장하게 서술하고 있다.

"저는 家貧하여 형벌을 면할 재물도 없었습니다. 교우 중 누구도 나를 구해 주지 않았으며, 주상 좌우의 近臣들 중 그 누구도 나를 위해 말 한 마디 하지 않았습니다."

"사람은 본디 한 번 죽지만 그 죽음은 태산보다 무거울 수도 있고 鴻毛보다 가벼울 수도 있습니다."

"형벌 중 최하는 腐刑입니다."

"猛虎가 심산에 있을 때는 百獸가 두려워하지만 우리나 함정에 있게 되면 비록 맹호라 할지라도 꼬리를 흔들며 먹이를 얻고자 하는데, 이는 주변의 위세에 눌린 까닭입니다."

"감옥 안에서 獄吏를 보면 머리를 땅에 조아리고, 옥에서 일하는 노예만 보아도 무서움에 마음이 떨렸습니다."

"제가 법에 따라 형을 받은 것에 대해 세인들은 九牛一毛라 생각할 것이고 땅강아지나 개미와 다름없다고 생각할 것입니다."

그러나 이런 참담함 속에서도 그가 자결하지 않고 버틴 것은 선친의 유언 때문이었다. 사마천은 선현들이 겪은 역경을 생각했다.

"西伯은 제후이면서 羑里(유리)의 옥에 갇혔고, 李斯는 丞相이면서 五刑을 받았으며, 淮陰侯 韓信은 왕이면서 陳 땅에서 구금당했다."

"文王은 구금중에 「周易」을 演繹했고, 仲尼는 陳과 蔡 사이에서 액을 당하고서도 「春秋」를 지었고, 屈原은 放逐되고 나서 「離騷」를 지었으며, 孫賓은 다리가 잘리고 나서 「兵法」을 엮었다."

사마천이 형을 받은 뒤, 얼마나 분발하여 「太史公書」를 썼는가는 이상의 글로써도 충분히 짐작할 만하다. 즉, 「春秋」이후 그 뒤를 이을 史書를 엮겠다는 오직 그 일념뿐이었다.

"저는 외람되게 無能之辭에 自託하여 천하의 放失된 舊聞을 망라하고 사실을 略考하며, 始終을 종합하고 성패나 興起의 원리를 稽考해서, 위로는 黃帝 軒轅氏(헌원씨)로부터 아래로는 지금(武帝時)까지 12本紀 10表 8書 30世家 70列傳 모두 130卷을 지었습니다."

"저는 天意와 人道의 관계를 탐구하고 古今之變을 통찰하여 一家之言을 이루고자 하였습니다. 초고가 다 이루어지기 전에 이런 화를 만났습니다만, 혹시나 성취하지 못할까 걱정하였기에 극형을 받으면서도 성낸 기색을 띨 수가 없었습니다. 제가 이 책을 다 써서 名山에 감추었다가 내 뜻을 알아줄 바로 그 사람을 만나 전국에 널리 퍼질 수만 있다면 이전의 치욕에 대한 보상을 받을 수 있으리니, 비록 일만번 죽음을 당한다 할지라도 무슨 후회가 있겠습니까?"

사마천이 55세쯤 된 征和 2년(기원전 91년)경에 「太史公書」가 완성되자 즉시 자살하려 했으나, 그의 남은 혈육인 딸을 출가시키지 못했기 때문에 몇 년을 더 살았다. 딸을 출가시키고 나서 武帝가 죽은(기원전 86년) 후, 인류의 이 위대한 사관은 마침내 자결한 것으로 추정된다.

太史公 自序에서는 "正本은 名山에 秘藏하고 副本은 京師에 두고 후세의 성인 군자를 기다린다"고 하였다.

뒷날 宣帝(기원전 73~48년) 때 사마천의 외손인 平通侯 楊惲(양운)이 그 원고를 조정에 바침으로써 비로소 세상에 빛을 보게 되었다.

2. 「史記」의 體制

「史記」는 처음에는 「太史公書」라고 불렸는데, 끝부분의 太史公 自序에 「사기」 130권의 주제를 간단히 기술하고 제목을 달았다. 「사기」 전체의 체제를 요약하면 다음과 같다.

천하의 放失된 舊聞을 망라하였고, 王迹所興의 原始를 따지고 종말을 살폈으며 성쇠를 고찰하였다. 행적을 論考하고 三代를 대략 추정하고 秦과 漢을 기록하였다. 위로는 黃帝 軒轅氏로부터 지금에 이르기까지 12 本紀를 저술하였다.

本紀의 조목을 정리하였지만 同時代 또는 異時代에 따라 年差가 불명하므로 10 表를 지었다.

禮樂의 損益과 律曆이 改易된 것, 兵權 및 山川, 귀신 및 天과 人의 관계와 時敝에 따라 通變하는 것(경제·제도 같은 것)을 8書로 작성하였다.

28 星坐가 北辰을 따라 순환하고, 수레바퀴살 30개가 바퀴 중심〔一轂〕을 공유하며 운행하듯, 皇上을 보필하는 股肱之臣이 있어 충과 신으로 行道하고 皇上을 받드니 30 世家를 엮었다.

義를 부지하고 재능이 卓異하며 주어진 기회를 잃지 않고 천하에 공명을 세운 사람들에 대하여 70 列傳을 지으니, 모두 130권 52만6,000자로 「太史公書」가 되었다.

本紀·表·書·世家·列傳의 다섯 체제를 다시 상론하면 다음과 같다.

本紀의 本은 근본 또는 근본에 연계한다는 뜻이다. 紀란 理 (다스리다)의 뜻이다. 즉, 衆事를 統理하여 근본에 年月로 연계 하니, 帝王의 사업을 年代記的으로 서술한 것이다.

黃帝·顓頊(전욱)·帝嚳(제곡)·堯·舜까지의 五帝本紀를 第 一로 해서 夏·殷·周·秦·秦始皇·項羽·高祖·呂太后·孝 文帝·孝景帝·今上(武帝) 本紀까지 총 12권이고, 연대로는 약 2400년간이다.

五帝本紀가「書經」의 堯에 관한 기록보다 훨씬 上代인 黃帝 에서부터 시작한 것은, 사마천 자신도 많은 논란을 예상한 듯 자세한 설명을 하고 있다. 秦本紀에서는 秦의 興起 과정을 살 폈고, 秦始皇 本紀에서는 통일 제국의 통치자 시황제의 치적을 적고 있다.

項羽 本紀는 항우가 천명을 받은 황제는 아니었으나, 秦漢 교체기의 실질적인 지배자였기에 本紀에 넣은 것 같다. 상대적 으로 楚義帝는 괴뢰 군주였으니 뺐을 것이고, 漢高祖 사후 실 권을 휘두른 呂太后의 本紀가 있고 惠帝 本紀가 없는 것을 보면 사마천의 의도는 자못 명백하다. 말하자면 현실주의적 입장이 그만큼 강하였다.

班固의「漢書」는 명분과 형식을 중시하기에 惠帝本紀가 따로 있는 것과 대조가 된다.

表는 年代表이다. 사마천의 대가다운 면모와 과학적 사고, 정통을 중시하는 의도가 잘 나타나 있다. 여기에는 三代世表, 十二諸侯年表, 六國年表, 秦楚之際月表, 漢興以來諸侯王年表, 高 祖功臣年表, 惠景間諸侯年表, 漢興以來將相名臣年表 등 10表 가 과학적이고도 합리적으로 체계화되어 있다.

특히, 秦楚之際月表 같은 것은 격동기의 급변하는 상황을 월

별로 일목요연하게 정리한 아주 뛰어난 저술이다.

본래 연대기란, 경전처럼 私人이 입수·보관하는 것이 아니고 모두 왕실에 소장되어 왔었다. 秦은 천하통일 후「秦記」이외는 모두 파기했었다. 따라서 사마천이 이용할 수 있는 것은 魯의 연대기인「春秋」와「秦記」, 그 외 다른 책 속에 흩어져 있는 약간의 자료뿐이었다. 이런 빈약한 자료를 가지고 周 왕실 중심의 연대기를 작성하는 일은 결코 쉬운 일이 아니었다.

10表의 앞부분에는 대개 짤막한 序가 붙어 있는데, 이런 소론 형식을 빌려 역사적 사건에 대한 저자의 흥미로우면서도 독창적인 견해를 표명했다.

10表는 광대한 중국의 여러 나라에서 일어난 사건을 종횡으로 파악할 수 있으며, 본기와 열전에 빠진 것을 보완해 주는 의미도 있어「사기」중에서도 중요한 창작으로 꼽히고 있다.

書란 본래 五經六籍의 總名이며, 제도나 현실 문제를 논의하는 문체의 일종이다.「사기」에는 8書가 있어 國家大體를 서술하였다. 즉, 한 분야에 대하여 上古로부터 당시까지의 유래와 변천을 적었고, 실제적인 운용을 기록한 분류사적인 서술을 전개하고 있다.

8書는 禮書·樂書·律書·天官書·封禪書·河渠書·平準書 등인데, 모두 당시의 현실이나 정치와 깊은 관계가 있는 분야들이다. 예악은 본래 지배계층이 교화의 수단으로 고대부터 강조한 것들이며, 법률의 집행, 역법의 시행을 비롯하여 封禪儀式의 거행 또한 국가의 주요 행사였다. 황하의 치수사업은 역대 제왕들과 백성들의 가장 큰 관심거리였다.

이 8書의 각 분야에 대해 사마천은 지식과 경험을 갖고 있었다. 封禪書는 武帝가 행한 犧牲祭와 종교행사를 다루고 있는데, 이는 본래 사관의 전담 분야였으며, 직접 武帝를 수행하며 쌓은 경험과 지식을 갖고 있었다. 河渠書의 치수사업도 사마천이 직접 체험한 생생한 기록이며, 역서 또한 사마천의 전공 분야에 대한 서술이었다.

8書는 현실 고발과 문제의 파악, 해결 방법의 모색이라는 점에서 「사기」의 어느 부분보다도 중요성을 띠고 있다.

平準書를 보면 당시의 재정과 민생의 측면에서 강한 현실 비판의 정신을 담고 있다. 즉, 武帝의 영웅심을 충족시키기 위한 많은 外征과 빈번하게 일어나는 치수사업, 封禪과 巡遊 등이 국가 재정을 고갈시켜 海內가 簫然하기에 이르렀기에 平準法이라는 興利事業을 전개했고, 賣官을 통한 상인의 등용과 백성의 불평 탄압, 그리고 경제력의 착취를 위하여 엄격한 법을 시행해야만 했었다.

平準書는 이런 측면을 고려할 때, 列傳 부분의 酷吏列傳과 함께 현실에 대한 냉정한 폭로와 고발을 하고 있다.

8書가 후대 史書에 끼친 영향은 매우 컸다. 「史記」에서 창안된 이런 서술 방법은 班固의 「漢書」에 志라는 명칭으로 계승된다. 이후 正史書의 대부분에 「志」가 있는데 이는 사마천의 공로라고 해야 할 것이다.

世家란 말은 「孟子」에도 보인다.

滕文公篇 下에 '仲子齊之世家也'라고 나오는데, 여기서 世家란 世卿之家, 즉 경의 지위에 있어 俸祿에 대한 세습적 권리를 갖고 있는 家門이란 뜻이다.

「사기」에는 제후들의 가문에 대한 내력과 변천, 전성과 몰락 등을 本紀와 비슷하게 서술하고 있다. 사마천은 제후들의 흥기와 멸망이라는 순환에 많은 관심을 가졌던 것 같다.

世家에는 吳世家부터 齊·燕·晉·趙·楚·魏 같은 春秋 戰國時代의 강국은 물론, 宋·陳·鄭 같은 小國 및 外戚世家도

있고 蕭相國世家 같은 漢代 공신들의 세가도 망라되어 있다.

여기서 특히 관심을 끄는 것은 공자세가와 陳涉世家이다. 공자와 진섭은 결코 제후의 位에 오른 적이 없다.

공자가 비록 魯의 반열에 서기는 했지만 제후는 아니다. 또 陳涉은 秦에 반기를 든 이후 국호를 '張楚'라 하고 스스로 陳王이라 자처했지만 다른 제후처럼 몇 대를 존속한다는 관점에서 본다면 부족한 점이 많다.

그러나 공자는 그 후손들이 漢 당대까지 이어져 왔고, 諸王 및 皇帝의 존숭을 받는다는 점과, 당시에 공자를 무관의 제왕이란 뜻으로 '素王'이라 불렀다는 관점에서 공자를 世家에 포함시킨 것 같다.

陳涉世家의 끝부분에 "비록 陳勝이 죽었지만, 그가 봉한 侯王과 將相들이 秦을 멸망시켰으니 이는 陳涉에서 비롯된 것이다. 高祖時에 碭에 있는 陳涉의 무덤을 지키는 호구가 30家였고 지금까지 血食을 받고 있다"며 陳涉이 秦의 학정에 최초로 항거했다는 것을 높이 평가하고 있고, 그 말미에 漢代 名文章인 賈誼(가의)의 「過秦論」을 수록하고 있으니, 陳涉世家를 통해 秦 멸망의 교훈을 후대에 전하고자 하는 사마천의 명백한 의도를 엿볼 수 있다.

列傳의 사전적 의미는 '叙列人臣事跡傳於後世'(人臣의 事跡을 서술 열거하여 후세에 전한다)이다.

列傳은 「사기」에서 분량이 많기도 하거니와 「사기」의 명성을 만고에 빛나게 한 역작이며, 후세의 전기 문학 및 소설·희곡에까지 영향을 끼친 사마천 정열의 結晶이다.

列傳에서는, 天子와 제후들을 둘러싸고 함께 역사의 흐름에 참여한 인간들의 적나라한 모습을 박진감 있는 문장으로 활기차고 생생하게 그려내어 마치 눈앞에 그 영상을 보는 듯하다.

열전에 등장하는 인물층은 아주 다양하다. 시간적으로는 약 3,000년에 걸쳐 존재했던 인물들의 활동사진이다.

伯夷列傳을 제1로 해서 귀족·관료·장군·문장가·經學家·說客·刺客·游俠·隱者·土豪, 貨殖列傳에 나오는 상인·의원·점술가·滑稽를 잘한 배우·盜拓, 君王의 총애를 받았던 여인에 관한 佞幸列傳도 있다. 또 凶奴·南越·朝鮮·西南夷·大宛列傳 등 당시 중국인들의 의식이 미치는 한도까지 전세계의 역사를 서술코자 하였다.

열전이 이만한 분량과 비중을 차지하게 된 것은 周의 봉건제도 붕괴 이후 실력에 바탕을 둔 약육강식의 시대가 되자, 개인의 一藝一技가 중시되었다는 점과 그 재능에 따라 천하에 공명을 떨치는 개인의 활동이 역사에 큰 영향을 주고 있었음을 뜻한다.

「사기」이전의 史書인 「春秋」, 「戰國策」, 「國語」 등에도 개인의 활동이 서술되고 있으나 그것은 부차적인 내용일 뿐이다.

그러나 「사기」에서는 개개인의 인간상을 세세히 묘사하여 사건의 주체로 전면에 부각시키고 있어 「사기」는 단순히 史書의 단계가 아닌 인간 탐구의 書이며, 인간의 혼이 살아 숨쉬는 文學의 書, 哲學의 書라고 할 수 있다.

열전을 인물의 개인 전기라고 하지만 그 생애와 업적을 다 기록하지는 않고, 그 인물의 개성이나 逸話 등을 중점적으로 강조하고 있다.

예를 들면 管晏列傳 중 晏嬰(안영)의 공적인 경력과 업적, 교시 같은 것은 그의 개성을 단적으로 나타내는 두어 개의 일화에 의해 감추어져 버린다.

열전 끝에는 '太史公曰'로 시작되는 인물평 및 의견이 제시되어 있다.

위에 말한 管晏列傳 중,

"晏嬰이, 崔杼(최저)한테 시해당한 莊公의 시신 앞에 나아가 통곡하고 예를 표한 것은 이른바 '의를 보고 행하지 않음은 곧 無勇'이라는 말에 해당하는 것이 아니겠는가? 또 主君의 면전에서 直諫하는 경우의 안영은 '進思盡忠, 退思補過' 하는 사람이다. 만약 그런 안영이 지금도 생존하고 있다면 나는 기꺼이 그의 마부가 되겠다."

이렇게 두어 개의 일화와 의견 제시로 안영의 모든 모습을 드러낼 수 있는 것은, 오로지 사마천의 천재성에 기인한다 하겠다.

3. 「史記」의 價値와 影響

「사기」는 중국 제일의 通史이다.

「春秋」가 魯의 연대기 중심의 篇年史이고 「國語」와 「戰國策」이 國別史이며, 「尙書」가 정치사라면 「사기」는 이상의 모든 史書를 종합한 통사로서 가장 완벽하고 최고의 가치를 가졌다고 말할 수 있다.

唐나라의 劉知幾는 그의 「史通」에서 역사 서술의 체계를 紀傳體와 編年體로 구분하였다.

「사기」는 본기와 열전을 중심으로 한 紀傳體 史書의 효시이며, 이후 중국 역사 기록의 모범이 되었고, 따라서 모든 正史는 「사기」의 체제를 모방하게 된다.

소위 중국 정사의 總名이라는 「二十四史」 중 「漢書」에서 「明史」까지를 볼 때, 그 체제가 조금씩은 달라지나 모든 사서가 본기와 열전을 포함하고 있다.

우선 「漢書」에서는 書를 志라 改名했다. 또 「漢書」에는 世家 부분이 없다. 「사기」의 世家 부분에 있는 것을 「漢書」에서는 열전에 포함시켰다. 또 「晉書」에서는 世家를 載記라고 명칭을 바꾸었고, 「後漢書」, 「三國志」 등에는 表·志·世家가 없다. 그러나 본기와 열전은 꼭 들어 있는 기전체들이고, 그 나라의 正史임에는 틀림없다.

'「사기」를 읽으면 「漢書」를 절반은 읽은 셈이다'라는 말이

있다. 이는 「한서」가 「사기」의 영향을 많이 받았고 내용도 많은
부분이 같다는 뜻일 것이다. 「사기」가 「한서」에 많은 영향을 주
었다지만 몇 가지 면에서는 크게 다르다. 여기서 두 책을 비교
하여 「사기」의 특색을 드러내고자 한다.

「사기」는 通史이고, 「한서」는 斷代史이다. 「한서」와 같은 斷
代史가 「사기」의 체제를 본떠 그 후에도 계속 나왔으나 「사기」
만한 通史가 없다. 다만 宋代에 체제를 달리한 편년체로 司馬
光의 「資治通鑑」이 있을 뿐이다.

「사기」의 世家 부분이 「한서」에는 없다. 그 이유는 春秋戰國
時代 諸侯國은 독자성이 있었으나 漢代에는 제후의 존재가 형
식적이고 전혀 독립성이 없었기 때문이며, 따라서 「한서」에서
는 이를 열전에 포함시켰다.

「사기」와 「한서」에는 이런 외형적인 차이도 있지만, 더 큰 차
이는 지은이의 기본 태도와 처지가 달랐다는 점이다.

사마천은 腐刑을 당하고 자기 생존의 의의를 오직 「사기」의
완성에만 두었기 때문에, 그의 격한 감정이 주관성이 강한 기
록으로 나타났다. 반면 「한서」의 저자 班固는 後漢의 名族 출신
으로 明帝時에 주로 활약한 학자였으니, 시대 상황을 보다 객
관적으로 서술할 수 있었다. 반고는 태평성대에 살면서 20여 년
의 장구한 시간을 두고서 「한서」를 썼다. 뒷날 '私的으로 나라
의 역사를 바꿔 썼다(私改作國史)'는 누명을 쓰고 옥사하였지
만, 집필 과정이 사마천과 같은 극한 상황은 아니었다.

後漢代에 와서는 賦의 영향으로 對偶와 修辭에 치중하는 美
文意識이 크게 작용하였다. 때문에 「한서」의 표현은 文雅하고,
정선된 언어는 심오하면서도 중후하여, 「사기」의 기세 있고 질
박하며 감정이 여과되지 않은 생경한 문장과는 크게 다르다.

문장이란 측면에서 볼 때 「사기」에서는 생생함과 힘을 찾을

수 있고, 「한서」에서는 美文을 접할 수 있다.

　다음에 문학 작품으로서의 「사기」의 가치와 영향에 대하여
부연코자 한다.

　「사기」를 통해 볼 수 있는 사마천의 史觀과 역사 인식은, 다
른 전문서가 많이 출간되었기에 여기서는 생략한다.

　우선 「사기」의 문장은 지금으로선 文言文이라지만 당시로서
는 생생한 口語를 사용했다는 점이다.

　「尙書」의 문장을 인용하되 당시의 쉬운 구어로 바꿔 기록했
다. 구어는 인물의 성격과 여러 상황을 파악하는 데 아주 적절
하다고 할 수 있다.

　예를 들면 項羽 본기에서 鴻門之宴 후 劉邦을 탈출시키고 張
良이 남아 項羽에게 흰 구슬〔白璧〕 한 쌍을 바치자, 항우는 “沛
公은 어디에 있는가?(沛公安在)”라고 묻고 白璧을 받아 두었
다. 그러나 유방을 죽여야 한다고 누차 강조하고 암시하던 亞
父 范增은 張良이 바치는 玉斗 한 쌍을 땅에 놓고 박살을 내며
한 마디 내뱉는다.

　“에이! 어린녀석하고는 계략을 같이할 수 없구나!(唉! 竪
子不足與謀)”

　이 한 마디에 항우와 범증의 모습은 물론 성격까지 그대로 알
수 있고, 도마 위에 올랐다가 脫身한 유방의 모습과 모사 장량
까지 함께 연상이 되니 얼마나 생동하는 표현인가?

　「사기」 96권 張丞相列傳에 高祖가 태자를 폐하려 할 때, 다른
신하들이 고조의 눈치만 보고 있자 周昌이 노기를 띠며 말했
다.

　“신이 입으론 말을 다 못 하겠습니다. 그러나 신은 기, 기,
기필코 불가하다고 알고 있습니다. 폐하께서 비록 태자를 폐하

려 해도 신은 기, 기, 기필코 詔書를 받들지 못하겠습니다(臣口
不能言 然臣期期知其不可. 陛下雖欲廢太子 臣期期不奉詔)."

고조 앞에서 말을 더듬는 周昌의 모습이 눈앞에 선하다. 결
국 태자를 폐하지 않았고, 휘장 뒤에 숨어서 엿들었던 呂后는
뒷날 周昌에게 사례하며 말한다.

"그대가 없었으면 아마 太子를 폐하였을 것이오(微君 太子幾
廢)."

참으로 생생하고 극적인 묘사라 아니 할 수 없다.

「사기」에는 이런 구어를 사용한 부분이 매우 많다. 또 속담·
속어 등을 서술이나 論贊 속에 적절히 인용·삽입하고 있기도
하다.

이러한 구어의 생생한 표현 이외에, 열전을 통한 전기 문학
의 개척 내지 확립으로 후대 문인에게 빛나고 탁월한 허다한 자
료를 제공하였다.

흔히 사마천과 전국시대 楚의 屈原과는 相似點이 많다고 한
다. 둘 다 울분을 갖고 살았으며, 자기의 뜻을 각각 「사기」와
「離騷」를 통해 표출하였고, 또 그것들로써 현실에 대한 자신들
의 주장을 명확히 했다는 점이다.

그리고 「사기」는 正史記錄의 典範으로 그 후 「二十四史」를
탄생케 하였으며, 「離騷」는 楚辭의 대표작으로 뒷날 漢賦 융성
의 토대가 되었고 七言詩 발전의 밑거름이 되었다는 점이다.

「사기」의 문장은 사마천 개인의 특수 상황으로 인하여 객관
적이어야 할 역사 기록에 너무 강한 개성을 불어넣어, 곳곳에
서 독자의 감동과 공감을 불러일으킬 수 있는 격렬함이 있다.

때문에 사마천은 史實을 소재로 한 역사 산문을 보다 높은 단
계로 끌어올렸으며, 인물과 사건의 묘사에 대단한 문학적 성취
를 이룩했다고 말할 수 있다. 또 「사기」 속의 인물들은 연극의

주제로 많이 채택되었으니, 희곡과 통속 演義小說에 끼친 영향
도 결코 작다고는 할 수 없다.

끝으로, 이 위대한 「사기」는 시대의 산물이었다는 말을 더하
고 싶다.

본래 중국에서는 '文·史·哲은 하나'라는 말이 있다. 그러
므로 「사기」는 사서인 동시에 문학이요, 또 당시 사상을 반영해
주는 철학서라 할 수 있다.

「사기」라는 불후의 저작은 일차적으로 사마천 개인의 천재성
에 연원한다. 확실히 그는 천재였으며, 가문의 전통 위에서 현
장 답사를 통해 견식을 확대하고, 독서를 통해 인물과 사건에
대한 통찰력과 혜안을 길렀으며, 부친의 유언을 받았고, 범인
으로서는 결코 감당할 수 없는 腐刑이라는 극한 상황 속에 던져
졌었다. 이런 점을 종합한다면 그의 천재성이 발휘될 수 있는
개인적 여건은 모두 갖추어진 셈이다.

여기에 사마천이 살았던 당시의 시대상황을 감안하여야 한
다. 춘추 전국시대란 중국이 城邑 국가에서 領土 국가로 발전
하는 과정상의 혼란이었다. 그에 따른 사회·문화·경제적 변
화는 秦에 의해 통일되었지만 안정되지는 못한다. 결국, 새 시
대의 질서 확립과 새 체제의 완성, 고대 문화유산의 總集·정
리는 漢이라는 새 국가에 주어진 사명이었다.

漢武帝 때는 건국 이후 100년이 지난 무렵이었으니 정치적으
로는 분열과 혼란의 종결, 사상적으로는 百家爭鳴의 종식을 보
게 된다. 그리하여 지난 시대의 역사와 문화를 종합하여 총괄
하고, 새 사회 발전의 터전을 창출해야 하는 역사적·철학적
작업이 요구되던 시대라 할 수 있다.

武帝 때의 지식인들은 이러한 시대적 요구에 부응해야 할 현

실적·철학적 책임감을 통감하고 있었고, 결국 사마천의 천재
성이 이 역사적·시대적 소임을 다하였던 것이다.

1. 五帝本紀贊

[原文] 太史公[1]曰　學者多稱五帝[2]尙[3]矣. 然尙書[4]獨載堯以來
而百家言黃帝[5]　其文不雅馴[6]　薦紳[7]先生難言之[8]. 孔子所傳
宰予[9]問帝德[10]及帝繫姓[11]　儒者或不傳. 余[12]嘗西至空桐[13]
北過涿鹿[14]　東漸於海　南浮江淮[15]矣.

[註解] 1) 太史公 : 司馬遷 자신을 말함. 公은 官의 뜻.

2) 五帝 : 黃帝, 顓頊(전욱), 帝嚳(제곡), 堯, 舜. 전설상의 인물이거
나 치수사업을 잘한 部族長 정도의 인물로 생각된다.

3) 尙矣 : 오래 되다(久遠也 久古也).
　　【用例】五帝三代之記 尙矣. 「史記, 三代世表」

4) 尙書 :「書經」을 말함. 여기서 尙은 上의 뜻이니 上代以來의 書란
뜻.

5) 黃帝 : 중국 문명의 창시자로 높이 추앙받고 있는 전설상의 인물.
姓은 公孫이고 이름은 軒轅(헌원)임.

6) 雅馴(아순) : 典雅하고 순리에 맞음.

7) 薦紳(천신) : 縉紳과 같음. 官位之人, 高貴之人의 뜻. 薦은 縉의 假
借字. 여기서는 지식인으로 해석함.

8) 難言之 : 여기서는 그 眞假를 단언하기 어렵다는 뜻.

9) 宰予(재여) : 공자의 제자. 자는 子我. 구변이 좋았음. 낮잠을 자다가 공자의 꾸지람을 듣기도 하였다.

10), 11) 五帝德, 帝繫姓 : 둘 다 「大戴禮」와 「孔子家語」의 篇名.

12) 余(여) : 1인칭 代詞. 여기에서는 사마천 자신을 가리킴.

13) 空桐 : 甘肅省의 山名. 黃帝가 廣成子處란 사람에게 道에 대해 물었다는 곳.

14) 涿鹿(탁록) : 胡北省에 있는 山名. 黃帝가 蚩尤(치우)를 격퇴했다는 곳.

15) 江淮 : 揚子江과 淮水.

[語譯] 태사공이 말했다.

학자들은 '五帝時代는 너무 먼 옛일이다.'라고 흔히 말한다. 그러나 「尚書」에는 오직 요 이후만 기재되었는데도 제자백가들은 黃帝시대의 일을 말한다.

그런 글들은 순리에 맞지 않아 지식인이라도 그 眞假를 단언하기 어렵다. 공자에 관한 기록 중, 宰予가 「五帝德」과 帝繫姓에 대해 물었지만 儒者들은 그 내용을 성인의 말이 아니라며 傳述하지 않았다. 나는 일찍이 서쪽으론 空桐山에 가 보았고, 북으로는 탁록을 거쳤으며, 동으로는 바다까지 가 보았고, 남으로는 장강과 회수 지역을 돌아보았었다.

[原文] 至 長老[1]皆各往往稱黃帝·堯·舜之處 風教固[2]殊焉. 總之[3]不離古文者近是[4]. 予觀春秋國語[5] 其發明[6]五帝德 帝繫姓章[7]矣 顧[8]第[9]弗深考 其所表見[10]皆不虛. 書[11]缺有閒矣 其軼[12]乃時見於他說. 非好學深思 心知其意 固難爲淺見寡聞道[13]也. 余幷論次[14] 擇其言尤雅[15]者 故著爲本紀書首.

[註解] 1) 長老 : 연장자에 대한 통칭.

2) 固 : 원래. 진실로(信也).

【用例】然則小固不可以敵大.「孟子, 梁惠王 下」

3) 總之 : 총체적으로 말한다면(總而言之의 줄임).

4) 不離~近是 : 古文과 차이가 많지 않은 것이 聖人의 말씀에 가까웠다. 고문은 五帝德과 帝繫姓을 말함.

5) 國語 : 周의 左丘明이 저술한 史書. 공자는 魯의 사서를 엮어「春秋」를 짓고, 左丘明은「春秋」외의 사실들을 모아 傳을 쓰고(左傳) 또「國語」를 지었다 한다.

6) 發明 : 뜻을 명확하게 드러냄.

7) 章 : 彰과 같음. 아주 뚜렷하다.

8) 顧(고) : 어찌 ~하지 않겠는가(豈의 뜻).

9) 第 : 다만(但也).

【用例】陛下第出僞遊雲夢(폐하께서는 다만 거짓으로 雲夢에 出遊한다고 하십시오).「史記, 陳丞相世家」

10) 表見 : 表現과 같음.

11) 書 :「書經」.

12) 軼(일) : 빠지다(散失).

13) 道 : 말하다(言也).

14) 論次 : 論定하고 차례를 밝힘.

【用例】孔子閔王路廢而邪道興 於是 論次詩書 修起禮樂.「史記, 儒林傳」

15) 雅 : 바르다(正也).

【用例】子所雅言 詩書 執禮 皆雅言也.「論語, 述而」

[語譯] 이르는 곳마다 장로들이 모두 다 매번 黃帝나 요·순이 있었던 곳이라 하였으나, 풍기와 교화는 원래 서로 달랐다. 총체적으로 말한다면, 고문과 크게 틀리지 않는 것이 성인의 말씀에 가까웠다. 내가「春秋」와「國語」를 읽어보니 五帝德과 帝繫姓 두 편의 뜻을 드러내 주는 것이 아주 뚜렷하였다. 다만 깊

이 생각하지 않더라도〔春秋·國語에〕표현된 것이 허위가 아
님을 알 수 있지 않겠는가?「書經」은 殘缺이 많고, 그 散失된
부분이 때때로 다른 책에 나타나기도 한다. 好學하고 深思하여
마음으로 그 뜻을 알지 못한다면, 실로 淺見과 寡聞만 갖고서
진위를 말하기 어려울 것이다.

　나는 여러 설을 병합하여 論定하고, 보다 순리에 가까운 말
들을 골라 저술하여 本紀와 이 책(「사기」)의 首篇으로 삼는다.

2. 周室之興(節周本紀)

原文 周[1]后稷[2] 名棄. 其母有邰氏女[3] 曰姜原. [4] 姜原爲帝嚳[5]
元妃. 姜原出野 見巨人跡 心忻然說[6] 欲踐之 踐之而身動如
孕[7]者. 居期[8]而生子 以爲[9]不祥 棄[10]之隘巷[11] 馬牛過者皆
辟[12]不踐. 徙置之林中 適[13]會山林多人 遷之. 而棄渠中氷上
飛鳥以其翼覆薦之[14]. 姜原以爲神 遂收養長之. 初欲棄之 因
名曰棄.

註解 1) 周 : 국명. 武王에 의하여 기원전 1111년경 鎬京에 도읍한 나
라. 그 선조들의 본거지가 周原이어서 周로 국명을 삼았다.
2) 后稷(후직) : 농업을 관장하는 官名.
   【用例】棄 黎民阻飢 汝后稷 播時百穀(棄여! 백성들이 굶주리고 있소.
   그대는 后稷이니 때맞추어 百穀을 뿌리시오).「書經, 舜典」
3) 有邰氏女 : 유태씨의 딸. 유태씨는 국명으로 지금의 陝西省 서쪽에
   있었다.
4) 姜原 : 姓이 姜, 이름이 原이라 함.
5) 帝嚳(제곡) : 高辛氏, 五帝의 한 사람. 黃帝의 曾孫이라 함.
6) 說(열) : 기쁘다(悅也).
   【用例】不亦說乎.「論語, 學而」
7) 孕(잉) : 아이 배다(懷妊也).
8) 居期 : 기일이 지나다.
9) 以爲 : ~이라고 생각하다.

【用例】鮑叔不以我爲貪(포숙은 나를 탐욕하다고 생각지 않았다).「史記, 管晏列傳」以爲는 '~을 ~으로 여기다'의 뜻도 있다. 天將以夫子爲木鐸(하늘이 夫子를 木鐸으로 삼으려 한다).「論語, 八佾」

10) 棄(기) : 버리다.

11) 隘巷(애항) : 좁은 골목.

12) 辟(피) : 피하다(避와 같음).

13) 適 : 우연히. 마침.

14) 覆薦之 : 덮어주다.

[語譯] 周 시조 후직의 이름은 棄이다. 그 어머니는 有邰氏의 딸로 강원이라 했다. 강원은 제곡의 元妃가 되었다. 강원이 들에 나가 거인의 발자국을 보았는데 마음으로 흔연히 기뻐하며 밟아보고 싶었다. 밟아보니 몸이 흔들리며 잉태한 것 같았다. 기일이 지나 아들을 낳았으나 상서롭지 않다고 여겨 좁은 골목에 버렸는데, 지나가는 우마들이 모두 밟지 않고 피해 갔다. 아이를 다시 산속으로 옮겨 놓았는데, 그때 마침 산속에는 많은 사람들이 모여들어 다른 곳으로 옮겼다. 다시 개울 얼음 위에 버렸더니 새들이 날개로 덮어주었다. 강원은 신기하다 생각하고 거두어 길렀다. 처음에 버리려 했기에 이름을 기라 했다.

[原文] 棄爲兒時 屹1)如巨人2)之志. 其3)游戲 好種樹4)麻菽 麻菽美.5) 及爲成人 遂好農耕 相地之宜 宜穀者稼穡6)焉 民皆法則7)之. 帝堯聞之 舉棄爲農師 天下得其利 有功. 帝舜曰.「棄 黎民始飢 爾后稷播時百穀」8). 封棄於邰 號曰后稷 別姓姬9)氏. 后稷之興 在陶唐10)虞夏11)之際 皆有令德. 12)

[註解] 1) 屹(흘) : 의연하다. 산 높은 모양.

2) 巨人 : 成人. 偉人.

3) 其 : 그의. 3인칭 代詞.

4) 種樹 : 씨 뿌리고 심다. 농사짓다. '種樹之書'라면 農書를 말함.

5) 美 : 무성하다. 잘 자라다. 크게 자라다.

6) 稼穡 : 농사(짓다). 종자를 심는 것을 稼, 거두어들이는 것을 穡이라 함.

7) 法則 : 본받다.

8) 舜의 말은「書經, 舜典」에 그 기록이 있음.

9) 姬(희) : 周의 國姓.

10) 陶唐 : 堯를 말함. 요는 처음에 陶(지금의 山東省 定陶縣 부근)에 봉해졌다가 다시 唐(지금의 河北省 唐縣)으로 옮겼다.

11) 虞夏 : 舜과 夏의 시조인 禹.

舜의 姓은 姚(요), 名은 重華이다.

그 선조가 虞(지금의 山西省 平陸縣 부근)에 봉해졌기 때문에 有虞氏라고 했다. 舜은 堯의 양위를 받아 48년간 재위하다가 禹에게 禪讓하였다.

禹는 舜의 禪讓을 받아 나라 이름을 夏라 하였다. 때문에 禹를 夏后氏라고 한다. 禹는 帝位를 아들 啓에게 물려주니 이로부터 父子상속이 시작되었다.

參考 夏王朝의 國姓은 姒氏이며, 禹부터 桀王까지 14代 17王 약 470여년간(기원전 2050~1550년경)존속한 것으로 추정된다.

12) 令德 : 아름다운 덕.

語譯 기는 어려서부터 의연한 위인의 志氣가 있었다. 삼과 콩을 심고 가꾸는 놀이를 좋아했고, 그가 심은 삼과 콩은 무성하게 잘 자랐다.

성인이 되어서도 농사일을 좋아하였고, 땅이 마땅한가를 살펴 땅에 맞는 곡식을 심고 거두니 백성들이 모두 이를 본받았다. 요임금이 이를 듣고 기를 천거하여 農師로 삼았고 천하 사람들이 그의 혜택을 입으니, 이는 모두 후직의 공이었다. 순임금이 말했다.

"기여, 백성들이 굶주리고 있소. 그대는 후직이니 때맞추어 온갖 곡식을 파종토록 하시오."

뒷날 기를 태에 봉하고 후직이라 불렀으며 別姓은 姬氏였다. 후직의 興起는 요·순·우의 시대였으며, 언제나 훌륭한 덕이 있었다.

[原文] 后稷卒 子不窋[1]立. 不窋末年 夏后氏政衰 去稷不務[2] 不窋以失其官而犇[3] 戎狄[4]之間. 不窋卒 子鞠立. 鞠卒 子公劉立. 公劉雖在戎狄之間 復脩后稷之業 務農耕 行地宜[5] 自漆沮[6]度[7]渭[8] 取材用.[9] 行者有資[10] 居者有畜積 民賴其慶.[11] 百姓懷之[12] 多徙而保歸焉.[13] 周道[14]之興自此始 故詩人歌樂思其德.

[註解] 1) 不窋(불줄) : 인명. 窋은 구멍에서 나오는 모양 줄(物將出穴貌).

2) 去稷不務 : 后稷의 관직을 없애고 농업에 힘쓰지 않았다. 夏나라의 太康 임금이 失政하여 후직의 관직을 없앴다.

3) 犇(분) : 옮겨가다. 犇은 소 놀라 뛸 분. 奔과 같음.

4) 戎狄(융적) : 변방의 종족 이름(西曰戎, 北曰狄). 여기서는 오랑캐라는 일반적인 뜻으로 쓰였음.
   【用例】戎狄攻大王亶父.「史記, 凶奴傳」

5) 行地宜 : 토지의 適宜 여부를 살피다.

6) 漆沮(칠저) : 漆水와 沮水. 섬서성에 있는 강 이름. 합하여 漆沮水라 부른다. 東流하여 渭水에 합쳐진다.

7) 度 : 건너다. 지나가다(渡也, 過也).

8) 渭 : 水名. 감숙성에서 발원하여 섬서성을 지나며 漆沮水와 합치어 黃河로 들어간다.

9) 取材用 : 公劉는 그때 南山에서 목재를 베어다가 썼다.

10) 行者有資 : 여행하는 사람들은 公劉에 의지했다.

11) 民賴其慶 : 백성들이 그의 선행에 의지했다. 선행에 의해 안락한 생활을 했다. 慶은 선행, 善事의 뜻.

＊其는 代詞로서 일반적으로 定語로 쓰이며 우리말로는 '그' '그의' '그 중의'의 뜻을 가진다.

【用例】百姓多聞其賢 未知其死也.「史記, 陳涉世家」

＊'其'는 추측의 語氣를 표시하는 경우가 있는데 그때는 '아마도'의 뜻이다.

【用例】始作俑者 其無後乎！(처음 나무인형을 만든 자는 아마도 후손이 없었을 것이다！)「孟子, 梁惠王 上」

12) 百姓懷之 : 백성들이 公劉를 그리워하다. 公劉의 은덕을 잊지 못하고.

13) 多徙~焉 : 많은 백성들이 公劉를 따라 歸附하다. 徙는 이사하다는 뜻. 保歸는 安定而歸附也. 뒷날 公劉가 戎狄의 땅을 버리고 고향으로 돌아올 때 많은 사람들이 그를 따라 이사했다.

14) 周道 : 周 왕실의 통치.

[語譯] 후직이 죽고 아들 불줄이 뒤를 이었다. 불줄의 말년에 하나라의 정치가 쇠락해지자 후직의 관직을 없애고 농사에 힘쓰지 않았다. 불줄은 관직이 없어졌기 때문에 戎狄의 땅으로 옮겨갔다. 불줄이 죽고 아들 鞠이 뒤를 이었다. 鞠이 죽고 아들 公劉가 繼立했다.

公劉는 비록 융적의 땅에 살았지만 다시 후직의 사업을 일으켜 농경에 힘썼고, 토지의 適宜를 살펴 농사지으며, 漆沮水로부터 위수를 건너 목재를 날라 썼다. 여행하는 사람들도 公劉에 의지했으며, 주민들은 재산을 축적할 수 있었고 백성들은 그의 선행에 힘입어 안락한 생활을 했다. 〔公劉가 고향으로 돌아올 때〕 많은 사람들이 公劉의 은덕을 잊지 못하고 이사하여

歸附하니 周나라 통치의 시작은 여기서 비롯되었으며, 시인들
은 노래를 지어부르며 그의 덕을 생각했다.

3. 古公遷岐(節周本紀)

註解 1) 古公亶父(고공단보) : 周 武王의 증조. 보통 太王이라 칭함.

2) 戴之 : 古公亶父를 받들다. 戴는 받들다(奉也). 추대하다.

3) 薰育(훈육) : 古種族名(흉노의 옛 명칭).

4) 予之 : 재물을 주다. 戴之, 攻之, 予之의 之는 모두 代詞로서 賓語
로 쓰였다.

   *之의 용법은 크게 介詞用法과 代詞用法의 두 가지로 나눌 수 있
   다.
   介詞로 쓰일 경우 우리말로는 대개 '~의' '~한'으로 해석된다.
   위에 나온 公劉之業의 '之'는 介詞이다.
   代詞로 쓰일 경우 사람이나 사물 모두에 쓰일 수 있다. 단 之는 賓
   語로만 쓰일 뿐 句의 주어로는 쓰이지 않는다. 원문의 戴之, 攻之

의 之는 사람을 가리키고 予之의 之는 사물을 가리킨다.

【用例】吾道一以貫之. 「論語, 里仁」

＊ 나의 道란 뜻을 吾之道라고 쓰지 않는다. 人稱代詞를 定語로 쓸 경우 介詞 之는 쓰지 않는다. 貫之의 之는 사물을 가리키는 代詞이다.

5) 已(이) : 또(又也). 얼마 있다가(已而와 같음).

6) 將以利之 : 〔立君함으로써〕 백성들을 이롭게 하려 한다. 將은 ~하려 한다. 以는 有民立君을 말함. 利之의 之는 代詞.

7) 以吾地與民 : 나의 땅과 백성들 때문이다. 以는 介詞, 與는 連詞.

＊ 以가 介詞로 쓰일 경우 '~ 때문에' '~으로 인하여'의 뜻을 가진다. 以吾地與民의 以는 '~ 때문에'로 해석해야 한다.

【用例】君子不以言擧人 不以人廢言(군자는 말 때문에 사람을 천거하지 않고, 사람 때문에 말을 없애지도 않는다). 「論語, 衛靈公」. 또 以는 '~을 가지고' '~으로' 등의 뜻을 가져 행위가 어떤 사물을 도구·수단·방법으로 삼고 있음을 나타낸다. 앞의 6)번 註의 將以利之에서 以는 立君함으로 백성들을 이롭게 한다는, 수단을 나타내는 介詞이다.

吾地與民(나의 땅과 백성)의 與는 名詞나 代詞 또는 名詞性 詞組를 이어주는 連詞이다.

8) 與其在彼 : 彼는 戎狄을 말함.

與其는 선택을 나타내는 句이다. 백성들이 나에게 있는 것과 戎狄에게 있는 것이 무슨 차이가 있느냐는 뜻이다.

【用例】與其生而無義 固不如烹(살아 無義하느니, 진실로 살아 죽임을 당하는 것만 못하다). 「史記, 田單列傳」

9) 殺人父子 : 백성의 아비나 자식을 죽게 하고서. 人은 백성을 말함.

10) 君之 : 백성들의 임금이 되다. 君은 동사로 쓰였다. 之는 代詞.

11) 不忍 : 차마 ~하지 못하다.

12) 乃 : 副詞로 '이에' '그리하여'의 뜻을 가진다. 때로는 句를 이어 주는 작용을 하기 때문에 連詞와 유사하다.

13) 私屬 : 가족과 딸린 무리들(私人之徒從也).

14) 去邠(거빈) : 빈 땅을 떠나가다. 빈은 지금의 섬서성 빈현 부근.

15) 梁山 : 섬서성의 山名.

16) 岐山 : 섬서성 기산현의 山名.

17) 扶老携弱(부로휴약) : 扶老携幼(부로휴유)와 같은 뜻.

18) 於是 : 그때에(當是時也). 연후에(然後也).

19) 貶(폄) : 덜다(損也). 억누르다(抑也). 제거하다.

20) 而 : 連詞 而는 且와 마찬가지로 형용사나 동사 또는 動詞性 詞組
　　의 결합에 쓰인다.

21) 邑別 : 邑落으로 나누어.

22) 五官 : 周代에는 六官(天地春夏秋冬官)이 있었는데, 六官에서 百官
　　의 冢宰(총재)인 天官을 뺀 나머지를 말한다.

23) 有司 : 官吏를 말함. 設官分職 各有其專司의 뜻.

　　[語譯] 고공단보는 후직과 公劉의 일을 다시 일으켰고, 덕을 쌓
고 의를 실천하니 나라 사람 모두가 그를 받들었다.

　　戎狄인 훈육이 고공단보를 공격하여 재물을 얻으려 하니 재
물을 주었다. 얼마 있다가 다시 쳐들어와서 땅과 백성들을 차
지하려 했다. 백성들이 모두 화가 나서 싸우려 했다.

　　고공단보가 백성들에게 말했다.

　　"백성이 있고 난 뒤 왕을 세운다. 그렇게 함으로써 백성들을
이롭게 하려는 것이다. 지금 융적이 공격해 오는 까닭은 나의
땅과 백성들을 차지하려는 것이다. 백성이 나한테 있거나 저들
에게 있거나 무엇이 다르겠는가? 백성들은 나 때문에 싸우려
고 하는데, 백성들의 아비와 자식을 죽게 하고 내가 백성들의
임금이 되는 일은 차마 그리 못하겠다."

　　이에 식구와 從者들을 모두 거느리고 빈 땅을 떠나 漆沮水를
건너고 梁山을 넘어 岐山 아래에 머물러 살았다.

　　빈 사람들 모두가 노인과 어린아이들을 부축하고서 고공단보
를 쫓아 岐山 아래로 모여들었다. 이웃나라에서도 古公이 인자

하다는 말을 듣고 역시 많은 사람이 귀부하였다. 이에 古公은 융적의 풍속을 없애고, 성곽과 집을 짓게 하여 마을을 나누어 살게 하였다.

　五官을 설치하고 관리를 두었다. 백성들이 노래지어 부르며 그의 덕을 칭송했다.

[参考] 고공단보가 岐山에 정착한 후, 그 勢가 크게 성하여 아들 季歷 때에는 주변 부족을 통합하고 다음 文王 때에는 殷을 위협할 정도였다. 이에 은의 침입을 받고 通婚하였다가, 文王의 아들 武王은 은을 멸하고 鎬京에 周를 건국하였다.

4. 報殽之役¹⁾(節秦本紀)

[原文] 繆公²⁾三十二年冬 晉文公³⁾卒. 鄭人有賣鄭⁴⁾於秦曰 「我主其城門 鄭可襲也.」 繆公問蹇叔⁵⁾百里奚⁶⁾ 對曰 「徑數國千里而襲人 希有⁷⁾得利者. 且⁸⁾人賣鄭 庸⁹⁾知我國人不有以我情告鄭者乎. 不可.」 繆公曰 「子¹⁰⁾不知也 吾已決矣.」 遂發兵使百里奚子孟明視 蹇叔子西乞術及白乙丙¹¹⁾將兵.

[註解] 1) 報殽之役 : 殽(효, 地名)에서의 敗戰을 보복하기 위한 싸움. 役은 戰事也.

2) 繆公(목공) : 穆公으로도 표기한다. 秦 9代, 成公의 동생으로 名은 任好. 기원전 660년 즉위.

3) 晉文公 : 名은 重耳. 春秋 五覇 중 한 사람. 재위 기원전 637~628년.

4) 賣鄭 : 鄭나라 사정을 알려주고 內應하다. 賣는 속이다(欺也)의 뜻도 있음.

5) 蹇叔(건숙) : 秦繆公의 大夫.

6) 百里奚(백리해) : 繆公의 大夫. 목공을 도와 秦의 국력을 키워 제후들로부터 주목받기 시작했다. 五羖大夫(오고대부)란 별호가 있다.

7) 希有 : 稀有. 적다. 없다.

8) 且 : 여기서는 連詞로서 '게다가' '나아가서'의 뜻이 있다.

【用例】晉侯 秦伯 圍鄭 以其無禮於晉 且貳於楚也(晉侯와 秦伯이 鄭을 포위했는데, 鄭이 晉에 무례했고 게다가 楚와 양다리를 걸쳤기 때문이다).

44

「左傳, 僖公 三十年」

9) 庸(용) : 반문을 제기하는 副詞.

【用例】雖王之國 庸獨利乎(비록 왕의 나라라지만 어찌 홀로 利를 취하겠는가?).「漢書, 文帝本紀」

10) 子 : 2인칭 代詞.

【用例】㉠ 子亦有異聞乎.「論語, 季氏」

＊이때 子는 同等者나 友人을 표시한다.

㉡ 二三子 以我爲隱乎.「論語, 述而」

＊이때 子는 卑子 또는 弟子를 표시한다(二三子는 너희들).

11) 白乙丙 : 秦의 大夫.

[語譯] 秦繆公 32년 겨울, 晉의 문공이 죽었다. 鄭나라 사람이 鄭의 사정을 秦에 알리며 말했다.

"제가 나라의 성문을 맡고 있으니 鄭을 공격해 주십시오."

목공이 건숙과 백리해에게 이에 대해 물었더니 건숙과 백리해가 대답했다.

"여러 나라를 가로질러 천 리를 가서 다른 나라를 공격해서 이득을 볼 것이 없습니다. 게다가 그가 자기 나라를 팔아먹는데 우리나라 사람 중에도 우리 사정을 鄭나라에 알려주는 자가 없으리라 어찌 알겠습니까? 불가합니다."

목공이 말했다.

"그대들은 잘 알지 못하오. 나는 이미 결심했소."

그러고는 군대를 보내는데 백리해의 아들 孟明視, 건숙의 아들 西乞術과 大夫 白乙丙으로 하여금 군대를 통솔케 하였다.

[原文] 行日 百里奚蹇叔二人哭之. 繆公聞 怒曰 「孤¹⁾發兵而子沮²⁾哭吾軍 何也.」二老曰 「臣非敢沮君軍. 軍行 臣子與

往. 臣老 遲還恐不相見 故哭耳[3].」二老退 謂其子曰 「汝[4]
軍即敗 必於殽[5]阨[6]矣.」三十二年春 秦兵遂[7]東 更[8]晉地 過
周北門. 周王孫滿曰 「秦師無禮[9] 不敗何待[10].」兵至滑[11] 鄭
販賣賈人弦高 持十二牛將賣之周[12] 見秦兵 恐死虜 因獻其牛
曰「聞大國將誅鄭 鄭君謹修守禦備 使臣以牛十二勞[13]軍士.」

[註解] 1) 孤 : 王侯의 謙稱. 寡德之人의 뜻.

2) 沮(저) : 막다(拒也, 止也).

3) 耳 : 句尾語氣詞로 限定의 뜻을 표시한다. 그런고로 통곡할 뿐입니
다의 뜻.
【用例】前言戲之耳.「論語, 陽貨」
＊ 또 耳는 語氣의 일시적 中止나 結束을 표시한다.
【用例】諸將易得耳 至如韓信者 國土無雙(諸將은 쉽게 얻을 수 있지만
～).「史記, 准陰侯列傳」

4) 汝 : 너 (爾也) 同輩 또는 下輩에 대한 호칭.

5) 殽(효) : 지금의 河南省에 있는 山名.

6) 阨(액) : 막히다(塞也). 위기에 처하다(危迫也).
【用例】是時孔子當阨.「孟子, 萬章 上」

7) 遂 : 나아가다(進也, 行也).
【用例】不能退 不能遂.「周易, 大壯」

8) 更 : 지나가다. 지름길로 가다(經也, 徑也).

9) 秦師無禮 : 秦의 군대가 무례하니 ～.「左傳」의 기록에 의하면 周
천자가 있는 城門을 지나면서 그 군사들이 갑옷을 벗은 채 지나갔
으니 무례라 하였다.

10) 不敗何待 : 패전하지 않으면 무엇을 기대하겠는가? 즉, 틀림없이
패전한다는 뜻.

11) 滑(활) : 지금의 河南省에 있던 小國名.

12) 將賣之周 : 팔려고 周나라로 가다. 之는 동사로 쓰였음.

13) 勞 : 위로하다.

[語譯] 출병하는 날, 백리해와 건숙 두 사람이 통곡하였다. 繆公이 듣고 노하여 말했다.

"내가 군대를 출정시키는 데 통곡하여 내 군사를 막는 것은 무슨 까닭인가?"

두 노인이 말했다.

"신들이 감히 임금의 군대 출정을 막는 것이 아닙니다. 이번 출정에 신들의 자식도 같이 갑니다. 신들은 늙었고, 늦게 돌아오면 다시 보지 못할까 걱정되어 울었을 뿐입니다."

두 사람은 물러나와 아들들에게 말했다.

"너의 군사는 곧 패할 것이고 틀림없이 효 땅에서 위기에 처할 것이다."

33년 봄, 秦의 군사는 동쪽으로 행군하여 晉의 땅을 질러, 周의 북문을 통과하였다. 周의 王孫 滿이 周王에게 말했다.

"秦의 군사가 무례하니 틀림없이 패할 것입니다."

秦兵이 滑 땅에 이르렀을 때, 鄭의 판매상인 현고가 소 12마리를 몰고 周나라에 팔러 가다가 秦의 군사를 보고서 죽거나 포로가 될까 걱정되어 그의 소를 바치며 말했다.

"대국의 군사가 鄭을 치려 한다는 말을 듣고, 우리 임금께서는 막을 준비를 하며 저를 보내 소 12마리로 군사를 위로하라고 하셨습니다."

[原文] 秦三將軍相謂曰 [1] 「將襲鄭 鄭今已覺之 往無及[2]已.」 滅滑.[3] 滑 晉之邊邑[4]也. 當是時 晉文公喪未葬. 太子襄公[5] 怒曰 「秦侮我孤[6] 因喪破我滑.」 遂墨衰絰[7] 發兵遮秦兵於殽 擊之 大破秦軍 無一人得脫者. 虜秦三將以歸. 文公夫人 秦女[8]也. 爲秦三囚將請曰 「繆公之怨[9]此三人入於骨髓 願令

此三人歸 令我君[10]得自快烹之.」晉君許之 歸秦三將.

[註解] 1) 謂曰 : ～에게 ～을 말하다.

【用例】 子謂子夏曰 女爲君子儒 無爲小人儒(공자께서 子夏에게 말하였다. "너는 군자 같은 선비가 될지언정 소인 같은 선비가 되지 말라").「論語, 雍也」

2) 無及 : 不及也. 도움될 것이 없다(無補也).

3) 滑 : 周代 國名. 滑, 姬姓小國也.

4) 邊邑 : 변경의 小邑.「春秋左傳」僖公 33年條에는 '秦 不哀吾喪 伐吾同姓'이라 하였다. 이때 鄭의 땅 안에 있는 滑은 강한 晉나라의 속국이었으니 晉에서는 자기의 邊邑이라 한 것 같다.

5) 襄公 : 晉 25代. 재위 기원전 628~621년.

6) 秦侮我孤 : 秦은 喪中인 나를 모욕했다. 孤는 服喪中인 嗣子의 뜻.

7) 遂墨衰絰(수묵최질) : 드디어 喪服을 검게 물들이고. 衰絰은 흰색의 상복. 墨은 검게 물들이다.

8) 秦女 : 秦에서 시집 온 여인. 晉의 文公이 秦에 갔을 때 秦繆公이 文公에게 시집보냈다. 晉襄公의 생모. (「左傳」僖公 33年 참조)

9) 繆公之怨 :「左傳」에는 秦의 三將이 秦과 晉의 우호를 깨뜨렸다고 말했다. 그러니 繆公이 三將을 크게 원망할 것이라는 뜻이다.

10) 我君 : 秦의 繆公을 말함(「左傳」에는 寡君이라 표기됐음).

[語譯] 秦의 세 장군이 서로 말했다.

"鄭을 습격하려는 것을 鄭에서 벌써 알았으니 가 보아야 이득이 없을 것이다." 그리고선 滑을 멸망시켰다. 滑은 晉의 변읍이었다. 이때는 晉文公의 상중으로 장례를 다 마치지 않았다.

태자 양공이 화를 내며 말했다.

"秦은 상중인 나를 모욕하고 상중이라고 우리 滑邑을 쳤다." 그리고는 상복을 검게 물들이고 군대를 출동시켜 秦의 군사

48

들을 효에서 막고 공격하여 대파하니 살아 도망간 자가 하나도 없었다. 秦의 세 장군도 사로잡아 귀환하였다. 文公의 부인은 秦에서 시집 온 여자였다. 포로가 된 秦의 세 장군을 위하여 태자에게 부탁했다.

"繆公의 이 세 사람에 대한 원한은 골수에 가득 찼다. 이 세 사람을 돌아가게 해서 繆公으로 하여금 삶아 죽이게 해 繆公의 기분이나 풀어주었으면 좋겠다."

晉君이 허락하고 秦의 세 장수를 돌려보냈다.

[原文] 三將至 繆公素服郊迎 嚮[1]三人哭曰 「孤以不用百里奚 蹇叔言以辱三子. 三子何罪乎.[2] 子其[3]悉心[4]雪恥[5] 毋怠.[6]」 遂復三人官秩[7]如故 愈益厚之. 三十四年繆公於是復使孟明 視等將兵伐晉 戰于彭衙.[8] 秦不利 引兵歸. 三十六年 繆公復 益厚孟明視等 使將兵伐晉. 渡河焚船[9] 大敗晉人 取王官[10]及 郊[11] 以報殽之役[12].

[註解] 1) 嚮(향) : 向과 같음. 대면하다는 뜻도 있음.

2) 何罪乎 : 무슨 허물이 있겠는가? 乎는 疑問語氣詞.

3) 其 : 명령이나 권고할 때 완곡한 뜻을 나타내는 語氣詞로 쓰였다.
   【用例】吾子其無廢先君之功.「左傳, 隱公三年」

4) 悉心(실심) : 마음을 다하다(盡心也).

5) 雪恥 : 雪辱하다. 雪은 除也.

6) 毋怠(무태) : 태만하지 말라. 毋는 禁止之辭. 莫과 같음. 不·無와 통함.
   【用例】子絶四 毋意 毋必 毋固 毋我.「論語, 子罕」

7) 官秩(관질) : 官位와 俸祿.

8) 彭衙(팽아) : 山西省의 지명.

9) 焚船 : 〔決死·不歸의 心念으로〕배를 불태우다.

10) 王官 : 山西省의 지명.
11) 郝(학) : 晉의 邑名. 及은 連詞임.
12) 役 : 변경을 수비하는 일이란 뜻에서 확대되어 戰事 또는 전쟁의
    뜻임.

[語譯] 세 장군이 돌아오자 繆公은 소복으로 교외까지 나와 맞
이하며 세 사람에게 울면서 말했다.

"내가 백리해와 건숙의 말을 듣지 않아 세 사람을 욕되게 하
였소. 세 사람에게 무슨 허물이 있겠는가? 그대들은 마음을
다하여 설욕토록 할 것이며 태만하지 마시오."

목공은 세 사람의 관직과 녹봉을 전과 같이 회복시켜 주고 더
욱 후대하였다. 34년에 목공은 다시 孟明視 등을 시켜 군대를
거느리고 晉을 치게 하여 彭衙에서 싸웠으나, 불리하여 군대를
이끌고 돌아왔다. 36년에 목공은 孟明視 등을 더욱 후대하며 군
대를 이끌고 晉을 치게 했다.

孟明視 등은 강을 건너고 배를 불사르고, 晉나라 군대를 크
게 무찔렀으며 王官 및 학 땅을 차지하여 효에서의 패전을 보복
했다.

[原文] 晉人皆城守不敢出. 於是[1) 繆公乃自茅津[2) 渡河 封殽中
尸[3) 爲[4)發喪 哭之三日 乃誓於軍曰 「嗟[5) 士卒 聽無譁[6) 余
誓告汝. 古之人謀黃髮[7) 番番[8) 則無所過. 以申思[9)不用蹇叔
百里奚之謀 故作此誓 令後世以記余過.[10)」 君子[11)聞之 皆爲
垂涕[12) 曰 「嗟乎[13) 秦繆公之與人周也 卒得孟明之慶.[14)」

[註解] 1) 於是 : 이때에(當是時也). 이에 (爰乃也). 於是乎도 같은 뜻
    임.

2) 茅津(모진) : 山西省 黃河 北岸의 지명.

3) 封殽中尸 : 효의 싸움에서 죽은 시신을 매장하다. 封은 무덤을 만
들다(墓上積土). 尸는 입관하지 않은 死體를 말함(在床曰尸 在棺曰
柩).
【用例】 寢不尸 居不容(잠잘 때 죽은 사람처럼 눕지 않았고, 집안에선 엄
숙한 얼굴을 짓지 않았다). 「論語, 鄕黨」

4) 爲 : ~을 하다.

5) 嗟(차) : 悲歎之辭.

6) 無譁(무화) : 떠들지 말라. 無는 毋와 같음.

7) 黃髮(황발) : 노인. 여기서는 백리해와 蹇叔 두 사람을 말함.

8) 番番(파파) : 하얗게 늙은 모양.
【用例】 番番黃髮 爰饗營丘. 「史記, 太史公自序」(여기에서 營丘는 지
명).

9) 申思 : 거듭 생각하다. 申은 重也. 再也.

10) 余過 : 나의 과실.

11) 君子 : 識者의 뜻. 즉, 繆公의 맹세를 들은 후세인들. 소인에 반대
되는 뜻의 군자가 아님.

12) 垂涕(수체) : 눈물을 흘리다.

13) 嗟乎 : 감탄사. 嗚乎, 嗟, 嗟哉, 嗟夫, 噫(희) 등의 감탄사나 哉,
乎, 與 등의 語氣詞로 감탄의 뜻을 나타낸다.
【用例】 嗟乎. 燕雀安知鴻鵠之志哉. 「史記, 陳涉世家」

14) 孟明之慶 : 孟明視가 戰勝하여 전일의 치욕을 씻을 수 있는 경사.

[語譯] 晉의 군사들은 모두 성에서 지키기만 하고 감히 나와 싸
우지를 못했다.

이때 목공은 몸소 茅津 나루를 건너와서, 효의 싸움에서 죽
은 시신들을 매장하고 發喪하며 3일간 통곡하였다. 그리고 군
사들에게 맹세의 말을 하였다.

"아 ! 군사들은 떠들지 말고 내 말을 들어라. 내 맹세의 말을
하겠다. 옛 사람이 노인들과 일을 꾀하면 과실이 없다 하였다.

건숙과 백리해의 말을 듣지 않은 것을 거듭 생각하여 이 맹세를
하나니 후세 사람들이 나의 과실을 기억하게 하노라."

이 맹세를 들은 사람들은 모두 눈물을 흘리며 말했다.

"아! 秦繆公이 사람을 주도면밀히 대하였으니 마침내 孟明
視가 승전하는 기쁨을 얻었도다."

[參考] 秦은 춘추시대 문화가 낙후하여 中原諸國으로부터 夷狄
視되었다. 그러나 繆公 때부터 강성해져 西戎의 땅을 합치고
晉 서쪽을 뺏고 渭水 유역을 차지했다. 秦의 본격적인 발전은
孝公이 商鞅을 등용한 이후였다.

5. 秦廢封建爲郡縣(節秦始皇本紀)

[原文] 二十六年 秦初幷天下.[1) 丞相[2)縮[3)等言.「諸侯初破 燕齊荊[4)地遠. 不爲置王毋以塡之.[5) 請立諸子 唯[6)上幸許.」始皇[7)下其議於群臣 群臣皆以爲便.[8) 廷尉[9)李斯[10)議曰 「周文武所封子弟同姓甚衆 然後屬[11)疏遠 相攻擊如讐 諸侯更相誅伐 周天子弗能禁止. 今海內[12)賴陛下神靈一統 皆爲郡縣[13) 諸子功臣以公賦稅重賞賜之 甚足易制.[14) 天下無異意 則安寧之術也. 置諸侯不便.」始皇曰 「天下共苦戰鬪不休 以有侯王.[15) 賴宗廟 天下初定 又復立國 是樹兵也.[16) 而求其寧息[17)豈不難哉.[18) 廷尉議是.[19)」

[註解] 1) 秦初幷天下 : 秦始皇帝(名은 政)는 秦莊襄王의 아들로 趙의 邯鄲에서 출생했으며, 기원전 247년 13살로 즉위했다. 즉위 26년(기원전 221년)에 六國 중 마지막 남은 齊를 멸망시키고 비로소 천하를 병합했다.

2) 丞相 : 秦悼武王(기원전 311~307년) 때 처음 설치했다. 天子를 받들고 衆務를 統理한다. 漢初에는 相國이라 불렸다.

3) 縮 : 인명. 王縮.

4) 荊(형) : 楚의 別名.

5) 毋以塡之 : 왕을 봉하지 않으면 그 지역을 진정시킬 수 없다. 塡(진)은 鎭也 安也 壓也의 뜻. 毋는 無와 같음. 王縮은 周代와 같은 封建制를 실행하자는 뜻으로 말했다.

6) 唯 : 發語之辭.

7) 始皇 : 始皇帝. 천하통일 후 諡法을 폐지했음.

　【用例】自今已來 除諡法 朕爲始皇帝. 後世以計數 二世三世至 于萬世 傳之無窮.「史記, 秦始皇帝本紀」

8) 群臣 ~ 便 : 群臣들이 다 좋다고 하다.

9) 廷尉 : 官名. 秦置 漢因之. 掌刑獄.

10) 李斯 : 본래 楚 上蔡人이었다. 荀卿한테서 帝王之術을 배웠고, 秦에 들어가 客卿이 되었으며, 天下平定 후 丞相이 되었다. 郡縣制 실시 및 焚書令을 내리게 한 장본인이다. 二世皇帝 때 趙高에 의해 죽임을 당했다.「史記, 李斯列傳」

11) 後屬 : 후손. 屬은 親眷也.

12) 海內 : 천하. 국내.

　【用例】海內之地 方千里者 九.「孟子, 梁惠王 上」

13) 皆爲郡縣 : 모두 郡縣을 두고.

14) 甚足易制 : 아주 풍족하고, 쉽게 통제할 수 있다(諸子功臣들을 견제하기 쉽다는 뜻).

15) 以有侯王 : 諸侯와 王들이 있기 때문이다. 侯王은 被封된 諸侯와 藩王.

16) 是樹兵也 : 이는 兵禍를 심는 것이다.

17) 寧息 : 안녕과 휴식.

18) 豈不難哉 : 어찌 어렵지 않겠는가? 豈 ~ 哉는 반어형 문장임.

　【用例】晉 吾宗也 豈害我哉(晉은 우리와 同宗인데 어째서 우리를 해치겠는가?).「左傳, 僖公 五年」

19) 廷尉議是 : 廷尉의 의견이 옳다.

[語譯] 26년, 秦은 비로소 천하를 병합했다. 승상 왕관 등이 말했다.

"모든 제후들이 비로소 격파되었으나 燕・齊・楚 지역은 거리가 멀어 王을 봉하지 않으면 진정시킬 수 없습니다. 諸子들을 분봉하시길 청하오니 황상께서는 윤허하여 주십시오."

시황제가 群臣들에게 의견을 말하라 분부하자 群臣들은 모두 좋다고 말했다.

廷尉 李斯가 의견을 말했다.

"周의 문왕과 무왕이 봉한 자제와 同姓이 매우 많았으나 후손들은 소원해져 마치 원수처럼 서로 공격했고, 제후들은 더욱 서로 싸웠으나 周의 천자는 이를 금지시킬 수 없었습니다. 이제 전국이 폐하의 신령에 의하여 하나로 통합되었으니 모든 지역에 군현을 두고, 여러 皇子와 공신들을 나라의 조세로 크게 포상하고 하사하면 모두가 매우 풍족해 하며 〔諸子功臣들을〕 쉽게 통제할 수 있습니다. 천하에 이의가 없는 것이 바로 국가 안녕의 방책입니다. 제후를 두는 것은 옳지 않습니다."

시황제가 말했다.

"온 천하가 그치지 않는 싸움으로 다같이 고통받은 것은 제후와 왕들이 있었기 때문이다. 종묘 선조들의 힘으로 천하가 비로소 안정되었는데 다시 제후국을 둔다는 것은 바로 兵禍를 심는 것이다. 제후를 두고서 평안과 휴식을 구하는 것이 어찌 어렵지 않겠는가? 廷尉의 의견이 옳도다."

原文 分天下以爲三十六郡[1] 郡置守·尉·監[2]. 更名民曰黔首[3]. 大酺[4]. 收天下兵[5] 聚之咸陽[6] 銷以爲鍾鐻[7] 金人[8]十二重各千石[9] 置廷宮中. 一法度衡[10]石丈尺. 車同軌 書同文字. 地東至海[11]曁[12]朝鮮 西至臨洮羌中[13] 南至北嚮戶[14] 北據河[15] 爲塞 竝陰山[16]至遼東. 徙天下豪富於咸陽十二萬戶. 諸廟及章臺[17]上林[18]皆左渭南[19]. 秦每破諸侯 寫放[20]其宮室 作之咸陽北阪上 南臨渭 自雍門[21]以東至涇涇渭[22] 殿屋複道周閣相屬.[23] 所得諸侯美人鍾鼓 以充入之.

[註解] 1) 三十六郡 : 秦은 오행설에 의거 水德을 본으로 삼아, 흑색을 숭상하고 수는 六을 기본으로 했다. 때문에 符節의 길이는 六寸이었고 六尺을 一步로 했으며, 六馬가 끄는 수레를 탔다. 전국의 郡도 6의 배수인 36郡으로 나누었다. 郡 밑에는 여러 개의 현을 두었다.

2) 守尉監 : 군수는 최고책임자로 민정을 관장하고, 郡尉는 兵事, 郡監은 군의 행정 일체를 감찰·보고하였다.

3) 黔首(검수) : 일반 백성. 머리카락이 검다는 뜻을 취했음. 黔은 黑也.

【用例】 廢先王之道 焚百家之言 以愚黔首.「賈誼, 過秦論」

4) 大酺(대포) : 나라에 기쁜 일이 있어 백성과 신하에게 飮酒作樂을 하사함.

5) 兵 : 병기. 무기.

6) 咸陽 : 秦의 도성. 섬서성 장안현.

7) 鍾鐻(종거) : 악기. 銷는 녹일 소.

8) 金人 : 金屬所製之人像.

【用例】 鑄金人十二 以弱黔首之民.「賈誼, 過秦論」

9) 千石 : 12만근. 30斤을 1鈞, 4鈞을 1石이라 했으니 1000石이면 12만근.

10) 度衡(도형) : 測長短之器曰度 測輕重之器曰衡.

11) 至海 : 바다에 이르다. 海는 渤海(발해)를 말함.

12) 曁(기) : 미치다(及也). 接境하다.

13) 臨洮羌中(임조강중) : 臨洮는 지금 甘肅省의 지명. 羌中은 임조 서쪽의 羌族이 사는 땅. 羌은 西戎의 명칭.

14) 北嚮戶 : 북쪽 창문으로 햇빛을 받는 집이란 뜻으로, 구체적인 지명이 아니고 아주 먼 남쪽이란 뜻.

15) 河 : 西河. 山西省의 서쪽 경계가 되는 황하.

16) 陰山 : 陰山 산맥. 내몽고와 화북의 자연 경계선.

17) 章臺 : 秦에서 세운 궁전.

18) 上林 : 섬서성 장안현에 있던 정원. 한무제는 上林苑을 크게 넓혔는데, 司馬相如의 「上林賦」에 그 호사함이 잘 묘사되어 있다.

56

[參考] 三十五年 作朝宮渭南上林苑中.「史記, 秦始皇本紀」

19) 渭南 : 渭水의 남쪽.

20) 寫放 : 본떠 그리다(寫倣).

21) 雍門(옹문) : 지명.

22) 涇渭 : 涇水와 渭水의 합류점.

23) 相屬(상촉) : 離宮과 別館들이 서로 이어져 있다.

[語譯] 천하를 분할하여 36개 군으로 하고, 군에는 군수·군위·군감을 두었다. 백성들을 黔首라 바꾸어 불렀고 큰 잔치를 베풀었다. 천하의 병기를 거두어 함양에 모아, 이를 녹여서 악기와 金人 12개를 만들었는데, 무게는 각각 12만 근이었으며 조정과 궁중에 두었다.

도량형의 石·丈·尺을 하나의 법으로 통일했다. 수레는 바퀴 사이의 폭을 통일했고 문서에는 같은 문자를 쓰도록 했다. 국토를 말하자면, 동쪽으로는 바다에 닿아 조선에 미치었고, 서쪽으로는 임조와 강중에 닿았고, 남쪽으로는 북향호가 있다는 곳에 이르렀으며, 북쪽으로는 서하에서 음산산맥을 거쳐 요동에 이르렀다.

천하의 부호 12만 호를 함양으로 옮겼다. 여러 묘당과 장대궁, 상림원을 위수 남쪽에 지었다.

秦은 제후들을 격파할 때마다 그들의 궁전을 그려다가 함양 북쪽 구릉지대에 다시 지었는데, 남쪽은 위수에 닿았고 옹문으로부터 동으로 향해 경수와 위수의 합류점에 이르렀으니, 여러 궁전과 복도와 누각들이 서로 이어져 있었다.

제후들로부터 얻어 온 미인과 鍾鼓로 그 안을 채워 넣었다.

6. 秦始皇焚書(節秦始皇本紀)

[原文] 三十四年. 始皇置酒咸陽宮 博士七十二人前爲壽.[1] 僕射[2]周靑臣進頌曰 「他時[3]秦地不過千里 賴陛下神靈聖明[4] 平定海內 放逐蠻夷 日月所照 莫不賓服.[5] 以諸侯爲郡縣 人人自安樂 無戰爭之患 傳之萬歲. 自上古不及陛下威德.」始皇悅. 博士齊人淳于越[6]進曰 「臣聞殷周之王[7]千餘歲 封子弟功臣 自爲枝輔.[8] 今陛下有[9]海內 而子弟爲匹夫 卒[10]有田常[11]六卿之臣[12] 無輔拂[13] 何以相救哉. 事不師古而能長久者 非所聞也. 今靑臣又面諛[14]以重陛下之過 非忠臣.」

[註解] 1) 前爲壽 : 앞으로 나아가 獻酒하다. 前은 동사로 쓰였음.
2) 僕射(복야) : 秦의 官名. 옛날에는 武를 중시하여 활 잘 쏘는 사람〔善射者〕을 골라 여러 일을 관장케 하였다. 僕射란 僕役於射也의 뜻.
3) 他時 : 옛날에(往時也).
4) 賴～聖明 : 폐하의 신령과 聖明에 의하여. 賴는 의지하다. 폐하는 皇帝之稱.
5) 賓服 : 귀순하여 臣服함. 諸侯가 入貢하여 천자를 뵙는 것.
6) 淳于越 : 전국시대 齊 淳于髡(순우곤)의 후손. 直諫으로 명성이 있었음.
7) 王 : 왕으로 군림하다. 동사로 쓰였음.
8) 枝輔 : 보좌하다.

9) 有 : 소유하다.

10) 卒 : 끝내는. 마침내.

【用例】卒爲善士.「孟子, 盡心 下」

11) 田常 : 춘추시대 齊人. 본명은 陳恒.

【用例】齊田常, 弑其君簡公於徐州. 孔子請伐之 哀公不聽.「史記, 魯世家」

12) 六卿之臣 : 춘추시대 晉의 六卿(六族)을 말함. 智・范・中行・韓・魏・趙氏 등은 대대로 晉나라 卿位를 독점하다가 끝내 晉을 三分하였고, 晉의 三分을 周 천자가 인정하는 데서부터 전국시대는 시작되었다.

田常처럼 主君을 살해하거나 六卿처럼 나라를 분할・멸망케 하는 신하만 남게 된다는 뜻.

13) 輔拂(보불) : 輔弼과 같음.

14) 面諛(면유) : 면전에서 아첨하다.

【用例】皆面諛以得貴顯.「史記. 劉敬叔孫通列傳」

[語譯] 34년. 시황은 함양의 궁전에서 잔치를 벌였다. 박사 72인이 앞으로 나가 헌주했다. 僕射인 주청신이 앞에 나가 송축하며 말했다.

"옛날 秦의 영토는 천 리에 불과했으나 폐하의 신령과 聖明에 힘입어 海內를 평정하고 蠻夷들을 방축하였으며, 일월이 비치는 곳에선 폐하께 신복하지 않는 자가 없었습니다. 제후들의 땅에 군현을 두었고, 사람마다 저절로 안락하며 전쟁에 대한 근심도 없사오니 만세에 이어질 것입니다. 상고 이래로 폐하의 위덕에 미칠 사람이 없습니다."

시황은 그 말을 듣고 기뻐하였다.

박사인 齊人 순우월이 나서며 말했다.

"신이 듣기로는, 은과 주가 천여 년간 왕으로 군림한 것은 자제와 공신을 分封하여 왕실을 스스로 보좌케 했기 때문입니다.

지금 폐하께서는 海內를 소유했지만 왕족 자제들은 필부가 되었으니, 끝내는 齊의 田常과 晉의 六卿 같은 신하만 있고 보필할 사람이 없을 것이오니 무엇으로 서로 구원케 하겠습니까? 옛 법을 본받지 않고 오래 존속할 수 있는 일이 있다고는 듣지 못했습니다. 지금 주청신은 또 폐하의 면전에서 아부하여 폐하의 과오를 더욱 많게 하였으니 충신이 아닙니다."

[原文] 始皇下其議. 丞相李斯曰 「五帝不相復 三代[1]不相襲 各以治[2] 非其相反 時變異也.[3] 今陛下創大業 建萬世之功 固非愚儒所知.[4] 且越言 乃三代之事 何足法也. 異時諸侯並爭 厚招[5]游學.[6] 今天下已定 法令出一 百姓當家[7]則力農工 士則學習法今辟禁.[8] 今諸生不師今而學古 以非當世[9] 惑亂黔首.」

[註解] 1) 三代 : 夏·殷·周의 세 왕조
2) 各以治 : 각각의 시대에는 거기에 맞는 治法이 있다.
3) 時變異也 : 시대가 달라진 것이다. 시대가 달라지면 治法도 바뀌어야 한다는 뜻.
4) 固非愚儒所知 : 실로 어리석은 선비들이 알 수 있는 것이 아니다.
5) 厚招 : 후한 대우로 초빙하다.
6) 游學 : 각지로 스승을 찾아다니며 배우는 사람. 또는 그렇게 배우다.
   【用例】 荀卿游學於齊.「史記, 荀卿傳」
7) 當家 : 家事를 담당하다.
8) 辟禁(벽금) : 법령.
9) 以非當世 : 자기가 배운 옛것을 갖고 現世를 비난하다.

[語譯] 시황이 의견을 물었다. 승상 이사가 말했다.

"五帝時代를 다시 반복할 수 없으며, 三代를 다시 답습할 수
도 없습니다. 각각의 시대에는 그 시대에 맞는 治法이 있으니,
그것은 서로 상반되는 것이 아니고 시대의 변이일 뿐입니다.
지금 폐하께서는 대업을 개창하셨고 만대에 빛날 큰 공을 세웠
으니 실로 어리석은 儒者들이 알 만한 것이 아닙니다. 또 순우
월의 말은 三代의 일이니 어찌 족히 본받겠습니까? 지난날 제
후들이 서로 다툴 때는 游學하는 자를 후한 대우로써 초빙하였
습니다. 이제 천하는 안정되었고 법령은 한곳에서 나옵니다.
백성들이 家事를 담당하면 農工에 힘써야 되고, 선비는 법령을
배우기만 하면 됩니다. 지금의 선비들은 현세의 일을 배우지
않고 옛것을 배워 현세를 비난하고 백성들을 현혹하고 있습니
다."

原文 「丞相臣斯昧死[1]言. 古者天下散亂 莫之能一[2] 是以諸侯
竝作[3] 語皆道古以害今 飾虛言以亂實 人善其所私學[4] 以非[5]
上之建立. 今皇帝幷有天下 別黑白而定一尊.[6] 私學而相與
非法敎[7] 人聞令下則各以其學議之 入則心非 出則[8]巷議[9] 夸
主[10]以爲名 異取[11]以爲高 率群下以造謗.[12] 如此弗禁 則主勢
降乎上 黨與[13]成乎下. 禁之便. 臣請史官非秦紀皆燒之. 非
博士官所職 天下敢有藏詩・書[14]・百家語者 悉詣[15]守・尉
雜燒之. 有敢偶語[16]詩書 棄市.[17] 以古非今者 族.[18] 吏見知
不擧者與同罪.[19] 令下三十日不燒 黥[20]爲城旦.[21] 所不去者
醫藥卜筮[22]種樹[23]之書. 若欲有學法令 以吏爲師.」制[24]曰
「可.」

註解 1) 昧死(매사) : 죽음을 무릅쓰고.

2) 莫之能一 : 혼란을 통일할 사람이 없었다. 莫은 부정사로 無와 같
다. 之는 천하의 散亂을 가리키는 代詞. 一은 하나로 하다, 통일하
다는 뜻으로 이 句의 동사이다. 一의 동작을 받는 賓語는 代詞인
之이다.
   ＊莫·不·未·毋 같은 부정사가 쓰인 부정문에서 代詞가 賓語로
올 경우, 賓語는 일반적으로 동사 앞에 위치한다. 이는 일종의 강
조 句法이다.
   【用例】 ㉠ 子曰 未之思也 夫何遠之有. (공자께서 말씀하셨다. 진정으
로 생각함이 아니다. 어찌 멀고말고가 있겠느냐?)「論語, 子罕」
   ㉡ 而好作亂者 未之有也.「論語, 學而」
3) 是以諸侯竝作 : 이 때문에 제후들이 일제히 일어났다. 竝作은 일제
히 興起하다.
4) 人善其所私學 : 백성들은 私學에 깊이 빠져. 善은 善長也 또는 熟
練의 뜻. 私學은 개인이 私的으로 專攻한 학문.
   【用例】 故善戰者服上刑.「孟子, 離婁 上」
5) 非 : 비난하다(責也).
6) 定一尊 : 尊崇되어야 할 하나를 정하다.
7) 相與非法敎 : 서로 더불어 法敎를 비난하다.
8) 入則 ~ 出則 ~ : 들어가서는 ~하고, 나가서는 ~하다.
   【用例】弟子入則孝 出則弟.「論語, 學而」
9) 巷議 : 마을(里巷)의 議論. 李斯가 볼 때 巷議는 正論이 아니고 邪
論임.
10) 夸主 : 主見을 誇張함.
11) 異取 : 奇異한 의견을 취함.
12) 造謗 : 비방하다.
13) 黨與 : 同黨之人. 徒黨.
14) 詩書 : 詩經과 書經. 廣義로 해석해서 經書 일체.
15) 詣(예) : 至也. 學業深入曰 造詣.
16) 偶語 : 마주보며 이야기하다(對語也).
17) 棄市(기시) : 死刑에 처함(刑人於市 與衆棄之.)

18) 族 : 滅族하다(一人有罪 刑及親族也).

19) 吏見~同罪 : 관리가 犯法을 알고도 糾察치 않으면 범법자와 同罪로 처벌한다는 뜻.

20) 黥(경) : 얼굴에 墨刑을 가함.

21) 城旦(성단) : 秦代의 형벌. 일종의 중노동형임. 저녁에는 長城을 築造하고 낮에는 적을 경계하는 일을 하는 형벌.

22) 卜筮(복서) : 卜用龜甲 筮用蓍草.

23) 種樹之書 : 農業에 관한 책.

24) 制 : 勅命.

語譯 "승상인 臣 李斯는 죽음을 무릅쓰고 말씀드립니다. 옛날 천하가 혼란할 때 능히 통일할 만한 사람이 없었습니다. 이 때문에 모든 제후가 일제히 흥기하였고, 모두 상고시대 이야기로 현시대를 해치고 있으며, 허언을 꾸며대어 실질적인 것을 혼란케 하고 있습니다. 백성들은 私學에 깊이 빠져 폐하가 이룩한 업적을 비난합니다. 이제 폐하께선 천하를 겸병하셨으니 흑백을 분명히 가려 존중받아야 할 한 가지만을 정해야 합니다. 私的으로 배우고 서로 어울려 나라의 법령과 敎化를 비난하며, 백성들이 법령이 내렸다는 것을 들으면 곧 모두 자기가 배운 것을 가지고 법령에 대해 의논하되, 조정에 들어와선 마음속으로 비난하고 나가서는 마을 여론을 일으킵니다. 자기 주장을 과장하는 것으로 명예를 삼고, 기이함을 취하여 고상하다고 생각합니다. 아래 백성들을 거느리고 비방을 하니 이런 것을 금하지 않으면 폐하의 권세는 위로부터 끌려 내려오게 되고, 徒黨들은 아래로부터 형성되는 것이니, 이런 의논을 금하는 것이 좋습니다. 신이 청하옵건대, 사관은 秦의 역사 기록이 아니면 모두 불태워야 합니다. 博士官의 직분도 아니면서, 천하에 감히 詩書와 百家書를 소장한 사람이 있다면 모두 군수나 군위에 보내게 하고, 그 책들을 모두 태워야 합니다. 감히 마주 서서 詩書를

말하는 사람이 있으면 사형에 처해야 합니다.

옛일을 갖고 현세를 비난하는 자는 멸족시켜야 합니다. 범법자를 알면서도 고발 않는 관리가 있으면 同罪로 다스려야 합니다. 법령이 내린 지 30일이 되어도 소각하지 않으면 묵형에 처한 후, 변방의 중노동형에 처해야 합니다. 없애지 않아도 될 것은 의약과 점치는 책, 농업에 관한 책들뿐입니다. 만약 법령을 배우고자 하는 사람이 있으면 관리들을 스승으로 삼아야 합니다.”

칙명은,

“가하다.”

하였다.

7. 項羽初起(節項羽本紀)

[原文] 項籍者 下相¹⁾人也 字羽. 初起時 年二十四. 其季父²⁾項
梁 梁父即楚將項燕³⁾ 爲秦將王翦所戮者也.⁴⁾ 項氏世世爲楚
將 封於項⁵⁾ 故姓項氏. 項籍少時 學書不成 去學劍⁶⁾ 又不成.
項梁怒之. 籍曰「書足以記名姓而已.⁷⁾ 劍一人敵 不足學 學
萬人敵.」⁸⁾ 於是項梁乃敎籍兵法. 籍大喜 略知其意 又不肯竟
學.⁹⁾ 項梁嘗¹⁰⁾ 有櫟陽逮¹¹⁾ 乃請蘄獄掾曹咎書抵櫟陽獄掾司
馬欣¹²⁾ 以故事得已.¹³⁾

[註解] 1) 下相 : 지명. 지금의 江蘇省 宿遷縣.

2) 季父 : 父之弟曰 季父.

[參考] 兄弟之次云 伯・仲・叔・季.

3) 項燕 : 진시황 24년, 秦의 장군 王翦은 楚를 공격하여 楚軍을 대파하
였다. 楚王 昌平君은 죽고 項燕은 자살했다.

4) 所戮者也 : 죽음을 당한 자이다. 戮(륙)은 殺也.

5) 項 : 지명. 지금의 河南省 項城縣 부근.

6) 去學劍 : 학문을 그만두고 검술을 배우다.

7) 書~而已 : 글은 성명만 쓸 수 있으면 족할 뿐이다.

＊而已는 連詞인 而와 그치다의 뜻을 가진 동사 已가 결합된 형태
의 句尾語氣詞로 '~일 따름이다'로 해석한다.

【用例】王何必曰利. 亦有仁義而已矣.「孟子, 梁惠王 上」

8) 學萬人敵 : 만인을 상대하는 것을 배우고 싶다. 敵은 當也, 對也.

9) 竟學 : 다 배우다. 학업을 완성하다.

10) 嘗 : 일찍이(曾也).

　　【用例】余嘗西至空洞.「史記, 五帝本紀」

11) 櫟陽逮 : 櫟陽縣에서 체포되다.

12) 乃請 ~ 司馬欣 : 蘄縣의 獄掾(옥연 : 감옥의 屬官) 曹咎에게 청하여
　　서신을 써서 역양현의 옥연 司馬欣에게 보내도록 하다. 蘄(기)는 秦
　　代의 縣. 지금의 安徽省에 있었음.

13) 以故事得已 : 그런 까닭으로 그 사건은 끝날 수 있었다. 以故는 때
　　문에, 그래서의 뜻으로서 是以, 是故와 비슷하다. 以는 介詞로서
　　원인을 표시한다.

　　【用例】是故聖益聖 愚益愚.「韓愈, 師說」

　　＊已는 동사로서 그만두다, 중단하다의 뜻이다.

　　【用例】君子曰 學不可以已.「荀子, 勸學」

[語譯] 항적은 下相 사람이고 자는 羽이다. 처음 起兵할 때에는
24세였다. 그의 季父는 項梁이고 梁의 父는 바로 楚의 장군 項
燕으로 秦의 장수 왕전에게 죽음을 당한 사람이다.

　項氏들은 대대로 楚의 장군이 되어 項 땅에 봉해졌기 때문에
성이 項氏이다. 항적이 젊었을 때에 학문을 배웠으나 이루지
못하고, 검술을 배웠으나 그것도 성취하지 못하였다.

　항량이 화를 내니 항적이 말했다.

　"글은 자기 성명만 쓸 줄 알면 족하고, 검술은 한 사람을 대
적하는 것이니 배울 만한 것이 못 되므로 만인을 대적하는 법이
나 배우겠습니다."

　이에 항량은 籍에게 병법을 가르쳤다.

　籍은 크게 기뻐하며 병법을 배우더니, 그 대략을 알게 되자
그것마저 끝까지 배우려 하지 않았다.

일찍이 항량은 역양현에서 체포된 적이 있었는데 기현의 獄吏 조구에게 청하여 조구가 편지를 역양현의 獄吏 사마흔에게 보내어, 일이 잘 처리된 적이 있었다.

[原文] 項梁殺人 與籍避仇[1]於吳中.[2] 吳中賢士大夫[3]皆出項梁下.[4] 每吳中有大徭役[5]及喪 項梁常爲主辦[6] 陰[7]以兵法部勒[8] 賓客及子弟[9] 以是知其能. 秦始皇帝游會稽[10] 渡浙江[11] 梁與籍俱觀. 籍曰「彼可取而代也.[12]」梁掩其口 曰 「毋妄言 族矣.」梁以此奇籍. 籍長八尺餘 力能扛鼎[13] 才氣過人 雖[14]吳中子弟皆已憚籍矣.[15]

[註解] 1) 避仇(피구) : 원수를 피하여 숨다. 仇는 怨讎.

2) 吳中 : 지명. 江蘇省의 吳縣. 춘추시대 吳의 國都가 있던 곳.

3) 賢士大夫 : 賢人과 벼슬하는 사람들. 漢代에는 官位에 있는 사람들을 총칭하여 大夫라 했음.

4) 皆出項梁下 : 모두 項梁 아래에 모여들었다.

5) 徭役(요역) : 노동력을 징발함.

6) 主辦(주판) : 일을 主宰하다.

7) 陰 : 몰래. 은밀히(隱也).

8) 部勒(부륵) : 누가 무슨 일을 맡는다는 부서를 정하다. 勒은 새기다 (刻也). 엄중히 하다의 뜻.

9) 子弟 : 젊은이들. 父老에 상대되는 뜻으로 쓰였음(卑幼之稱).
   【用例】籍與江東子弟八千人 渡江而西.「史記, 項羽本紀」

10) 會稽(회계) : 지금의 浙江省 紹興 지방

11) 浙江(절강) : 江名. 여러 곳에서 구부러져 흐르는 江이라는 뜻. 浙江은 지명으로 통용되고, 江을 말할 때는 錢唐江이라고 많이 씀.

12) 彼～代也 : 저것을 빼앗아 내가 대신할 만하다. 彼는 代詞. 황제의 지위나 구실을 가리킴.

13) 扛鼎(강정) : 솥을 들다. 扛은 對擧也. 鼎은 三足兩耳之器.

14) 雖 : 비록 ~ 라 할지라도.

【用例】雖曰未學 吾必謂之學矣.「論語, 學而」

15) 皆已憚籍矣 : 모두가 項籍을 지나치게 두려워하였다. 已(이)는 지나치게(太過)의 뜻. 憚(탄)은 두려워하다(畏也). 矣는 動態를 나타내는 語氣詞인데, 주로 사물이나 상황의 변화를 나타낸다.

【用例】㉠ 一日行善 福雖未至 禍自遠矣.「明心寶鑑, 繼善」

　　㉡ 王無親臣矣(왕께선 親任할 신하가 없어졌습니다).「孟子, 梁惠王下」

[語譯] 항량은 살인하고 籍과 함께 吳中 땅에 원수를 피해 숨어 있었다. 吳中의 현인이나 대부들이 다 항량 아래에 모여들었다. 吳中에 큰 요역이나 喪事가 있으면 언제나 항량이 主辦이 되어 은밀히 병법대로 부서를 정하여 처리하니, 빈객이나 젊은 이들이 그의 능력을 알게 되었다.

진시황이 會稽에 유람하며 절강을 건널 때, 항량과 籍이 함께 보고 있다가 籍이 말했다.

"저 자리를 뺏어 내가 대신할 만합니다."

항량이 그의 입을 막으며 말했다.

"함부로 말하지 말라 ! 멸족당한다."

항량은 이 일로 항적을 기이하다 여겼다.

항적은 키가 8척이 넘었고, 힘은 솥을 들 만한데다가 재기가 過人하니 吳中의 젊은이들이 모두 籍을 두려워하였다.

[原文] 秦二世元年[1] 陳涉[2]等起大澤[3]中. 其九月 會稽守通[4]謂梁曰 「江西[5]皆反 此亦天亡秦之時也. 吾聞先即制人 後則爲人所制.[6] 吾欲發兵 使公及桓楚[7]將.」 是時桓楚亡[8]在澤中. 梁曰 「桓楚亡 人莫知其處 獨[9]籍知之耳.」[10] 梁乃出 誡[11]籍

持劍居外待. 梁復入 與守坐 曰 「請召籍 使受命召桓楚.」
守曰 「諾.」梁召籍入. 須臾¹²⁾ 梁眴¹³⁾籍曰 「可行矣.」於是
籍遂拔劍斬守頭. 項梁持守頭 佩其印綬. 門下大驚 擾亂 籍
所擊殺數十百人. 一府中皆慴伏¹⁴⁾ 莫敢起.

[註解] 1）秦二世元年 : 始皇은 기원전 210년 河北省 沙丘에서 50세로
　　사망하였다. 당시 태자였던 扶蘇와 장군 蒙恬과 사이가 나빴던 환
　　관 趙高는 승상 李斯와 모의하고 유서를 改造하여 扶蘇에게 사약을
　　내리고, 小子 胡亥를 二世皇帝로 옹립하였다.

2）陳涉 : 秦 陽城人. 涉은 그의 字이고, 名은 勝임. 吳廣과 함께 漁
　　陽에 防成하러 갈 인부 900인을 거느리고 가다가 大澤鄕에서 큰비
　　를 만나 기한 내에 목적지에 도착할 수 없게 되었다. 그래서 失期
　　하여 斬首당하느니 大名을 세우자며 秦의 虐政에 처음으로 반기를
　　들었다. 陳勝은 뒷날 즉위하여 국호를 張楚라 하였다.「史記, 陳涉
　　世家」

3）大澤 : 縣名. 지금의 安徽省 宿縣 서남쪽에 있었음.

4）通 : 會稽郡守 殷通.

5）江西 : 浙江의 서쪽 지역.

6）爲人所制 : 타인에게 제압당하게 된다. 피동형 문장임.
　　* 見·爲·被 등 피동의 뜻을 나타내는 말을 써서 피동형을 만들
　　거나, 동사 뒤에 행위의 주동자를 나타내는 介詞 구조를 사용하여
　　피동형을 만들기도 한다. 그리고 爲～所의 형태로 피동을 나타내
　　기도 하며, 또 피동의 句形을 취하지 않더라도 의미상 피동인 경우
　　도 있다.
　　【用例】㉠ 東敗於齊 長子死焉.「孟子, 梁惠王 上」
　　㉡ 若屬皆且爲所虜(너희들은 모두 장차 포로가 될 것이다).「史記, 項
　　羽本紀」
　　㉢ 木受繩則直(나무는 먹줄이 쳐지면 곧게 된다).「荀子, 勸學」

7）桓楚 : 인명.

8）亡 : 도망하다.

9) 獨 : 오로지(特也). 다만(但也).
　　【用例】㉠ 今獨臣有船.「史記, 項羽本紀」
　　　　　　㉡ 非獨賢者有是心也.「孟子, 梁惠王 上」

10) 耳 : ～ 일 뿐이다. 한정의 語氣를 나타내는 句尾語氣詞.
　　【用例】人皆有之 賢者能勿喪耳.「孟子, 梁惠王 上」(위 9)의 용례
　　　　　　㉡ 에 이어지는 말임.

11) 誡 : 말하다(告也). 명하다(命也).

12) 須臾(수유) : 잠시. 조금 있다가.
　　【用例】道也者 不可須臾離也(道란 것은 잠시라도 떠날 수 없는 것이
　　　　　다).「中庸」

13) 眴(순) : 눈짓하다(目搖也).

14) 慴伏(접복) : 위력에 놀라 굴복하다.

[語譯] 秦 二世皇帝 원년에 진섭의 무리들이 大澤鄕에서 기병하
였다.

그해 9월에 會稽郡守 殷通이 항량에게 말했다.

"절강 서쪽이 모두 秦에 반기를 들었는데, 이는 역시 하늘이
秦을 멸망시키려는 뜻이다. 내가 듣기로는 남보다 앞서면 남을
이기고 남보다 뒤지면 남에게 제압당한다고 들었다. 나는 그대
와 환초를 장군으로 삼아 發兵하려 한다."

이때에, 환초는 도망하여 大澤鄕에 숨어 있었다. 항량이 말
했다.

"환초는 지금 도망중인데 아무도 그가 있는 곳을 알지 못하
고, 오직 항적만이 알고 있습니다."

항량은 밖으로 나와 籍에게 칼을 갖고 밖에서 기다리라고 말
하였다.

항량은 다시 들어가 군수와 같이 앉아 있다가 말했다.

"항적을 불러 환초를 데려오라는 명령을 내리십시오."

군수가 말했다.

"알았다."

항량이 籍을 들어오라고 불렀다.

잠시 후, 항량이 籍에게 눈짓으로 말했다.

"해치울 때다."

그러자 籍이 칼을 빼어 군수의 목을 쳤다. 항량이 군수의 목을 들고 印綬를 차고 나서자 문하 사람들이 크게 놀라며 소란을 떨었다. 이에 籍은 수십 내지 백여 명을 쳐서 죽였다. 관아 내의 사람들이 모두 기가 죽어 감히 항거하는 사람이 없었다.

原文 梁乃[1]召故[2]所知豪吏[3] 諭[4]以所爲起大事 遂[5]舉吳中兵. 使人收下縣[6] 得精兵八千人. 梁部署吳中豪傑爲校尉·侯·司馬.[7] 有一人[8]不得用 自言於梁. 梁曰 「前時某喪 公主某事[9] 不能辦 以此不任用公.」衆乃皆伏. 於是梁爲會稽守 籍爲裨將[10] 徇[11]下縣. 廣陵[12]人召平 於是爲陳王[13]徇廣陵 未能下.[14] 聞陳王敗走 秦兵又且至[15] 乃渡江矯陳王命[16] 拜梁爲楚王上柱國.[17] 曰 「江東已定 急引兵西擊秦.」項梁乃以八千人渡江而西.[18]

註解 1) 乃 : 이에, 비로소, 그런 뒤에야의 뜻을 가진 부사이나 때때로 句를 連接하기도 한다. 於是, 然後와 같은 뜻으로 사용된다.

【用例】賴楚魏諸侯來救 乃得解邯鄲之圍(楚·魏의 제후들의 구원에 힘입어서, 이에 한단의 포위를 풀 수 있었다).「史記, 廉頗藺相如列傳」

2) 故 : 여기서는 부사로, 예부터의 뜻으로 쓰였다.

3) 豪吏 : 권세 있는 관리.

【用例】蕭何爲主吏 居縣爲豪吏矣.「史記, 曹相國世家」

4) 諭 : 말하다(告也). 타이르다.

5) 遂 : 마침내. 드디어.

6) 使人收下縣 : 사람을 시켜 縣에서 군사를 모으다. 收는 징병하다는
   뜻으로 쓰였음.

7) 校尉·侯·司馬 : 武官의 職名.

8) 有一人 : 어떤 한 사람. 有는 或者의 뜻으로 쓰였음.

9) 公主某事 : 그대가 어떤 일을 맡았지만. 公은 상대방에 대한 존칭.
   主는 主辦하다, 맡아 처리하다의 뜻.

10) 籍爲裨將 : 籍은 裨將이 되었다. 裨는 돕다(助也)의 뜻.

11) 徇下縣 : 郡에 속한 縣들을 공략하다. 下縣은 군 아래의 현. 徇은
    巡撫하다.

12) 廣陵 : 지명. 지금의 江蘇省 江都縣.

13) 陳王 : 陳涉을 말함. 陳이란 곳에서 왕으로 추대되었음.

14) 未能下 : 공략하지 못했다.

15) 又且至 : 또 곧 이르려 한다. 且는 곧 ～ 하려 한다의 뜻.
    【用例】吾且尊官 與地分土.「史記, 秦本紀」

16) 矯陳王命 : 陳王의 命이라고 속이어. 矯는 거짓(詐也, 僞也)의 뜻.

17) 楚王上柱國 : 上柱國은 楚의 制度였는데, 破軍殺將者의 벼슬로 上
    柱國을 내리고 높이 우대했다 함.

18) 西 : 동사로 쓰였음. 서쪽으로 진격하다는 뜻. 이처럼 漢字에는 고
    정된 품사가 없고 문장 내의 위치에 따라 바뀐다.

〔語譯〕 항량은 전부터 알던 관리들을 불러 큰 일을 일으키려 한
다는 바를 말하고, 마침내 吳中에서 거병하였다.

사람을 보내 여러 현에서 병사들을 모아 정병 8천 명을 모았
다.

항량은 吳中 호걸들의 부서를 정하여 교위·후·사마에 각각
임명하였다. 어떤 한 사람이 임용되지 않자 항량에게 자신이
임명되지 않았다는 것을 말하였다. 항량이 대답하였다.

"지난번 누구의 喪事에 그대에게 어떤 일을 맡겼으나 처리하
지 못했기 때문에 그대를 임용하지 않았다."

그러자 모두가 심복하였다.

　이에 항량은 會稽 군수가 되고 籍은 裨將이 되어 여러 현을 순무하였다.

　廣陵 사람 소평이 이때에 陳王을 위하여 광릉 지방을 공략하였으나 아직 평정하지 못하고 있었다. 소平은 陳王이 패주하였고 秦의 군대가 곧 광릉에 들어온다는 소식을 듣고 강을 건너와, 陳王의 명령을 사칭하여 항량을 楚王의 上柱國에 임명한다면서 말했다.

　"강동 지방은 이미 평정되었으니 급히 군대를 이끌고 서쪽으로 나아가 秦을 공격하시오."

　항량은 곧 8천의 군사를 거느리고 강을 건너 서쪽으로 나아갔다.

8. 鴻門之宴(節項羽本紀)

[原文] 於是楚軍夜擊阬[1]秦卒二十餘萬人[2]新安城[3]南. 行略定[4]
秦地 函谷關[5]有兵守關不得入. 又聞沛公[6]已破咸陽 項羽大
怒 使當陽君等擊關. 項羽遂入 至于戲西.[7] 沛公軍覇上[8] 未
得與項羽相見. 沛公左司馬曹無傷使人言於項羽曰 「沛公欲
王關中[9] 使子嬰[10]爲相 珍寶皆有之.[11]」項羽大怒曰 「旦日[12]
饗[13]士卒 爲擊破沛公軍.」

[註解] 1) 阬(갱) : 구덩이(坑). 묻어죽이다(埋殺也).
　　【用例】犯禁者四百六十餘人 皆阬之咸陽.「史記 秦始皇紀」
2) 秦卒～萬人 : 項羽는 秦將 章邯과 40여 일간 대치하다가 장한의
　　투항을 받고 장한의 사졸 20여 만 명을 휘하에 두었다. 그런데 秦卒
　　20여 만의 대부분이 장한의 투항에 불만을 품고 있었으며, 이들은
　　函谷關에 들어가기만 하면 곧 항우에 반기를 들 것이라는 소문이
　　돌고 있었다. 항우는 이에 불안을 느껴 장한이 거느렸던 秦卒 20여
　　만을 생매장했다.
3) 新安城 : 지금의 河南省 澠池縣(민지현) 부근.
4) 略定 : 공략하여 평정하다.
5) 函谷關(함곡관) : 秦의 關名. 지금의 河南省 靈寶縣 부근.
6) 沛公 : 漢高祖 劉邦이 起兵할 때 沛人들이 劉邦을 迎立하여 沛公이
　　라 하였다. 沛(패)는 지금의 江蘇省 西北의 沛縣으로 山東省과 접경
　　하고 있다.

7) 戱西 : 지명. 戱水의 서쪽. 지금의 섬서성 西安 부근.

8) 霸上(패상) : 지명. 西安 부근.

9) 關中 : 지금의 섬서성 일대를 가리키는 말. 동으로는 函谷關, 서로는 隴關의 가운데란 뜻으로 당시에는 천하의 중심부였다.

10) 子嬰 : 인명. 秦의 태자였던 扶蘇의 아들.

11) 皆有之 : 다 소유했다.

12) 旦日(단일) : 다음날(明日也).

13) 饗(향) : 잔치. 음식을 많이 먹다.

[語譯] 이에 秦軍은 밤에 공격을 단행하여 秦의 사졸 20여 만 명을 신안성 남쪽에 묻어 죽였다. 행군하며 秦의 땅을 공략하였는데, 함곡관에는 관문을 지키는 병사들이 있어 들어갈 수가 없었다. 게다가 패공이 벌써 함양을 격파했다는 말을 듣고 항우는 크게 화를 내어 當陽君 등을 시켜 함곡관을 치게 했다.

항우는 드디어 관중에 들어와 戱水 서편에 도착했다. 패공은 霸上에 주둔하고 있어 항우와 서로 만나지 못했다.

패공의 좌사마인 조무상이 사람을 보내 항우에게 말했다.

"패공은 관중의 왕이 되려고 자영을 相으로 삼았으며 진기한 보물들을 모두 차지했습니다."

항우가 크게 노하며 말했다.

"내일 아침 사졸들을 배불리 먹이고 패공의 군대를 격파하겠다."

[原文] 當是時 項羽兵四十萬 在新豊鴻門¹⁾ 沛公兵十萬 在霸上. 范增²⁾說項羽曰 「沛公居山東時 貪於財貨³⁾ 好美姬. 今入關 財物無所取 婦女無所幸⁴⁾ 此其志不在小. 吾令人望其氣 皆爲龍虎 成五彩⁵⁾ 此天子氣也. 急擊勿失.⁶⁾」 楚左尹⁷⁾項伯

者[8] 項羽季父也 素善[9]留侯張良. [10] 張良是時從沛公. 項伯乃
夜馳之[11]沛公軍 私見張良 具告以事[12] 欲呼張良與俱去. 曰
「毋從俱死也[13]」

註解 1) 新豊鴻門 : 新豊은 지금의 섬서성 西安 근처 臨潼縣의 동북
쪽이고, 鴻門은 新豊의 屬地로 지금은 項王營이라 부른다.

2) 范增(범증) : 인명. 당시 70세였다 함. 항우를 도와 覇業을 이루게
하였으며, 항우가 존경하여 亞父라고 불렀다. 뒷날 項羽가 范增을
의심하고 그의 計策을 받아들이지 않자 항우를 떠나 고향 彭城으로
가다가 병으로 죽었다.

3) 貪於財貨 : 재화를 탐내다.
＊於는 介詞로 그 사용범위가 매우 넓다. 於는 주로 행위의 장소나
시간 대상을 밝히는 데 사용한다. 이 경우 '~에서''~로''~에
게''~에 대해'' ~에'등의 다양한 뜻을 가진다. 본문에서는 행
위의 대상을 말한다. 於의 용례를 몇 가지 들면 다음과 같다.
【用例】㉠ 행위의 대상 : 己所不欲 勿施於人.「論語, 衛靈公」
㉡ 행위의 대상및 비교 : 靑取之於藍 而靑於藍.「荀子, 勸學」
㉢ 피동형, 행위의 주동자를 밝힘 : 此非孟德之困於周郎者乎.「蘇
軾, 赤壁賦」
㉣ 장소를 밝힘 : 子路宿於石門.「論語, 憲問」
㉤ 시간과 대상을 밝힘 : 苟全性命於亂世 不求聞達於諸侯.「諸葛
亮, 出師表」

4) 婦女無所幸 : 부녀자를 가까이하는 바 없다.
＊幸은 사랑하다(愛也). 몸을 섞다(淫行也)의 뜻.
【用例】襄公有賤妾 幸之有身(有身은 임신하다.).「史記. 衛世家」

5) 五彩 : 靑·白·赤·黑·黃의 다섯 가지 색.

6) 勿失 : 실패하지 말라. 勿은 금지 명령형으로 莫·毋와 같다.
【用例】過則勿憚改.「論語, 學而」

7) 左尹 : 楚의 官名.

8) 項伯者 : 項伯이란 사람은.

項伯은 항우의 季父로 鴻門之宴에서 劉邦을 살린 공로로 列侯에 봉해지고 劉氏 姓을 하사받았다. 者는 일종의 指示代詞이다. 형용사나 동사와 결합하여 名詞性詞組를 만든다.

【用例】不爲者與不能者之形 何以異(하지 않는 것과 할 수 없는 것의 형상은 어떻게 다릅니까?).「孟子, 梁惠王 上」. 項伯者의 者는 없어도 되는데 者가 있어 語氣의 일시적 중지를 나타낸다.

【用例】陳勝者 陽城人也.「史記, 陳涉世家」者는 今·昔 등과 결합하여 狀語로 쓰이기도 한다(今者는 지금. 昔者는 옛날에).

【用例】今者項莊拔劍舞.「史記, 項羽本紀」

＊有字의 賓語로 人名과 결합한 者字가 쓰여 전체 문장의 주어가 되기도 한다.

【用例】有顏回者 不遷怒 不貳過 不幸短命死矣.「論語, 雍也」

9) 素善 : 평소에 친했다.

10) 張良 : 字는 子房. 전국시대 韓의 귀족 출신이었다. 진시황을 저격했으나 실패하여 한때 숨어 있었다. 漢高祖 劉邦과 처음 만난 곳이 留 땅이어서 留侯가 되기를 자청했다.「史記」55권에 留侯世家가 들어 있다.

11) 馳之(치지) : 말을 달려서 갔다.

12) 具告以事 : 사정을 모두 이야기하다.

13) 毋從俱死也 : 沛公을 따라 같이 죽지 말라. 毋는 금지명령어.

[語譯] 이때 항우의 군대 40만은 新豊의 鴻門에 주둔했고, 패공의 군대 10만은 패상에 주둔하고 있었다.

범증이 항우를 설득하며 말하였다.

"패공이 산동에 있을 때는 재화를 탐하고 美姬를 좋아했습니다. 지금 관중에 들어온 뒤로는 재물을 취하는 바 없고 부녀자를 가까이하지도 않는데, 이것은 그의 뜻이 결코 작은 것에 있지 않기 때문입니다. 내가 사람을 시켜 그 기상을 살펴보았는데 모든 것이 龍虎와 같고 다섯 색깔을 띤 듯하니 이것은 천자의 기상입니다. 빨리 공격하되 실수하지 마십시오."

楚의 左尹 항백은 항우의 季父였는데 평소에 留侯 장량과 친했다.

장량은 이때 패공을 돕고 있었다.

항백은 밤중에 말을 달려 패공의 군영으로 가서 은밀히 장량을 만나 사정을 모두 말하고, 장량을 불러 같이 그곳을 떠나자고 하면서 말했다.

"패공을 따라 같이 죽지 마시오."

原文 張良曰 「臣爲韓王送沛公. 沛公今事有急 亡去不義 不可不語1).」 良乃入 具告沛公. 沛公大驚 曰 「爲之奈何.2)」 張良曰.「誰爲大王爲此計者.」曰 「鯫生3)說我曰 距關毋內4) 諸侯 秦地可盡王也. 故聽之.」良曰 「料5)大王士卒足以當項王乎.」沛公默然6)曰 「固不如也 且爲之奈何.」張良曰 「請往謂項伯 言沛公不敢背7)項王也.」沛公曰 「君安8)與項伯有故.9)」張良曰 「秦時與臣游 項伯殺人 臣活之. 今事有急 故幸來告良.」沛公曰 「孰與君少長.10)」良曰「長於臣.」沛公曰 「君爲我呼入 吾得兄事之.」張良出 要項伯.11)

註解 1) 不可不語 : 말하지 않을 수 없다. 이중부정임.

2) 爲之奈何 : 이 일을 어떻게 해야 하나? 之는 代詞로 爲의 賓語이다. 之가 代詞로 쓰일 때는 사람이나 사물에 모두 쓸 수 있다. 그러나 之는 賓語로만 쓰이지 주어로 쓸 수 없다.

奈何(내하)는 어찌하다의 뜻으로 如何나 若何와 같다. 奈何가 동사의 앞뒤에 놓였을 경우에는 '어떻게'의 뜻이 된다.

【用例】雖急不可以驅 奈何棄之(비록 급하긴 해도 달릴 수가 없고, 그렇다고 어떻게 그들을 버립니까?).「史記, 項羽本紀」

78

奈何가 句 뒤에 단독으로 올 경우에는 '어떻게 하나?'의 뜻으로 새긴다.

【用例】取吾璧 不予我城 奈何.「史記, 廉頗藺相如列傳」

奈何의 중간에 명사나 代詞 등이 삽입되는 경우도 있다.

【用例】虞兮虞兮奈若何(虞여 虞여 너를 어찌할거나?).「史記, 項羽本紀」

3) 鯫生(추생) : 小人. 鯫는 송사리 추. 劉邦의 성품이나 언행으로 보아 '어떤 송사리 같은 놈'이라고 욕하고도 남을 만하다.「史記」에 口語나 俗語 등을 적절히 삽입하여 생동감 있게 묘사했다는 평을 받을 만한 대목이다.

4) 毋內(무납) : 들이지 말라. 內은 納과 같음. 毋는 금지명령어.

5) 料 : 헤아려 생각하다(猜想也).

【用例】大王自料 勇悍仁彊 孰與項王.「史記, 淮陰侯列傳」

6) 默然 : 묵묵히(無言貌).

7) 背 : 배반하다.

8) 安 : 어떻게, 어찌의 뜻을 나타내는 의문사. 狀語로 쓰였음.

【用例】蛇固無足 子安能爲之足?(뱀은 원래 발이 없는데, 그대는 어떻게 거기에 발을 그릴 수 있는가?)「戰國策, 齊策」

9) 有故 : 알고 지내다.

10) 孰與君少長 : 그대와 項伯 중에 누가 젊고 누가 나이 많은가?

＊孰與는 疑問代詞인 孰과 介詞인 與가 결합한 것으로서, 비교나 선택을 나타내는 의문문에 쓰인다.

【用例】㉠ 惟坐而待亡 孰與伐之(단지 앉아서 망하기를 기다리는 것과 적을 치는 것 중에 어느 것이 좋겠습니까?).「諸葛亮, 後出師表」

㉡ 孰謂微生高直(누가 微生高를 정직하다고 하는가?).「論語, 公冶長」

11) 要項伯 : 項伯을 맞이하였다. 데리고 들어오다.

[語譯] 장량이 말했다.

"저는 韓王을 위하여 패공에 보내진 사람입니다. 패공의 일이 위급한데 도망가는 것은 불의이니 말하지 않을 수 없습니

다."

장량은 곧 안으로 들어가 패공에게 모두 다 말했다.

패공은 크게 놀라며 물었다.

"이를 어찌하면 좋겠는가?"

"누가 대왕에게 함곡관을 막으라는 계책을 건의했습니까?"

"어떤 小人이 함곡관을 막고 제후들을 들여놓지 않으면 秦의 땅만 갖고도 왕을 할 수 있다 하길래 그 말을 따랐소."

"대왕의 군졸로 족히 項王과 넉넉히 맞설 수 있다고 생각하십니까?"

패공은 한참 말이 없다가 대답했다.

"원래부터 그렇지 않소. 그러니 어찌해야겠는가?"

"제가 항백에게 가서 패공께선 결코 項王을 배반하지 않는다고 말하겠습니다."

"그대는 어떻게 項伯과 알고 지내는가?"

"秦나라 시절에 저와 같이 놀았습니다. 항백이 살인했을 때 제가 그를 숨겨 살렸습니다. 지금 일이 위급하다고 다행히도 저를 찾아와 말해 주는 것입니다."

"누구 나이가 더 많은가?"

"그가 저보다 더 많습니다."

"그대가 나를 위해 그를 불러오시오. 내가 그를 형으로 섬기겠소."

장량이 나와 항백에게 들어가자고 말했다.

[原文] 項伯卽入見沛公. 沛公奉巵酒[1)]爲壽[2)] 約爲婚姻 曰「吾入關 秋豪[3)]不敢有所近. 籍吏民[4)] 封府庫[5)] 而[6)]待將軍. 所以遣將軍守關者 備他盜之出入與非常也. 日夜望將軍至 豈敢

反乎.⁷⁾ 願伯具言臣之不敢倍德⁸⁾也.」項伯許諾. 謂沛公曰
「旦日不可不蚤⁹⁾自來謝項王.」沛公曰 「諾.」於是項伯復夜
去 至軍中 具以沛公言報項王. 因言曰 「沛公不先破關中 公
豈敢入乎. 今人有大功而擊之 不義也 不如¹⁰⁾因善遇之.¹¹⁾」項
王許諾.

[註解] 1) 卮酒(치주) : 한 잔의 술. 卮는 둥근 모양의 술잔.

2) 爲壽 : 尊者에게 술잔을 올리는 것을 壽라 한다.

3) 秋豪 : 가을에 나는 짐승의 細毛. 미세한 물건을 비유함. 秋毫와
같음.
　【用例】 韓信謂漢王曰. 大王之入武關 秋豪無所害.「史記, 淮陰侯列
傳」

4) 籍吏民 : 吏民의 호구수를 적다. 籍은 장부에 기록하다.

5) 封府庫 : 나라의 문서나 재화를 보관하는 창고를 封하다.
　【用例】 君之倉廩實 府庫充.「孟子, 梁惠王 上」

6) 而 : 而는 連詞로서 주로 형용사나 동사를 연결하는 기능을 한다.
　【用例】 ㉠ 君子 周而不比 小人 比而不周.「論語, 爲政」
　　　　 ㉡ 學而不思則罔 思而不學則殆.「論語, 爲政」

7) 豈敢反乎 : 어찌 감히 배반할 수 있겠습니까? 豈는 反問副詞. 乎
는 疑問語氣詞.
　【用例】 公豈敢入乎.「史記, 項羽本紀」

8) 倍德 : 背德과 같음. 倍는 違背의 뜻.
　【用例】 上恤孤民 而民不倍.「大學」

9) 蚤(조) : 일찍이(早也).
　【用例】 回 年二十九 髮盡白 蚤死.「史記, 仲尼弟子列傳」
　　* 回는 顔回.

10) 不如 : ～함만 못하다.
　【用例】 子曰. 吾嘗終日不食 終夜不寢 以思無益 不如學也.「論語,
衛靈公」

11) 因善遇之 : 이로 인하여 沛公을 잘 대우하다.

＊因은 介詞와 連詞로 쓰이는데 본문의 因言曰의 因은 連詞로 쓰여 上句의 뜻을 承接하였고 본항의 因은 介詞로 쓰인 경우이다. 因이 介詞로 쓰일 경우 행위의 원인이나 經由, 또는 근거를 표시한다.
【用例】㉠ 행위의 원인을 표시 : 因此怒 遣人追殺王姊道中.「史記, 張耳陳餘列傳」
㉡ 행위의 근거를 표시 : 善戰者因其勢而利導之.「史記, 孫子吳起列傳」

[語譯] 항백은 곧 들어와 패공을 만났다. 패공은 치주를 올려 獻壽하고 두 집안간의 혼인을 약속하고 나서 말했다.

"내가 관중에 들어온 후, 추호라도 감히 가까이한 것이 없습니다. 백성의 호구를 파악하고 府庫를 모두 봉하고서 항 장군을 기다렸습니다. 부하 장군을 보내 함곡관을 지키게 한 까닭은 여타의 도적이나 비상시에 대비한 것입니다. 밤낮으로 항 장군이 도착하기를 기다렸지 어찌 감히 배반하겠습니까? 바라옵건대 제가 감히 배은망덕하지 않을 것이라고 당신께서 자세히 말씀 좀 해주십시오."

항백이 그리하겠다고 허락하면서 패공에게 말했다.

"내일 아침에 일찍이 몸소 오셔서 項王한테 직접 말씀드리셔야 됩니다."

패공도 좋다고 승낙하였다.

이에 항백은 밤중에 다시 돌아가 軍中으로 들어가, 패공의 말을 항왕에게 자세히 보고하며 말했다.

"패공이 먼저 관중을 격파하지 않았다면 어찌 入關할 수 있었겠는가? 지금 패공이 그런 큰 공을 세웠는데 그를 공격한다는 것은 의가 아니니 패공을 잘 대우해 주느니만 못하오."

항왕도 허락했다.

[原文] 沛公旦日從百餘騎來見項王 至鴻門 謝曰 「臣與將軍戮

力[1]而攻秦 將軍戰河北 臣戰河南. 然不自意先入關破秦 得復
見將軍於此. 今者[2]有小人之言 令將軍與臣有却.[3]」項王曰
「此沛公左司馬曹無傷言之. 不然[4] 籍何以至此.[5]」項王卽
日[6]因留沛公與飮. 項王‧項伯東嚮坐[7] 亞父[8]南嚮坐. 亞父
者 范增也. 沛公北嚮坐 張良西嚮侍.[9] 范增數目[10]項王 擧所
佩玉玦[11]以示之者三[12] 項玉默然不應.

.

[註解] 1) 戮力(육력) : 온 힘을 다하여. 戮은 본래 殺也, 刑也의 뜻.

2) 今者 : 지금(是時也).

3) 令~有却 : 장군과 저 사이에 틈이 생기게 했습니다.

令은 使‧遣‧俾처럼 使役形을 만든다.

【用例】 何故深思高擧 自令放爲.「屈原, 漁父辭」

＊自는 代詞로서 賓語임. 爲는 乎와 같은 語氣詞로 쓰였음.

却(각)은 물리치다. 틈(隙也).

4) 不然 : 그렇지 않다면(不如此也).

【用例】 子曰. 不然 獲罪於天 無所禱也.「論語, 八佾」

5) 至此 : 이런 상황에 이르다.

6) 卽日 : 당일. 그날.

7) 東嚮坐 : 동쪽을 향하여 앉다. 嚮은 向과 같음.

8) 亞父 : 亞는 次의 뜻.

9) 侍 : 側面에 배석하다. 卑者가 尊者의 측면에 있는 것을 侍라 함.

【用例】 閔子侍側.「論語, 先進」

10) 數目 : 여러 차례 눈짓하다.

11) 玉玦(옥결) : 半環의 佩玉을 玦이라 함. 결단코 죽여야 함을 암시
했다.

12) 以示之者三 : 옥결로 項羽에게 암시한 것이 세번이었다.

[語譯] 다음날, 패공은 100여 騎를 거느리고 항왕을 만나러 홍
문에 이르러 사죄하며 말했다.

"신은 장군과 함께 온 힘을 다하여 秦을 공략하였습니다. 장군께선 하북에서 싸우고 신은 하남에서 싸웠습니다. 그러나 제가 본의 아니게 먼저 관중에 들어와 秦을 격파하였고, 여기서 다시 장군을 뵙게 되었습니다. 지금 어떤 소인의 말 때문에 장군과 신 사이에 틈이 생기게 되었습니다."

항왕이 대답했다.

"이는 패공의 左司馬 조무상의 말 때문이오. 그렇지 않으면 내 어찌 장군과 틈이 생겼겠소?"

항왕은 그날 패공을 머무르게 하고 같이 술을 마셨다.

항왕과 항백은 동쪽을 향해 앉았고 亞父는 남향으로 앉았는데, 亞父란 바로 범증이다.

패공은 북향으로 앉고 장량은 서향으로 侍立하였다.

범증은 항왕에게 여러 번 눈짓을 하고, 차고 있는 옥결을 들어 암시를 세 번이나 했으나, 항왕은 묵묵히 앉아 응하지 않았다.

[原文] 范增起 出召項莊¹⁾ 謂曰 「君王爲人不忍²⁾ 若³⁾入前爲壽 壽畢 請以劍舞. 因擊沛公於坐 殺之 不者⁴⁾ 若屬⁵⁾皆且爲所虜.⁶⁾」 莊則⁷⁾入爲壽. 壽畢 曰 「君王與沛公飮 軍中無以爲樂⁸⁾ 請以劍舞.」 項王曰 「諾.」 項莊拔劍起舞 項伯亦拔劍起舞 常以身翼蔽⁹⁾沛公 莊不得擊. 於是張良至軍門‧見樊噲¹⁰⁾. 樊噲曰 「今日之事何如.」 良曰 「甚急. 今者項莊拔劍舞 其意常在沛公也.¹¹⁾」 噲曰 「此迫矣 臣請入 與之同命¹²⁾.」 噲即帶劍擁盾¹³⁾入軍門.

[註解] 1) 項莊 : 항우의 從弟.

2) 爲人不忍 : 사람됨이 모질지 못하다. 자애롭고 정에 약하다는 뜻.
　　【用例】㉠ 臣 固知王之不忍也.「孟子, 梁惠王 上」
　　㉡ 孟子曰, 人皆有不忍人之心.「孟子, 公孫丑 上」
　　＊ 不忍人之心은 惻隱之心임.

3) 若 : 너. 2인칭 代詞(汝也).
　　【用例】若非吾故人乎.「史記, 項羽本紀」

4) 不者 : 그렇지 않으면, 不然이면.

5) 若屬 : 너희들(汝輩也). 項氏 문중을 말함.

6) 爲所虜 : 포로가 될 것이다. 爲所는 피동형임.

7) 則 : 즉시, 곧바로(即과 같음).
　　【用例】項羽乃號爲雍王 王關中 今則來 沛公恐不得有此.「史記, 高
帝本紀」

8) 無以爲樂 : 樂曲이라 할 만한 것이 없다. 音樂이 없으니.

9) 翼蔽(익폐) : 날개(羽翼)로 가리다.

10) 樊噲(번쾌) : 인명. 劉邦과 같은 沛縣 사람으로 본래 개백정(屠拘)
이었다. 패공이 起兵할 때부터 侍從했고 큰 공을 세워 뒷날 舞陽侯
에 봉해졌다. 樊은 울타리. 噲는 목구멍.

11) 其意~也 : 검무를 추는 뜻은 늘 패공을 擊殺하려는 데 있다.

12) 與之同命 : 그와 더불어 운명을 같이하겠다. 그와 내가 같이 죽겠
다.

13) 帶劍擁盾 : 칼을 차고 방패를 들고. 擁(옹)은 끼다. 껴안다. 盾(순)
은 방패.

[語譯] 범증은 일어나 밖으로 나와 항장을 불러 말했다.

"군왕의 성품이 자애로워 결단을 못 내리는데, 네가 들어가
술을 올리고 나서 검무를 추겠다고 말하여라. 그리고 패공을
그 자리에서 쳐죽이도록 하여라. 그렇지 않으면 너의 항씨 집
안은 모두 포로가 될 것이다."

항장은 곧 들어가 술잔을 올렸다. 獻壽를 마치자 항장이 말
했다.

"군왕과 패공이 음주하는 데 軍中에 악곡도 없으니 제가 검무를 추어보이겠습니다."

항왕이 좋다고 응낙했다.

항장은 칼을 빼들고 검무를 추기 시작했다. 項伯도 칼을 빼들고 검무를 추며 자기 몸으로 패공을 감싸니 항장은 패공을 칠 수 없었다.

이때 장량은 軍門을 나가서 번쾌를 만났다. 번쾌가 물었다.

"오늘 일은 어떻게 되어갑니까?"

장량이 대답했다.

"매우 위급합니다. 지금 항장이 칼을 빼들고 검무를 추는데, 그의 뜻은 바로 패공에 있습니다."

번쾌가 말했다.

"그처럼 긴급하다니 내가 들어가 그와 함께 죽겠소이다."

번쾌는 즉시 칼을 차고 방패를 들고 군문으로 들어갔다.

原文 交戟¹⁾之衛士欲止不內²⁾ 樊噲 側其盾以撞 衛士仆地³⁾ 噲 遂入 披帷西嚮立 瞋目⁴⁾視項王 頭髮上指 目眥盡裂.⁵⁾ 項王按劍而跽⁶⁾曰 「客何爲者.」 張良曰 「沛公之參乘⁷⁾樊噲者也.」 項王曰 「壯士 賜之卮酒」 則與斗卮酒. 噲拜謝 起 立而飮之. 項王曰 「賜之彘肩⁸⁾」 則與一生彘肩. 樊噲覆其盾於地 加彘肩上 拔劍切而啗⁹⁾之. 項王曰.「壯士 能復飮乎.」

註解 1) 交戟(교극) : 지키다(守衛也). 戟은 갈래진 창(有枝兵器).

2) 不內(불납) : 들어가지 못하게 하다.

3) 仆地(부지) : 땅에 넘어지다. 仆는 자빠질 부.

4) 瞋目(진목) : 눈을 부릅뜨다(怒而張目).

86

5) 目眥盡裂(목제진열) : 눈초리가 쭉 치켜올라가다. 眥는 눈초리 제.
6) 按劍而跽 : 칼을 잡고 한 무릎을 세워 앉았다. 跽(기)는 무릎을 땅
　　에 대고 반쯤 일어선 자세. 만약의 사태에 대비한 자세라 할 수 있
　　다.
7) 參乘(참승) : 수레의 오른쪽에 타고 호위하는 사람.
8) 彘肩(체견) : 돼지 넓적다리.
9) 啗(담) : 씹다. 먹다.

[語譯] 군문을 지키는 衛士들이 들여보내지 않으려 하자 번쾌는
방패를 비껴들고 밀어 위사들을 땅에 쓰러뜨렸다. 번쾌는 안에
들어가 휘장을 걷고 서쪽을 향하여 선 채, 부릅뜬 눈으로 항왕
을 쏘아보았다. 머리카락이 위로 뻗쳐 섰고 눈초리가 아주 매
서웠다.
　항왕이 칼을 잡고 한 무릎을 세우며 물었다.
　"너는 무엇하는 사람인가?"
　장량이 말했다.
　"패공의 參乘인 번쾌란 사람입니다."
　항왕이 말했다.
　"장사로다. 술 한잔 주어라."
　곧 한 말 술을 주니 번쾌는 절하고 일어서서 마셨다.
　항왕이 말했다.
　"그에게 돼지 다리를 주어라."
　곧 돼지 다리 날것을 하나 주니 번쾌는 땅에 방패를 엎어 그
위에 돼지 다리를 올려놓고 칼을 빼 썰어 먹었다.
　항왕이 말했다.
　"장사로다. 더 마실 수 있겠는가?"

[原文] 樊噲曰 「臣死且不避 卮酒安足辭1). 夫2)秦王有虎狼之

心³⁾ 殺人與不能擧 刑人如恐不勝 天下皆叛之. 懷王⁴⁾與諸將
約曰. 先破秦入咸陽者王之. 今沛公先破秦入咸陽 毫毛⁵⁾不
敢有所近 封閉宮室 還軍覇上 以待大王來. 故遣將守關者 備
他盜出入與非常也. 勞苦而功高如此 未有封侯之賞 而聽細
說⁶⁾ 欲誅有功之人. 此亡秦之續耳⁷⁾ 竊⁸⁾爲大王不取也.」項王
未有以應 曰 「坐.」樊噲從良坐. 坐須臾 沛公起如廁⁹⁾ 因招
樊噲出.

[註解] 1) 厄酒安足辭 : 한 잔의 술을 어찌 사양하겠는가?

2) 夫 : 句頭語氣詞로 어떤 의논을 제기할 때 쓴다. 번역하지 않아도
된다. 夫가 指示詞로 쓰일 때는 '저'라고 번역한다.
　【用例】夫執輿者爲誰.「論語, 微子」

3) 虎狼之心 : 心地가 매우 殘酷함.
　【用例】秦王爲人 蜂準張目 豺聲 小恩而虎狼心.「史記, 秦始皇本紀」

4) 懷王 : 본래 망한 楚의 왕손이었는데, 項梁에 의해 왕으로 추대되
었었다. 鴻門之宴後 항우가 자신을 관중의 왕으로 봉해 달라고 요
구하였을 때, 회왕은 처음 약속대로 하라고 하였다. 이에 항우는
회왕을 義帝(假帝란 뜻임)라 尊崇하였다가 하수인을 보내 살해했다.

5) 毫毛(호모) : 터럭. 조그만 물건.

6) 細說 : 小人의 말.

7) 此~續耳 : 이것은 망한 秦나라를 답습하는 것이다.
　＊ 耳는 限定의 語氣를 나타내는 句尾語氣詞이다.

8) 竊(절) : 내 생각으로는(私也).
　＊ 자신의 의견을 낮추어 말할 때 쓴다.
　【用例】子曰　述而不作 信而好古 竊比於我老彭(傳述했을 뿐 짓지
않았으며 옛것을 믿고 좋아했다. 나를 老彭에 비기고자 한다).「論語,
述而」. (老彭, 殷之賢人)

9) 如廁(여치) : 변소에 가다. 如는 往也, 之也. 廁는 뒷간. '칙'으로
읽으면 기울다는 뜻임.

[語譯] 번쾌가 말했다.

"臣은 죽음조차도 피하지 않는데, 한잔 술을 어찌 사양하겠습니까? 秦王은 마음바탕이 잔혹하여 살인한 것을 이루 다 열거할 수 없으며, 백성들에게는 견딜 수 없는 형벌을 내렸기에 온 천하가 秦에 반기를 들었던 것입니다. 회왕은 여러 장수와 약속하기를 '먼저 秦을 격파하고 함양에 입성하는 자를 왕으로 삼겠다'고 하였습니다. 이제 패공은 먼저 秦을 격파하고 함양에 들어왔으나 털끝만한 것이라도 감히 가지려 않고 모든 궁궐을 봉쇄하고 군사들을 霸上으로 물려놓고 대왕이 들어오기를 기다렸습니다. 장군을 보내 함곡관을 지킨 까닭은 도적의 출입과 비상에 대비한 것이었습니다. 이렇듯 고생하고 높은 공을 세웠는데, 제후로 봉하는 상은 없을지언정 소인의 말을 듣고 공을 세운 사람을 죽이려 하고 있습니다. 이는 망한 秦나라를 답습하는 것이니 내 생각으로는 대왕이 취할 바가 아닙니다."

항왕은 무어라 응답할 말이 없어 앉으라고 하였다.

번쾌는 장량 곁에 앉았다. 잠시 앉아 있다가 패공은 일어나 변소에 가면서 번쾌를 불러 같이 나갔다.

[原文] 沛公已出 項王使都尉陳平[1]召沛公. 沛公曰 「今者出未辭也[2] 爲之奈何.」 樊噲曰 「大行不顧細謹[3] 大禮不辭小讓.[4] 如今人[5]方爲刀俎[6] 我爲魚肉 何辭爲.[7]」 於是遂去. 乃令張良留辭. 良問曰 「大王來何操.[8]」曰 「我持白璧[9]一雙欲獻項王 玉斗[10]一雙 欲與亞父 會其怒 不敢獻. 公爲我獻之.」 張良曰 「謹諾.[11]」 當是時 項王軍在鴻門下 沛公軍在霸上 相去四十里.[12] 沛公則置車騎 脫身獨騎 與樊噲·夏侯

嬰[13) · 靳彊[14) · 紀信[15)等 四人持劍盾步走[16) 從酈山下 道芷
陽[17)閒行.

[註解] 1) 陳平 : 인명. 젊어서 집이 매우 가난했으나 독서를 좋아했
고, 용모가 매우 준수하였다. 처음에는 항우를 섬겼다. 「史記」56
권에 陳丞相世家가 있다.

2) 未辭也 : 떠난다는 인사를 안 했다.

3) 細謹 : 細心하게 謹愼함. 자질구레한 행동.

4) 小讓 : 작은 겸양.

5) 人 : 他人. 여기서는 항왕.

6) 刀俎(도조) : 칼과 도마(切肉之器).

7) 何辭爲 : 무슨 인사를 해야 합니까? 辭는 인사의 말.

8) 何操 : 무엇을 가지고.

9) 白璧 : 흰 구슬.

10) 玉斗 : 옥으로 만든 술 뜨는 그릇(玉製酒器).

11) 謹諾 : 敬謹. 받들어 시행하겠다는 뜻.

12) 相去四十里 : 서로간에 40리 떨어졌다.

13) 夏侯嬰(하후영) : 沛人. 항우를 치는 데 공을 세워 汝陰侯에 封해졌
음.

14) 靳彊(근강) : 曲沃人. 뒷날 汾陽侯에 封해졌음.

15) 紀信 : 項羽가 뒷날 滎陽城에서 劉邦을 포위하여 사태가 위급할
때, 紀信이 유방의 수레를 타고 나가 楚軍을 속였다. 유방은 겨우
탈출했고, 기신은 잡혀 불타 죽었다.

16) 步走 : 도보로 걷다. 走를 보통 '달려간다'로 보지만 문헌이나 소
설 속의 走는 '걸어간다'는 뜻임.

17) 酈山. 芷陽(역산·지양) : 지금의 섬서성 장안현 부근의 山名. 縣
名.

[語譯] 패공이 나간 뒤, 항왕은 도위 진평을 시켜 패공을 불러
오라고 시켰다. (진평이 나오기 전에) 패공이 말했다.

"지금 나오면서 떠난다는 말을 하지 않았는데, 이를 어찌해야 하는가?"

번쾌가 말했다.

"큰일을 하자면 작은일을 돌볼 수 없고, 大禮에는 작은 겸양을 말하지 않는다고 하였습니다. 지금 저들은 칼과 도마와 같고, 우리는 고기와 같은 입장에 무슨 인사를 해야 합니까?"

이에 곧 출발하며 장량에게 남아 인사하라고 분부했다.

장량이 물었다.

"대왕께서는 무슨 물건을 갖고 오셨습니까?"

"나는 白璧 한 쌍을 항왕에게 바치려 했고, 玉斗 한 쌍을 亞父에게 주려고 했었는데, 그들이 나를 죽이려 했기에 주지 못했소. 그러니 그대가 나대신 이것들을 전해 주시오."

장량은 삼가 실행하겠다고 대답했다.

이때 항왕의 군사는 홍문에 주둔하였고, 沛公軍은 覇上에 주둔하고 있어 서로 40리 떨어져 있었다.

패공은 수레와 말들을 두고 몸을 빼내니 패공 혼자만 말을 타고, 번쾌·하후영·근강·기신 등 네 사람은 칼과 방패를 들고 도보로 역산 아래로부터 지양을 거쳐 사잇길로 걸어갔다.

原文 沛公謂張良曰 「從此道至吾軍不過二十里耳. 度[1]我至軍中 公乃入.」 沛公已去 閒[2]至軍中 張良入謝 曰 「沛公不勝桮杓[3] 不能辭. 謹使臣良奉白璧一雙 再拜獻大王足下[4] 玉斗一雙 再拜奉大將軍[5]足下.」 項王曰 「沛公安在[6].」 良曰 「聞大王有意督過之[7] 脫身獨去 已至軍矣.」 項王則受璧 置之坐上. 亞父受玉斗 置之地 拔劍撞而破之 曰 「唉[8]豎子[9]不足與謀. 奪項王天下者 必沛公也 吾屬今爲之虜矣.」 沛公至軍

立¹⁰⁾誅殺曹無傷.

[註解] 1) 度(탁) : 헤아리다(比較考量也).

　　【用例】 權然後 知輕重 度然後 知長短 物皆然 心爲甚 王請度之.「孟子, 梁惠王 上」

2) 閒 : 間과 같음. 여기서는 사잇길(閒道)로 가다. 동사로 쓰였음.

3) 不勝桮杓 : 술을 견디지 못하여. 너무 술에 취해.

　　桮(배)는 작은 술잔(杯, 盃와 같음).

　　杓(작)은 항아리에서 술을 뜨는 그릇(挹酌之器).

4) 足下 : 人君·大官·前輩 혹은 同年輩에 대한 경칭.

　　【用例】 誅殺無道 天下共叛足下.「史記, 秦始皇本紀」

5) 大將軍 : 亞父 范增을 말함.

6) 沛公安在 : 沛公은 어디에 있는가? 安은 의문사.

7) 督過之 : 그의 잘못을 꾸짖다. 之는 沛公을 가리키는 代詞.

8) 唉(애) : 에이! 恨歎辭.

9) 豎子(수자) : 우매하고 나약한 무능력자(욕하는 말). 童子.

　　【用例】 ㉠ 白起 小豎子耳「史記, 平原君列傳」

　　　　　㉡ 魯君與之 一乘車 兩馬 一豎子.「史記, 孔子世家」

10) 立 : 즉시. 곧바로.

　　【用例】 譬若錐之處囊中 其末立見(비유컨대 만약 송곳이 주머니속에 있다면 그 끝은 즉시 내보이게 된다).「史記, 平原君列傳」

[語譯] 패공이 장량에게 말했다.

"이 길을 따라가면 내 군영까지는 불과 20리다. 내가 軍中에 도착할 때를 헤아려 그대가 들어가도록 하라."

패공이 출발하여 사잇길로 가 군중에 도착할 즈음 장량은 안으로 들어가서 사례하며 말했다.

"패공이 술을 견디지 못하여 하직인사를 올릴 수 없었습니다. 그래서 삼가 저를 시켜 白璧 한 쌍을 재배하며 대왕께 드리고, 또 玉斗 한 쌍을 재배하며 대장군께 올리라 하였습니다."

항왕이 물었다.

"패공은 어디에 있는가?"

장량이 대답했다.

"대왕께서 패공의 잘못을 문책하실 뜻이 있다는 말을 듣고, 홀로 몸을 빼내어 벌써 군중에 도착했을 겁니다."

항왕은 白璧을 받아 자리에 놓았다. 亞父는 玉斗를 받자 바닥에 놓고, 칼을 빼어 내리쳐 부수면서 말했다.

"에이, 철부지 어린애하고는 같이 일을 할 수 없지! 항왕의 천하를 뺏을 자는 틀림없이 패공이리라! 우리들은 이제 포로가 될 것이다."

패공은 군중에 도착하자마자 곧 조무상을 죽여버렸다.

原文 居數日 項羽引兵西屠咸陽¹⁾ 殺秦降王子嬰 燒秦宮室 火三月不滅. 收其貨寶婦女而東. 人或說項王曰 「關中阻山河四塞²⁾ 地肥饒³⁾ 可都以霸⁴⁾.」 項王見秦宮室皆以燒殘破 又心懷思欲東歸⁵⁾ 曰 「富貴不歸故鄕 如衣繡夜行⁶⁾ 誰知之者.⁷⁾」 說者曰 「人言楚人沐猴⁸⁾而冠耳⁹⁾ 果然.」 項王聞之 烹說者¹⁰⁾.

註解 1) 屠咸陽 : 함양 사람들을 모두 죽이다. 屠(도)는 殺也. 戮也.

2) 四塞 : 사방이 요새이다.

   동으로는 함곡관, 남으로는 武關, 서로는 散關, 북으로는 蕭關으로 싸여 있다.

3) 肥饒 : 비옥하고 풍요하다.

4) 可都以霸 : 도읍하여 霸者가 될 만한 곳이다. 霸(패)는 以武道治天

　　下者.
　　【用例】 以力假仁者 霸 霸必有大國.「孟子, 公孫丑 上」
　5) 東歸 : 동쪽으로 돌아가다. 고향으로 가고 싶다는 뜻.
　　　항우는 한때 霸權을 장악해 유방을 漢王에 봉하고, 關中을 三分하
　　　여 秦의 降將들을 왕으로 삼아 巴·蜀의 漢王을 감시하도록 했다.
　　　항우 자신은 西楚霸王이라 칭하며 彭城에 도읍하였는데, 팽성은 지
　　　금의 江蘇省 徐州 근처 銅山縣이니 고향 근처에 도읍한 셈이다.
　6) 如衣繡夜行 : 수놓은 옷을 입고 밤에 길을 가는 것과 같다(錦衣夜
　　　行). 繡(수)는 수놓다(五彩成文).
　7) 誰知之者 : 이를 아는 者가 누구겠는가? 之는 고향 떠난 사람이
　　　부귀하게 된 사실을 가리키는 代詞. 誰는 의문대사임.
　8) 沐猴(목후) : 원숭이를 목욕시키다.
　9) 人言~冠耳 : 세상 사람들이 楚人은 원숭이를 목욕시켜 冠을 씌운
　　　것과 같다고 말한다.
　　　원숭이에게 冠帶를 씌워 주어도 오래 쓰지 않듯이 楚人들의 성질
　　　이 조급하고 난폭하다는 뜻.
　10) 烹說者 : 그 말을 한 사람을 삶아 죽이다. 烹(팽)은 삶다(煮也).

　　[語譯] 며칠 있다가 항우는 군사를 이끌고 서쪽으로 진격하여
함양 사람들을 도살하고, 항복한 秦王 자영도 죽이고 궁궐을
불태웠는데, 그 불길이 석 달 동안이나 꺼지지 않았다. 秦나라
의 각종 보화와 부녀자들을 거두고 동쪽으로 돌아가려고 했다.
한 사람이 항왕에게 말했다.
　　"관중은 산과 강으로 막혀 사방이 요새인데다가 땅도 비옥하
여, 도읍하면 覇王이 될 만한 곳입니다."
　　항왕은 秦의 궁궐이 모두 불타버린 것을 보고, 또 마음속으
로 동쪽 고향으로 돌아가고 싶었다.
　　"부귀를 이룩하고서 고향에 돌아가지 않는다면 수놓은 옷을
입고 밤에 길을 가는 것과 같으니 누가 알아주겠는가."

그 말을 했던 사람이 말했다.

"세상 사람들이 楚人들은 원숭이를 목욕시켜 관을 씌워 놓은 것 같다더니, 과연 그 말대로구나."

항왕이 그 말을 듣고선 그 사람을 삶아 죽였다.

9. 垓下之困(節項羽本紀)

原文 項王軍壁1)垓下2) 兵少食盡 漢軍及諸侯兵圍之數重. 夜
聞漢軍四面皆楚歌3) 項王乃大驚曰 「漢皆已得楚乎.4) 是何
楚人之多也.」項王則夜起 飲帳中.5) 有美人名6)虞7) 常幸從.8)
駿馬名騅9) 常騎之. 於是項王乃悲歌忼慨10) 自爲詩曰 「力拔
山兮11)氣蓋世. 時不利兮騅不逝.12) 騅不逝兮可奈何. 虞兮虞
兮奈若何.13)」歌數闋14) 美人和之.15) 項王泣數行下16) 左右皆
泣 莫17)能仰視.

註解 1) 壁(벽) : 주둔하다. 보루(軍壘).
   【用例】 楚擊漢軍大破之 漢王堅壁自守. 「史記, 高祖本紀」
2) 垓下(해하) : 지금의 安徽省 靈璧縣 부근.
3) 四面楚歌 : 당시 항우의 휘하에 있던 九江兵이 歸漢하여 그들이 楚
   歌를 불렀다. 轉意하여 四方皆受敵하여 孤立無援의 상황에 처했음
   을 뜻한다.
4) 乎 : 乎는 순수한 의문을 표시하는 句尾語氣詞이다.
   【用例】 吾日三省吾身 爲人謀 而不忠乎. 「論語, 學而」
5) 帳中 : 軍幕 안에서.
6) 名 : 동사로 쓰였다. ~라 이름하였다. ~라 불렀다.
7) 虞 : 虞姬, 虞美人. 후세에 많은 전설과 詞話, 시의 소재가 되었
   다. 특히 '鴻門玉斗粉如雪'로 시작되는 宋나라 曾鞏(증공)의 詩「虞
   美人草」가 유명하다.

8) 常幸從 : 늘 총애를 받으며 따라다녔다.

9) 騅(추) : 黑白雜毛의 馬. 여기서는 고유명사로 項羽所乘之馬.

10) 忼慨(강개) : 마음에 복받쳐 분개하고 한탄함. 慷慨와 같음.

11) 兮(혜) : 語氣의 일시적 정지를 나타내는 語氣詞.「楚辭」에 많이 쓰임.

12) 不逝(불서) : 가지 못하다. 逝는 往也, 行也의 뜻.

13) 奈若何 : 너를 어찌하겠나? 若은 2인칭 代詞.

14) 闋(결) : 노래의 한 曲을 闋이라 함. 본뜻은 끝내다. 마치다.

15) 美人和之 : 虞美人이 화답하여 노래하다. 之는 항우의 노래를 말함.

16) 泣數行下 : 눈물이 여러 줄기 흘러내리다. 行下(항하)는 동사로 썼음

17) 莫 : 아무도 ~하지 못하다.

[語譯] 항왕의 군사는 해하에 주둔하고 있었는데 병졸은 적고 군량도 다하였으며, 漢軍과 제후의 군사들에게 여러 겹 포위되었다.

밤에 漢나라 군사들이 사방에서 모두 楚나라의 노래를 부르니 항왕이 크게 놀라 말했다.

"漢이 벌써 楚를 다 차지했단 말인가? 어찌하여 楚人들이 이리 많은가?"

항왕은 곧 밤중인데도 일어나 군막 안에서 술을 마셨다.

항왕에게는 虞라는 미인이 늘 총애를 받으며 따랐고, 늘 준마 추를 타고 다녔다.

이에 항왕은 슬프게 노래부르고 비분강개하여 스스로 시를 읊었다.

"힘은 산을 뽑고 기운은 세상을 덮을 만한데,

때가 불리하니 추도 달리지 못하네. 추도 달리지 못하니 정말 어이하랴? 虞여! 虞여! 너를 어이하랴!"

몇 번을 노래하자 虞미인도 和唱하였다. 항왕이 눈물을 여러 줄기 흘리니, 좌우 사람들이 모두 울며 아무도 바로 쳐다보지를 못했다.

原文 於是項王乃上馬騎 麾下[1]壯士騎從者八百餘人. 直夜[2]潰圍南出 馳走. 平明[3] 漢軍乃覺之 令騎將灌嬰[4]以五千騎追之. 項王渡淮[5] 騎能屬者[6]百餘人耳. 項王至陰陵[7] 迷失道 問一田父[8] 田父紿[9]曰 「左.」左 乃陷大澤中.[10] 以故漢追及之. 項王乃復引兵而東 至東城[11] 乃有二十八騎. 漢騎追者數千人. 項王自度[12]不得脫. 謂其騎曰 「吾起兵至今八歲矣 身[13]七十餘戰 所當者破 所擊者服 未嘗敗北 遂霸有天下[14] 然今卒困於此 此天之亡我 非戰之罪也.[15]」

註解 1) 麾下(휘하) : 부하. 麾는 지휘할 때 쓰는 旌旗의 일종.
　　用例 於是吳王乃與其麾下壯士數千人 夜亡去.「史記, 吳王濞列傳」
2) 直夜(치야) : 그날 밤(當夜). 直는 値와 통함.
3) 平明 : 黎明(여명)과 같음.
　　用例 孺子可敎矣 後五日平明 與我會此.「史記, 留侯世家」
4) 灌嬰(관영) : 유방을 따라 천하평정에 공이 많았음. 뒷날 발호하는 呂氏 세력을 제거하고 文帝 때 승상이 되었다.「史記」95권에 열전이 있다.
5) 渡淮 : 淮水를 건너다.
　　회수는 河南省에서 발원하여 安徽省·江蘇省 지역에 洪澤湖를 비롯한 많은 호수들을 만들며 흐르는 강이다.
6) 騎能屬者 : 騎兵 중 능히 따라오는 자. 屬은 따르다.
7) 陰陵(음릉) : 지명. 지금의 安徽省 定遠縣 부근.
　　用例 剛强必死仁義王 陰陵失道非天亡.「增鞏, 虞美人草」

＊陰陵에서 길을 잃고 농부한테 속임을 당한 것은 하늘의 뜻 이전
에 백성들의 뜻임을 강조한 구절이다.

8) 田父 : 農夫年老者之稱.

9) 紿(태) : 속이다(欺也).

10) 乃陷大澤中 : 곧 늪지대에 빠졌다.

11) 東城 : 지금의 安徽省 定遠縣 부근.

12) 自度(자탁) : 스스로 헤아리다.

13) 身 : 나(我也). 여기서는 몸소의 뜻.

14) 遂覇有天下 : 마침내 覇者가 되어 천하를 소유했다.

15) 非戰之罪也 : 내가 전투를 잘못한 탓이 아니다.

[語譯] 이에 항왕은 곧 말에 올라 달려나가니 부하 장사 중 말
타고 따르는 자가 800여 명이었다. 그날 밤 포위를 뚫고 남쪽으
로 말을 달려 탈출했다.

날이 밝을 무렵에야 漢의 군사들은 항왕의 탈출을 비로소 알
았고, 騎將 灌嬰을 시켜 5천의 기병으로 항왕을 추격하게 하였
다.

항왕이 회수를 건넜을 때 따라오는 기병은 100여 명뿐이었
다.

항왕이 음릉에 이르렀을 때 길을 잃고 한 농부에게 길을 물었
다.

농부가 거짓말을 하였다.

"왼쪽으로 가시오."

왼쪽으로 가니 곧 늪지대에 빠지고 말았다. 이 때문에 漢軍
은 항왕을 따라올 수 있었다.

항왕은 이에 다시 군사를 이끌고 동쪽으로 갔다. 東城에 이
르렀을 때 기병은 겨우 28명뿐이었다.

漢의 기병으로서 추격하는 자는 수천 명이었다. 항왕은 스스

로 탈출할 수 없다는 것을 알았다.

항왕이 그의 기병들에게 말했다.

"내가 기병한 지 이제 8년이 되었고, 내 몸소 70여 차례 전투를 겪으며 나에게 맞서는 자를 격파하고 내가 공격한 적을 굴복시키며 여태껏 패배한 적이 없었고, 마침내 패자가 되어 천하를 차지했었다. 그러나 지금 끝내 이곳에서 이런 곤경에 처하였지만 이는 하늘이 나를 망하게 하는 것이지 내가 싸움을 잘못한 탓이 아니다."

原文 「今日固決死 願爲諸君1)快戰 必三勝之 爲諸君潰圍2) 斬將刈旗3) 令諸君知天亡我 非戰之罪也.」 乃分其騎以爲四隊 四嚮.4) 漢軍圍之數重. 項王謂其騎曰 「吾爲公取彼一將.」 令5)四面騎馳下6) 7)期7)山東爲三處. 於是項王大呼馳下 漢軍皆披靡8) 遂斬漢一將. 是時 赤泉侯9)爲騎將 追項王 項王瞋目10) 而叱之 赤泉侯人馬俱驚 辟易11)數里. 與其騎會爲三處. 漢軍不知項王所在 乃分軍爲三 復圍之. 項王乃馳 復斬漢一都尉 殺數十百人 復聚其騎 亡其兩騎耳.12) 乃謂其騎曰 「何如.」 騎皆伏曰 「如大王言.」

註解 1) 諸君 : 諸位. 諸公.

2) 潰圍(궤위) : 포위를 뚫다. 潰는 散也.

3) 斬將刈旗(참장예기) : 적장을 베고 敵旗를 절단하다.

4) 四嚮 : 사방으로 향하다.

5) 令 : ~로 하여금 ~하게 하다. 사역동사.

6) 馳下 : 달려나가다. 포위를 뚫게 하다는 뜻.

7) 期 : 기약하다. 약속하다.

8) 披靡(피미) : 초목이 바람에 엎어지다. 병졸이 흩어지다.

9) 赤泉侯 : 漢將 楊喜.

10) 瞋目(진목) : 눈을 부릅뜨다(怒而張目).

　　【用例】將軍瞋目張膽 出萬死不顧一生之計.「史記, 張耳陳餘列傳」

11) 辟易(벽역) : 놀라 물러나다(驚退也).

12) 亡其兩騎耳 : 단 騎兵 둘만 잃었을 뿐이었다.

　　＊其는 별 뜻이 없이 강조를 나타내는 語氣詞이다. 耳는 한정의 뜻
　　을 가진 句尾語氣詞이다. 이때 耳는 而已의 合音이다.

　　【用例】子曰 「二三子 偃之言 是也. 前言戲之耳.」「論語, 陽貨」

　　＊偃, 子由之名.

　　[語譯] "오늘 정말로 죽기를 결심하였으니, 여러 제군들을 위해
멋진 싸움을 벌여 꼭 세 번 이길 것이며, 제군들을 위해 포위를
뚫고 적장을 베고 적의 깃대를 꺾어, 제군들로 하여금 하늘이
나를 망하게 하는 것이지 내가 전투를 잘못한 허물이 아니라는
것을 알게 해주겠노라. "

　　이어서 항왕은 그 기병을 네 무리로 나누고 사방을 향하여 진
격하도록 했다.

　　漢軍은 항왕을 여러 겹으로 포위하고 있었다. 항왕이 기병들
에게 말하였다.

　　"내가 그대들을 위해 저 장수 하나를 참살하겠다. "

　　또 사면의 기병들에게 달려나가 포위를 뚫은 뒤에 산 동쪽의
세 곳에 나누어 모이기로 약속했다.

　　이어 항왕이 크게 소리치며 달려나가니 漢의 군사들이 흩어
졌고 드디어 한 장수의 목을 베었다. 이때 赤泉侯는 騎將이 되
어 항왕을 추격했었는데 항왕이 눈을 부릅뜨고 꾸짖으니 赤泉
侯와 말이 모두 놀라 몇 리를 물러났다.

　　항왕이 그 기병들과 다시 세 곳에 나누어 모이니 漢의 군사들
은 항왕이 있는 곳도 알지 못했다. 이에 漢軍은 세 곳으로 나누

어 다시 포위하였다.

　항왕이 곧 말을 달려나가 다시 漢의 도위 한 사람의 목을 베고 수백 명을 죽인 뒤에 기병들을 다시 모으니, 다만 기병 두 사람만 잃었을 뿐이었다.

　그러자 항왕이 기병들에게 말했다.

“이 싸움이 어떠한가?”

　기병들이 모두 엎드려 말했다.

“대왕의 말씀대로입니다.”

[原文] 於是項王乃欲東渡烏江. 烏江亭長[1] 檥船[2]待 謂項王曰 「江東[3]雖小 地方千里[4] 衆數十萬人 亦足王也[5]. 願大王急渡. 今獨臣有船[6] 漢軍至 無以渡.」 項王笑曰. 「天之亡我 我何渡爲.[7]」 且[8]籍與江東子弟八千人渡江而西 今無一人還 縱[9]江東父兄憐而王我 我何面目見之. 縱彼不言 籍獨不愧於心乎.[10]」 乃謂亭長曰 「吾知公長者.[11] 吾騎此馬五歲 所當無敵 嘗一日行千里 不忍殺之[12] 以賜公.」 乃令騎皆下馬步行 持短兵[13]接戰. 獨籍所殺漢軍數百人. 項王身亦被十餘創.[14] 顧見漢騎司馬[15] 呂馬童.[16] 「若非吾故人乎.」

[註解] 1）烏江亭長 : 烏江은 安徽省 和縣의 동북쪽을 흐르는 양자강의 지류. 秦・漢代는 10리마다 亭을 두고 도적의 체포 등 치안에 관계되는 일을 맡게 했음. 亭長은 그 책임자. 漢高祖 유방은 擧兵 전에 泗上亭長이었다.

2）檥船(의선) : 배를 대다. 檥는 附의 뜻.

3）江東 : 長江(揚子江) 하류에 대한 통칭. 江左라고도 함. 장강은 남북이 있고 동서가 없으나 보통 南京지방을 江南 중에서도 강동이라 한다.

4) 地方千里 : 땅이 사방으로 각각 천리라는 뜻. 그 지방이 천리라는
뜻이 아님. 方은 본래 사각형이라는 뜻이 있음.
【用例】文王之囿方七十里.「孟子, 梁惠王 下」

5) 亦足王也 : 그 또한 충분히 왕 노릇을 할 만하다. 王은 동사로 쓰
였다.

6) 今獨臣有船 : 지금 오직 신만이 배를 갖고 있습니다.
＊獨은 한정부사로 쓰였다. 獨은 한정부사로 쓰이면서 反語的인
뜻을 지닐 때가 있다.
【用例】相如雖駑, 獨畏廉將軍哉.(相如가 비록 노둔하다지만 유독 廉장군
만을 두려워하겠는가?)「史記, 廉頗藺相如列傳」

7) 我何渡爲 : 내가 渡江하여 무엇을 하겠는가? 何는 爲의 賓語인데
何가 疑問代詞이기 때문에 倒置되었다.

8) 且 : 게다가. 나아가서.
＊且는 형용사나 동사 및 그 詞組를 연결하는 連詞로 쓰였다. 그
連接하는 말이 순서가 있을 경우 종종 旣字가 앞에 와서 旣~且의
형태를 취한다.
【用例】百公之事 固不可耕且爲也.「孟子, 勝文公 上」

9) 縱 : 설령 ~일지라도. 일종의 連詞로 雖와 비슷한 뜻이다. 이는
假定形의 문장이며 가정의 뜻을 가진 連詞는 縱 이외에 若・如・
苟・使・儻・若使 등이 흔히 쓰인다.
【用例】使我有洛陽負郭田二頃 吾豈能佩六國相印乎(만약 나에게 洛陽
城 밑에 二頃의 땅이 있었다면 내가 어찌 六國을 통합한 宰相의 印을 찰 수
있었겠는가?)「史記, 蘇秦列傳」

10) 籍獨~乎 : 내가(項籍) 어찌 홀로 마음에 부끄럽지 않겠는가?(반
어형)
獨의 문법적 용법은 바로 앞의 6)번 주해 참고.

11) 吾知公長者 : 나는 그대가 덕이 많은 사람이라는 것을 알고 있다.
＊이 문장은 吾知公(나는 公을 안다)과 公是長者(公은 長者이다)라는
두 문장의 혼합이라 생각하면 된다. 영문법의 주어+타동사+목적
어+목적보어 형태의 문장이다. 長者는 有德之人의 뜻.

【用例】居縣中素信謹 稱爲長者. 「史記, 項羽本紀」

12) 不忍殺之 : 차마 이 말을 죽일 수 없다.

13) 短兵 : 칼과 같은 작은 병기.

【用例】其長兵則弓矢 短兵則刀鋌. 「史記, 凶奴列傳」

14) 創 : 다치다. 상처.

15) 騎司馬 : 漢의 武官 職名.

16) 呂馬童 : 항우의 고향 친구. 항우를 斬했다고 뒷날 中水侯에 封해졌다.

[語譯] 이때 항왕은 곧장 동쪽으로 가서 烏江을 건너려 했다. 烏江의 亭長이 강가에 배를 대고 항왕에게 말했다.

"강동 땅이 비록 작다지만 사방으로 천리이며 백성이 수십만이니 그래도 족히 왕 노릇을 할 만합니다. 대왕께선 급히 건너십시오. 지금 오직 저에게만 배가 있으니 漢나라 군사가 오더라도 건널 수 없습니다."

항왕은 웃으며 말했다.

"하늘이 나를 망하게 하는데 내가 강을 건너 무엇을 하겠는가? 게다가 항적 이 사람이 강동의 젊은이 8천 명과 함께 강을 건너 서쪽으로 진격했었는데 지금 그들 누구도 돌아오지 못했다. 설령 강동의 어른들이 나를 불쌍히 여겨 왕을 하라고 해도 내가 무슨 면목으로 어른들을 뵙겠는가? 비록 그들이 말을 하지 않는다고 해도 항적 홀로 마음에 부끄럽지 않겠는가?"

그러고는 정장에게 이어 말했다.

"나는 그대가 덕이 있는 사람인 줄 알고 있다. 나는 이 말을 5년 동안 타고 다니며 나에게 맞서는 적이 없었고, 또 하루에 능히 천리를 갈 수 있으니 차마 죽일 수 없어 그대에게 주겠다."

항왕은 기병들에게 모두 말에서 내려 도보로 칼을 잡고 접전하라고 말했다.

항적 혼자 죽인 漢의 군사가 수백 명이었고, 항왕 자신 또한 십여 군데 상처를 입었다.

항왕이 漢의 騎司馬 여마동을 돌아보고 말했다.

"너는 나의 친구가 아닌가?"

原文 馬童面之[1] 指王翳[2]曰 「此項王也.」項王乃曰 「吾聞漢購[3]我頭千金 邑萬戶[4] 吾爲若德.[5]」乃自刎[6]而死. 王翳取其頭 餘騎相蹂踐[7]爭項王 相殺者數十人. 最其後 郎中騎楊喜騎司馬呂馬童 郎中呂勝 楊武各得其一體. 五人共會其體 皆是.[8] 故分其地爲五. 封呂馬童爲中水侯 封王翳爲杜衍侯 封楊喜爲赤泉侯 封楊武爲吳防侯 封呂勝爲涅[9]陽侯. 項王已死 楚地皆降漢 獨魯不下. 漢引天下兵欲屠之[10] 爲其守禮義 爲主死節[11] 乃持項王頭視魯 魯父兄乃降 始[12] 楚懷王封項籍爲魯公 及其死 魯最後下 故以魯公禮葬項王穀城.[13] 漢王爲發哀[14]泣之[15]而去.

註解 1) 面之 : 해석에 여러 說이 있으나 '외면하다'로 해석한다(面, 不正視也).

2) 王翳(왕예) : 인명.

3) 購 : 상금을 걸다(設賞募也).

4) 邑萬戶 : 1만 호의 백성이 사는 고을. 즉, 그런 지방의 侯로 봉하겠다는 것.

5) 吾爲若德 : 내가 너에게 좋은 일을 하겠다. 즉, 기왕 죽는 마당에 옛 친구인 네게 상이나 받게 해주겠다는 뜻.

6) 自刎(자문) : 스스로 목을 찌르다.

7) 蹂踐(유천) : 밟다. 유린하다. 밟아 죽이다.

8) 皆是 : 모두 틀림없었다.

9) 涅(날) : 검게 물들일 날. 검은 앙금 날.

【用例】涅而不淄(더러운 가운데 있어도 물들지 않는다).「論語, 陽貨」.

10) 屠之 : 모두 죽이다.

11) 爲其~, 爲~節 : 그들이 예와 의를 지켜 그들의 主君을 위해 죽더라도 節義를 지킨다고 생각하여.

앞의 爲는 '~라고 여기다'의 뜻, 뒤에 나오는 爲는 '~을 위하다'의 뜻.

12) 始 : 처음에. 이전에.

13) 穀城 : 지금의 山東省 東阿縣의 山名. 항우가 죽은 것은 그의 나이 31세 때였다.

14) 發哀 : 發喪하다.

15) 泣之 : 항왕을 위해 哭(곡)하다.

漢王은 항우가 죽은 후, 남은 항씨 일족의 모든 죄를 용서하고, 項伯 등을 侯로 봉했으며 劉氏 姓을 하사하기도 했다.

[語譯] 여마동은 항왕을 외면하고 왕예에게 말했다.

"이 사람이 항왕이오."

그러자 항왕이 말했다.

"내 듣기로는 漢에서 내 목에 천금의 상금과 1만 호의 고을을 상으로 걸었다니, 내가 너에게 은덕을 베풀겠다."

그리고 나서 스스로 목을 찔러 죽었다.

왕예가 항왕의 머리를 자르자 다른 기병들도 서로 짓밟으며 항왕의 몸을 놓고 싸워 서로 죽인 사람이 수십 명이었다. 최후로 郎中騎인 양희, 騎司馬인 여마동, 郎中인 여승과 양무가 각각 사지 하나씩을 차지했다.

다섯 사람이 같이 항왕의 몸을 맞추니 모두 틀림없었다. 1만 호의 땅을 다섯으로 나누어 여마동을 中水侯로 봉하고 왕예를 杜衍侯, 양희를 赤泉侯, 양무를 吳防侯, 여승을 涅陽侯로 각각 봉했다.

항왕이 죽자 楚의 모든 지역이 漢에 항복하였으나 오직 노만은 투항하지 않았다.

漢王은 천하의 대군으로 노를 도륙하려 했으나, 노의 백성들이 예와 의를 지켜 주군을 위해 死節하려 한다는 것을 알고, 항왕의 목을 갖다 노에 보이니 부형들이 비로소 항복하였다.

그 전에 楚의 회왕이 항적을 魯公에 봉했기 때문에 항왕이 죽은 뒤에야 노가 최후로 항복하였다.

이런 연고로 해서 항왕을 魯公의 예로 穀城에 장사지내고, 漢王도 발상하고 영전에 곡하고 돌아갔다.

原文 太史公曰 [1] 吾聞之周生 [2] 曰 「舜目蓋 [3] 重瞳子. [4]」 又聞項羽亦重瞳子. 羽豈 [5] 其苗裔 [6] 邪. 何興之暴也. [7] 夫秦失其政陳涉首難 [8] 豪傑蜂起 [9] 相與竝爭 不可勝數. 然羽非有尺寸 [10] 乘勢 起隴畝 [11] 之中 三年 遂將 [12] 五諸侯 [13] 滅秦 分裂天下 而封王侯 [14] 政由羽出 號爲霸王. [15] 位雖不終 [16] 近古以來未嘗有也. 及羽背關懷楚 [17] 放逐義帝 [18] 而自立 怨王侯叛已 難矣. [19] 自矜功伐 奮其私智 [20] 而不師古. [21] 謂霸王之業 欲以力征經營天下. 五年卒 [22] 亡其國 身死東城 尙不覺寤 [23] 而不自責 過矣. 乃引「天亡我 非用兵之罪也」豈不謬哉. [24]

註解 1) 太史公曰 : 項羽本紀의 맨 끝부분에 실린 太史公 사마천의 논평이다. 이를 贊 또는 讚이라 한다. 贊은 본래 장점을 칭찬한다는 뜻이 있으니 史書에서의 贊은 인물과 행적에 대하여 襃貶(포폄, 칭찬과 나무람)하는 것이 主가 된다. 「史記」130권 모두에 太史公曰로 시작되는 贊이 있고, 唐의 司馬貞의 「史記索隱」에도 著者 司馬貞의 贊이 있다.

2) 周生 : 周先生. 漢代의 儒者로 이름은 전해지지 않음.

3) 蓋(개) : 아마도(疑辭).

4) 重瞳子 : 눈동자가 두 개다.

5) 豈 : 뒤에 오는 邪(야)와 함께 反語句를 이룬다. 어찌~하지 않겠는가? 의 뜻이다.

　　【用例】 豈若匹夫匹婦之爲諒也(어찌 필부 필부의 조그만 절개와 같겠는가?). 「論語, 憲問」

　　* 邪는 語氣詞로 耶·哉와 용법이 같다.

　　【用例】 怨邪 非邪. 「史記, 伯夷列傳」

6) 苗裔(묘예) : 자손. 후손.

　　【用例】 至河南求周苗裔 封其後~. 「史記, 周本紀贊」

7) 何興之暴也 : 어찌하여 興起하는 것이 그리 빠른가? 暴은 急也.

8) 首難 : 제일 먼저 반기를 들다.

9) 蜂起 : 蜂起하다.

10) 非有尺寸 : 한치의 땅도 갖지 않고. 尺寸은 尺寸之地, 조그마한 땅.

11) 隴畝(농무) : 밭이랑. 밭두둑.

12) 將 : 거느리다(率領也).

13) 五諸侯 : 燕·齊·韓·趙·魏의 五國.

14) 封王侯 : 王과 侯를 封하다. 항우가 章邯을 雍王, 劉邦을 漢王에 封한 것 등등.

15) 覇王 : 覇者와 王者, 또는 覇者에 대한 존칭.

　　【用例】 孟子曰 以力假仁者 覇 覇必有大國. 以德行仁者 王 王不待大. 「孟子, 公孫丑 上」

16) 位雖不終 : 그 지위가 비록 끝까지 가지는 못했지만.

17) 背關懷楚 : 먼저 入關하여 破秦者를 왕으로 삼는다는 약속을 違背하고(背關), 함양을 불사르고 고향을 그려 楚 땅의 彭城에 도읍한 일(懷楚).

18) 放逐義帝 : 義帝를 長沙로 옮겼다가 죽였다.

19) 難矣 : 이치에 합당하지 않다.

20) 奮其私智 : 私智를 뽐내다. 私智는 私人의 狹見 또는 智慧.

21) 不師古 : 옛 성현을 본받지 않다.

22) 卒 : 끝내. 마침내.

23) 尚不覺寤 : 오히려 깨닫지 못하였다. 尚은 거의(庶幾也) 오히려(猶也). 覺寤는 이전의 過誤를 깨닫다.

24) 豈不謬哉 : 어찌 忘言이 아니겠는가? 謬(류, 俗音은 무).

[語譯] 태사공이 말했다.

나는 '순임금은 아마도 눈동자가 두 개였으리라'고 하는 周生의 말을 들은 적이 있었다.

또 항우 역시 눈동자가 두 개였다는 말도 들었다. 그렇다면 항우는 순임금의 후손이 아니겠는가?

그리고 항우는 어찌 그리 급속하게 일어났는가?

秦의 실정이 계속되자 陳涉이 처음으로 반기를 들었고, 여러 호걸이 벌떼처럼 일어나 서로 어울려 쟁탈하였음은 이루 다 셀 수도 없다.

그렇지만 항우는 한치의 땅도 없이 승세를 타고 농촌에서 봉기한 지 3년 만에 옛 다섯 제후국을 거느리고 秦을 멸망시켰으며, 천하를 나누어 王侯들을 봉하였다.

모든 政令은 항우로부터 나왔고 패왕이라 하였다. 그 자리가 비록 오래 가지는 않았으나 예로부터 그런 전례가 없는 일이었다.

항우가 관중의 왕에 관한 약속을 어기고 고향을 그리워하여 彭城에 도읍하며, 義帝를 내몰고 자립하고서 다른 제후들이 자기를 배반하였다고 원망했으니, 이것이 이치에 합당하겠는가?

전투를 잘했다고 스스로 자랑하며 私智를 뽐내고 옛 성현을 본받지도 않았다.

覇王의 위업을 이루었다고 하면서 힘으로 정벌하고 천하를 다스리려고 하였다.

끝내는 5년 만에 나라를 망치고 자신은 동성에서 죽을 때까지, 오히려 자기 잘못을 깨닫지도 못하고 자책하지도 않았으니 과오가 아니겠는가?

이에 '하늘이 나를 망하게 한 것이지 용병을 잘못한 탓이 아니다.'라고 하였으니 어찌 망언이 아니겠는가?

10. 高祖初起異徵¹⁾(節高祖本紀)

原文 高祖²⁾以亭長³⁾爲縣送徒酈山⁴⁾ 徒多道亡.⁵⁾ 自度比至皆亡之⁶⁾ 到豊西⁷⁾澤中 止飮 夜乃解縱所送徒⁸⁾. 曰 「公等皆去 吾亦從此⁹⁾逝矣¹⁰⁾.」 徒中壯士願從者十餘人. 高祖被酒¹¹⁾ 夜徑澤中¹²⁾ 令一人行前. 行前者還報曰 「前有大蛇當徑¹³⁾ 願還.」 高祖醉 曰 「壯士行 何畏.」 及前¹⁴⁾ 拔劍擊斬蛇. 蛇逐分爲兩.¹⁵⁾ 徑開. 行數里 醉 因臥. 後人來至蛇所 有一老嫗¹⁶⁾夜哭. 人問何哭 嫗曰.「人殺吾子 故哭之.」

註解 1）異徵 : 神異한 징조.

2）高祖 : 劉邦. 沛縣 豊邑 中陽里 출생. 先祖나 부모가 다같이 미천하였다. 본기에는 왼팔에 72개의 검은 점이 있었으며, 豪俠한 성품에 好酒好色했다고 쓰여 있다.

3）亭長 : 泗上亭長.

4）送徒酈山 : 죄수들을 역산으로 호송하다. 徒는 囚人. 죄인의 뜻. 酈의 음은 역.

參考 九月 葬始皇酈山. 始皇初即位 穿治酈山 及幷天下 天下徒送詣七十餘萬人……「史記, 秦始皇本紀」

5）道亡 : 道中에서 逃亡하다.

6）比至皆亡之 : 목적지에 도착할 때면 죄수가 하나도 없을 것이다. 比至의 比는 及의 뜻.

【用例】比其反也 則凍餒其妻子……(그가 돌아올 때 되어 妻子가 얼고

굶어 죽었으면……).「孟子, 梁惠王 下」

7) 豊西 : 지명.

8) 解縱所送徒 : 호송하던 죄인들을 풀어주다. 解縱은 釋放也. 所送 徒는 호송되던 罪人. 피동형 문장임.

9) 從此 : 이로부터. 이곳에서.

　從은 自(~로 부터)의 뜻.

　【用例】施施從外來 驕其妻妾.「孟子, 離婁 下」

　＊ 施施는 喜悅之貌.

10) 逝矣 : 가겠다. 逝(서)는 지나가다.

　【用例】子在川上曰　逝者如斯夫. 不舍晝夜(공자께서 냇가에서 말씀하 셨다. "지나가는 것이 이와 같구나. 밤낮으로 쉬지 않는구나!").「論語, 子罕」

11) 被酒 : 술에 취하다. 被는 加也.

12) 夜徑澤中 : 밤중에 늪지대의 샛길을 지나가다. 徑은 좁은 길(小道 也). 좁은 길을 가다.

13) 當徑 : 길을 막다.

14) 及前 : 뱀 앞에 와서는.

15) 爲兩 : 둘이 되었다. 뱀이 두 동강이 났다는 뜻. 爲는 피동형임.

16) 老嫗 : 老婦.

【語譯】고조가 泗上의 亭長으로 있을 때, 현의 죄수들을 역산으로 호송하는데 많은 죄수들이 도중에 도망하였다.

고조는 목적지에 이를 때면 다 도망가고 없을 것이라고 생각하여 豊西라는 곳의 물가에 도착하여 쉬면서 술을 마시다가 밤에 곧 호송하던 죄수들을 모두 풀어주며 말했다.

"그대들은 모두 떠나거라. 나 또한 여기서 내 갈 길을 가겠다."

죄수 중 고조를 따라가겠다는 장사가 10여 명 있었다.

고조가 술에 취하여 밤에 물가의 좁은 길을 가면서 한 사람을 앞서가게 했다. 앞서가던 사람이 돌아와 보고하였다.

112

"앞에 큰 뱀이 길을 막고 있으니 다른 데로 돌아가십시오."

고조가 취한 채 말했다.

"장사가 가는 길에 무엇이 두려우랴?"

뱀 있는 곳까지 와서 칼을 빼 뱀을 내리쳐 잘라 버렸다. 뱀은 두 토막이 나고 길이 열렸다.

고조는 몇 리를 더 가서 취해 누워 있었다.

뒤따라오던 사람들이 뱀 있던 곳에 다다르니 한 노파가 밤인데도 울고 있었다. 사람들이 왜 우느냐고 물었다. 노파가 말했다.

"어떤 사람이 내 아들을 죽였기에 울고 있소."

原文 人曰.「嫗子何爲見殺.¹⁾」嫗曰「吾子 白帝²⁾子也 化爲蛇 當道 今爲赤帝子³⁾斬之 故哭.」人乃以嫗爲不誠⁴⁾ 欲笞之 嫗因忽不見. 後人至 高祖覺.⁵⁾ 後人告高祖 高祖乃心獨喜 自負.⁶⁾ 諸從者日益畏之. 秦始皇帝常曰「東南有天子氣.」於是因東游以厭之⁷⁾ 高祖即自疑⁸⁾ 亡匿 隱於芒・碭⁹⁾山澤¹⁰⁾巖石之閒. 呂后¹¹⁾與人俱求 常得之.¹²⁾ 高祖怪問之. 呂后曰「季¹³⁾所居上常有雲氣 故從往常得季.」高祖心喜. 沛中子弟或聞之¹⁴⁾ 多欲附者矣.

註解 1) 何爲見殺 : 어찌하여 죽음을 당했는가? 見殺은 피동형 문장이다. 見・爲・被 등을 써서 피동형을 만들 수 있다.

【用例】㉠ 信而見疑 忠而被謗.「史記. 屈原列傳」

㉡ 今爲赤帝子斬之(本文中).

2) 白帝 : 五天帝의 하나.

西方天帝를 白帝, 南方天帝를 赤帝라 한다. 秦襄公은 白帝를 섬겼

다고 한다. 白帝니 赤帝니 하는 것은 오행설과도 관련이 있다.
오행의 德을 제왕의 덕과 결부시켜 漢에서는 赤色을 崇尙하였다.

3) 赤帝子 : 漢高祖를 지칭함.

4) 以嫗爲不誠 : 老婦가 거짓말을 한다고 생각하다. 以~爲는 ~을 ~
이라 생각하다. 不誠은 거짓, 속임. 실제가 아님(不實情).

5) 覺(교) : 잠을 깨다. 술에서 깨다.

6) 自負 : 自恃也.

7) 因東游以厭之 : 동쪽을 遊覽하여 天子氣를 누르다. 游는 遊와 같음
(出游하다, 遊覽하다).
之는 天子의 氣運을 가리키는 代詞.

【用例】吾王不遊 吾何以休.「孟子. 梁惠王 下」

8) 自疑 : 스스로 그렇지 않을까 생각하다. 천자의 氣가 바로 자신일
것이라 생각했다는 뜻임.

9) 芒碭(망탕) : 芒山과 碭山. 지금의 江蘇省 탕산현에 있는 두 산인데
서로 가까워 같이 부른다.

10) 山澤 : 山林川澤. 골짜기.

11) 呂后 : 高祖의 皇后. 이름은 雉(치).

[參考] 呂公謂高祖曰 「臣少好相人 相人多矣 無如季相 願季自愛. 臣有息
女 願爲季箕帚妾.」(呂公이 고조에게 말했다. "제가 관상보기를 좋아해
관상을 많이 보았습니다만 당신 같은 相은 본 적이 없습니다. 부디 자중자
애하십시오. 저에게 딸이 있는데 당신에게 아내로 주고 싶습니다.")「史
記, 高祖本紀」

12) 常得之 : 고조를 늘 찾아내었다. 之는 代詞로 고조를 가리킴.

13) 季 : 고조의 字.

14) 或聞之 : 이런 이야기를 들은 어떤 사람.
或은 或人의 뜻으로 代詞이다. 之는 고조에 관한 神異한 이야기를
뜻하는 代詞로 聞의 賓語이다.

[語譯] 사람들이 물었다.
"노파의 아들이 어찌하여 죽음을 당했습니까?"

노파가 대답했다.

"내 아들은 白帝의 아들로서 뱀으로 변해 길을 막고 있었는데 지금 赤帝의 아들한테 잘려 죽었기에 울고 있소."

사람들은 노파가 거짓말을 한다고 생각하여 때려주려 하자 노파는 갑자기 사라져 버렸다. 뒤따라오던 사람들이 고조가 있는 곳에 오자 고조는 잠이 깨었다.

뒤에 온 사람들이 겪은 일을 말해주자 고조는 마음속으로 혼자 기뻐하였고 자부심을 가졌으며, 고조를 따르던 무리들은 더욱 고조를 공경하며 두려워하였다.

진시황제가 늘 말했다.

"동남방에 천자의 氣가 있다."

그래서 동쪽 지방을 유람하여 천자의 기운을 누르려고 하였다.

고조는 스스로 자신을 의심하여 도망가 망탕산의 골짜기나 바위 사이에 숨어 있었다.

그런데도 여후는 사람들과 함께 늘 고조를 찾아냈다. 고조가 이상히 여겨 물으니 여후가 말했다.

"당신이 계신 곳 위에는 늘 구름 기운이 있으므로 그곳을 따라가면 언제나 당신을 찾을 수 있습니다."

고조는 마음속으로 기뻐했다.

패현의 젊은이들은 이런 이야기를 듣고 고조를 따르려는 사람들이 많았다.

11. 沛公先入關(節高祖本紀)

[原文] 漢元年[1]十月 沛公兵遂先諸侯至覇上.[2] 秦王子嬰[3]素車
白馬[4] 係頸以組[5] 封皇帝璽符節[6] 降軹道[7]旁. 諸將或言誅秦
王.[8] 沛公曰「始懷王遣我 固以能寬容. 且人已服降 又殺之
不祥.[9]」乃以秦王屬吏[10] 遂西入咸陽. 欲止宮休舍[11] 樊噲·
張良諫 乃封秦重寶財物府庫 還軍[12]覇上. 召諸縣父老豪傑
曰 父老苦秦苛法久矣[13] 誹謗[14]者族 偶語者棄市.[15] 吾與諸
侯約 先入關者王之[16] 吾當王關中.

[註解] 1) 漢元年 : 기원전 206년.
[參考] 「史記」秦楚之際月表에 기록된 내용은 다음과 같다.
　　十月. 漢元年 秦王子嬰降. 沛公入破咸陽 平秦 還軍覇上 待諸侯約.
　　十一月. 沛公出令三章 秦民大悅.
2) 覇上(패상) : 지명. 섬서성 장안현 동쪽에 있는 白鹿原.
3) 秦王子嬰 : 始皇의 태자였던 扶蘇의 아들. 二世 皇帝 胡亥가 趙高
　　의 핍박으로 자결했고, 조고가 부소의 아들 子嬰을 왕으로 영립하
　　자 자영은 조고를 죽이고 왕위에 나선다. 자영이 왕이 된 것이 9월
　　이었으니 불과 40여 일 만에 고조에게 투항한 것이다.
4) 素車白馬 : 백마가 끄는 白車. 投降할 때 씀.
5) 係頸以組 : 목(頸)에 실끈(絲組)을 매다. 죄인이라는 뜻.
6) 璽符節 : 天子之印을 璽(새)라 하고 玉으로 만든다. 천자는 여섯
　　종류의 璽를 사용한다.

符는 發兵할 때 信標로 주는 것으로 漢에서는 대나무로 만든 6寸의
符를 사용했다. 節은 賞罰을 행할 때 썼다고 하는데, 보통 符節이
라 합칭한다.

7) 軹道(지도) : 지명.

8) 諸將~秦王 :「楚漢春秋」란 책에 의하면 그때 번쾌가 秦王을 죽여
야 한다고 건의했다.

9) 不祥 : 상서롭지 못하다. 좋은 일이 아니다.

10) 屬吏(촉리) : 관리에게 맡겨 감시하게 하다.

11) 止宮休舍 : 궁전에 머무르면서 휴식하다(居止宮殿中而休息也).

12) 還軍 : 回軍하다. 군을 철수하다.

13) 苦秦苛法久矣 : 秦의 가혹한 법으로 고통받은 것이 오래 되었다.

14) 誹謗(비방) : 말로 헐뜯다.

15) 偶語者棄市 : 마주보며 말하는 자들은 교수형에 처했다. 偶는 對
也. 진시황본기에도 偶語經書者棄市라 했음.
棄市(기시)는 공개로 형을 집행하여(刑人於市) 여러 사람에게 보임.

16) 王之 : 관중의 왕이 되다. 다음에 나오는 왕도 동사로 쓰였음.

[語譯] 漢 원년, 10월 패공의 군사들은 드디어 다른 제후보다
먼저 패상에 도착했다. 秦의 왕 자영은 백마가 끄는 흰 수레를
타고 목에는 실끈을 매고 황제의 옥새와 부절 등을 싸 가지고
나와 지도 부근에서 투항했다.

여러 장수들 중에서 어떤 장수는 秦王을 죽여야 한다고 말했
다. 그러나 패공이 말했다.

"처음에 회왕이 나를 보낸 것은 내가 본래 관용을 베풀 수 있
다고 생각했기 때문이다. 또 진왕이 이미 항복했으니 그를 죽
이는 것은 상서롭지 않다."

그리고는 진왕을 관리들에게 맡기고 서쪽으로 나아가 드디어
함양에 입성했다. 패공은 궁궐에 머무르면서 쉬고 싶었지만,
번쾌와 장량 등이 충고하자 곧 秦의 보화와 재물의 창고를 모두

봉하고 패상으로 군사를 철수하였다.

　패공은 근처 여러 현의 父老와 호걸들을 불러 놓고 말했다.

　"여러분들은 그동안 秦의 가혹한 법률에 고통받은 지 오래 되었습니다. 비방하는 사람들은 멸족당했고, 마주보고 이야기만 해도 사형을 당했습니다. 나는 여러 제후들과 먼저 관중에 들어가는 자가 관중의 왕이 된다고 약속하였으니 나는 마땅히 관중의 왕이 되어야 합니다."

[原文] 與父老約 法三章耳.[1] 殺人者死 傷人及盜抵罪.[2] 餘悉[3] 除去秦法. 諸吏人皆案堵[4]如故. 凡[5]吾所以[6]來 爲父老除害 非有所侵暴 無恐. 且吾所以還軍覇上 待諸侯至而定約束 耳.」乃使人與秦吏行縣鄕邑[7]告諭之.[8] 秦人大喜 爭持牛羊 酒食獻饗軍士. 沛公又讓不受 曰 「倉粟多 非乏[9] 不欲費 人.」[10] 人又益喜 唯[11]恐沛公不爲秦王.

[註解] 1) 法三章耳 : 3조의 법률뿐이다.

2) 抵罪(저죄) : 죄상에 따라 해당하는 벌을 주겠다. 抵는 해당하다(當也, 至也).

3) 悉(실) : 모두, 다(皆也).

4) 案堵(안도) : 案은 次第, 즉 집이란 뜻이고, 堵는 墻, 즉 담장이란 뜻이니 집에 있듯이 편안하다는 뜻.

5) 凡 : 한마디로 말한다면(大指也). 凡은 통계 및 전체라는 뜻이 있으며, '보통의' '평범한'의 뜻도 있다.
　【用例】 ㉠ 陳勝王凡六月(陳勝은 총 6개월간 왕으로 있었다). 「史記, 陳涉世家」
　㉡ 待文王而後興者 凡民也. 「孟子, 盡心 上」
　＊凡民은 庸常之民. 보통사람들.

6) 所以 : ～한 까닭은. ～하는 이유는.

【用例】吾所以爲此者 以先國家之急 而後私讎也(내가 이렇게 하는 까닭은 국가의 위급을 먼저 하고 사적인 원한을 뒤로 돌리기 때문이다.).「史記, 廉頗藺相如列傳」

＊ 所以는 '～하는 방법이다'라는 뜻으로도 자주 쓰인다.

【用例】存其心 養其性 所以事天也(자기 마음을 살피고, 자기 性을 기르는 것이 하늘을 섬기는 방법이다.).「孟子, 盡心 上」

7) 行縣鄕邑 : 縣內의 鄕邑을 돌아다니며.

8) 告諭之 : 法 三章과 高祖의 말을 널리 알리다. 告諭는 曉喩와 같음.

9) 倉粟多非乏 : 창고에 곡식이 많아 부족하지 않다. 粟(속)은 곡식, 乏(핍)은 결핍과 같음.

10) 不欲費人 : 백성들에게 손해를 끼치고 싶지 않다. 費는 손해를 끼치다.

【用例】君子惠而不費.「論語, 堯曰」

11) 唯 : 다만 ～할 뿐이다(한정부사). 唯는 한정의 뜻을 가진 부사로 惟와 같다. 唯는 發語詞로도 쓰인다.

[語譯] "여러분들과 법률 3조항만 약속합니다. 살인한 사람은 사형에 처하고 사람을 다치게 한 사람과 도적질을 한 사람은 해당하는 죄만큼 벌을 받을 것입니다. 나머지 모든 秦나라의 법은 폐지합니다. 모든 관리와 백성들은 전처럼 편안히 지내십시오. 한마디로 내가 여기 온 까닭은 여러분들을 위하여 여러가지 폐해를 제거하러 왔지 빼앗거나 포악하게 하지는 않을 것이니 두려워 마십시오. 또 내가 패상으로 군사를 철수한 까닭은 다른 제후들이 오는 것을 기다렸다가 약속을 맺고자 할 뿐입니다."

곧 부하를 시켜 秦의 관리들과 함께 현의 마을을 돌면서 이런 사실을 알려 주게 했다. 진의 백성들은 크게 기뻐하며 소나 양, 술과 먹을 것을 다투어 갖고 나와 군사들에게 먹으라고 주었다. 패공은 또 이것들을 사양하여 받지 않았다.

"창고에 곡식이 많이 있어 부족하지 않습니다. 또한 백성들의 재물을 축내고 싶지도 않습니다."

백성들은 더욱 기뻐하며 오직 패공이 秦王이 되지 않을 것을 걱정하였다.

[原文] 或說[1]沛公曰 「秦富十倍天下 地形彊.[2] 今聞章邯[3]降項羽 項羽乃號爲雍王[4] 王關中. 今則來[5] 沛公恐[6]不得有此. 可急使兵守函谷關 無內諸侯軍 稍[7]徵[8]關中兵以自益 拒之.」沛公然[9]其計 從之. 十一月中 項羽果率諸侯兵西 欲入關 關門閉. 聞沛公已定關中 大怒 使黥布[10]等攻破函谷關. 項羽遂西屠燒[11]咸陽秦宮室 所過無不殘破.[12] 秦人大失望 然恐 不敢不服耳.[13] 項羽使人還報懷王. 懷王曰 「如約.」[14]

[註解] 1) 或說 : 어떤 사람(或者)이 말했다. 항우본기에서는 鯫生이 말했다고 했다(鴻門之宴篇 참고).

2) 彊(강) : 견고하다. 방어에 좋다.

3) 章邯(장한) : 秦의 장군. 항우와 鉅鹿(거록)에서 크게 싸우기도 했으나, 秦趙高가 專權하며 所請을 들어주지 않자 항우에게 투항하였다.

4) 乃號爲雍王 : 이에 雍王이라 부르다.

5) 今則來 : 이제 곧 이리 들어오면.

6) 恐 : 아마도 ～할 것이다(推量詞).
   【用例】吾恐季孫之憂不在顓臾 而在蕭牆之內也(내 생각으로는 季孫의 근심거리는 전유(地名)에 있지 않고 집안에 있는 것 같다). 「論語, 季氏」

7) 稍(초) : 점차로(漸也). 조금씩(小也).
   【用例】諸侯稍微 大國不過十餘城 小侯不過數十里. 「史記, 諸侯年

表序」

8) 徵(징) : 거두다. 모으다. 징발하다.

9) 然 : 옳다(是也). 옳다고 생각하다.

【用例】子曰 雍之言然.「論語, 雍也」

＊雍은 冉雍. 字 仲弓.

10) 黥布(경포) : 인명. 본명 英布. 묵형에 처해졌기 때문에 黥布라 불렀다. 항우를 따라 秦軍을 크게 격파하고 뒷날 九江王에 봉해졌다. 그뒤 漢에 투항하고 항우를 치는 데 공을 세워 淮南王에 봉해졌으나 다시 漢에 반기를 들어 결국 誅殺되었다. 「사기」91권에 列傳이 있다.

11) 屠燒(도소) : 도살하고 소각하다.

12) 所過無不殘破 : 지나간 곳은 잔혹하게 파괴되지 않은 곳이 없었다.

＊所는 여기서 代詞로 쓰였다. 所는 보통 동사 앞에 나와 名詞性詞組를 만든다. 이 경우 보통 '~한 것'으로 해석한다.

【用例】吾入關 秋毫不敢有所近.「史記, 項羽本紀」

＊이런 경우 所는 다른 定語에 의해 수식받을 수 있다. 그때 그 定語는 所 다음에 오는 동사의 주어 역할을 하게 된다.

【用例】王之所大欲 可得聞與.「孟子, 梁惠王 上」

13) 不敢不服耳 : 감히 복종하지 않을 수 없었다(이중 부정).

【用例】萬取千焉 千取百焉 不爲不多矣.「孟子, 梁惠王 上」

14) 如約 : 약속대로 하라. 先入關破秦者를 왕으로 삼는다는 前約대로 실행하라. 고조를 관중의 왕으로 하겠다는 뜻.

[語譯] 어떤 사람이 패공에게 말했다.

"秦이 부유한 것은 온 천하의 것보다 10배는 되며 지형 또한 견고합니다. 지금 장한이 항우에 항복하자 장한을 雍王이라 부르며 關中의 왕으로 삼았다고 들었습니다. 그들이 지금 곧 이리로 온다면 패공께선 아마도 이곳을 차지할 수 없을 것입니다. 그러니 빨리 군사를 보내 함곡관을 지켜 제후들의 군대를 못 들어오게 하면서 점차로 관중의 군사를 징발하여 세력을 키우며 다른 제후들을 막으십시오.”

패공은 그 계책을 옳다고 여겨 그대로 따랐다.

11월에 항우는 과연 그 말대로 제후들의 군사를 이끌고 서쪽으로 진격하여 관중으로 들어가려 했으나 관문이 닫혀 있었다. 항우는 패공이 벌써 관중을 평정했다는 말을 듣고 크게 노하며 黥布 등을 시켜 함곡관을 공격하여 격파했다. (중간 생략. 鴻門之宴 참조)

항우는 서쪽으로 진격하여 함양 주민을 도살하고 秦의 궁실을 불태웠으며, 그들이 지나간 곳은 잔혹하게 파괴되지 않은 곳이 없었다.

秦의 백성들은 크게 실망하였으나 두려움에 떨며 감히 복종치 않을 수 없었다.

항우는 사람을 보내 회왕에게 보고하였다. 그러나 회왕은 ‘약속대로 하라’고 말하였다.

[原文] 項羽怨懷王不肯[1]令[2]與沛公俱西入關 而北救趙[3] 後天下約.[4] 乃曰 「懷王者 吾家項梁所立耳 非有功伐[5] 何以得主約.[6] 本[7]定天下 諸將及籍也.」 乃詳[8]尊懷王爲義帝[9] 實不用其命.

[註解] 1) 不肯 : 원하지 않다(不願). 좋아하지 않다(不肯).

2) 令 : 명령하다.

3) 北救趙 : 북쪽으로 가 趙王을 구원하다. 項梁이 죽은 뒤, 懷王은 項羽로 하여금 북으로 가서 秦將 章邯의 공격을 받고 있는 趙王 歇을 구원하라고 했다. 항우는 宋義의 군을 빼앗아 가지고 鉅鹿 등지에서 秦軍을 격파하고 드디어 장한의 항복을 받아낸다. 鴻門之宴에서 패공이 “將軍戰河北 臣戰河南……”이라 했는데 河北서 싸웠다는 것은 바로 趙를 구원한 것을 뜻한다.

122

4) 後天下約 : 천하를 건 약속에 늦었다. 관중을 놓고 한 약속에 늦었
　다.
　　항우가 趙를 구원하려고 秦과 싸우는 동안 패공은 바로 관중을 향
　　해 나아갔다. 그래서 패공보다 늦게 入關했다는 뜻이다.

5) 非有功伐 : 적을 攻伐한 것도 없다.

6) 何以得主約 : 어찌 약속의 주관자가 될 수 있겠는가?

7) 本 : 본래. 부사로 쓰였다.

8) 詳(양) : 거짓 양(詐也). 자세할 상이 아님.
　　【用例】箕子詳狂爲奴.「史記, 殷本紀」

9) 義帝 : 가짜 황제란 뜻이 있음.
　　항우가 懷王을 義帝라 칭한 이후로 義父, 義兄弟란 말이 나왔다
　　고 한다.

　　[語譯] 항우는 회왕이 패공과 함께 서쪽으로 가 관중에 들어가
라 명령하지 않고 북쪽으로 趙를 구원케 했기 때문에 천하를 걸
고 한 약속에 늦었다고 회왕을 원망하였다.
　　그리고 또 말했다.
　　"회왕이란 사람은 내 집안의 항량이 세운 사람이며, 적을 공
벌한 적도 없는데 어떻게 약속을 주관할 수 있겠는가? 본래 천
하를 평정한 사람은 여러 장군들과 이 항적이다."
　　이에 항우는 회왕을 거짓으로 존중하여 義帝라 하였으나 실
제로는 의제의 명령을 따르지 않았다.

12. 漢高祖還沛置酒(節高祖本紀)

[原文] 十二年[1] 十月 高祖已擊布軍會甀.[2] 布走 令別將追之.
高祖還歸 過沛 留. 置酒沛宮[3] 悉[4]召故人父老子弟縱酒[5] 發[6]
沛中兒得百二十人 教之歌. 酒酣[7] 高祖擊筑[8] 自爲歌詩曰
「大風起兮雲飛揚 威加海內兮歸故鄉 安[9]得猛士兮守四方.」
令兒皆和習之. 高祖乃起舞 慷慨傷懷[10] 泣數行下. 謂沛父兄
曰 「游子[11]悲故鄉.[12] 吾雖都關中[13] 萬歲後[14]吾魂魄猶樂思
沛. 且朕[15]自沛公以誅暴逆 遂有天下.[16] 其[17]以沛爲朕湯沐
邑[18] 復[19]其民 世世無有所與.[20]」

[註解] 1) 十二年 : 고조 12년은 기원전 195년이다.
2) 高祖~會甀 : 고조는 黥布의 반군을 會甀(회추)에서 격파했다.
　　경포는 垓下의 싸움에서 큰 공을 세워 淮南王으로 봉해졌다. 고조
　　11년 淮陰侯 韓信이 죽음을 당했고, 다음으로 梁王 彭越도 모반을
　　꾀한다고 잡혀 죽었다.
　　경포는 이에 두려움을 느껴 모반했다.
3) 沛宮 : 지금의 江蘇省 徐州 근처의 沛縣 동남쪽 20여 리쯤에 있던
　　고조의 옛집.
4) 悉(실) : 모두 다(皆也).
5) 縱酒 : 마음껏 술을 마시다. 縱은 마음대로(恣意)의 뜻.
6) 發 : 여기선 고르다, 뽑다의 뜻.
7) 酒酣(주감):飮酒하여 반쯤 취한 상태. 不醒不醉한 정도를 酣이라

함.

8) 筑(축) : 악기. 쟁과 비슷함. 대나무로 줄을 쳐서 소리를 낸다.

9) 安 : 의문사. 어디에서.

10) 慷慨傷懷 : 감정이 복받치고 회포에 젖어서.

11) 游子 : 나그네. 여기선 고조 자신.
　　【用例】浮雲游子意. 落日故人情.「李白, 送友人詩」

12) 悲故鄕 : 고향생각에 마음이 아프다.

13) 都關中 : 관중에 도읍했지만.

14) 萬歲後 : 내가 죽은 뒤에.

15) 朕(짐) : 천자가 스스로 일컫는 말.

16) 遂有天下 : 마침내 천하를 차지했다.

17) 其 : 여기서는 아무 뜻이 없다.「漢書」의 註에 의하면 沛人들은 처음 말을 할 때 '其'음을 낸다고 하였으며, 고조 등극 이후 모든 敎令에 其字가 자주 쓰였다고 한다.

18) 湯沐邑 : 천자가 祭天하기 전에 목욕하는 것을 湯沐이라 한다. 沛에서는 湯浴의 비용만 징수하겠다는 뜻이다.

19) 復(부) : 租稅를 면제해 줌.

20) 世世~所與 : 대대로 나라에 바치는 것이 없을 것이다.

〖語譯〗 고조 12년 10월, 고조는 경포의 반군을 회추에서 격파했다. 경포가 도주하자 別將을 시켜 추격케 하였다.

고조는 귀환하는 길에 패현을 지나게 되자 고향에 머물렀다. 패의 옛 집에 술을 준비하고 옛 친구와 어른과 젊은이들을 모두 불러 마음껏 술을 마시게 하면서, 패의 아이들 120명을 골라 노래를 지어 가르쳤다.

술이 얼큰해지자 고조는 筑을 치며 몸소 노래를 지어 불렀다.

"큰 바람 일어나니 구름 흩날린다.

온 나라에 위세를 떨치고 고향에 돌아왔도다.

어디서 사나운 장수들을 얻어 천하를 지킬거나 !"〈大風歌〉

고조는 아이들이 모두 노래를 따라 익히도록 하였다.

고조는 일어나 춤을 추며 복받치는 감정과 온갖 회포에 젖어 몇 줄기 눈물을 흘리기도 했다.

고조가 패현의 부형들에게 말했다.

"고향 떠난 나는 늘 고향생각에 마음아팠습니다. 내가 비록 관중에 도읍하고 있지만 만년 뒤에라도 나의 혼백은 그래도 기꺼이 고향을 생각할 것입니다. 짐이 스스로 패공이 되어 포악한 역도들을 죽이고 드디어 천하를 차지했습니다. 이제 패를 나의 湯沐邑으로 삼아, 백성들의 조세를 면제 할 것이며 대대로 나라에 내는 것이 없도록 하겠습니다."

原文 沛父兄諸母¹⁾故人日²⁾樂飮極驩 道³⁾舊故爲笑樂. 十餘日 高祖欲去 沛父兄固請留高祖. 高祖曰 「吾人衆多 父兄不能給.」 乃去. 沛中空縣皆之邑西獻⁴⁾. 高祖復留止 張飮三日.⁵⁾ 沛父兄皆頓首⁶⁾曰 「沛幸得復 豊未復⁷⁾ 唯陛下哀憐之.」高祖曰 豊吾所生長 極不忘耳⁸⁾ 吾特⁹⁾爲其以雍齒¹⁰⁾ 故反我爲魏.¹¹⁾」沛父兄固請 乃幷復豊 比沛.¹²⁾ 於是拜沛侯劉濞爲吳王.¹³⁾

註解 1) 諸母 : 본래 庶母의 뜻이나 여기서는 父의 行列에 있는 여러 자매들을 가리킴.

【用例】諸母漂 有一母 見信飢 飯信.「史記, 淮陰侯列傳」

＊漂는 빨래하다.

2) 日 : 매일같이. 부사로 쓰였음.

【用例】田單兵日益多 乘勝 燕日敗亡.「史記, 田單列傳」

3) 道 : 말하다. 이야기하다.

【用例】孟子 道性善 言必稱堯舜.「孟子, 滕文公 上」

4) 皆之邑西獻 : 모두 마을의 서쪽으로 나가 獻壽하다. 之는 가다(동사).

5) 張飮三日 : 휘장을 치고 3일간 더 마셨다. 張은 帷帳과 같음.

6) 頓首(돈수) : 머리를 땅에 조아리다. (周禮, 九拜之一. 以首叩地也.)

7) 豊未復 : 豊邑은 免稅되지 않았습니다.

참고 高租 沛豊邑中陽里人.

　뒷날 제왕의 고향을 뜻하는 말로 沛豊이란 말이 생겼다.

8) 極不忘耳 : 절대로 잊을 수 없다.

9) 特 : 다만(但也).

10) 雍齒 : 인명. 고조와 같은 同鄕人으로 戰功도 컸으나 魏를 위해 고조에 반기를 들었었다.

11) 爲魏 : 이때 爲는 '위하여'의 뜻. 爲其以~의 爲는 '~때문에'의 뜻.

12) 比沛 : 沛와 같게 했다. 比는 等也.

13) 劉濞爲吳王 : 劉濞를 吳王으로 삼다.

　유비는 고조 친형의 아들로 이후 40여 년간 吳를 통치하다가 景帝 때 吳楚七國의 난을 일으킨 장본인이다.

語譯 패의 부형들과 숙모 및 친구들은 날마다 즐겨 마시며, 큰 환락 속에서 옛일을 이야기하며 웃고 즐겼다.

　10여 일이 지나 고조가 떠나려 하자 패의 부형들은 더 머무르라고 간청하였다.

　고조가 대답했다.

　"내가 데리고 온 사람들이 많아 여러 어른들과 형제들이 먹을 것을 댈 수 없을 겁니다."

　그리고는 일행은 출발하였다.

　패의 온 고을 사람들이 마을을 비우고 모두 서쪽으로 가서 獻酒하였다. 고조는 다시 휘장을 치고 3일을 더 머무르면서 술을 마셨다. 패의 부형들이 모두 머리를 숙이고 말했다.

"우리 고을은 다행히 세금을 면제받았지만 豊은 아직 면제되지 않았습니다. 오로지 폐하께서 불쌍히 여겨주십시오."

고조가 말했다.

"豊邑은 내가 태어나 자란 곳이니, 나는 아무래도 잊을 수가 없습니다. 다만 雍齒가 일부러 나를 배반하고 魏를 위했기 때문입니다."

패의 부형들이 다시 간청하자 豊邑에도 세금을 면제해서 패와 똑같이 해주었다. 그리고 沛侯인 유비를 吳王으로 삼았다.

13. 呂后殺戚夫人(節呂太后本紀)

[原文] 呂太后者[1] 高祖微時[2]妃也. 生孝惠帝[3] 女魯元太后. 及
高祖爲漢王[4] 得定陶[5]戚姫 愛幸[6] 生趙隱王如意. 孝惠爲人仁
弱 高祖以爲不類我[7] 常欲廢太子立戚姫[8]子如意 如意類我.
戚姫幸 常從上之關東[9] 日夜啼泣[10] 欲立其子代太子 呂后年
長 常留守 希見上[11] 益疏. 如意立爲趙王後 幾[12]代太子者
數[13]矣 賴大臣之爭之[14] 及留侯策[15] 太子得毋廢. 高祖十二年
四月甲辰 崩長樂宮 太子襲號爲帝.

[註解] 1) 呂太后者 : 者는 代詞. 單父人 呂公의 딸. 이름은 雉(치). 呂
公은 관상을 잘 보았다 함(本書 高祖初起異徵의 주해 참고). 漢 원년
에 呂公은 臨泗侯가 되었다가 그 4년 뒤에 죽었다.

2) 微時 : 미천할 때. 泗上亭長일 때.

3) 孝惠帝 : 재위 기원전 195~188년.

4) 及高祖爲漢王 : 고조가 漢王이 될 때에.
   * 及은 주로 시간을 표시하는 介詞로 쓰인다. '~할 때에', '~할
   때가 되어서'로 해석한다.
   【用例】 及其壯也 血氣方剛 戒之在鬪.「論語, 季氏」
   * 及이 때로는 乘과 같은 의미인 '~하는 때를 이용하여'로 해석해
   야 할 경우도 있다.
   【用例】 及時當勉勵 歲月不待人.「陶淵明, 雜詩」
   * 及은 동작의 대상을 나타내는 介詞로도 쓰인다. '~와 함께'로

해석한다.

【用例】宋公及楚人戰于泓.「左傳. 僖公 22年」

＊ 及은 連詞로서 與와 같이 명사나 名詞性 詞組를 연결한다.

【用例】李延年 父母及身 兄弟及女 皆故倡也(부모와 자신……).「史記, 佞幸列傳」

＊ 及은 본래 동사로 '~에 이르다(至也)' '~에 따라가다(追也)'의 뜻이 있다.

【用例】其知可及也 其愚不可及也.「論語, 公冶長」

5) 定陶 : 지명. 산동성의 현.

6) 愛幸 : 총애하고 가까이하다. 愛만 있고 幸이 없으면 生子할 수 없다.

7) 不類我 : 나를 닮지 않았다. 類는 개(犬)의 모양이 서로 같다는 본 뜻이 있고 引申하여 相似의 뜻으로 쓰인다.

8) 戚姬(척희) : 戚夫人. 姬는 衆妾에 대한 總稱임.

9) 關東 : 함곡관의 동쪽. 지금의 하남성·산동성을 가리킴. 漢代에는 關東出相 關西出將이란 俗言도 있었다.

10) 日夜啼泣 : 밤낮으로 울며 눈물로 호소하다.

11) 希見上 : 가끔 主上을 뵙다.

　＊ 希는 稀와 같음.

【用例】子曰. 伯夷叔齊 不念舊惡　怨是用希(伯夷와 叔齊는 지난 惡을 생각지 않았다. 따라서 그들은 원망하는 일도 드물었다).「論語, 公冶長」

＊ 是用은 是以와 같음.

12) 幾 : 거의 ~ 하다(庶幾也). 가깝다.

【用例】孟子曰. 人之所以異禽獸者幾希.「孟子, 離婁 下」

13) 數(삭) : 자주(頻也).

【用例】子游曰 事君數 斯辱矣 朋友數 斯疏矣(事君하되 자주 諫言하면 욕을 보고, 친구에게 자주 간언하면 멀어지게 된다.).「論語, 里仁」

14) 賴大臣之爭之 : 大臣들의 諫爭에 힘입어. 대신은 장량이나 叔孫通 같은 사람. 爭은 諫爭하다. 之는 廢太子하려는 일을 가리키는 代詞.

15) 及留侯策 : ~ 및 留侯의 策略.

＊及은 앞의 爭之와 留侯策을 이어주는 連詞이다. 留侯는 장량을 말한다. 장량이 태자에게 당시 四皓라 칭해지던 덕망 있는 隱士들을 불러 같이 지내라는 책략을 일러주어 고조의 마음을 바꾸게 했다(「史記, 留侯世家」참고).

[語譯] 여태후는 고조가 미천하던 때의 妃다. 孝惠帝와 딸 魯元太后를 낳았다.

고조가 漢王이 될 무렵에 定陶의 戚夫人을 얻었는데, 척부인은 고조의 총애를 받아 趙隱王이 된 如意를 낳았다.

惠帝가 사람됨이 너무 착하고 약하여 고조는 자신을 닮지 않았다고 생각하며, 늘 태자를 폐하고 자신을 닮았다고 생각되는 척부인이 낳은 如意를 태자로 세우려 했다.

척부인은 사랑을 받으며 늘 황상을 따라 관동까지 가, 밤낮으로 울며 호소하여 자기 소생을 세워 태자로 삼으려 했다.

여후는 나이도 많고 늘 도성에 머물며 지켜야 하기에 가끔 皇上을 뵙게 되고 그러다 보니 더욱 소원해졌다.

如意가 趙王으로 봉해진 후 거의 태자가 될 뻔한 일이 여러 번 있었으나, 대신들의 간쟁 및 留侯 장량의 계책에 의해 태자가 폐립되지는 않았다.

고조 12년 4월 갑진일에 고조가 長樂宮에서 죽으니 태자가 이어 황제가 되었다.

[原文] 呂侯最怨戚夫人及其子趙王　酒[1]令永巷[2]囚戚夫人　而召趙王.　使者三反[3]　趙相建平侯周昌[4]謂使者曰　「高帝屬臣趙王[5]　趙王年少.　竊聞太后怨戚夫人　欲召趙王幷誅之　臣不敢遣王.　王且亦病[6]　不能奉詔.[7]」呂侯大怒　乃使人召趙相.　趙相

徵⁸⁾至長安 乃使人復召趙王. 王來 未到. 孝惠帝慈仁 知太后
怒 自迎趙王覇上 與入宮 自挾與趙王起居飮食. 太后欲殺之
不得閒.⁹⁾

[註解] 1) 迺(내) : ㉠ 乃의 古字로 音義 모두 같음.
【用例】上迺遂無易太子志矣.「史記, 劉敬叔孫通列傳」

　　　　㉡ 너(汝와 같음).

2) 永巷 : 궁중의 감옥. 궁녀나 후궁이 죄를 지었을 때 유폐시키는
　　곳. 戚夫人이 永巷에 갇혀 절구질을 하며 아들이 보고 싶은 마음을
　　노래로 부르니 이를 永巷歌(一名 春歌)라 하며, 지금까지 전해오고
　　있다.

3) 三反 : 3번이나 거듭 오다.

4) 建平侯 周昌 : 沛人. 秦과 楚를 정벌하는 데 공을 세웠다. 말을 더
　　듬었으나 강직하게 충언을 잘했다.
　　周昌은 본래 趙王 如意를 태자로 세우려는 고조에게 반대하였으나
　　고조에 의하여 趙王 如意를 보필하는 趙相으로 임명되었다. 呂太后
　　가 如意를 죽인 뒤, 稱病하고 귀향했다.「史記」96권에 그의 列傳
　　이 있다.

5) 屬臣趙王(촉신조왕) : 臣에게 趙王을 부탁했다. 屬은 부탁하다(托
　　也).

6) 王且亦病 : 趙王은 게다가 또 病中입니다.

7) 詔(조) : 천자의 명령.

[參考] 命爲制 令爲詔.「史記, 秦始皇本紀」

8) 徵 : 부름을 받고.

9) 不得閒 : 기회를 얻지 못했다. 閒은 間과 같음(사이, 틈, 기회).

[語譯] 여후는 戚夫人과 그의 아들 趙王을 가장 미워하여, 永巷
에 명령을 내려 척부인을 가두게 하고 趙王을 불렀다. 使者가
세 번이나 거듭 오니 趙相인 建平侯 주창이 사자에게 말했다.

"高帝께서 나에게 趙王을 위탁했고 趙王은 나이도 어립니다. 내가 듣기로는 태후께서 척부인을 미워하여 趙王을 불러 같이 죽이려 한다고 하니 신으로선 왕을 보낼 수 없으며, 게다가 왕은 지금 병중이라서 詔令을 받들 수가 없습니다."

여후는 대로하여 다시 사람을 보내서 趙相 주창을 불렀다. 趙相이 부름을 받고 장안에 도착하자 이에 또 사람을 보내 趙王을 불렀다.

趙王은 출발하였으나 아직 도착하지 않았다. 효혜제는 인자한데다가 태후가 노한 것을 알기 때문에 몸소 覇上까지 나가 趙王을 영접하여 같이 궁궐로 돌아와, 늘 옆에 데리고 있으며 기거와 음식을 같이 하였다. 태후는 趙王을 죽이려 했으나 틈을 얻지 못했다.

[原文] 孝惠元年十二月 帝晨出射.[1] 趙王少 不能蚤起.[2] 太后聞其[3]獨居 使人持酖[4]飮之. 犁明[5] 孝惠還 趙王已死. 於是乃徙淮陽王友爲趙王. 夏 詔賜酈侯父追諡[6]爲令武侯. 太后遂斷戚夫人手足 去眼 煇耳[7] 飮瘖藥[8] 使居廁[9]中 命曰「人彘.[10]」居數日 乃召孝惠帝觀人彘. 孝惠見 問 乃知其戚夫人 乃大哭 因病 歲餘[11]不能起. 使人請太后曰 「此非人所爲. 臣爲太后子 終[12]不能治天下.」孝惠以此日飮爲淫樂 不聽政 故有病也.

[註解] 1) 晨出射 : 새벽에 활을 쏘러 가다.
2) 蚤起 : 일찍 일어나다. 蚤는 早也.
3) 其 : 趙王. 代詞.
4) 酖(짐) : 짐새(毒鳥). 날개 깃에 毒이 있어 술에 담가 놓으면 毒酒가 된다.

5）犁明(여명) : 새벽 려(黎)와 같음.

6）追諡(추시) : 諡號(시호)를 追加함.

7）煇耳(훈이) : 귀를 불로 지지다.

8）瘖藥(음약) : 말을 못 하게 하는 약. 瘖은 벙어리(不能言也).

9）廁(치) : 뒷간. 便所.

10）人彘(인체) : 사람돼지. 彘는 돼지.

11）歲餘 : 일 년이 넘도록.

12）終 : 끝내(究竟也). 결국엔.

【用例】管仲貧困 常欺鮑叔 鮑叔終善遇之. 「史記, 管晏列傳」

[語譯] 혜제 원년 12월, 혜제는 새벽에 활을 쏘러 나갔다. 趙王은 어리기 때문에 일찍 일어나지 못했다.

태후는 조왕이 혼자 있다는 말을 듣고 사람을 시켜 짐주(毒酒의 일종)를 갖고 가 조왕에게 먹였다. 날이 밝아 혜제가 돌아왔을 때, 조왕은 이미 죽어 있었다. 이에 淮陽王 友를 조왕으로 삼았다. 여름에 조서를 내려 역후의 아버지에게 시호를 추가하여 令武侯로 삼았다.

태후는 드디어 척부인의 손발을 자르고, 눈을 뽑고, 귀를 불로 지지고 말을 못 하게 하는 약을 먹여 뒷간에 넣어두고, 사람돼지라고 불렀다.

며칠 뒤, 혜제를 불러 사람돼지를 보라고 했다. 혜제가 보고 물어 그가 척부인인 것을 알고 크게 울었고, 그 때문에 병이 들어 한 해가 지나도록 병상에서 일어나지 못했다.

혜제가 태후에게 사람을 보내 말했다.

"이는 사람이 할 일이 아닙니다. 저는 태후의 자식이지만 결국 천하를 다스릴 수 없습니다."

혜제는 이후로 날마다 술을 마시고 황음에 빠져 정사를 돌보지 않았고, 그 때문에 병이 더 깊어졌다.

14. 六國年表¹⁾序

[原文] 太史公讀秦記.²⁾ 至犬戎³⁾敗幽王⁴⁾ 周東徙洛邑⁵⁾ 秦襄公⁶⁾ 始封爲諸侯⁷⁾ 作西畤⁸⁾用事⁹⁾上帝 僭端見矣.¹⁰⁾ 禮曰 「天子祭 天地 諸侯祭其域內名山大川.」 令秦雜¹¹⁾戎翟¹²⁾之俗先暴戾¹³⁾ 後仁義 位在藩臣¹⁴⁾而臚於郊祀¹⁵⁾ 君子¹⁶⁾懼焉. 及文公¹⁷⁾踰隴¹⁸⁾ 攘夷狄¹⁹⁾ 尊陳寶²⁰⁾ 營岐雍之閒.²¹⁾ 而穆公²²⁾修政 東境至河 則 與齊桓‧晉文²³⁾中國侯伯²⁴⁾侔²⁵⁾矣. 是後陪臣²⁶⁾執政 大夫世祿 六卿²⁷⁾擅晉權 征伐會盟²⁸⁾ 威重於諸侯. 及田常²⁹⁾殺簡公而相 齊國 諸侯晏然³⁰⁾弗討 海內爭於戰功矣. 三國終之卒分晉³¹⁾ 田 和³²⁾亦滅齊而有之 六國之盛自此始.

[註解] 1) 六國年表 : 춘추시대의 齊‧楚‧燕과 晋이 분할하여 성립된 韓‧魏‧趙 등 여섯 나라를 六國이라 한다.
   六國年表에는 周元王 원년부터 시작하여 秦二世 皇帝 때까지 周王室의 世系를 중심으로 각국의 중요한 사건을 기재하고 정리하였다. 본문은 그 年表의 앞 부분에 수록된 太史公의 총체적 설명을 겸한 논평이라 할 수 있다.
2) 秦記 : 秦의 역사에 대한 기록. 秦은 천하통일 후 秦記를 제외한 각국의 역사 기록을 공식적으로 파괴했다.
3) 犬戎(견융) : 西戎의 종족 이름.
[參考] 西夷犬戎攻幽王 幽王擧烽火徵兵 兵莫至. 遂殺幽王驪山下. 「史記, 周本紀」

4) 幽王 : 周 12代 왕. 재위 기원전 782~771년. 褒似(포사)를 총애하여 왕비 申后와 태자 宜臼(의구)를 폐하였다. 幽王은 포사가 평소에는 웃지 않다가 봉화를 올려 제후들이 군사를 거느리고 급히 달려오면 웃는 것을 보고 계속 장난을 쳤다. 결국 견융이 침입했을 때는 아무도 유왕을 구원하지 않았다.

5) 東徙洛邑 : 동쪽 洛邑으로 옮겨가다. 유왕이 죽자 제후들은 유왕의 태자였던 宜臼를 平王으로 즉위시켰다. 평왕은 곧 동쪽의 낙읍으로 천도하였다(기원전 770년). 이때부터 東周라 하니 곧 춘추전국 시대이다.

6) 襄公 : 재위 기원전 778~766년.

7) 始封爲諸侯 : 犬戎이 鎬京을 함락하고 유왕을 죽였을 때 秦襄公만이 군대를 보내 견융을 축출했다. 周가 낙읍으로 천도할 때 양공은 군대를 보내 평왕을 호위하니, 평왕은 양공을 제후로 봉하고 岐山 서쪽의 땅을 하사했다.

8) 西畤(서치) : 서쪽의 祭壇. 畤는 祭地. 치는 止의 뜻이니 신령이 依止하는 곳이란 뜻.

參考 祠上帝西畤.「史記, 秦本紀」

9) 用事 : 제사하다.

10) 僭端見矣(참단현의) : 僭亂의 端緖가 나타났다(在下犯上 謂之僭).

11) 雜 : 섞이다.

12) 戎翟(융적) : 戎狄. 서북 이민족에 대한 총칭.

13) 暴戾(폭려) : 성질이 강포하고 사나움.
【用例】跖蹻暴戾 其徒誦義無窮.「史記, 游俠列傳」

14) 藩臣 : 나라의 변방을 지키는 신하. 秦은 周 왕실의 외부 변방을 지켜야 하는 제후라는 뜻.

15) 臚於郊祀 : 郊祀를 陳設하다. 臚(노)는 늘어놓다(陳也, 敶也). 郊祀는 천자의 제사. 秦은 藩臣인데도 周천자만이 지낼 수 있는 郊祀를 陳設하였으니 僭亂한 것이란 뜻.

16) 君子 : 학식과 재덕이 있는 사람. 禮를 알고 있는 사람(일반적인 지식인이란 뜻).
【用例】君子曰　學不可以已.「荀子, 勸學」

17) 文公 : 襄公 다음에 즉위. 재위 기원전 766~716년.

18) 踰隴 : 隴 땅을 넘다. 隴은 지명. 지금의 甘肅省 狄道縣.

19) 壤夷狄 : 夷狄을 물리치다.

[參考] 十六年 文公以兵伐戎 戎敗走. 於是文公遂收周餘民有之 地至岐 岐 以東獻之周.「史記, 秦本紀」

20) 陳寶 : 陳倉 사람이 얻은 보물. 秦은 사당을 세우고 陳寶를 모셨다 고 한다.

21) 岐雍之間 : 岐山과 雍州 사이의 땅.

22) 穆公 : 재위 기원전 660~621년.

23) 齊桓·晉文 : 齊의 桓公(환공)과 晉의 文公이란 뜻으로, 춘추시대 대표적인 霸者임.

24) 侯伯 : 侯爵과 伯爵. 여기서는 제후 중 강자에 대한 통칭으로 쓰였 음.

25) 侔(모) : 對等하다. 竝立하다.

26) 陪臣 : 諸侯國의 大夫가 天子에 대하여 陪臣이라 한다. 이제 제후 국에서도 정치는 大夫들이 독점하게 되었다는 말.

27) 六卿 : 晉나라에서 대대로 卿位에 있던 趙襄子·魏襄子·韓簡子· 范昭子·荀文子·智襄子 등을 말한다. 뒷날 范氏·荀氏·智氏 등 은 단절 제거되었으나 趙氏·魏氏·韓氏 등은 더욱 강해져서 晉을 분할하여 각각 제후가 되고, 周王은 이들을 제후로 인정하였음(기 원전 403). 이때부터는 전국시대라 한다.

28) 會盟 : 諸侯들이 집회하며 盟約함.

【用例】秦僻在雍州 不與中國諸侯之會盟.「史記, 秦本紀」

29) 田常 : 춘추시대 齊의 大夫. 田常의 후손이 뒷날 齊를 차지한 후부 터 田齊라고 부름(다음 주 32 참조).

[參考] 齊田常殺其君簡公於徐州 孔子請伐之 哀公不聽.「史記, 魯世家」

30) 晏然 : 安閒也. 晏은 安과 같음.

【用例】梁王安得晏然而己乎.「史記, 魯仲連列傳」

＊安은 어째서, 어찌하여.

31) 分晉 : 앞의 주 27) 참조.

32) 田和 : 전국시대 齊의 太公(재위 기원전 386~383년). 齊의 卿이었으

나 魏文侯를 통해 周 왕실에 청하여 제후가 되었다. 이때부터는 田
齊라고 한다.

[語譯] 태사공이 「秦記」를 읽었다. 犬戎이 幽王을 패퇴시키자
周 왕실은 동쪽의 낙읍으로 옮겨갔고, 秦의 양공은 처음으로
제후가 되었으며, 양공은 서치의 제단을 쌓고 上帝를 제사했다
는 곳에 이르니 이것이 바로 僭亂의 단서로 나타난 것이다.

「禮記」에는 이렇게 씌어 있다.

"천자는 천지에 대하여 제사하고, 제후들은 그 영역내의 명
산대천에 제사한다."

당시에 秦은 융적의 풍속에 물들어 강포하고 사나움을 앞세
워 인의를 뒷전으로 하고, 藩臣의 지위로 郊祀를 지냈으니 중
국의 군자들이 두려워하는 바가 있었다.

秦文公 때에는 농 땅을 넘어 융적을 물리치고 陳寶를 받들어
岐山과 雍州 사이의 땅을 통치하였다.

그리고 목공은 나라를 잘 다스려 동쪽 국경은 황하에 이르렀
고, 제의 환공은 晉의 문공 같은 중국의 제후들과 나란히 설 수
있었다.

그뒤 각국의 정치는 陪臣의 손에 들어갔고 陪臣인 大夫들은
세습적으로 녹봉을 받았으며, 晉의 六卿들은 나라의 정치를 마
음대로 하면서 정벌이나 회맹을 하며 위세가 다른 제후들보다
더 당당해졌다.

또 田常이 齊의 簡公을 죽이고 스스로 재상이 되었는데도 제
후들은 자기만 돌보며 토벌하지도 않으니, 이로부터 온 나라가
서로 전공을 다투게 되었다.

趙·韓·魏 세 나라가 드디어 晉을 분할하였고, 齊의 田和
또한 齊의 呂氏들을 없애고 齊를 차지하니 전국시대 6국의 융
성은 이로부터 시작되었다.

[原文] 務在彊兵幷敵[1] 謀詐用而從衡[2]短長[3]之說起. 矯稱蜂出[4] 誓盟[5]不信 雖置質剖符[6]猶[7]不能約束也. 秦始小國僻遠[8] 諸夏賓之[9] 比於戎翟[10] 至獻公之後常雄諸侯.[11] 論秦之德義不如[12]魯衛之暴戾者 量秦之兵不如三晉之彊[13]也 然卒[14] 幷天下. 非必險固便形勢利也 蓋若[15]天所助焉.[16] 或曰 「東方物所始生 西方物之成孰.[17]」 夫作事者必於東南[18] 收功實者常於西北. 故禹興於西羌[19] 湯起於亳[20] 周之王也[21]以豊鎬[22]伐殷 秦之帝用雍州興[23] 漢之興自蜀漢.[24]

[註解] 1) 幷敵(병적) : 敵國을 倂呑(병탄)하다. 幷은 倂과 같음(合也, 兼也).

2) 從衡 : 合從策과 連衡策.

   【用例】 夫言從衡彊秦者 大抵皆三晉之人也.「史記, 張儀傳」

3) 短長 : 善惡과 같음. 여기서는 다른 나라를 헐뜯거나 칭찬하는 說客의 말을 뜻함.

4) 矯稱蜂出 : 거짓된 號稱을 쓰는 사람들이 벌떼처럼 일어났다. 矯는 詐와 같음.

5) 誓盟 : 誓約.

6) 雖置質剖符 : 비록 人質을 보내고 符節을 갈라 가진다 해도.

   ＊雖는 '비록 ～할지라도'의 뜻으로 假定의 경우와, '비록 ～하지만'의 뜻으로 쓰이는 旣定의 경우가 있다.

   【用例】 ㉠ 子曰.「富而可求也 雖執鞭之士 吾亦爲之(～비록 채찍을 든 천직을 맡은 사람일지라도～).「論語, 述而」

   ㉡ 門雖設而常關(문은 비록 만들어 놓았지만 늘 닫혀 있다).「陶淵明, 歸去來辭」

7) 猶 : 오히려. 그래도.

   【用例】 以文王之德 百年而後崩 猶未洽於天下(～오히려 천하에 미흡했다).「孟子, 公孫丑 上」

   ＊猶는 동사로 '～와 같다'의 뜻이 있다.

【用例】以若所爲 求若所欲 猶緣木而求魚也(~緣木求魚와 같다).「孟子, 梁惠王 上」

8) 僻遠 : 한편에 치우쳐 있고 멀어서. 僻은 치우치다(偏也). 후미지다(陋也).

9) 諸夏賓之 : 中原의 제후들이 손님으로 대우했다.

　諸夏는 中華의 諸侯之國, 즉 中國의 泛稱.

　【用例】夷狄之有君 不如諸夏之亡也.「論語, 八佾」

10) 比於戎翟 : 戎狄과 同類로 여기다.

11) 常雄諸侯 : 늘 제후의 우두머리가 되다.

12) 不如 : ~만 못하다.

　【用例】知之者 不如好之者. 好之者 不如樂之者.「論語, 雍也」

13) 三晉之彊 : 三晉(晉을 分割한 韓·魏·趙)의 强함. 彊은 强과 같음.

14) 卒 : 마침내(竟也).

15) 蓋若(개약) : 아마 ~이리라.

16) 焉(언) : 焉은 代詞 겸 語氣詞로. 의미상 於之, 於是의 뜻을 가진다.

　【用例】三人行 必有我師焉.「論語, 述而」

　＊ 또 焉字는 의미상 於의 뜻이 없고 之의 뜻만 가질 때가 있다. 즉 代詞로만 쓰일 때가 있다.

　【用例】對曰 「非曰能之 願學焉(能하다고는 할 수 없지만 그런 일들을 배우고 싶습니다).」「論語, 先進」

　＊ 焉은 之와 같음.

17) 成孰 : 成熟(성숙).

18) 必於東南 : 반드시 동남쪽에 있다.

　＊ 於는 행위의 處所를 밝히는 介詞라 할 수 있다. 必在於東南이어야 語法에 맞겠지만 在가 없이 於東南만으로도 뜻이 충분히 통한다.

19) 西羌(서강) : 종족의 이름. 禹는 본시 西夷, 즉 서강 사람이었다.

20) 亳(박) : 殷의 도읍지. 지금의 河南省 商丘縣 부근.

21) 周之王也 : 周가 천하의 왕이 됨. 또는 왕 노릇을 함.

　＊ 也는 句中語氣詞로 어떤 내용의 提示 후 語氣를 잠시 늦춰주는

역할을 한다. 또는 제시한 말의 의미를 강조하기도 한다.

【用例】 ㉠ 孝弟也者 其爲仁之本與.「論語, 學而」

ㄴ 其爲人也孝弟 而好犯上者 鮮矣.「論語, 學而」

ㄷ 何事於仁 必也聖乎.「論語, 雍也」

22) 豊鎬 : 西周의 도읍지. 豊과 鎬.

23) 用雍州興 : 雍州를 차지함으로써 興起한 것이다.

用은 介詞로 以와 같다. 「春秋」나 「書經」등에 何以를 何用으로 쓴
곳이 있다. 雍州는 지명으로 지금의 섬서성, 감숙성 및 그 서쪽의
땅을 말한다.

24) 蜀漢 : 蜀郡과 漢中의 땅.

촉군은 지금의 四川省 成都 주변을 말하고, 漢中은 섬서성 남부
및 湖北省의 서북 일대를 말한다.

語譯 6국이 힘쓴 것은 강병과 적국을 병탄하는 것이었고, 모
략과 詐術을 쓰고, 합종 연형책과 타국을 헐뜯고 칭찬하는 각
종 변설이 일어났다. 하늘의 계시를 얻었다고 사칭하는 자들이
벌떼처럼 일어났으며 맹세를 해도 믿어주지 않았고, 비록 인질
을 보내거나 부절을 나누어 갖고 있어도 오히려 약속이 되질 않
았다.

秦은 처음에 소국이었고 궁벽지고 멀리 있어 중국 여러 나라
들이 손님처럼 접대하는, 마치 융적과도 비등한 나라였는데 헌
공 이후로는 늘 제후국들 중에서도 강국이었다.

秦의 덕과 의리를 따진다면 노나 위나라의 횡포함만도 못했
고(즉 魯와 衛의 暴戾함이 秦의 德義보다도 좋았다), 秦의 군사력을
생각해 보면 三晉의 강함만 못하였으나 결국엔 천하를 모두 병
탄하였다. 이는 지형이 험하고 견고하여 전쟁에 편했다거나 형
세가 유리했던 것도 아니고 아마도 하늘의 도움이었을 것이다.

어떤 사람들은 '동쪽은 사물이 처음 생겨나는 곳이고, 서쪽
은 사물이 성숙하는 곳이다'라고 말한다.

일을 꾸미는 자는 틀림없이 동남방에 있고, 그 열매를 거두
는 자는 늘 서북방에 있었다. 그러므로 禹는 서강에서 흥성했
고, 殷의 湯임금은 박에서 일어났으며, 周가 천하의 왕이 된 것
은 풍과 호에서 殷을 정벌했기 때문이고, 秦의 帝業은 옹주에
서 일어났기 때문이며, 漢의 흥기는 촉한에서 비롯되었다.

[原文] 秦旣得意¹⁾ 燒天下詩書²⁾ 諸侯史記³⁾尤甚⁴⁾ 爲⁵⁾其有所刺
譏⁶⁾也. 詩書所以復見者 多藏人家 而史記獨藏周室 以故滅.
惜哉⁷⁾ 惜哉. 獨有秦記 又不載日月 其文略不具.⁸⁾ 然戰國之
權變⁹⁾亦有可頗¹⁰⁾采者 何必上古. 秦取天下多暴 然世異變¹¹⁾
成功大. 傳曰 「法後王.¹²⁾」何也.¹³⁾ 以其近己而俗變相類¹⁴⁾
議卑而易行也.¹⁵⁾ 學者牽於所聞¹⁶⁾ 見秦在帝日淺¹⁷⁾ 不察其終
始 因擧而笑之¹⁸⁾ 不敢道¹⁹⁾ 此與以耳食無異.²⁰⁾ 悲夫.²¹⁾
　余於是因秦記 踵²²⁾春秋之後 起周元王²³⁾ 表²⁴⁾六國時事 訖
二世²⁵⁾ 凡二百七十年 著諸所聞興壞之端. 後有君子 以覽觀
焉.

[註解] 1) 秦旣得意 : 秦이 六國을 倂合한 뒤에. 得意는 如其意而有所
　　成就也.

2) 詩書 : 「詩經」과 「書經」. 여기에서는 經典과 諸子百家書를 총칭함.

3) 史記 : 역사 기록.

4) 尤甚(우심) : 더욱 심했다.

5) 爲其有所刺譏也 : 그 속에 풍자하는 내용이 있기 때문이다. 爲는
　'～때문에'(因也. 以와도 같음).
　【用例】㉠ 子曰 「由之鼓瑟 奚爲於丘之門.」「論語. 先進」
　　•奚爲는 何以와 같음. 무엇 때문에.
　　㉡ 爲其老 彊忍下取履.「史記, 留侯世家」

• 爲는 因과 같음. ～ 때문에.

6) 刺譏 : 諷刺하다.

【用例】上採春秋 下觀近世 凡八篇 以刺譏國家得失 世傳之曰　虞氏春秋.「史記, 虞卿傳」

7) 惜哉 : 애석하도다 !

＊哉는 감탄의 語氣를 나타내는 語氣詞이다. 哉는 또한 反問語氣詞로도 쓰인다.

【用例】㉠ 直哉. 史魚. 邦有道如矢 邦無道如矢.「論語, 衛靈公」

• 史魚는 인명.

㉡ 臣相如雖駑 獨畏廉將軍哉.「史記, 廉頗藺相如列傳」

• 哉는 反問語氣詞.

8) 其文略不具 : 그 기록이 疏略하며 상세하지 않다. 具는 詳盡也.

9) 權變 : 상황에 따라 적당히 변하는 것. 또는 그런 계책(隨機應變也).

權이란 經에 상대되는 말로, 通常의 法을 상황에 맞게 바꾸는 것을 뜻함.

【用例】嫂溺 援之以手者 權也(평소에 兄嫂의 손을 잡을 수는 없다. 그러나 형수가 물에 빠졌을 때는 손이라도 잡아 꺼내주어야 하는데 이런 임기응변을 權이라 한다는 뜻).「孟子, 離婁 上」

• 權者 反經而善也.

10) 頗(파) : 자못.

11) 世異變 : 세상이 달라짐에 따라 정치를 변화시키다. 즉, 秦은 時代에 따라 變法했다는 뜻.

12) 法後王 : 近世의 왕을 본받다.

法은 效의 뜻. 後王은 後代의 왕, 즉 現世와 가까운 시대의 왕.

13) 何也 : 그 까닭은 무엇인가 ?

14) 以其～相類 : 나에게 가까운 시대일수록 世俗의 변천이 서로 비슷하다. 相類는 서로 類似하다.

15) 議卑而易行也 : 의논이 卑近하고 容易하게 行할 수 있다.

16) 牽於所聞 : 들은 바에 얽매였다.

秦이 흉포하고 무도했다는 그런 고정관념에 사로잡혀 있다는 뜻.

17) 在帝日淺 : 帝業을 유지한 시일이 짧다. 秦은 六國倂合 후 만 15년 만에 망했다.

18) 因擧而笑之 : 그런 이유로 모든 것을 一笑에 부친다.
擧는 皆의 뜻(擧皆, 거의 전부).

19) 不敢道 : 감히(秦 政治의 終始와 得失을) 말하려 하지 않는다. 道는 말하다.

20) 耳食無異 : 耳食과 다름없다.
耳食은 귀에 들리는 대로 믿다(得諸傳聞而信之也).   즉, 귀(耳)가 맛을 알 수 없는 것처럼 들리는 것에 대해 비판이나 고찰도 없이 그대로 믿어버리는 俗學淺識의 허망됨을 비유한 말.

21) 悲夫 : 슬픈저 ! 슬프도다 !
夫는 감탄어기사로 乎와 같음.
【用例】嗟夫. 使六國各愛其人 則足以拒秦(슬프다 ! 만약 六國이 제각기 백성들을 사랑했더라면 족히 秦에 항거할 수 있었을 텐데). 「杜牧, 阿房宮賦」

22) 踵(종) : 발뒤꿈치. 뒤를 잇다.

23) 起周元王 : 周의 元王에서부터 시작하여.
「春秋」는 周元王 8년에서 끝난다. 여기 「六國年表」는 元王 元年(기원전 477년)에서부터 시작했다.

24) 表 : 表로 만들다.

25) 訖 二世 : 秦의 二世皇帝 때까지.
訖(흘)은 이르다(至也). 秦 2세황제 3년(기원전 207년)까지 年表에 기재되어 있다.

[語譯] 秦은 6국을 병합한 뒤 천하의 모든 서적들을 불태웠는데, 다른 제후국의 역사 기록은 더욱 심하였으니 이는 그 내용에 풍자하는 것이 있기 때문이었다. 다른 서적들을 다시 볼 수 있는 것은 민가에 많이 소장되었기 때문이지만, 역사 기록들은 오직 周 왕실에만 소장되었기 때문에 완전히 소멸되었다. 애석하고 애석하도다 !

　오직 秦의 기록만 남아 있지만, 그 기록들은 날짜가 적혀 있지 않고 내용 또한 간략하고 자세하지도 않다.

　그러나 전국시대의 시대에 따른 변화는 秦의 기록에서도 자못 많이 얻을 수 있으니 꼭 옛 상고의 기록이어야 하겠는가?

　秦이 천하를 차지하는 데는 많은 포학함이 있었으나 세태에 따라 정치를 달리했기에 이룩한 공적이 큰 것이다.

　경전에는 '後代의 왕을 본받으라' 하였는데, 그 까닭은 무엇인가?

　나 자신에 가깝고 세속의 변천이 지금 세상과 서로 비슷하기 때문이며, 그 의논이 비근하고 용이하게 실행할 수 있기 때문이다.

　학자들은 자기의 견문에 얽매여 있고, 또 秦이 帝業을 누린 날이 일천한 것만 보고 그 종말과 시원을 살피지도 않고서 모든 것을 일소에 부쳐 그런 것을 말하려 하지도 않는데, 이는 귀가 맛을 모르는 것과 조금도 다름이 없다. 슬프도다!

　나는 이에 秦記를 바탕으로 「春秋」의 뒤를 이어 周元王부터 시작해서 6국 당시의 일들을 표로 만들어, 秦 2세까지 모두 270년간의 내가 들은 바 모든 흥기와 쇠퇴의 단서를 기록하였다. 뒷날의 군자들이 볼 바가 있으리라.

15. 秦楚之際月表[1]序

原文 太史公讀秦楚之際[2]曰

初作難 發於陳涉[3] 虐戾[4]滅秦 自項氏.[5] 撥亂誅暴[6] 平定海
內[7] 卒踐帝祚[8] 成於漢家.[9] 五年之閒 號令三嬗[10] 自生民以
來 未始有[11]受命苦斯之亟也.[12] 昔虞·夏[13]之興 積善累功數
十年 德洽[14]百姓 攝行[15]政事 考之于天[16] 然後在位. 湯·武
之王[17] 乃由契[18]·后稷[19]脩仁行義十餘世 不期[20]而會孟津[21]八
百諸侯 猶以爲未可[22] 其後乃放弑.[23] 秦起襄公 章[24]於文繆
獻·孝之後 稍以蠶食[25]六國 百有餘載[26] 至始皇乃能幷冠帶
之倫.[27] 以德若彼[28] 用力如此[29] 蓋一統若斯之難也.

註解 1) 月表 : 秦의 二世皇帝 원년부터 漢의 고조 5년 윤9월까지는
천하가 안정되지 않은 혼란기였다. 이 시기의 사건들을 연표로 만
들 수 없어 월별로 정리하였다. 당시(기원전 209~203년) 전 중국의
상황을 일목요연하게 알 수 있다.
2) 秦楚之際 : 秦의 二世皇帝의 失政과 항우가 起兵할 시기.
3) 陳涉 : 陳勝. 陳涉이 농민군을 이끌고 처음 反旗를 든 때는 二世
원년 7월이었다(기원전 209년).
4) 虐戾(학려) : 殘暴하고 사나움. 虐은 苛酷·殘暴. 戾는 暴虐.
5) 自項氏 : 항우였다. 항씨는 항우를 지칭.
6) 撥亂誅暴(발란주포) : 난세를 다스리고 포악한 사람을 誅殺하다.
   ＊撥은 治也, 理也의 뜻.

　【用例】撥亂世 反之正.「史記, 高祖本紀」

7) 海內 : 四海之內. 天下, 곧 中國.

　【用例】海內之地 方千里者 九.「孟子, 梁惠王 上」

8) 卒踐帝祚 : 마침내 帝位에 오르다. 祚(조)는 지위(位也). 卒은 竟也・後也의 뜻. 踐은 升其位의 뜻.

9) 漢家 : 漢高祖의 천하.

10) 三嬗(삼선) : 3번 禪位하다. 嬗은 禪位. 陳涉에서 항우, 다시 漢高祖로 천하대권이 넘어갔다는 뜻.

11) 未始有 : 여태껏 있지 않았다. 처음이란 뜻. 始는 嘗과 같음.

12) 若斯之亟也 : 이것의 빠름과 같다. 즉, 이처럼 빠르다.
　若은 같다(如也). 斯는 代詞로 이것(此也). 之는 介詞. 亟(극)은 빠르다(疾也). 亟(기)로 읽으면 자주(數也)란 뜻이다.

13) 虞・夏 : 舜임금과 禹임금.
　舜은 堯의 禪位를 받아 48년간 재위하였다. 순의 아들 商均이 불초하여 우에게 傳位하니 우가 夏나라를 세웠다. 이때가 기원전 약 2050년 경이나 夏王朝의 실존을 증빙할 확실한 유물이 없어 논쟁의 대상이 되고 있다.

14) 洽(흡) : 두루 미치다. 젖다(霑濡).

15) 攝行 : 代理하다. 攝(섭)은 兼한다는 뜻.
　【用例】令舜攝行天子之政.「史記, 五帝本紀」

16) 考之于天 : 하늘의 考察(시험)을 받다.
　「孟子, 萬章 上」의 堯以天下與舜章을 참고할 것.

17) 湯・武之王 : 殷의 湯王, 周의 武王이 왕이 된 것. 또는 천하를 다스리게 된 것.

18) 契(설) : 인명. 高辛氏의 아들로 堯의 司徒였음. 殷 湯王의 조상.

19) 后稷 : 인명. 周 왕실의 먼 조상.

20) 不期 : 사전에 기약하지도 않았는데.

21) 會孟津 : 孟津에 모이다.
　孟津은 지금의 河南省 孟縣에 있는 나루. 周武王이 殷紂王을 토벌할 때 제후들 800명이 저절로 孟津에 모였다고 한다.「周本紀」에는 盟津으로 표기됐음.

22) 猶以爲未可 : 그런데도 紂王을 토벌할 때가 아니라고 생각했다.

[参考] 是時 諸侯不期而會盟津者八百諸侯. 諸侯皆曰 「紂可伐矣.」武王曰 「女未知天命 未可也.」乃還師歸. 「史記, 周本紀」

23) 乃放弑 : 비로소 放逐하거나 죽였다. 湯이 桀王을 放逐하고 武王이 紂를 弑殺함.

24) 章 : 빛나다. 밝게 하다. 彰과 같음.

25) 蠶食(잠식) : 조금씩 땅을 빼앗고 나라를 倂呑하는 것을 비유한 말.

【用例】 秦繆公以來 稍蠶食諸侯.「史記, 秦始皇本紀」

26) 百有餘載 : 100여 년이었다. 載는 年也.

27) 冠帶之倫 : 중국인. 冠帶는 服物임. 즉 冠帶를 두른, 예의를 중히 여기는 사람들. 倫은 무리(類也).

28) 彼 : 저들. 즉 虞・夏의 禹王이나 殷의 先祖 契, 그리고 周의 先祖 后稷.

29) 此 : 秦의 襄公 이래 始皇에 이르기까지의 武力.

[語譯] 태사공이 秦과 楚의 교체기의 기록을 읽고서 말했다.

맨 처음 秦에 반기를 든 것은 진섭에서 시작되었고, 포학한 방법으로 秦을 멸망시킨 것은 항우였다. 난세를 수습하고 포학한 사람을 죽이고 海內를 평정하여, 마침내 제위에 올라 漢 왕가를 이룩한 사람은 고조이다.

5년 사이에 천하를 호령하는 자가 세 번이나 바뀌었으니, 사람이 생긴 이래로 천명을 받는 것이 이렇게 빠른 적이 없었다.

옛날 순과 우의 흥기는 수십 년간 선을 쌓고 공을 세워 그 은덕이 백성에 두루 미치고, 정사를 대리하며 하늘의 시험을 거친 후에 왕위에 오를 수 있었다.

湯과 武가 왕이 되기까지는 契과 후직으로부터 인을 닦고 의를 행하며 10여 대를 지났으며, 아무런 기약도 없이 孟津에 8백 제후가 모였어도 '아직은 안 된다'며 뒷날을 기다렸으니, 그런 뒤에야 비로소 포악한 걸주를 내쫓거나 죽였다.

秦은 양공 때 일어나 文公 繆公 때 이름을 드러내고, 獻公·
효공 이후 점차로 6국을 잠식하기 백여 년이었으며, 시황제 때
비로소 전중국을 병합할 수 있었다.

은덕은 虞·夏·商·周와 같고, 무력을 써도 秦과 같아야 했
으니, 대개 천하를 통일한다는 것은 이처럼 어려운 것이었다.

原文 秦旣稱帝 患¹⁾兵革²⁾不休 以³⁾有諸侯也 於是無尺土之封⁴⁾
墮壞名城 銷鋒鏑⁵⁾ 鉏豪桀⁶⁾ 維⁷⁾萬世之安. 然王跡之興 起於
閭巷⁸⁾ 合從討伐⁹⁾ 軼¹⁰⁾於三代. 鄕¹¹⁾秦之禁¹²⁾ 適足以資賢者¹³⁾
爲驅除難¹⁴⁾耳. 故憤發其所爲天下雄 安在無土不王.¹⁵⁾ 此乃
傳之所謂大聖乎. 豈非天哉¹⁶⁾ 豈非天哉. 非大聖孰¹⁷⁾能當此
受命而帝者乎.¹⁸⁾

註解 1）患 : 걱정하다(憂也).
  【用例】不患人之不己知.「論語, 學而」
2）兵革 : 전쟁을 뜻함. 兵은 兵刀, 革은 갑옷, 방패.
  【用例】威天下 不以兵革之利.「孟子, 公孫丑 下」
3）以 : 以爲. ～라 생각하다.
4）無尺土之封 : 한 자의 땅도 봉하지 않았다. 즉, 秦에서는 봉건제도
  를 폐지하고 군현제도를 실시한 것을 말함.
5）銷鋒鏑(소봉적) : 칼과 화살촉을 녹이다. 무기를 없애다.
  鋒은 칼날(刀劍刃). 鏑은 화살촉(箭鏃).
6）鉏豪桀(서호걸) : 豪傑들을 파묻다. 鉏는 호미(治田器)로, 鋤와 같
  음.
7）維 : 꾀하다(計度也). 생각하다(念也). 惟와 같음.
  ＊維가 發語辭나 語助辭로 쓰일 경우는 뜻이 없음. 특히「詩經」에
  많이 나온다.

【用例】周雖舊邦 其命維新.「詩經, 大雅 文王」

8) 閭巷(여항) : 鄕里. 漢고조가 泗上亭長에서 立身한 것을 말함.

9) 合從討伐 : 秦末에 六國의 후예들과 諸豪傑들이 協力하여 秦을 공략한 것.

10) 軼於三代 : 夏殷周의 三代 시절보다 더 심했다. 軼(질)은 지나치다 (溢也).

11) 鄕 : 종전의. 옛날의(昔時也). 嚮의 俗字.

【用例】鄕也 吾見于夫子而問知.「論語, 顔淵」

12) 秦之禁 : 秦에서 取한 여러 조처. 즉, 禁兵이라든지 제후를 봉하지 않은 것 등.

13) 賢者 : 당시의 시대상황을 잘 이용한 사람, 즉 고조를 뜻함.

14) 爲驅除難 : 환난을 몰아내다.

15) 安在無土不王 : 封土가 없으면 왕이 될 수 없다는 말이 어디에 있는가? 安은 의문사.

16) 豈非天哉 : 어찌 하늘의 뜻이 아니겠는가? 반어형 문장임.

17) 孰 : 누가. 疑問代詞.

18) 乎 : 反語形語氣詞.

【用例】公豈敢入乎.「史記, 項羽本紀」

語譯 秦은 稱帝한 뒤, 전쟁이 그치지 않는 이유를 제후가 존재하기 때문이라 보고 이에 한 자의 땅도 봉토로 주지 않았고, 큰 성들을 헐고 무기를 거두어 녹여버렸으며 호걸들을 죽여 만대에 이르는 안녕을 도모하였다.

그러나 제왕의 흥성은 여항에서 시작되어, 서로 힘을 합쳐 토벌하는 것이 三代보다 더하였다.

지난날 秦이 취한 여러 금지 조처들은 현자인 고조가 환난을 몰아내는 데에 적당한 도움을 주었을 뿐이다.

그런고로 고조는 천하의 영웅이 이루어야 할 큰 일에 분발하였던 것이니, 봉토가 없으면 王者가 될 수 없다는 말이 어디에 있겠는가?

이것이 바로 경전에서 말하는 대성인이 아니겠는가?

이 모두가 어찌 하늘의 뜻이 아니겠는가, 어찌 하늘의 뜻이 아니겠는가!

대성인이 아니면 그 누가 이런 난세에 천명을 받아 제위에 오를 수 있겠는가?

16. 漢興以來諸侯王年表序

[原文] 太史公曰　殷以前尙¹⁾矣. 周封五等.²⁾ 公·侯·伯·子·男. 然封伯禽³⁾·康叔⁴⁾於魯·衛 地各四百里 親親⁵⁾之義 褒有德也.⁶⁾ 太公⁷⁾於齊 兼五侯地⁸⁾ 尊勤勞也.⁹⁾ 武王·成·康 所封數百 而同姓五十五¹⁰⁾ 地上不過百里 下三十里 以輔衛王室. 管·蔡·康叔·曹·鄭 或過或損.¹¹⁾ 厲幽¹²⁾之後 王室缺¹³⁾ 侯伯彊國興焉 天子微 弗能正.¹⁴⁾ 非德不純¹⁵⁾ 形勢弱也.

[註解] 1) 尙矣 : 아주 오래 전이다(久遠也). 尙은 上과 通함.

2) 五等 : 五等級의 爵位.

[參考] 王者之制祿爵 公·侯·伯·子·男 凡五等. 公侯田方百里 伯七十里 子男五十里. 不能五十里者 不合於天子 附於諸侯曰. 附庸.「禮記, 王制」

3) 伯禽(백금) : 周公의 아들. 魯에 封해졌음. 周公은 成王을 보필하며 아들을 대신 보냈다.

4) 康叔 : 周武王의 同母小弟. 衛에 封했음.

5) 親親 : 親血肉을 親愛함.
　　【用例】 親親仁也 敬長義也.「孟子, 盡心 上」

6) 褒有德也 : 덕행을 포상하는 것이다. 褒(포)는 아름다움을 드러내다(揚美也).

7) 太公 : 太公望. 周文王의 스승인 呂尙의 號. 渭水에서 釣魚하다가 文王을 만났다.

8) 兼五侯地 : 다른 제후의 다섯 배나 되는 토지를 받음.

9) 尊勤勞也 : 太公의 근면과 노고를 높이 尊崇하는 것이다.

10) 同姓五十五 : 兄弟之國이 15국, 姬姓之國이 40국, 도합 55개국이었다.

11) 或過或損 : 어떤 것은 다른 것보다 많고, 어떤 것은 다른 것보다 적었다.

12) 厲幽 : 厲王과 幽王. 西周의 失政한 君王.

13) 王室缺 : 周王室은 쇠약해지고.

14) 弗能正 : 바로잡을 수 없었다.

　　＊弗은 否定詞로서 不보다 강한 뜻을 나타낸다.

　　【用例】子曰 「弗如也. 吾與女 弗如也.」「論語, 公冶長」

15) 非德不純 : (周王들의)仁德이 純一하지 않은 것이 아니다. 純은 善也.

　　語譯 태사공이 말했다.

殷나라 이전은 아주 오래 되었다. 周나라에서는 제후로 分封하되 5등급으로 하였으니 公·侯·伯·子·男이 그것이다. 그러나 伯禽을 魯에, 康叔을 衛에 봉하며 그 토지는 각각 4백 리였으니, 이는 친족을 친애하며 그들의 공덕을 포상하는 뜻이었다.

태공을 齊에 봉하며 다른 제후의 5배나 되는 땅을 준 것은 근면과 노고를 존숭했기 때문이다.

武王·成王·康王 때 봉해진 수백 제후들 중에 같은 姓의 제후국은 55국이었으며, 땅은 많아도 100리를 넘지 않았고 적어도 30리였으니, 이는 周 왕실을 輔衛하기 위함이었다.

管·蔡·康叔·曹·鄭 등의 나라가 어떤 것은 좀 크고 어떤 것은 좀 작았다.

厲王·幽王 이후 周 왕실은 약해지고 제후국 중 강한 나라들이 생겨났으나, 周 천자는 미약하여 제후국들을 바로잡지 못하였다.

이것은 周 왕실의 덕이 불순한 것이 아니고 다만 형세가 약했기 때문이었다.

[原文] 漢興 序二等.[1] 高祖末年 非劉氏而王者[2] 若無功上所不置[3]而侯者 天下共誅之. 高祖子弟同姓爲王者九國 唯獨長沙異姓[4] 而功臣侯者百有餘人. 自雁門·太原[5]以東至遼陽 爲燕·代國.[6] 常山以南 大行[7]左轉 度河·濟[8] 阿·甄[9]以東薄海[10] 爲齊·趙國. 自陳以西 南至九疑[11] 東帶江·淮·穀·泗[12] 薄會稽[13] 爲梁·楚·淮南·長沙國. 皆外接於胡·越[14] 而內地[15]北距山以東盡諸侯地 大者或五六郡 連城數十 置百官宮觀[16] 僭於天子.

[註解] 1) 序二等 : 2등급으로 봉했다.

　　漢은 공신을 分封하면서 同姓은 王, 異姓은 侯로 봉했다.

2) 非劉 ~ 王者 : 劉氏도 아니면서 스스로 王이라 칭한 자.

3) 上所不置 : 황제가 토지를 주지 않은.

4) 長沙異姓 : 長沙王 吳芮만이 異姓이다. 長沙王은 同姓爲王者九國에 들어가지 않는다.

5) 雁門·太原 : 山西省 일대를 말함.

6) 爲燕·代國 : 燕과 代國을 두었다.

　　처음에는 盧縮을 燕王으로 韓王 信을 代王으로 봉했으나, 盧縮은 흉노 땅으로 도망가고 韓王 信은 흉노에 투항했기에 고조의 아들로 왕을 삼았다.

7) 大行 : 산의 이름. 하남·하북과 산서성의 경계를 이루고 있는 산맥.

8) 度河·濟 : 黃河와 濟水를 건너. 度는 渡와 같음.

9) 阿·甄 : 산동성 일대의 지명.

10) 簿海 : 바다에 이르다. 簿은 迫也, 至也의 뜻. 薄會稽도 같은 뜻.

11) 九疑 : 산의 이름. 湖南省 寧遠縣 남쪽에 있음. 九嶷山이라고도 함.

12) 江·淮·穀·泗 : 모두 강의 이름.

13) 會稽(회계) : 浙江省 紹興縣 일대.

14) 胡越 : 옛날 종족의 이름. 胡在北 越在南.

15) 內地 : 수도 및 그 부근의 땅.

16) 宮觀 : 帝王의 游樂之所인 離宮과 別舘.

【用例】咸陽之旁 二百里內 宮觀二百七十.「史記, 秦始皇本紀」

[語譯] 漢이 선 뒤에는 2등급으로 봉했다. 고조 말년경에 劉氏도 아니며 왕을 칭한 자와 공이 없어 고조가 分封하지도 않았는데 제후라 칭한 자는 온 천하가 같이 나가 주살하였다.

고조의 자제이거나 同姓이어서 왕으로 봉해진 것이 9국이었는데, 왕 중에 오직 長沙王만이 異姓이었고 공신으로 侯가 된 자는 백여 명이었다.

안문과 태원으로부터 동으로 요양까지는 燕과 代國이었다.

常山 이남에서 大行山 왼편으로 황하와 濟水를 건너고 阿와 甄의 동쪽 바다까지는 齊國과 趙國이었다.

陳 땅 서쪽과 남으로 九疑山과, 동으로 長江·淮水·穀水 泗水를 끼고 會稽까지는 梁·楚·淮南·長沙國이었다.

이 제후들은 밖으로는 胡族이나 越族과 접하고 있었고, 안으로는 북쪽의 막아주는 산의 동쪽이 모두 제후들의 영역으로, 큰 나라는 5 ~ 6개의 군을 갖고 있었다. 연이은 성이 수십 개였으며, 백관을 거느리고 별궁을 둔 것이 천자를 능가할 정도였다.

[原文] 漢獨有三河[1]·東郡·穎川[2]·南陽 自江陵[3]以西至蜀 北

自雲中[4]至隴西　與內史[5]凡十五郡　而公主列侯頗[6]食邑其中.[7]
何者. 天下初定　骨肉同姓少　故廣彊庶孼[8]　以鎭撫四海　用[9]承
衛[10]天子也. 漢定百年之閒　親屬益疏　諸侯或驕奢　忕[11]邪臣計
謀爲淫亂　大者叛逆　小者不軌于法[12]　以危其命　殞身[13]亡國.
天子觀於上古　然後加惠　使諸侯得推恩分子弟國邑. 故齊分
爲亡[14]　趙分爲六　梁分爲五　淮南分三　及天子支庶子[15]爲王　王
子支庶爲侯　百有餘焉.

[註解] 1） 三河 : 漢代에는 河內·河南·河東의 三郡을 三河라 했다.

2） 潁川(영천) : 漢代 郡名.

3） 江陵 : 漢代의 郡名. 지금의 湖北省 江陵縣.

4） 雲中 : 漢代의 郡名. 지금의 山西省 大同縣 부근.

5） 內史 : 천자가 도읍한 京師를 內史라고 부른다. 漢은 秦의 제도를
답습하여 좌우 內史를 두었었다.

6） 頗(파) : 자못. 甚히. 많은.
　　【用例】舊本頗有錯簡.「大學章句」

7） 食邑其中 : 직역하면 食邑이 그것 가운데 있다. 곧 食邑이 그 속에
있었다. 其는 漢의 十五郡을 뜻하는 代詞, 中은 동사로 쓰여 '가운
데에 자리하다'의 뜻.

8） 廣彊庶孼(광강서얼) : 庶子·孼子들을 널리 키우다.
　　庶孼은 非嫡長子.

9） 用 : 介詞로 以와 같다. ～을 써서.

10） 承衛 : 호위하다. 돕다.

11） 忕(태) : 사치하다(奢也). 忲라고도 씀. '세'로 읽으면 익히다(習
也).

12） 不軌于法 : 법을 지키지 않다. 不軌(불궤)는 不循法度也. 于는 介
詞로 於와 같음.

13） 殞身(운신) : 죽다. 殞은 歿과 같음(沒의 뜻).

14） 齊分爲七 : 齊를 나누어 7국으로 하다. 명분은 보다 많은 일족에게

分封한다는 뜻이었으나 실제로는 諸侯의 세력을 삭감하는 데 있었다. 고조 이후 이 정책은 계속되었으며, 漢의 이러한 중앙집권의 강화에 반기를 든 것이 景帝 때의 吳楚七國의 난이다.
15) 支庶子 : 嫡長子 이외의 아들. 枝庶라고도 하는데 나무의 옆가지란 뜻임(枝庶는 樹枝之旁出者也).

[語譯] 漢은 오직 三河의 3군과 동부 영천 남양군과 강릉군 서쪽부터 촉까지와 북으로는 운중군으로부터 농서까지, 그리고 內史 등 모두 15군뿐이었으며, 公主와 列侯들의 많은 식읍이 그 안에 포함되어 있었다. 그 까닭은 무엇인가?

그것은 천하가 겨우 안정되었으나 골육과 同姓이 적었기 때문에 뭇 서자들의 힘을 키워 사해를 진무케 하고, 그들로 하여금 천자를 호위케 하려고 했기 때문이다.

漢이 천하를 평정한 이후 백 년 사이에 친속은 더욱 소원해졌고, 어떤 제후들은 교만·사치해졌으며, 교만하고 사악한 신하들은 모사를 꾸미고 음란한 짓을 했으니 크게는 반역을 저지르고 작게는 법을 지키지 않아 자신의 목숨을 위태롭게 하고, 죽거나 나라를 망치기도 했다.

천자께서는 상고의 법도를 살펴보고서 은혜를 내려, 제후들로 하여금 나라를 그 자제들에게 나누어주게 하였다. 그리하여 齊를 분할하여 7국으로 만들었고, 趙는 6국으로, 梁은 5국으로, 회남은 3국으로 각각 분할하여 천자의 支庶子로 왕이 되고 侯王의 支庶子로 제후가 된 자가 백여 명에 이르렀다.

[原文] 吳楚時[1] 前後[2]諸侯或以適[3]削地. 是以燕·代無北邊郡 吳·淮南·長沙無南邊郡 齊·趙·梁·楚支郡[4]名山陂海[5] 咸[6]納於漢. 諸侯稍微 大國不過十餘城 小侯不過數十里 上足

以奉貢職[7] 下足以供養祭祀 以藩輔京師.[8] 而漢郡八九十 形錯諸侯閒 犬牙相臨[9] 秉其阨塞地利[10] 彊本幹 弱枝葉之勢 尊卑明而萬事各得其所矣. 臣遷謹記高祖以來至太初[11]諸侯 譜其下益損之時[12] 令後世得覽. 形勢雖彊 要之[13]以仁義爲本.

[註解] 1) 吳楚時 : 吳楚七國의 난 무렵.

　　景帝 3년에 吳楚七國亂이 있었다. 이는 漢의 제후에 대한 削地政策에 반발하여 吳가 盟主가 되어 일으킨 난이었다. 반란이 일어나자 中央에서는 周亞夫를 보내 3개월 만에 평정하였다. 吳王濞는 참수되고 다른 왕들은 대개 자결하였다. 이후 漢에서는 제후국에서 侯王의 親政을 禁하고 중앙에서 파견한 相이 담당하도록 하였다. 이로써 漢은 완전 군현제도로 환원한 셈이고 황제권은 더욱 강해졌다.

2) 前後 : 오초7국난을 전후해서.

3) 適 : 嫡과 같음. 嫡出의 長孫을 適孫이라고도 한다. 여기서는 嫡子인데도 땅을 깎이는 削地를 당했다는 뜻.

4) 支郡 : 제후국 내 변방의 郡.

5) 陂海(파해) : 陂는 저수지의 둑. 引申하여 저수지. 여기서는 해변에 있는 제후들의 支郡을 뜻함.

6) 咸(함) : 모두 다.

7) 貢職 : 朝貢의 職務.

　　【用例】諸侯四方納貢職.「史記. 劉敬列傳」

8) 以藩輔京師 : 藩臣으로 중앙의 천자를 보필하다.

9) 犬牙相臨 : 개의 이빨처럼 서로 엇물리다. 犬牙相制 犬牙相錯 등이 모두 같은 뜻임.

　　【用例】中尉朱昌曰高帝封王子弟 地犬牙相制 此謂盤石之宗也.「史記, 文帝本紀」

10) 秉其阨塞地利 : 險要한 지세를 손에 잡다(장악하다). 阨, 막히다.

11) 太初 : 武帝 때의 연호(기원전 104~101년).

12) 益損之時 : 제후의 勢가 강해지거나 혹은 약해진 시기.

13) 要之 : 요약하자면 꼭 ～해야 한다.

[語譯] 吳楚七國의 난을 전후해서 제후들은 혹 嫡子인데도 削地를 당하였다. 이 때문에 燕과 代國은 북쪽의 군이 없어졌고, 齊·趙·梁·楚는 名山이 있는 변두리의 군 또는 바다에 면한 支郡을 모두 漢에 바쳐야만 했다.

제후국들은 점차로 약해져서 큰 나라도 10여 성에 불과했고 작은 나라는 불과 몇십 리였으나, 이것으로도 위로는 조공의 직무를 충분히 받들 수 있었고 아래로는 제사를 공양하며 藩臣으로서 京師를 보필할 수 있었다.

漢이 직접 다스리는 80∼90개 군의 형세는 제후국들과 서로 뒤섞여 개 이빨이 서로 물리듯 하였으며 험요한 지형의 이점을 장악하여 본줄기를 강하게 하고 지엽의 세력을 약하게 하였으며, 지위의 높고낮음이 분명해졌고 만사가 모두 정당한 자리를 잡을 수 있었다.

臣 사마천은 삼가 고조 이래 무제 太初연간의 제후까지 그 강성하고 약해진 시기를 기록하여 후세 사람들이 볼 수 있게 하였다.

그 형세가 강하다 할지라도 중요한 점은 인의를 바탕으로 삼아야 한다는 것이다.

17. 高祖功臣者年表序

原文 太史公曰 古者人臣功有五品. 以德立宗廟[1]定社稷[2]曰
勳 以言曰勞 用力曰功 明其等[3]曰伐 積日[4]曰閱. 封爵之誓
曰 「使河如帶 泰山[5]若厲.[6] 國以永寧 爰[7]及苗裔.[8]」始未嘗
不欲固其根本 而枝葉稍[9]陵夷[10]衰微也. 余讀高祖侯功臣 察
其首封 所以失地[11]者 曰 「異哉所聞. 書曰協和萬國[12] 遷于
夏商 或數千歲. 蓋周封八百 幽厲[13]之後 見於「春秋」.「尙
書」有唐虞[14]之侯伯 歷三代千有餘載 自全以藩衛天子 豈非篤
於仁義 奉上法哉.[15]」

註解 1) 宗廟 : 祀先人之宮室也. 國家.

參考 君子將營宮室 宗廟爲先 廐庫爲次 居室爲後.「禮記, 曲禮 上」

2) 社稷 : 社는 土地神, 稷은 穀神이며, 천자나 제후가 제사한다. 따
라서 국가의 代稱이 된다.

【用例】㉠ 有民人焉 有社稷焉.「論語, 先進」

㉡ 民爲貴 社稷次之 君爲輕.「孟子, 盡心 下」

3) 明其等 : 功의 등급을 분명히 함.

4) 積日 : 직책을 맡아 장구한 시일 동안 勤續함.

5) 泰山 : 산동성의 명산. 五嶽之一로 東嶽이라고도 부른다.

6) 若厲 : 숫돌(磨刀石)과 같다. 泰山이 厲石과 같다는 것은 久遠함을
비유한 말이다.

7) 爰 : 윗문장의 뜻을 이어 다음 말을 끌어낸다. 于·於와 같음.

160

【用例】父死不葬 爰及干戈.「史記, 伯夷傳」
8) 苗裔(묘예) : 後孫. 後嗣.
　　【用例】秦之先 帝顓頊之苗裔.「史記, 秦本紀」
9) 稍 : 점점(漸也)
　　【用例】賓客門下舍人 稍稍引去者 過半.「史記, 平原君傳」
10) 陵夷(능이) : 丘陵이 점점 평평해짐(날로 조금씩 쇠퇴하다). 夷는 平
　　也.
　　【用例】帝王之道 日以陵夷.「漢書, 成帝紀」
11) 失地 : 제후의 자리를 잃다.
12) 協和萬國 : 많은 제후국을 화평케 하다.
13) 幽厲 : 幽王과 厲王. 周의 暴君.
14) 唐虞 : 堯와 舜.
15) 豈非~哉 : 어찌 ~이 아니겠는가?(反語形).

語譯 태사공이 말했다.

옛날에 신하의 공은 5등급으로 구분하였다. 仁德으로 종묘를
세우고 사직을 안정케 하면 勳臣이라 했고, 언사로 공을 세우
면 勞臣이라 했고, 무력을 썼으면 공신, 등급을 명확히 했으면
伐臣, 장기 근속을 했으면 閱臣이라 하였다.

봉작할 때 맹세하는 글에 말하기를, '황하를 衣帶로 삼고, 태
산을 磨刀石처럼, 나라가 영원히 평안하여 후손에까지 미칠지
어다.'하였다.

대개, 封建하는 본뜻에 근본만 굳게 하고 지엽은 점차 약하
고 쇠퇴하게 하려는 뜻은 있지 않았다.

나는 고조가 공신들을 侯로 봉한 것을 읽으며 처음 封을 받을
때와 그 자리를 잃게 된 까닭을 살핀 다음에 말했다.

"이상하도다. 내가 알고 있는 사실이여! 「書經」에는 '萬國
을 화평케 한다'하였으며, 제후들은 夏와 商을 거쳐 천여 년을

내려오도록 변동이 없었다. 周 왕실에서 봉한 8백여 제후가 厲王・幽王 이후의 「春秋」에도 보이고 있다. 「尙書」에는 요・순이 봉한 제후가 三代를 거쳐 천여 년이 넘도록 자신을 보전하며 藩臣으로 천자를 보위하였으니 어찌 인의를 돈독히 하고 천자의 법제를 받는 것이 아니겠는가?"

原文 漢興功臣受封者百有餘人.[1] 天下初定 故大城名都散亡[2] 戶口可得而數者十二三[3] 是以大侯不過萬家 小者五六百戶. 後數世 民咸歸鄕里 戶益息[4] 蕭・曹・絳・灌[5]之屬或至四萬 小侯自倍.[6] 富厚如之 子孫驕溢 忘其先 淫嬖.[7] 至太初百年之閒[8] 見侯五[9] 餘皆坐法隕命亡國[10] 耗矣.[11] 罔亦少密焉[12] 然皆身無兢兢[13]於當世之禁云.[14]

註解 1) 百有餘人 : 高祖時 공신으로 봉해진 자는 총 137명이었다고 한다.

2) 散亡 : 흩어지고 流亡하다. 秦末 漢初에 전쟁이 계속되자 百姓이 죽고 流民이 되어 흩어졌다.

3) 十二三 : 十分之二三. 종래 인구의 10분의 2 또는 3 정도만 남아 있었다.

4) 戶益息 : 戶口는 더욱 불어났다. 息은 새끼치다. 늘어나다. 繁育하다.

5) 蕭・曹・絳・灌 : 蕭何・曹參・周勃・灌嬰. 모두 漢初의 신하들이다.

6) 自倍 : 전보다 절로 배가 되었다.

7) 淫嬖(음폐) : 淫邪한 일.

8) 至太初百年之閒 : 太初年間에 이르는 100년 동안에. 太初는 武帝 때의 연호(기원전 104~101년).

9) 見侯五 : 볼 수 있는(남아 있는) 제후는 다섯뿐이었다. 太初年間에

는 平陽侯曹宗 등 다섯 제후뿐이었다.

10) 坐法隕命亡國 : 범법하고 죽고 나라를 망쳤다. 隕은 殞과 같음.

【用例】 有客相之曰 當刑而王. 及壯坐法.「史記. 黥布列傳」

11) 耗矣 : 없어졌다. 減少하다. 耗와 같음.

12) 罔亦小密焉 : 나라의 法網 또한 조밀해졌다. 법을 엄격히 적용했다는 뜻. 罔은 網과 같다. 즉, 法網.

【用例】 風流篤厚 禁罔疏闊.「漢書, 刑法志」

13) 兢兢(긍긍) : 조심하며 삼가고 근심하는 모양. 戰戰兢兢과 같음.

【用例】 曾子有疾 召門弟子曰 啓予足 啓予手. 詩云「戰戰兢兢 如臨深淵 如履薄泳.」而令而後 吾知免夫. 小子.「論語, 泰伯」

14) 云 : ~라 말할 수 있다.

語譯 漢이 흥기한 뒤 공신으로 봉해진 사람은 100여 명이었다. 천하가 겨우 안정되었다지만 큰 성이나 이름난 도시 할 것 없이 백성들이 모두 흩어져 호구로 잡아 계산할 수 있는 것은 옛날 평상시의 10분의 2나 3정도였으니, 대제후라야 불과 수만 호, 작은 제후는 5~6백 호였다. 그뒤 몇 세대가 지나 백성들이 다 고향으로 돌아왔고, 호구는 더욱 늘어 蕭何·曹參·周勃·灌嬰 같은 제후는 4만 호에 이르렀고, 小諸侯들도 두 배 정도 늘어났다.

나라의 부유함이 이 정도가 되자 그 자손들은 교만해지고 사치하였으며, 조상의 어려웠던 시절을 잊고 음사에 빠졌다. 太初연간까지 100여 년이 지난 후 남아 있는 제후는 다섯뿐이었으니, 나머지는 다 법에 걸리거나 죽거나 또는 나라를 망쳐 모두 없어져 버렸다.

물론 나라의 법망 또한 엄밀해졌다지만, 그러나 모든 제후 자신이 당시의 法禁에 조심함이 없었다고 말할 수 있다.

原文 居今之世 志古之道[1] 所以自鏡也[2] 未必盡同.[3] 帝王者

各殊禮而異務⁴⁾ 要以成功爲統紀⁵⁾ 豈可緄乎⁶⁾. 觀所以得尊寵
及所以廢辱 亦當世得失之林⁷⁾也 何必舊聞⁸⁾. 於是謹其終始
表其文⁹⁾ 頗有所不盡本末. 著其明 疑者闕之.¹⁰⁾ 後有君子 欲
推而列之 得以覽焉.

[註解] 1) 志古之道 : 고대의 도를 기록하다. 志는 誌와 같음. 기록하
다의 뜻. 古之道는 夏·殷·周의 道. 道는 법제.

2) 所以自鏡也 : 자신을 비춰보려 함이다. 所以는 ～하는 까닭. 自鏡
은 스스로 비춰보다. 자신의 得失을 생각하다.

3) 未必盡同 : 꼭 완전하게 같다고는 할 수 없다.

4) 各殊禮而異務 : 각각 예를 달리했고 정책이 달랐다.

5) 要以成功爲統紀 : 총체적으로 성공함으로써 紀網을 세운 것이다.
즉, 帝王之道는 서로 달랐지만 통치가 성공했기에 사회나 예법·정
치 등의 기강을 잡을 수 있었다는 뜻.
統紀는 紀綱. 統領綱紀也.

6) 豈可緄乎 : 어찌 한 가지로 합칠 수 있겠는가?
緄(혼)은 바느질하여 하나로 합치다(縫而合之也). 帝王之道는 원래
각각 不同한 것이니 强合할 수 없다는 뜻.

7) 當也得失之林也 : 현재 得失의 본보기이다.
본래 한데 모인 것을 林이라고 한다(叢集之處曰林). 현재의 신하 된
자가 尊寵을 받는다면 그것은 忠厚 때문이고, 廢辱을 당한다면 바
로 驕奢 때문일 것이니, 그것이 바로 得과 失의 본보기가 된다는
뜻.

8) 舊聞 : 옛일. 古代의 例.

9) 表其文 : 문자로 제후들의 始終을 表明하다.

10) 疑者闕之 : 의문이 있는 곳은 비워 두다.

[語譯] 현재에 살면서 고대의 법도를 기록하는 까닭은 자신의
득실을 비춰보기 위함이나, 그것이 옛과 꼭 같다고는 할 수 없
다. 역대의 제왕은 각각 예를 달리했고 업무를 달리했으나, 총

체적으로 말한다면 어떤 성공으로써 기강을 삼았다 할 수 있으니 제왕지도를 하나로 합칠 수 있겠는가?

제후나 신하들이 존경과 총애를 받거나 폐위되고 치욕을 받는 까닭을 관찰하면 그것이 바로 당세의 득실의 본보기라 할 수 있는데, 하필 옛날의 사례가 있어야겠는가?

이에 조심스럽게 제후들의 시작과 끝을 문자로 표명하였으나 그 본말을 완전하게 살피지 못한 부분이 많이 있다. 명확한 것은 기록하고, 의문이 있는 곳은 비워 놓았다.

뒷날 어떤 군자가 나와서 많이 추구하고 서술하여 참고로 보게 되리라.

18. 禮 書¹⁾(節)

[原文] 太史公曰　洋洋²⁾美德乎. 宰制³⁾萬物　役使群衆⁴⁾　豈人力
也哉.⁵⁾　余至大行⁶⁾禮官　觀三代損益⁷⁾　乃知緣⁸⁾人情而制禮　依
人性而作儀　其所由來尙矣.　人道經緯萬端⁹⁾　規矩¹⁰⁾無所不貫.
誘進以仁義　束縛以刑罰.　故德厚者位尊　祿重者寵榮　所以總
一海內而整齊萬民也.　人體安駕乘　爲之　金輿¹¹⁾錯衡¹²⁾以繁其
飾.　目好五色　爲之黼黻¹³⁾文章¹⁴⁾以表其能.　耳樂鐘磬　爲之調
諧八音¹⁵⁾以蕩其心.¹⁶⁾　口甘五味　爲之庶羞¹⁷⁾酸鹹以致其味.　情
好珍善¹⁸⁾　爲之琢磨¹⁹⁾圭璧²⁰⁾以通其意.

[註解] 1) 禮書 : 천지가 제자리에 위치하고, 일월이 밝게 비추며, 四時
에 차례가 있고, 음양이 조화를 이루며, 풍우에 節氣가 있고, 만물
이 나고 자라며, 군신과 존비귀천에 질서가 있는 이 모든 것을 통
틀어 禮라 할 수 있다. 그래서 「曲禮」에서는 예가 아니면 도덕과 인
의가 이루어지지 않고, 교훈과 바른 풍속도 갖추어지지 않으며, 분
쟁과 송사도 해결되지 않는다고 하였다. 「唐 張守節의 史記正義」
書란 본래 五經六籍의 總名이다. 「史記」에는 8書가 있는데, 나라의
큰 제도나 체제를 기록한 것이다.

2) 洋洋 : 아름다운 모양(美盛貌).

3) 宰制(재제) : 萬事萬物을 총괄하여 처리하다. 宰는 治也. 理也.

4) 群衆 : 많은 사람들이란 뜻이 아니라 우주 내의 모든 생물체를 뜻
함. 群品과 같은 뜻.

5） 豈人力也哉 : 어찌 人力일 수 있겠는가? 곧 하늘(天)의 뜻이다.
豈는 어찌 ~하겠는가? 也는 句中語氣詞. 哉는 감탄어기사.

6） 大行 : 儀禮를 주관하는 秦의 官名. 漢에서는 大鴻臚로 改名함.

7） 三代損益 : 三代(夏·殷·周) 儀禮의 빠진 것과 더 보태진 것. 즉,
三代에 걸친 의례의 변천.

8） 緣 : ~에 따라(因也, 循也, 順也).
【用例】 猶緣木而求魚也.「孟子, 梁惠王 上」

9） 人道經緯萬端 : 인간의 일이란 매우 복잡한 것이지만.
經은 본래 上下의 직선이고, 緯는 左右의 橫線이다. 萬端은 수많은
사건의 실마리.

10） 規矩(규구) : 사람이 지켜야 할 규율이나 법도. 圓을 規, 方을 矩라
하며, 여기서 引申하여 共同으로 지켜야 할 규율을 말함.
【用例】 規矩 方圓之至也 聖人 人倫之至也.「孟子, 離婁 上」

11） 金輿 : 靑銅으로 수레를 장식하다.

12） 錯衡 : 여러 가지로 장식한 수레의 멍에(文衡也).

13） 黼黻(보불) : 아름다운 색. 수놓은 옷.
백과 흑으로 도끼 모양을 수놓은 것을 보라 하고, 흑과 청으로 亞
자 모양을 수놓은 것을 불이라 한다.

14） 文章 : 文彩, 장식. 청과 적을 文, 적과 백을 章이라 한다.
【用例】 刻鏤文章 所以養目也.「史記, 禮書」

15） 調諧八音 : 8音을 조화하다. 八音은 金石絲竹匏土革木에서 나는
소리.

16） 以蕩其心 : 마음을 즐겁게 하다.

17） 庶羞(서수) : 여러 가지의 좋은 맛.

18） 珍善 : 寶玉. 아름다운 물건.

19） 琢磨(탁마) : 玉石을 쪼고 갈음.
【用例】 詩云 如切如磋 如琢如磨 其斯之謂與.「論語, 學而」(詩經, 衛
風 淇澳篇)

20） 圭璧 : 寶玉. 본래 王侯들이 朝聘하거나 제사할 때 쓰는 玉.

【語譯】 태사공이 말했다.

훌륭하도다! 아름다운 덕이여! 만물을 다 다스리고 온 생물을 다 부리니 어찌 인력이라 하겠는가?

내가 大行 禮官 부분에 이르러 三代 의례의 변천을 살펴보니 인정에 따라 예절을 만들었고, 인성에 따라 의식을 지었으며, 그 유래는 매우 오래 되었다는 것을 알게 되었다.

사람의 일이 아무리 복잡하더라도 법도가 관통하지 않는 곳이 없다.

인과 의로써 바른 길을 가도록 인도하며, 형벌로 행동을 제약한다.

그러므로 덕이 많은 사람은 존귀한 자리에 있고, 녹봉이 많은 사람은 총애와 영예를 누리게 되는데, 이는 이들에 의해 나라를 다스리고 만민을 바르게 할 수 있기 때문이다.

인체는 수레에 타면 편안하므로 여러 장식으로 수레를 꾸미려 한다.

사람의 눈은 5색을 좋아하므로 아름다운 수와 문채로 자신의 능력을 드러내려 한다.

귀는 온갖 악기의 소리를 듣기 좋아하므로 8음을 조화시켜 마음을 즐겁게 하려 한다.

입은 여러 맛을 즐기려 하므로 온갖 양념과 시고 짠것을 써서 좋은 맛을 내려고 한다.

사람의 정이란 본래 귀한 것을 좋아하므로 옥돌을 쪼고 갈아서 좋은 보옥을 만들어 마음을 흡족하게 하려 한다.

[原文] 故大路越席[1] 皮弁布裳[2] 朱弦洞越[3] 大羹玄酒[4] 所以防其淫侈 救其彫敝.[5] 是以君臣朝廷尊卑貴賤之序 下及黎庶[6] 車輿衣服宮室飮食嫁娶喪祭之分 事有宜適[7] 物有節文.[8] 仲

尼曰.「禘自旣灌而往者 吾不欲觀之矣.」[9] 周衰 禮廢樂壞 大小相踰[10] 管仲[11]之家 兼備三歸.[12] 循法守正者見侮於世[13] 奢溢僭差[14]者謂之顯榮. 自子夏[15] 門人之高弟也 猶云「出見紛華盛麗而說[16] 入聞夫子之道而樂 二者心戰[17] 未能自決.」而況中庸[18]以下 漸漬[19]於失教 被服於成俗乎.

[註解] 1) 大路越席 : 大路는 천자가 祭天하러 갈 때 타는 수레. 越席은 부들을 엮어 만든 자리(蒲席). 즉, 大路에 越席을 깔아 儉素함을 보인다는 뜻.

2) 皮弁布裳 : 皮弁(피변)은 白鹿皮로 만든 冠으로, 천자가 朝會時에 쓴다. 布裳은 흰 베로 만든 옷.

3) 朱弦洞越 : 朱弦은 악기의 붉은 실로 맨 弦이고, 洞越은 비파 밑에 난 구멍.

4) 大羹玄酒 : 大羹(대갱)은 加味하지 않은 祭禮用의 국. 玄酒란 太古에 술이 없어 술 대신에 썼다는 검은(玄) 물.

5) 彫敝(조폐) : 꾸미고 장식하려는 폐단. 敝는 弊와 같음.

6) 黎庶 : 일반 백성.

7) 宜適 : 適宜. 적합함.

8) 節文 : 禮를 행할 때의 節度나 용모.
   【用例】禮者 因時世人情 爲之節文者也. 「史記. 叔孫通列傳」

9) 禘自～之矣 : 「論語, 八佾」篇에 나오는 말이다. "禘를 지낼 때, 술을 부어 降神한 다음부터는 보고 싶지 않다." 禘는 천자가 正月에 지내는 先祖에 대한 제사이다. 灌은 술을 땅에 부어 降神하는 것.
   공자가 그 다음을 보고 싶지 않다는 이유가 魯國에서 禘祭하는 것이 예에 벗어났기 때문인지, 아니면 降神 다음에 예에 어긋나는 절차가 있기 때문인지 내용이 확실치 않은 글이다.

10) 踰(유) : 넘다(越也). 지나치다(過也). 禮에 어긋나다.

11) 管仲 : 춘추시대의 齊人. 이름은 夷吾. 齊의 桓公을 섬겨 覇業을 달성케 하였다. 「史記」에 列傳이 있다.

12) 兼備三歸 : 三姓의 집안에서 婦人을 娶하다. 여자가 출가하는 것을

歸라고 함.

【用例】管氏有三歸 官事不攝 焉得儉.「論語, 八佾」孔子는 管中이 백성을 평안케 한 공은 인정하지만(「論語, 憲問」參考), 인간적으로 오만하고 권모술수를 쓰고 非禮僭越했다 하여 "관중은 그릇이 작다(管仲之器小哉)"며 싫어했다.

13) 見侮於世 : 世人들로부터 모욕을 당하다. 피동형 문장.

14) 僭差 : 본분을 넘어선 행동을 하다. 僭越과 비슷한 뜻.

15) 自子夏 : 子夏가 ~라 할지라도. 自는 雖의 뜻(~라도). 若(~ 같다)의 뜻이 있다.

子夏는 공자의 제자로 姓은 卜, 名은 商임. 문학에 뛰어나 孔門十哲의 한 사람으로 일컬음. 孔門의 詩學은 子夏로부터 孫卿에 이어지고, 뒷날 毛詩로 세상에 알려졌다. 공자 沒後에 子夏는 西河에서 講學하였으며 魏文侯가 師事했다.

16) 說(열) : 喜悅也.

17) 心戰 : 내심으로 갈등을 겪다.

18) 中庸 : 여기서는 凡人, 常人의 뜻.

【用例】然而陳涉 材能不及中庸.「賈誼, 過秦論」

19) 漸漬(점지) : 점점 물이 스며듦.

[語譯] 그러므로 祭天할 때 타는 큰 수레에 풀로 엮은 자리를 깔고, 천자가 조회할 때 피변을 쓰고 흰 베옷을 입으며, 비파의 붉은 줄과 빈 구멍, 양념을 치지 않은 국과 검은빛의 술, 이 모든 것이 사치를 방지하고 꾸미기를 좋아하는 폐단을 막으려는 뜻이었다. 이렇게 함으로써 君臣과 관리와 존비와 귀천의 질서가 생기고, 아래로는 백성까지 미쳐 수레와 의복·주택·음식·혼인·상례와 제례에 분별이 있게 되고, 모든 일에 적당함이 있고, 모든 사물에 일정한 절도가 있게 된다.

중니(공자)가 말했다.

"체제를 지낼 때 땅에 술을 부어 강신한 이후는 보고 싶지 않

다."

周 왕실이 쇠약해지면서 예악도 따라서 무너졌고, 크고작은 일들이 모두 예법을 넘어버렸으니 관중은 집에 三姓의 婦人을 두었다.

예법을 따르며 正道를 지키는 사람은 세상 사람한테 무시당하고, 사치 방종하며 분수를 모르는 자들이 오히려 높이 되고 영광스럽다고 칭찬을 받았다.

비록 자하가 공자 문하의 뛰어난 제자였지만 오히려 이렇게 말했다.

"밖에 나가 번화 성대하며 아름다운 것을 보는 것도 마음에 기쁘고, 안에 들어와 스승의 말씀을 들어도 즐거우니, 두 마음 이 서로 갈등을 일으켜 내 혼자 결정을 내릴 수 없다."

그렇다면 보통 이하 사람들이야 점차로 가르침을 잃어버리게 되고 세상 풍속에 굴복당하지 않을 수 있겠는가?

原文 孔子曰「必也正名.」[1] 於衛所居不合.[2] 仲尼沒後 受業之徒沈湮而不擧[3] 或適齊·楚 或入河海[4] 豈不痛哉. 至秦有天下 悉內[5]六國禮儀 采擇其善[6] 雖不合聖制[7] 其尊君抑臣 朝廷濟濟[8] 依古以來.[9] 至于高祖 光有四海 叔孫通[10]頗有所增益減損 大抵皆襲秦故.[11] 自天子稱號 下至佐僚[12]及宮室官名 少所變改.

註解 1) 必也正名 : 반드시 명분을 바로 하겠다. 也는 句中語氣詞로 語氣의 일시적 중단과 동시에 必을 강조하는 기능을 한다.
이것은 「論語, 子路」편에 있는 말이다. 原文은 다음과 같다.
子路曰 「衛君 待子而爲政 子將奚先」子曰 「必也正名乎」子路曰.
「有是哉. 子之迂也. 奚其正」(後略). 奚는 何와 같음.

공자의 뜻은 대의명분을 강조한 것이다. 正名에 대해 馬融은 "正百事之名"이라 했으니 바로 본 것이다.

2) 於衛所居不合 : 衛에 거주하는 사람들은 공자의 뜻에 맞지 않았다.

3) 沈湮而不擧 : 초야에 묻히고 등용되지 않았다. 沈湮은 湮滅하다.

4) 或適 ～ 河海 : 공자 沒後 魯의 정치가 더욱 어지러워지자 樂官들은 사방으로 흩어졌다.

[參考] 大師摯適齊 亞飯干適楚(中略) 鼓方叔入於河 少師陽 擊磬襄 入海. 「論語, 微子」

• 適은 去也. 河는 河內, 海는 海島.

5) 內(납) : 받아들이다.

6) 采擇其善 : 그중 좋은 것만 채택하다. 采는 採와 같음.

7) 聖制 : 聖人의 제도.

8) 濟濟 : 威儀가 盛한 모양. 또는 莊敬한 모양.

【用例】濟濟多士 文王以寧. 「詩經, 大雅 文王之什」

9) 依古以來 : 상고 이래의 예법에 의한 것이었다.

10) 叔孫通 : 秦을 섬기다가 漢에 와 博士가 되었다. 魯의 諸生들을 데려다가 朝儀를 제정하였다. 漢의 朝廟 曲禮는 대부분 秦의 의례를 많이 모방하여 叔孫通에 의해 제정되었다. 「史記」 99권에 列傳이 있다.

11) 秦故 : 秦의 옛 법도. 儀禮.

12) 佐僚 : 상관을 보좌하는 하급 관료.

[語譯] 공자는 '반드시 명분을 바로 하겠다'고 말했지만 衛에는 공자의 뜻에 맞는 사람이 없었다.

孔子가 죽은 뒤 가르침을 받은 제자들은 모두 연기처럼 사라지고 등용되지도 않았다.

어떤 사람은 齊나 楚로 갔고, 어떤 이는 河內 지방이나 섬으로 숨었으니 어찌 가슴이 아프지 않겠는가?

秦이 천하를 차지하고서는 6국의 의례를 모두 받아들여 그중에서 좋은 것만 채택하였다. 비록 성인의 제도와 꼭 맞지는 않았지만 황제를 높이고 신하를 억제하며, 조정을 엄숙하게 한 것은 상고 이래의 예법에 의한 것이었다.

漢의 고조가 천하를 차지하고 叔孫通이 조정 의례를 정함에 보태고 뺀 것이 제법 많았으나 대개 秦의 옛 제도를 답습하였다.

천자의 칭호로부터 아래로는 하급 관료 및 궁궐·관직명에 이르기까지 바뀐 것이 적었다.

19. 漢武塞[1]瓠子決(節河渠書)[2]

原文 自河決瓠子[3]二十餘歲 歲[4]因以數不登[5] 而梁楚之地尤
甚.[6] 天子[7]旣封禪[8]巡祭山川. 其明年 旱 乾封少雨.[9] 天子乃
使汲仁·郭昌[10]發卒數萬人塞瓠子決. 於是天子已用事[11]萬里
沙[12] 則還自臨決河[13] 沈白馬玉璧于河[14] 令群臣從官自將軍已
下皆負薪[15]寘[16]決河. 是時東郡燒草[17] 以故薪柴少[18] 而下淇
園之竹[19] 以爲楗.[20]

註解 1) 塞(색) : 막다.

2) 河渠書 : 河는 본래 黃河를 지칭하는 고유명사. 여기서는 流水의
총칭이다. 渠(거)는 인공으로 만든 通水路를 말함(河者天生之 渠者人
鑿之).

　　사마천 자신도 武帝를 수행하여 공사 현장에서 직접 나무를 나르며
노역을 했다. 이에 治水의 필요성과 어려움을 절실하게 느껴, 禹
이래 치수와 武帝 때의 河川 공사와 水利에 관한 일을 河渠書로 엮
었다.

參考 太史公曰 甚哉. 水之爲利害也. 余從負薪塞宣房 悲瓠子之詩而作
河渠書. 「史記, 河渠書」

3) 自河決瓠子 : 황하가 瓠子(호자)에서 터진 이래. 決은 堤防이 무너
짐(堤毁水溢也). 호자는 지금의 河北省 濮陽縣의 남쪽. 一名 瓠子
口.

【用例】 河決不可復塞. 「史記, 秦始皇本紀」

4) 歲 : 곡식의 성숙(穀成熟也). 바로 앞의 歲는 年의 뜻.

[參考] 唐虞曰載 夏曰歲 商曰祀 周曰年.

5) 數不登(삭부등) : 자주 흉년이 들었다. 不登은 五穀의 흉작.

【用例】 歲凶 年穀不登. 「禮記, 曲禮 下」

6) 尤甚(우심) : 더욱 심했다. 尤는 益甚之也, 最也.

7) 天子 : 漢武帝.

8) 旣封禪 : 封禪을 마치고.

본래의 뜻은 封土於山而禪祭於地也. 「史記」 28권에 封禪書가 있다. 그 正義에 의하면, "泰山에 흙을 다져 壇을 쌓고 祭天하여 하늘의 공에 보답코자 하는 것이 封이며, 泰山 아래 작은 산에 깨끗이 소제하고 땅의 공덕에 보답코저 함이 禪이다."라고 했다.

「五經通義」란 책에 의하면 "역성(易姓)하여 왕이 된 자가 태평시대를 이룩하면 반드시 泰山에서 封하고 梁父(山名)에서 禪하였는데, 그 까닭은 천명을 받아 왕이 되어 群生을 다스려 태평성대를 맞이했으니 이는 모두 하늘과 땅의 공으로 알고 보답한다는 뜻이다."라고 했다.

【用例】 管中曰 古者封泰山 禪梁父者 七十二家. 「史記, 封禪書」

9) 乾封少雨 : 乾封하니 비가 조금 왔다. 날이 가물어 封土를 건조하게 한다는 뜻과 祭하되 神主를 세우지 않는다는 두 가지 뜻이 있는데, 그 뜻을 명확히 알 수 없음. 乾封에 관한 「史記, 封禪書」의 기록은 다음과 같다.

[參考] 其明年 伐朝鮮. 夏 旱. 公孫卿曰 「黃帝時封則天旱 乾封三年.」上乃下詔曰 「天旱 意乾封乎. 其令天下尊祠靈星焉」 (漢武制 元封 三年의 기록임).

10) 汲仁·郭昌(급인·곽창) : 武帝 때 直諫을 잘하고, 유능했던 신하인 汲黯의 동생 汲仁과 흉노를 치는 데 공을 세운 장군 郭昌.

11) 用事 : 제사. 여기서는 기우제.

12) 萬里沙 : 지명. 지금의 산동성 掖縣 부근.

13) 自臨決河 : 터진 황하에 親臨하다.

14) 沈白馬玉璧于河 : 황하에 白馬와 玉璧으로 제사지내다. 沈(침)은 川澤에 대한 제사를 말함. 가라앉히다(沒入水中也). 玉璧은 구슬.

＊于는 介詞로 於와 같음.

【用例】吾十有五而志于學.「論語, 爲政」

15) 負薪 : 나무를 등에 지고 나르다.

【用例】㉠ 問庶人之子 長曰能負薪矣 幼曰未能負薪也.「禮記, 曲禮
下」

㉡ 賤者란 뜻도 있음(負薪之才).

16) 寘(전) : 메우다. 막다(塞也).

17) 東郡燒草 : 東郡 땅에선 나무를 연료로 다 썼다. 東郡은 河北省 濮
陽縣 일대.

18) 薪柴少 : 목재가 부족했다.

쪼갤 수 있는 장작은 薪, 다발로 묶는 나무는 柴(시)라고 한다. 여
기서는 둑을 쌓는 데 필요한 목재.

19) 下淇園之竹 : 淇園의 대나무를 내려보냈다. 下는 내려보내다(동사
로 쓰였음).

淇園은 淇水의 상류에 있는 옛 衛의 정원인데, 대나무가 많았다.

20) 以爲楗 : 말뚝으로 썼다. 楗(건)은 문 빗장. 여기서는 급류를 막고
둑을 쌓을 때 土石의 流失을 막기 위한 말뚝.

[語譯] 황하가 호자에서 터진 20여 년 이후 농사는 그로 인해
자주 흉년이 들었는데, 梁과 楚 지방이 더욱 심하였다. 武帝는
封禪을 마치고 명산 대천을 돌며 제사를 지냈다.

그 다음해, 날이 가물어 乾封으로 제사하니 비가 조금 내렸
다.

무재는 곧 汲仁과 郭昌 등으로 하여금 수만의 병졸을 거느리
고 호자의 터진 강둑을 막게 하였다.

이때에 무제는 萬里沙에서 기우제를 마치고 바로 돌아와 황
하의 터진 곳에 친림하여 백마와 구슬(玉璧)을 써서 황하에 제
사지내고, 여러 신하와 관리 및 장군 이하 모든 사람들에게 나
무를 나르며 터진 둑을 막으라고 분부했다. 그때 東郡 내의 나

무들은 이미 연료로 다 불때졌기에 목재가 부족하여 淇園의 대
나무를 베어 내려보내서 말뚝으로 썼다.

原文 天子旣臨河決 悼功之不成 乃作歌曰
「瓠子決兮將奈何.[1] 晧晧旰旰[2]兮[3]閭殫爲河.[4] 殫爲河兮地不
得寧 功無已時[5]兮吾山平.[6] 吾山平兮鉅野溢[7] 魚拂鬱[8]兮柏
冬日.[9] 延道弛[10]兮離常流 蛟龍騁[11]兮方遠遊. 歸舊川兮神哉
沛[12] 不封禪兮安知外.[13] 爲我謂河伯[14]兮何不仁 泛濫不止兮
愁吾人. 齧桑[15]浮兮淮·泗[16]滿 久不反兮水維緩.[17]

註解 1) 將奈何 : 어떻게 할 것인가?
　　＊奈何는 의문사로 如何와 같다. 柰何라고도 쓴다.
　　用例 雖不逝兮可奈何.「史記, 項羽本紀」
2) 晧晧旰旰(호호간간) : 반짝반짝 출렁대며. 호호는 밝은 모양(光明盛
　　貌也). 간간은 번화한 모양(旭과 通함).
3) 兮 : 辭賦의 句 안에 쓰여 語氣의 일시적 정지를 나타내는 語氣詞
　　이다. 楚歌에 흔히 쓰인다.
　　항우의 垓下歌, 漢고조의 大風歌, 漢武帝의 秋風詞 및 본문의 瓠子
　　之歌 등은 모두 楚歌 인데 兮가 중간에 쓰이고 있다.
4) 閭殫爲河(여탄위하) : 마을이 모두 물바다가 되었구나. 閭는 마을,
　　殫 은 다하다(盡也)의 뜻.
5) 功無已時 : 공사가 끝날 날이 없다. 언제 완공될 지 끝이 없다는
　　뜻. 공은 工事. 일. 已時는 끝날 때.
　　用例 其有功於子 可食而食之矣(그대에게 해준 일이 있으면 먹여줄 만
　　하고 또 먹여줘야 한다).「孟子, 勝文公 下」
6) 吾山平 : 나의 山은 평평해졌다. 둑을 쌓기 위해 산을 파내니 산이
　　평평해졌다는 뜻.
7) 鉅野溢 : 鉅野澤의 물이 넘치다. 평평해진 산으로 호수의 물이 들

어온다는 뜻. 鉅野는 湖水名. 산동성 鉅野縣에 있었다 함.

8) 拂鬱(불울) : 마음이 불안함.

9) 柏冬日 : 겨울이 가깝다. 柏(백)은 近也. 柏은 迫과 통함.
    【用例】 上曰.「縣名爲何.」曰「柏人.」「柏人者 迫於人也.」不宿而
    去.「史記 張耳 陳餘列傳」(柏人은 사람을 핍박한다는 뜻)

10) 延道弛兮 : 물길이 늘어나고 무너지고. 延道는 黃河의 흐름이 늘어
    났다는 뜻. 弛는 무너지다(壞也).

11) 蛟龍騁兮 : 蛟龍이 치달리어.
    ＊蛟龍은 鱗甲이 있다는 龍의 일종.
    【用例】 恐蛟龍得雲雨 終非池中物.「三國志, 吳志」

12) 神哉沛 : 神의 도움이여! 위대하도다. 神哉는 神祐여! 감탄구.
    沛는 성대한 모양. 또는 넓고 큰 모양.

13) 安知外 : 어찌 外地의 情形을 알겠는가?

14) 河伯 : 水神.

15) 齧桑(설상) : 漢의 邑名.

16) 淮泗 : 淮水(회수)와 泗水(사수).

17) 水維緩 : 물이여, 천천히 돌아가라! 維는 어조사. 緩은 서서히.
    옛 길로 돌아가라는 완곡한 뜻이 담겨 있음.

[語譯] 무제는 황하가 터진 공사현장에 친림하여 공사가 끝나지
않은 것을 걱정하여 노래를 지었다.

'호자에서 터진 물을 어이 할거나?
반짝반짝 출렁거리며 마을이 모두 물바다가 되었구나!
모두 물이 되니 땅인들 어찌 편하리.
일은 언제 끝나려나, 내 산들도 평평해졌구나.
산이 평평해지니 鉅野의 물이 넘친다. 물고기도 걱정이리라,
겨울이 가깝도다. 둑 터져 길어진 물길, 본디 흐르던 길을 벗어
났구나.

蛟龍이 치달리는가? 먼 데까지 놀러가도다.

옛 물로 돌아가거라, 크도다 신의 도움이여!

封禪禮를 아니하면 변방 일을 어이 알 수 있겠나?

나를 위해 하백에게 말해주오, 어찌 그리 不仁하신지!

범람이 그치지 않으니 우리를 걱정케 하도다!

설상에도 물이 들고 淮泗의 강물도 넘실대노니,

오랫동안 돌아가지 않았네, 물이여, 천천히 돌아가거라!'

原文 一曰[1)]

「河湯湯[2)]兮激潺湲[3)] 北渡汚兮[4)]浚流難.[5)] 搴長茭[6)]兮沈美玉 河伯許兮薪不屬[7)] 薪不屬兮衛人罪 燒蕭條[8)]兮噫乎[9)]何以禦水. 頹林竹兮[10)]楗石菑[11)] 宣房塞兮[12)]萬福來.」

於是卒塞瓠子 築宮其上 名曰宣房宮. 而道河北行二渠[13)] 復禹[14)]舊迹 而梁·楚之 地復寧 無水災.

註解 1) 一曰 : 또 다른 한 首는.

2) 湯湯 : 큰물이 급히 흐르는 모양(大水疾流貌).

【用例】 江漢湯湯 武夫洸洸. 「詩經. 大雅. 江漢」

3) 潺湲(잔원) : 물 흐르는 소리. 潺은 물 졸졸 흐르다. 湲은 물소리.

4) 北渡汚兮 : 북으로 빼면 구불구불 ~. 渡는 通也. 河流를 북쪽으로 빼려고 하다. 汚는 迂와 같음. 굽다(曲也). 멀다(遠也, 瀾也).

5) 浚流難 : 浚渫(준설)해도 흐르기 어렵도다.

6) 搴長茭(건장교) : 긴 장대를 박고. 搴은 잡다(取也). 여기서는 박다. 茭는 장대(竿也). 말뚝. 土石의 유출을 막기 위해 강바닥에 박는다.

7) 薪不屬 : 목재가 부족하다. 屬은 足也.

8) 蕭條 : 草木이 말라 죽다. 잎이 떨어지다. 여기선 집안의 땔감으로 나무를 베었다는 뜻.

9) 噫乎(희호) : 슬프다! 噫는 歎息聲. 애통해하는 소리.

10) 穨林竹兮 : 나무와 대(竹)를 다 베어내다. 穨(퇴)는 頹와 같음. 즉
    벗겨진 모양(禿也, 首禿也).

11) 橛石菑 : 말뚝과 돌이 재앙을 입었도다. 菑는 災와 같음. 말뚝과
    돌이 자꾸 流失되니 災라 했음.

12) 宣房塞兮 : 宣房에서 막으니. 房은 防과 같음. 宣防은 두루두루 막
    는다는 뜻이나 宣房은 고유명사로 宮名, 지명으로 해석함.
    瓠子의 터진 둑을 다시 쌓고, 그 위에 궁을 지어 宣房宮이라 했다.
    「漢書溝洫志」에는 宣防宮이라 표기했음.

13) 道河北行二渠 : 黃河를 따라 북쪽을 지나는 두 개의 수로. 道는
    '～을 따라(從也)'의 뜻.

14) 禹 : 夏之開國之帝. 舜의 명에 따라 치수사업을 성공적으로 끝냈
    음.

語譯 '황하는 출렁출렁 사납게 소리내며 흐르는데,
북으로 물을 빼도, 구불구불 준설해도 흐르긴 어렵구나.
긴 장대 꽂고 美玉으로 河神에 제사하니,
河伯이 허락했지만 재목이 모자란다.
나무가 모자라는 것은 衛사람 허물이지.
나무를 다 불을 때었으니, 아! 어이 물을 막으랴.
나무와 대를 모두 베어내니 말뚝과 돌이 재앙을 입었구나.
宣房에서 잘 막으니 온갖 복이 들어오도다.'

　이에 마침내 호의 터진 곳을 막고, 둑 위에 궁전을 지어 선방
궁이라 했다.
　그리고 황하 북쪽을 따라 두 개의 수로를 우왕의 옛 자취를
따라 복구하니, 梁과 楚의 땅이 다시 평온을 찾았고 수해가 없
었다.

20. 卜式輸財(節平準書)¹⁾

[原文] 卜式²⁾者 河南人也³⁾ 以田畜⁴⁾爲事. 親死 式有少弟. 弟壯 式脫身⁵⁾出分 獨取畜羊百餘 田宅財物盡予弟. 式入山牧十餘歲 羊致⁶⁾千餘頭 買田宅. 而其弟盡 破其業 式輒⁷⁾復分予弟者數⁸⁾矣. 是時漢方數使將擊匈奴 卜式上書 願輸家之半⁹⁾縣官¹⁰⁾助邊.¹¹⁾ 天子使使問式.「欲官乎」式曰「臣小牧 不習仕宦¹²⁾ 不願也.」使問曰「家豈有寃 欲言事乎.¹³⁾」式曰「臣生與人無分爭. 式邑人貧者貸之 不善者敎順之 所居人皆從式 式何故見寃於人¹⁴⁾ 無所欲言也.」

[註解] 1) 平準書 : 물가를 조절하는 것을 平準이라 한다. 漢武帝 太初 (기원전 104~101년) 원년에 大司農을 두고 그 아래 5令丞을 두었는데, 그중의 하나가 平準令丞이었다. 平準令丞은 천하 郡國간의 물자 유통과 물가 조절을 맡았다.

물자가 귀할 때는 나라에 보관하던 물자(주로 곡식임)를 팔고, 쌀 때는 사들이는 방법(貴則賣之, 賤則買之)을 써 물가 안정 겸 국고의 충실을 기하려 했었다.

平準書에는 武帝 때의 諸經濟政策과 화폐 유통, 국가 재정에 관한 내용과 卜式 桑弘羊 등 경제와 관계 있는 인물들의 이야기를 적고 있다.

2) 卜式 : 인명. 武帝 때 牧羊으로 致富하였으며, 흉노 정벌에 軍資를 대고 빈민을 구제했다. 中郎職을 제수받았다가 朴忠하다 하여 齊王

太傅가 되었다. 나중에 御史大夫까지 승진하지만 문장이 서툴러 다시 太子太傅가 되었다. 酷吏들이 유능하다고 칭찬받던 그 당시에 卜式은 德이 많은 長者의 본보기로 기록되어 있다.

3) 也 : '~은 ~이다'로 명사나 名詞性 詞組를 謂語로 하는 문장을 判斷句라 한다. 判斷句末에 흔히 쓰이는 語氣詞가 也이다.
   【用例】生我者父母 知我者鮑子也.「史記, 管晏列傳」
   惻隱之心 人之端也.「孟子, 公孫丑 下」

4) 田畜 : 耕田과 목축.
   【用例】出戰 數不利 失亡多 邊不得田畜.「史記, 廉頗藺相如列傳」

5) 脫身 : ㉠ 抛棄一切 身得自由也
   【用例】乃脫身游.「史記, 張耳陳餘列傳」
   ㉡ 脫離危險也.
   【用例】沛公則置車騎 脫身獨騎.「史記, 項羽本紀」

6) 致 : 至와 같음.

7) 輒(첩) : 번번이(每事即然也).
   【用例】張負女五嫁而夫輒死.「史記, 陳平世家」

8) 數(삭) : 누차. 자주(頻也).

9) 願輸家之半 : 가산의 절반을 헌납하려 하다. 輸는 送也, 獻納하다.

10) 縣官 : 조정. 조정을 맞대놓고 말할 수 없어 縣官이라 했음.

11) 助邊 : 변방의 일(흉노정벌)을 돕다. 軍資를 대다.

12) 不習仕宦 : 벼슬살이에 익숙지 못하다.

13) 欲言事乎 : 억울한 일을 알리고자 하는가?

14) 見寃於人 : 다른 사람한테 원망을 사다(피동형).

語譯 복식은 하남인으로 농사와 목축을 하는 사람이었다.

부모가 죽고 복식에겐 어린 동생이 있었다. 동생이 어른이 되자, 式은 맨몸으로 다만 양 백여 마리만 갖고 나오고, 땅과 집 그리고 모든 재산을 동생에게 주었다.

式은 산에 들어가 십여 년간 양을 길렀고, 양이 1,000여 마리가 되자 땅과 집을 샀다.

그러나 그 동생이 재산을 다 잃어버리자 式은 그때마다 재산을 동생에게 나누어준 것이 여러 번 있었다.

이때 마침, 漢은 자주 장수를 보내 흉노를 치고 있었는데, 복식은 글을 올려 자기 가산의 절반을 국가에 바쳐 軍資를 돕겠다고 하였다.

천자가 사자를 보내 式에게 물었다.

"벼슬을 바라는가?"

"신은 어려서부터 목축을 했고 벼슬살이에 익숙지 못하니, 벼슬을 바라지 않습니다."

"집안에 무슨 원한이 있어 그것을 알리고자 하는가?"

"저는 살아오면서 다른 사람과 싸운 적이 없습니다. 제 마을 사람 중에 가난한 사람이 있으면 돈을 꾸어주고, 착하지 않은 사람이 있으면 가르쳐 온순하게 만드니 이곳 사람들이 모두 저를 따르고 있는데 제가 남과 무슨 원한이 있겠습니까? 알리고자 할 것도 없습니다."

原文 使者曰 「苟如此[1] 子何欲而然.」[2] 式曰 「天子誅[3] 匈奴愚[4] 以爲賢者[5] 宜死節於邊 有財者宜輸委[6] 如此而匈奴可滅也.」 使者具其言入以聞.[7] 天子以語丞相弘.[8] 弘曰 「此非人情.[9] 不軌之臣[10] 不可以爲化而亂法[11] 願陛下勿許.」 於是上久不報式[12] 數歲 乃罷式.[13] 式歸 復田牧. 歲餘 會[14]軍數出渾邪王[15]等降 縣官費衆[16] 倉府空. 其明年 貧民大徙 皆仰給縣官[17] 無以盡贍.[18] 卜式持錢二十萬予河南守 以給徙民. 河南上富人助貧人者籍[19] 天子見卜式名 識之 曰 「是固前而欲輸其家半助邊」 乃賜式外徭四百人.[20] 式又盡復予縣官.

[註解] 1) 苟如此 : 만약에 이와 같다면(당신 말대로 정말 그렇다면의 뜻).
＊ 苟는 連詞로 假定의 뜻을 나타낸다. 이밖에 가정의 뜻을 나타내는
連詞로는 若·如·使·若使·假使·儻 등이 있다.
【用例】 苟非吾之所有 雖一毫而莫取(만약 나의 소유가 아니라면, 비록
털 하나라도 가질 수 없다).「蘇式, 赤壁賦」
＊ 이때 假定句의 뒤 分句에 連詞 則이 같이 쓰이는 경우가 많다.
【用例】 王若隱其無罪而就死地 則牛羊何擇焉(왕께서 만약 죄도 없이
죽으러 가는 것을 측은히 생각한다면, 소와 양에 무슨 구별이 있겠습니
까?).「孟子, 梁惠王 上」

2) 子何欲而然 : 당신은 무엇을 하고 싶어 그리하는가? 子는 2인칭
代詞. 何는 의문사. 然은 그리하다, 이와 같다의 뜻.

3) 誅 : 정벌하다.

4) 愚 : 나는(自謙之稱).
【用例】 愚以爲營中之事 事無大小 悉以咨之～「諸葛孔明, 出師表」

5) 賢者 : 여기서는 文武의 신하를 뜻함.

6) 宜輸委 : 마땅히 재물을 바쳐야 한다.
【用例】 誠宜開張聖聽 以光先帝遺德.「諸葛孔明, 出師表」

7) 入以聞 : 들어가 卜式의 말을 보고했다. 聞은 보고하다(人臣奏事於
朝曰聞).
＊ 以는 介詞로 '～을 가지고' '～으로'의 뜻이 있다.
【用例】 以五十步笑百步 則如何.「孟子, 梁惠王 上」
본문의 경우 以(卜式之言)聞이어야 하는데, 卜式之言을 생략한 것이
다.
＊ 여기서 以의 用法 몇 가지를 설명한다.
① 以가 語助詞로 쓰일 경우에는 해석할 필요가 없다.
【用例】 可以記六尺之孤.「論語, 泰伯」
② 以가 連詞로 쓰일 때는 而와 같다.
【用例】 南浮江漢以下.「史記, 高祖本紀」
③ 以가 행위를 뜻하는 경우도 있다.
【用例】 視其所以(以는 爲).「論語, 爲政」
＊ 以가 副詞로 쓰여 '이미(旣已)' '너무(太也, 甚也)'의 뜻을 갖는

다.

【用例】 以服爲臣(以는 旣已의 뜻).「史記, 趙世家」

8) 丞相弘 : 丞相 公孫弘. 字는 季. 집이 가난하여 바닷가에서 돼지를 키우면서「春秋」와 雜說을 배웠다. 40세 때 武帝에 의해 賢良으로 발탁되어 博士가 되었다가, 元朔年間(기원전 128~123년)에 승상이 되었다.

9) 此非人情 : 이것은 인간 본연의 性情이 아니다.

10) 不軌之臣 : 不守國法之臣. 不軌는 법도에 따르지 않음.

11) 不可以爲化而亂法 : 같이 어울려 법을 어지럽힐 수는 없다.
不軌之臣들이 本性을 숨기고 재물을 바쳐 명예를 얻으려 하는 卜式 같은 사람에게 교화되어, 법을 어지럽게 묵인해선 안 된다.

12) 久不報式 : 오랫동안 卜式을 주목하지 않았다. 報는 酬也(상대하다). 즉 卜式에 대해 관심을 갖지 않았다.

13) 乃罷式 : 이에 式을 罷職했다. 卜式은 그 동안 中郞職에 임명되었었다.

14) 會 : ~하는 때를 맞아.

15) 渾邪王(혼야왕) : 흉노 전종족의 추장은 單于(선우)라고 부르며, 혼야왕은 그의 屬王이다. 지금의 감숙성 일대의 땅은 漢初 흉노 혼야왕의 땅이었다.

16) 費衆 : 비용이 많았다.
흉노 정벌의 자체 비용, 귀순한 흉노에게 주는 상금, 새 이주민들에게 지급하는 식량·의복, 공을 세운 사졸에게 주는 포상금 등의 지출이 과다했다.

17) 仰給縣官 : 나라에서 공급해 주길 바라다. 縣官은 조정.

18) 無以盡贍 : 다 줄 방법이 없었다. 贍(섬)은 주다, 돕다.

19) 籍 : 적다. 문서.

20) 外徭四百人 : 변방의 요역을 담당하는 인부 400명.
漢代에는 외요를 면하려면 한 사람이 300錢을 내었다 한다. 그러므로 卜式이 받은 상금은 매년 12만 전이 되는 셈이다.

【語譯】 사자가 말했다.

"정말 그렇다면 당신은 무엇을 바라고 그리하는가?"

卜式이 말했다.

"천자께서는 흉노를 정벌하시는 데 제 생각으론 신하는 마땅히 변방에 나가 사력을 다해 충절을 보여야 하고, 재산이 있는 자는 마땅히 軍資를 내어야만 흉노를 없앨 수 있습니다."

사자는 복식의 말을 모두 천자에게 보고하였다.

천자는 복식의 이야기를 승상 公孫弘에게 말했다. 공손홍이 대답했다.

"이는 인간 본연의 성정이 아닙니다. 국법을 지키지 않으려는 신하들이 그런 사람과 어울려 국법을 어지럽게 할 수 없습니다. 폐하께선 허락지 마십시오."

이에 천자는 오랫동안 복식을 주목하지 않았고 몇 년 뒤엔 복식의 중랑직을 파직했다.

복식은 고향에 돌아와 다시 농사와 목축을 했다. 일 년쯤 지나 漢의 군사들은 자주 출동했고, 흉노 혼야왕의 무리들이 투항해 왔으나 나라의 비용과 지출이 많아 창고가 비었다.

그 다음해 빈민들이 많이 몰려들었고, 그들은 모두 나라에서 구제해 주길 바랐으나 나라에선 그들을 다 구휼할 수 없었다. 복식은 20만 전을 가져다 가 하남군수에게 주어, 유민을 구제하게 했다. 하남군수는 가난한 사람을 도운 부자들을 적어 조정에 보고했다. 천자가 복식의 이름을 알아보고 말했다.

"이 사람은 전에 가산의 절반을 軍資로 바치려던 사람이다."

그러고선 복식에게 요역 인부 4백 명분의 상금을 하사했다. 복식은 그것을 모두 나라에 다시 바쳤다.

原文 是時富豪皆爭匿財[1] 唯式尤欲輸之助費. 天子於是以式

終長者²⁾ 故尊顯以風百姓.³⁾ 初⁴⁾ 式不願爲郎.⁵⁾ 上曰 「吾有
羊上林⁶⁾中 欲令子牧之.⁷⁾」 式乃拜爲郎 布衣屩⁸⁾而牧羊. 歲餘
羊肥息.⁹⁾ 上過見其羊 善之.¹⁰⁾ 式曰 「非獨羊也 治民亦猶是
也. 以時起居.¹¹⁾ 惡者輒¹²⁾斥去 毋令敗群.」¹³⁾ 上以式爲奇 拜
爲緱氏令¹⁴⁾試之 緱氏便之.¹⁵⁾ 遷爲成皋¹⁶⁾令 將漕最.¹⁷⁾ 上以爲
式朴忠¹⁸⁾ 拜爲齊王太傅.¹⁹⁾

[註解] 1) 皆爭匿財 : 모두가 다투어 재물을 숨기다. 匿(닉)은 藏也.

【用例】匿怨而友其人 左丘明恥之 丘亦恥之(원한을 숨기고 친한 척하
는 것을 左丘明이 부끄럽게 여겼는데 나 - 孔子 - 도 창피하게 여긴다). 「論
語, 公冶長」.

2) 以式終長者 : 마침내 卜式을 長者라 생각했다. 終은 究意也. 長者
는 有德行者.

【用例】居縣素索信勤 稱爲長者. 「史記, 項羽本紀」

3) 尊顯以風百姓 : 卜式을 높여주고 드러내어 백성들을 敎化하다. 顯
은 顯名也. 風은 敎化也.

4) 初 : 본래는, 처음엔(始也).

5) 郎 : 中郎. 官名.

6) 上林 : 섬서성 장안현 서쪽에 있던 秦代의 苑名. 武帝는 上林苑을
크게 확장하였다. 司馬相如는 「上林賦」를 지어 그 화려함을 묘사했
다.

7) 欲令子牧之 : 그대를 시켜 羊을 키우고 싶다. 子는 卜式. 2인칭 代
詞. 之는 羊.

8) 屩(갹) : 짚신(草鞋也).

9) 肥息 : 살찌고 숫자도 늘었다. 息은 낳다. 번식하다(孳와 같음).

10) 善之 : 卜式을 칭찬하다.

11) 以時起居 : 적절한 시기에 羊이 서거나 눕게 하다. 時는 適期.

【用例】好從事而亟失時. 「論語, 陽貨」

＊ 起居는 거동하다. 引申하여 일정한 休息. 以時起居를 ‘일정한
기간 휴식을 주어야 한다’로 해석할 때 時는 ‘一定之期’의 뜻이 있

음.

【用例】 斧斤以時入山林.「孟子, 梁惠王 上」

12) 輒(첩) : 문득. 즉시.

13) 毋令敗群 : 전체를 망치게 하지 마라. 毋(무)는 금지사.

14) 緱氏令(후지령) : 緱氏의 縣令. 후지는 지금의 河南省 偃師縣.

15) 緱氏便之 : 후지의 백성들이 칭송하다.

16) 成皋(성고) : 지명. 成皐와 같음.

17) 將漕最 : 보내오는 漕糧이 最多였다. 將은 보내다(送也). 漕은 조세를 水運으로 나르는 것. 陸路를 通하면 轉이라 한다.

【用例】 轉漕給軍.「史記, 蕭相國世家」

18) 朴忠 : 質撲하고 충성스럽다.

19) 太傅(태부) : 三公之一. 太師・大傅・太保를 三公이라 함.

[語譯] 이 시절에 부자들은 모두 다투어 재물을 숨기려 했지만, 오직 복식만은 더욱 재물을 바쳐 나라의 비용을 도우려 했다.

천자는 마침내 복식을 長者라 생각했으므로 복식을 높여주고 드러내어 백성들을 교화시키려 했다.

본래 복식은 중랑이 되는 것을 바라지 않았었다.

천자가 말했다.

"상림원에 양이 있는데 그대가 길러 주기 바란다."

이에 복식은 중랑이 되었으나 베옷을 입고 짚신을 신고 양을 키웠다.

일 년이 지나자 양들은 살찌고 숫자도 늘었다. 천자가 지나가다가 양들을 보고선 복식을 크게 칭찬했다.

복식이 말했다.

"비단 양치는 것만이 아닙니다. 治民 또한 이와 같습니다. 적절한 때에 양들을 쉬게 하고, 병든 양은 곧 제거하여 양 떼를 망하지 않게 해야 합니다."

천자는 복식을 기특하다 생각하고 후지의 현령으로 삼아 그

를 시험해 보니 후지의 백성들이 그를 칭송하였다. 성고의 현
령으로 자리를 옮겼더니, 나라에 보내는 곡식이 가장 많았다.
천자는 복식을 질박하면서도 충성스런 사람이라 여기어 齊王의
太傅로 삼았다.

21. 季札觀樂¹⁾ (節吳太伯²⁾ 世家³⁾)

[原文] 王餘祭⁴⁾四年 吳使季札⁵⁾聘於魯⁶⁾ 請觀周樂. ⁷⁾ 爲歌⁸⁾周南
召南⁹⁾ 曰 「美哉. ¹⁰⁾ 始基之矣¹¹⁾ 猶未也. ¹²⁾ 然勤而不怨.」¹³⁾
歌邶·鄘·衛¹⁴⁾ 曰 「美哉. 淵乎¹⁵⁾ 憂而不困¹⁶⁾者也. 吾聞衛
康叔·武公¹⁷⁾之德如是 是其衛風乎.」¹⁸⁾ 歌王 ¹⁹⁾ 曰 「美哉.
思而不懼²⁰⁾ 其周之東乎.」 歌鄭. ²¹⁾ 曰 「其細已甚²²⁾ 民不堪
也 是其先亡乎.」²³⁾ 歌齊. 曰 「美哉. 泱泱乎²⁴⁾大風也哉²⁵⁾.
表東海者²⁶⁾ 其太公乎. ²⁷⁾ 國未可量也. ²⁸⁾歌豳. ²⁹⁾ 曰 「美哉.
蕩蕩乎³⁰⁾ 樂而不淫³¹⁾ 其周公之東乎.」³²⁾ 歌秦. 曰 「此之謂
夏聲. ³³⁾ 夫能夏則大³⁴⁾ 大之至也 其周之舊乎.」

[註解] 1) 季札觀樂 : 吳나라 季札이 魯나라에 사신으로 가 여러 제후
국 음악을 듣고 특색을 논한 부분은「春秋 左傳」魯襄公 29년(기원
전 545년)에 실려 있다.「史記」는「左傳」의 문장을 거의 그대로 옮겼
다.

季札은 각국의 시와 음악을 禮樂에 의한 政敎의 관점에서 아주 的
確하게 그 特色을 말하였다.

「詩經」에 대한 이해를 돕고 중국문학사에서도 중요한 부분이어서
節錄했다.

2) 吳太伯 : 吳는 國名. 太伯(泰伯과 같음)은 周太王(고공단보)의 아들
로 季歷의 형이었다. 계력은 현명했으며 또 聖子 昌(뒷날 周文王)의
아버지였다. 太王의 뜻이 막내 계력을 거쳐 昌에게 있는 것을 알

고, 계력에게 승계가 되도록 동생 仲雍과 함께 周를 떠났다. 太伯
은 당시로서는 야만인의 거주지인 荊蠻(형만, 뒷날 楚地)으로 옮겨
살면서 처음엔 국호를 句吳라 했다.

공자도 太伯의 덕을 여러 번 칭찬했다.

参考 子曰 泰伯其可謂至德也已矣. 三以天下讓 民無得而稱焉. 「論語,
泰伯」

3) 世家 : 제후의 本紀라 할 수 있다.

「史記」에는 吳太白世家를 시작으로 30世家가 실려 있다.

4) 餘祭 : 춘추시대 吳王. 재위 기원전 548~531.

5) 季札 : 吳王 壽夢의 幼子로 王餘祭의 동생. 수몽은 季札의 현명함
을 알고 계찰에게 傳位하려 했으나 계찰이 받지 않으니 餘祭가 즉
위하였다. 延陵에 봉해졌기 때문에 延陵季子라고도 부른다.

6) 聘於魯 : 魯를 訪問하다. 聘(빙)은 訪也, 問也.

「禮記, 曲禮」에는 제후가 大夫를 시켜 제후를 訪問하는 것을 聘이
라고 했다.

「史記 十二諸侯年表」의 魯襄公 29年條에 "吳使季札來 觀周樂 盡知
樂所爲"라고 기록했다.

7) 周樂 : 周 왕실의 禮樂. 魯는 周公 旦의 封地였기 때문에 천자의
禮樂이 전승되고 있었다.

8) 爲歌 : 季札을 위해 연주하다(使樂工爲季札歌).

9) 周南·召南 : 「詩經」에는 총 305편의 시가 있는데, 크게 國風·小
雅·大雅·頌의 네 부분으로 나뉜다.

風은 周南·召南을 비롯한 15개국의 민요이다. 周南과 召南은 周初
의 詩로 正風이라 존중되어 왔다. 周南과 召南은 周公 旦과 召公
奭이 다스리던 옛 岐山(陝西省 岐山縣)에서부터 그 敎化가 미친 남쪽
에서 채집한 민요라고 생각되어 왔다. 「朱熹, 詩集傳」

10) 美哉 : 아름답도다. 哉는 감탄형 어미.

11) 始基之矣 : [文王의 敎化가] 비로소 여기에 바탕을 둔 것이다.

12) 猶未也 : 부족한 듯하지만. 殷·紂王의 失政 때문에 아주 훌륭하지
는 못한 것 같다는 뜻.

13) 勤而不怨 : 文王이 政事에 부지런했으니 백성들의 원망은 없는 것 같다.

14) 邶 · 鄘 · 衛(패 · 용 · 위) : 周武王은 紂王을 伐하고 殷을 三分하여 三監을 두었다가, 이를 폐하고 동생인 康叔을 衛에 봉하였다. 패 · 용 · 위는 三國이 아니라 실제로는 衛 하나라고 볼 수 있다.

15) 淵乎 : 深遠하도다! 衛 康叔의 德化가 깊이 미쳤다는 뜻.

16) 憂而不困 : 三國이 殷亡國之民이기에 그 음악이 우수에 차 있으나 康叔의 德化에 힘입어 곤궁하지는 않은 것 같다.

17) 武公 : 衛武公은 康叔의 九世孫으로, 훌륭한 덕을 갖고 정치를 잘 했다.

18) 是其衛風乎 : 이는 아마도 衛風일 것이다.

19) 王 : 王風(篇名). 왕은 東周의 平王이다. 平王은 견융을 피해 洛邑으로 천도했고 제후의 도움으로 즉위하였다.
    周 왕실의 음악은 雅에 들어가지 못하고, 國風 속에 들어 있는 것은 周 천자로서의 권위도 없었으며 教化가 행해지지 않았기 때문이라 한다.

20) 思而不懼 : 걱정이 많으나 두려움이 없도다. 周가 東遷한 뒤라서 여러 가지 걱정스런 생각이 많으나 先王들의 遺風이 있으므로 두렵지 않다는 뜻.

21) 鄭 : 鄭風. 鄭風에 속하는 21편의 시는 모두 東周 시대의 작품으로 보이며, 연애 · 사랑의 시가 대부분이어서 예부터 淫風이라 불리었다.

22) 其細已甚 : 氣風의 細弱함이 너무 심하도다.

23) 是其先亡乎 : 이 나라가 아마 다른 나라보다 먼저 망하지 않겠는가?
    鄭은 큰 나라 사이에 끼여 있고, 遠慮持久의 氣風도 없이 너무 細弱하니 백성이 견디지 못할 것이므로 곧 망하지 않겠느냐는 뜻.

24) 泱泱乎(앙앙호) : 크고 크도다! (弘大之貌). 泱은 물소리 우렁참(水聲宏大).

25) 大風也哉 : 大國의 氣風이로다. 也哉는 모두 語氣詞.

26) 表東海者 : 東海의 본보기가 된 사람은. 表는 表式, 儀表. 상징적

존재.

27) 其太公乎 : 아마 太公일 것이다. 太公은 太公望, 呂尙.

28) 國未可量也 : 나라의 盛衰를 헤아리지 못하겠다(國之興衰 世數長短 未可量也).

29) 豳(빈) : 지금의 陝西省 邠邑縣 부근에 있던 나라. 周의 성립과 발전의 母體였다.

30) 蕩蕩乎 : 넓고 크도다!(廣大貌).

31) 樂而不淫 : 쾌활하면서도 荒淫하지 않다. 節度가 있다. 지나치지 않다.

32) 其周公之東乎 : 아마도 周公이 동쪽을 정벌할 때의 詩가 아니겠는 가?

33) 夏聲 : 諸夏(中國)의 음악.
秦은 본래 西戎의 땅에서 일어나 당시 중국과는 풍속・복식・음악 등이 모두 달랐었다. 그런데 이제는 중국의 음악과 비슷하다는 뜻.

34) 夫能夏則大 : 중국과 같을 수만 있다면 크게 될 것이다. 夫는 發語 詞. 大는 크게 되다. 동사임.
季札은 음악을 듣고 나라의 장래를 예견까지 했다. 즉, 鄭이 먼저 망하고, 齊는 강국으로 六國 중 제일 늦게까지 버티었고(田齊까지 포함) 秦이 지극히 큰 나라가 되어 결국 海內一統한 것을 보면 季札 의 예견은 적중했다고 할 수 있다.

[語譯] 吳王 여제 4년, 吳의 사신 계찰이 노나라를 방문하여 周 왕실의 음악을 청해 들었다.

악공들이 주남과 소남의 시를 노래하니 계찰이 듣고나서 말했다.

"아름답도다. 문왕의 교화가 비로소 여기에 뿌리를 두었도 다. 조금 미진하지만 문왕이 정사에 힘쓰니 백성들의 원망이 없도다."

패・용・위 3국의 시를 노래하니 계찰이 말했다.

"아름답도다! 심원하지 않은가? 백성들의 근심이 있으나 곤궁하지 않도다. 내가 듣기로는 위강숙과 무공의 덕이 이와 같았다니, 이는 아마 위풍이 아니겠는가?"

왕풍을 노래하니 계찰이 말했다.

"아름답도다. 근심 속에서도 두려움이 없으니 아마도 周 왕실이 東遷했을 때의 시일 것이다."

정풍을 노래하자 계찰이 말했다.

"기풍이 너무 細弱하니 백성들이 감당하지 못하리라. 아마 이 나라가 먼저 망하지 않겠는가?"

제풍을 노래하자 계찰이 말했다.

"아름답도다. 이리 넓고 크니 大國之風이로다. 동해의 儀表가 되는 자는 아마 태공일 것이다. 齊의 장래를 헤아릴 수 없도다."

빈풍을 노래하자 계찰이 말했다.

"아름답도다. 넓고 크며 쾌락하면서도 과하지 않으니, 아마 주공이 동쪽을 정벌할 때의 시일 것이다."

秦風을 노래하자 계찰이 말했다.

"이는 중국의 음악이라 할 수 있도다. 중국처럼 될 수 있다면 나라가 커질 것이고 지극한 정도에 이를 것이니, 이는 아마도 周의 옛터이기 때문이리라."

原文 歌魏. 曰「美哉 渢渢乎¹⁾ 大而寬²⁾ 儉而易行³⁾ 以德輔此 則盟主⁴⁾也.」歌唐. ⁵⁾ 曰「思深哉 其有陶唐氏⁶⁾之遺風乎. 不然 何憂之遠也⁷⁾ 非令德之後 誰能若是.」⁸⁾ 歌陳. ⁹⁾ 曰「國無主 其能久乎.」自鄶¹⁰⁾以下 無譏焉.¹¹⁾ 歌小雅.¹²⁾ 曰「美哉 思而不貳¹³⁾ 怨而不言¹⁴⁾ 其周德之衰乎.¹⁵⁾ 猶有先王¹⁶⁾之遺民也.」歌大雅.¹⁷⁾ 曰「廣哉 熙熙¹⁸⁾乎. 曲而有直體¹⁹⁾ 其文王之

德乎.」歌頌. [20] 曰 「至矣哉. 直而不倨[21] 曲而不詘[22] 近而不
偪 遠而不携[23] 遷而不淫[24] 復而不厭[25] 哀[26]而不愁 樂而不荒
用而不匱[27] 廣而不宣[28] 施而不費 取而不貪 處而不底[29] 行而
不流. [30] 五聲和[31] 八風乎. [32] 節有度 守有序[33] 盛德之所同
也.」[34]

註解 1) 渢渢乎 : 中庸의 소리로다. 유순하도다.

渢은 물소리 풍(水聲), 풍류소리 범(中庸聲), 소리 둥둥뜰 범(浮貌).
「左傳」과 「史記」의 註에 渢渢은 中庸之聲이라고 되어 있다. 「漢書
地理志」 註에는 浮貌, 中庸之聲이라 하고, 中庸之聲은 善이 될 수
도 惡이 될 수도 있는 음악이라 했다. 즉 소리는 유순하며, 좋은 음
악도 나쁜 음악도 아니라는 뜻으로 생각된다.

2) 大而寬 : 광대하면서도 婉約하다.

「左傳」에는 '大而婉'으로 씌어 있고, 「史記」의 註에도 寬은 婉이어
야 한다고 했다.

婉約은 '卑順하다' '柔順하면서도 簡約하다'의 뜻.

3) 儉而易行 : 節儉하며 容易하게 실행하다.

4) 盟主 : 현명한 군주. 明君.

盟은 「左傳」에 明이라 기록됐음.

5) 唐 : 지금의 山西省 太原 일대에 있던 나라. 周 成王의 동생 虞를
봉한 나라로, 뒷날 晉으로 발전했음.

6) 陶唐氏 : 堯임금. 堯는 처음에 陶(令 山東省 定陶縣 부근)에 封해졌
다가 뒤에 唐(令 河北省 唐縣)으로 옮겼다.

7) 何憂之遠也 : 어찌 근심이 그리 深遠한가?

8) 誰能若是 : 누가 능히 이와 같을 수 있겠는가? 誰는 疑問代詞.

9) 陳 : 陳風. 陳은 지금의 河南省 開封府 동쪽에 있던 나라. 舜의 후
손인 嬀滿(규만)이 처음 陳에 封해졌고, 규만은 太姬를 妻로 맞이했
다. 太姬는 자식이 없어 巫女와 鬼神, 歌舞를 즐겼다. 그래서 民俗
에 그런 영향을 많이 받았다고 한다.

10) 鄶 : 祝融(축융)의 後孫을 봉한 나라. 15國風 중 鄶風과 曹風에 관

해서는 언급이 없다.

11) 無譏焉 : 비평이 없었다. 譏는 譏刺, 비판적으로 평하고 풍자함. 焉은 於之의 縮約.

12) 小雅 :「詩經」篇名. 雅란 正也, 즉 正樂之歌也. 朱子의「詩傳集註」에는 正小雅는 燕饗之樂이고 正大雅는 會朝之樂이라 했다.

13) 思而不貳 : 思文·武之德하여 無貳叛之心也라.

14) 怨而不言 : 紂王의 失政을 원망하지만 인내하여 말하지 않는다.

15) 其周德之衰乎 : 아마도 周의 덕이 작았을 때의 시일 것이다. 衰는 小也.

16) 先王 : 殷의 王朝.

17) 大雅 :「詩經」篇名. 會朝之樂이므로 小雅보다 樂曲이나 가사가 더욱 典雅했다.

18) 熙熙 : 和樂한 모양.

19) 曲而有直體 : 樂聲이 완곡하면서도 곧은 體統이 있도다.

20) 頌 : 宗廟에서 祭祀를 지낼 때 頌神 頌祖上하던 樂歌라 할 수 있다. 周頌·魯頌·商頌이 있는데, 周頌은「詩經」중에서도 오래 된 周初의 것으로 생각된다.

21) 直而不倨 : 곧으면서도 오만하지 않다. 倨(거)는 傲也, 不遜과 같음.

22) 曲而不詘 : 굽은 듯하나 꺾이지 않다. 詘(굴)은 꺾이다(撓也), 굽다(曲也).

23) 携(휴) : 떠나다(離也).

24) 遷而不淫 : 遷都하였어도 덕으로 自守하여 淫蕩하지 않다. 周文王은 豊에 도읍하고, 武王은 鎬京에 도읍하였음.

25) 復而不厭 : 반복하였어도 싫어하지 않다. 周가 날로 새로워졌다는 뜻을 내포하고 있음.

26) 哀 : 凶災를 만났다는 뜻.

27) 不匱(불궤) : 텅 비지 않다. 用而不匱는 德이 弘大하다는 뜻.

28) 廣而不宣 : 雄志가 광대하여도 자신을 드러내지 않음. 宣은 宣揚.

29) 處而不底 : 멈추더라도 아주 정체하지 않음.

30) 行而不流 : 雖常運行 而不流放.

31) 五聲和 : 宮·商·角·徵·羽의 五聲이 서로 어울림.

32) 八風乎 : 八方之氣가 평정을 잃지 않음. 八音이 잘 어울린다는 뜻.

33) 守有序 : 각 音이 자기 몫을 지키며 차례가 있다는 뜻.

34) 盛德之所同也 : 盛德이 있는 곳은 어디서나 같다. 頌에는 商頌과 魯頌이 또 있으니 盛德을 나타낸 음악은 다 마찬가지일 것이라는 뜻.

[語譯] 위풍을 노래하니 계찰이 말했다.

"아름답도다. 중용의 소리로다. 광대하면서도 婉約하며, 節儉하며 용이하게 행하며, 덕으로 보좌하니 현명한 군주로다."

당풍을 노래하니 계찰이 말했다.

"생각이 깊도다. 아마 요의 유풍이 남아 있기 때문이리라. 그렇지 않다면 어찌 이리 근심이 심원하겠는가? 훌륭한 덕을 가진 사람의 후예가 아니라면 누가 능히 이 같을 수 있겠는가?"

陳風을 노래하니 계찰이 말했다.

"나라에 임금이 없으니 나라가 오래 존속할 수 있겠는가?"

회풍 이하의 시에 대해서는 비평하지 않았다.

소아를 노래하니 계찰이 말했다.

"아름답도다! 무왕의 은덕을 생각하여 叛心이 없고 紂王의 학정을 원망하여도 말하지 않으니, 아마도 周의 덕이 작았을 때의 시일 것이며, 그것은 은의 유민이 있기 때문이리라."

대아를 노래하니 계찰이 말했다.

"광대하도다! 和樂하도다! 소리가 완곡하면서도 곧은 체통이 있으니 아마도 문왕의 덕행 때문이 아니겠는가?"

頌을 노래하니 계찰이 말했다.

"지극하도다! 곧으면서도 오만하지 않고 굽은 듯하면서도 꺾이지 않고, 가까이 하나 핍박하지 않고, 멀리하는 듯하나 이반하지 않고, 천도하였어도 덕으로 지켜 음탕에 이르지 않고,

반복하여도 싫어하지 않고, 재앙을 만났어도 근심하지 않고, 쾌락하여도 거칠지 않고, 늘 써도 비지 않고, 뜻이 광대하여도 드러내지 않으며, 베풀지만 허비하지 않으며, 얻되 탐내지 않고, 멈추더라도 아주 정체하지 않으며, 운행하지만 흘러 없어지지 않는다. 五聲이 조화를 이루고, 팔방의 소리가 어울리고, 음절에 법도가 있으며, 모든 음이 제몫을 지키며 차례가 있으니, 聖德을 담은 음악은 다 같을 것이다."

原文 見舞象箾・南籥¹⁾者 曰 「美哉. 猶有感.」²⁾ 見舞大武.³⁾ 曰 「美哉. 周之盛也 其若此乎.」見舞韶護⁴⁾者 曰 「聖人之弘也. 猶有慙德⁵⁾ 聖人之難也.」見舞大夏⁶⁾ 曰 「美哉. 勤而不德.⁷⁾ 非禹其誰能及之.」見舞招箾⁸⁾ 曰 「德之矣哉. 大矣如天之無不燾⁹⁾也 如地無不載也 雖甚盛德 無以加矣. 觀止矣. 若有他樂 吾不敢觀.」

註解 1) 象箾・南籥(상삭・남약) : 象은 文王의 음악인 武象. 箾은 舞曲. 南籥은 피리를 들고 추는 춤.

2) 猶有感 : 여한이 있는 것 같도다.
感은 「左傳」에 憾으로 表記됐음. 憾은 恨과 같다. 文王은 殷의 紂를 치고 태평을 이루려 했는데, 그것을 이루지 못해 여한으로 여긴다는 뜻.

3) 大武 : 周公이 만든 武王의 樂.

4) 韶護(소호) : 殷成湯의 음악인 大護를 말함. 「左傳」에는 韶濩라 표기.

5) 慙德(참덕) : 덕이 미치지 못함을 부끄러워하다.
殷의 成湯은 夏의 폭군 桀을 치고 천하를 얻었으나 자신의 덕화가 백성에게 골고루 미치지 못함을 부끄러워했다.

6) 大夏 : 夏왕조 禹의 음악.

7) 勤而不德 : 禹는 治水에 힘썼으나 그 공을 백성들에게 자랑하지 않았다. 不德은 덕이 없다는 뜻이 아니고 백성들에게 덕을 베풀었다고 여기지 않았다는 뜻.

8) 招箾(초삭) : 有虞氏(舜)의 음악인 大韶를 말함.

9) 不燾(부도) : 덮지 않는 것이 없다. 燾는 덮다(覆也).

[語譯] 계찰이 상삭과 남약의 춤을 보고 말했다.

"아름답도다. 그러나 여한이 있는 것 같다."

大武를 춤추는 것을 보고 말했다.

"아름답도다. 周의 성덕이 아마 이와 같았으리라."

韶護를 춤추는 것을 보고 말했다.

"성인의 위대함이로다. 桀을 치고서도 덕이 미치지 못함을 부끄러워하였으니 성인일지라도 세상을 바꾸는 일을 어려워한 것이로다."

大夏를 춤추는 것을 보고 말했다.

"아름답도다. 힘써 치수하고서도 그 공을 자랑하지 않았으니 우가 아니면 그 누가 그리하겠는가?"

大韶의 춤을 보고서는 말했다.

"순의 덕행이 지극하도다! 위대하도다! 마치 하늘이 덮어 감싸지 않는 것과 같고, 땅이 싣지 않는 것이 없는 것과 같도다. 비록 성덕이 아무리 많다 하더라도 여기에 더 보태지는 못하리라. 그만 보련다. 혹 다른 음악이 더 있다 하여도 나로선 감히 더 보지 않겠다."

22. 齊桓公稱霸(節齊太公[1]世家)

[原文] 桓公元年[2]春 齊君無知[3]游於雍林. [4] 雍林人嘗有怨無知 及其往游 雍林人襲殺無知 告齊大夫曰 「無知弒襄公自立 臣[5]謹行誅. [6] 唯大夫更立公子[7]之當立者 唯命是聽. [8]」初 襄公之醉殺魯桓公[9] 通其夫人 殺誅數[10]不當 淫於婦人 數欺大臣. 群弟恐禍及 故次弟糾奔魯. [11] 其母魯女也. 管仲·召忽[12] 傅之. [13] 次弟小白[14]奔莒[15] 鮑叔[16]傅之. 小伯母 衛女也 有寵 於釐公. [17] 小白自少好大夫高傒. [18]

[註解] 1) 齊太公 : 名은 呂尙. 本姓은 姜. 그 조상이 呂땅에 封해졌기 때문에 呂氏라 함. 원로하여 隱士로 숨어 지냈다.

周의 西伯(文王)을 渭水에서 낚시하다가 만났다. 文王이 呂尙에게 말했다.

"나의 先君 太公께서 일찍이 나에게 '틀림없이 성인이 周를 찾아올 때에 周가 흥성하리라' 하셨습니다. 바로 당신이 아니겠습니까? 나의 太公께서 기다리신 지 오래 되었습니다."

文王은 呂尙을 太公望이라 부르고 수레를 같이 타고 돌아왔다.

文王은 太公望을 軍師로 삼고 주변을 정벌하였으며, 武王은 太公望을 尙父로 모셨다. 武王이 殷의 紂를 치고 천하를 차지하는 데에 太公望의 도움을 많이 받았다. 武王은 太公望 呂尙을 齊에 封했다. 呂尙은 營丘에 都邑하고 주변을 정벌하여 大國을 이루었다.

2) 桓公元年 : 기원전 684년. 魯莊公 9년의 일이다.

3）無知：齊襄公의 從弟로 襄公을 죽이고 즉위했었다(재위 기원전 686
 ~685년).

4）雍林(옹림)：齊의 邑名.

5）臣：君에 대한 入仕者의 칭호 말고도 臣은 여러 가지의 뜻이 있
 다. 여기서는 자신을 낮춰서 말한 謙稱으로 쓰였다.
 【用例】呂公曰「臣少好相人 相人多矣.」「史記, 高祖本紀」
 •臣은 呂公(呂后의 父) 자신을 낮춰 부른 말이다.
 ＊백성들이 君에 대하여 자신을 臣이라 칭한다.
 【用例】在國曰市井之臣 在野曰草莽之臣 皆謂庶人.「孟子, 萬章 下」

6）行誅：죽이다(實行誅伐也).

7）公子：諸侯之子에 대한 존칭.

8）唯命是聽：명하면 곧 따르겠다. 唯는 發語辭. 是는 乃와 같음. 聽
 은 따르다(從也).
 【用例】三諫而不聽 則逃之.「禮記, 曲禮 下」

9）殺魯桓公：齊의 襄公이 魯桓公의 夫人과 私通했는데(이들은 본래
 친남매간이었다), 이를 桓公이 알고 그 夫人에게 大怒했다. 夫人이
 齊襄公에게 알리자, 襄公은 桓公을 불러 술을 마시다가 彭生이라는
 力士를 시켜 桓公을 殺害케 했다(魯桓公 18年).

10）數(삭)：자주(頻也).

11）奔魯：魯나라로 도망가다. 奔은 疾行也, 逃也.

12）管仲・召忽(소홀)：人名.

參考 子路曰.「桓公殺公子糾 召忽死之 管仲不死, 曰未仁乎.」子曰.「桓
 公九合諸侯 不以兵車 管仲之力也. 如其仁 如其仁.」「論語, 憲問」

13）傳之：그를 돕다. 之는 公子糾. 傳는 師傳가 되어 돕고(相) 인도한
 다(導也)는 뜻.

14）小白：齊桓公. 재위 기원전 685~643년.

15）莒(거)：國名. 山東省 莒縣 일대에 있던 나라로, 뒷날 楚에 병합되
 었다.

16）鮑叔：春秋 齊의 大夫. 어려서부터 管仲과 친하였고 南陽에서 같
 이 장사도 했다. 管鮑之交의 주인공으로 世人들은 鮑叔의 知人과
 友誼를 높이 칭찬하고 있다.

參考 (鮑叔)子孫世祿於齊 有封邑者十餘世 常爲名大夫. 天下不多管仲之賢 而多鮑叔能知人也(세상에 管仲의 賢明함을 칭찬하지 않아도 鮑叔이 사람을 잘 이해한 점을 칭찬한다).「史記, 管晏別傳」

17) 釐公(이공) : 齊襄公과 小白의 生父. 재위 기원전 731~698년.
18) 高傒(고혜) : 人名.

語譯 제환공 원년 봄, 齊의 임금 無知가 옹림으로 놀러가기 위해 행차했다. 옹림 사람들이 전부터 무지에게 원한이 있어, 무지가 놀러 온 때를 맞춰 무지를 습격하여 죽이고, 齊의 大夫에게 말했다.

"무지는 양공을 죽이고 스스로 임금이 되었습니다. 저희들이 이미 그를 죽였습니다. 大夫께서 公子 중에 마땅히 즉위해야 할 사람을 내세운다면 명대로 바로 따르겠습니다."

그 전에 齊의 양공은 술에 취해 노의 환공을 살해했으며, 환공의 부인과 私通했으며, 부당하게 사람을 자주 죽였고, 부녀자들을 범했으며, 수없이 대신들을 속였다.

여러 동생들은 화가 미칠까 두려워했으며 그 동생 규는 노로 망명했었다. 규의 생모가 노에서 시집 온 여자였으며, 관중과 소홀이 그를 돕고 있었다.

그 동생 小白은 거나라로 망명했고 포숙이 그를 돕고 있었다. 소백의 생모는 衛에서 시집 온 여자로 이공의 총애를 받았었고, 소백은 어려서부터 大夫 고혜와 절친하였다.

原文 及雍林人殺無知 議立君 高·國先陰¹⁾召小白於莒. 魯聞無知死 亦發兵送公子糾 而使管仲別將兵遮莒道²⁾ 射中小白帶鉤.³⁾ 小白詳死⁴⁾ 管仲使人馳報魯. 魯送糾者行益遲⁵⁾ 六日至齊 則小白已入 高傒立之 是爲桓公.⁶⁾ 桓公之中鉤 詳死以

誤管仲[7] 已而[8]載溫車[9]中馳行 亦有高·國[10]內應 故得先入立 發兵距魯. 秋 與魯戰于乾時[11] 魯兵敗走 齊兵掩絶[12]魯歸道. 齊遺魯書曰.「子糾兄弟 弗忍誅[13] 請[14]魯自殺之. 召忽·管仲 讎也 請得而甘心醢之.[15] 不然 將圍魯.」魯人患之 遂殺子糾 于笙瀆.[16] 召忽自殺 管仲請囚.[17]

[註解] 1) 陰 : 몰래(隱密也). 사적으로(私也).

【用例】孫臏以刑徒 陰見說齊使.「史記, 孫子吳起列傳」

2) 遮莒道 : 莒(거)에서 들어오는 길을 차단하다.

3) 帶鉤 : 허리띠의 갈고리.

4) 詳死(양사) : 죽은 체하다. 詳은 詐(사)의 뜻으로 佯과 통함.

【用例】箕子懼 乃詳狂爲奴.「史記, 殷本紀」

5) 益遲 : 더욱 늦어졌다. 더 천천히 갔다.

6) 桓公 : 재위 기원전 685~643년.

7) 以誤管仲 : 죽은 체하여 管仲을 속이다.

8) 已而 : 곧(不久也). 旣而와 같음.

【用例】太公往視, 則見蛟龍於其上. 已而有身 遂産高祖.「史記, 高祖本紀」

＊已而는 '그만두다'의 뜻으로도 쓰인다.

【用例】已而已而 今之從政者殆而(그만두어라, 그만두어라, ~).「論語, 微子」

9) 溫車 : 輼車와 같음. 밀폐된 수레.

【用例】會署 上輼車臭(그때 날이 더워, 황제의 온거에서 시체 썩는 냄새가 났다).「史記, 秦始皇本紀」

10) 高·國 : 大夫 高傒와 大夫 國氏.

본문의 高·國先陰~ 에서도 高와 國이 나란히 씌어진 것을 보면 姓이 國氏인 大夫가 있었던 것 같다.

11) 乾時 : 지명. 齊地.

12) 掩絶(엄절) : 막다. 차단하다.

13) 弗忍誅 : 차마 내 손으로 죽일 수 없다. 弗忍은 不忍과 같음.

14) 請 : ~하기 바라다.

15) 甘心醢之 : 젓을 담가야 마음이 후련하다.

* 甘心은 快意也. 마음대로 처분함.

【用例】楚且甘心於子, 奈何(楚는 또 그대를 마음대로 하려 하는데, 어찌하면 좋은가?).「史記, 楚世家」

醢(해)는 젓장(肉醬). 젓 담그는 형벌(刑罰人體鹽漬)

16) 笙瀆(생두) : 魯의 지명.

17) 請囚 : 죄수가 되어 형벌을 받겠다고 청하다.

[語譯] 옹림 사람들이 무지를 죽인 뒤 새 임금을 세우는 의논을 할 때, 고혜와 國大夫는 미리 비밀리에 거나라의 소백을 불렀다.

노나라에서도 무지가 죽었다는 소식을 듣고, 마찬가지로 군대를 내어 公子 규를 호송하면서 관중을 시켜 따로 군대를 거느리고 거나라에서 들어오는 길을 차단케 했다. 관중은 소백을 쏘아 허리띠 갈고리를 맞추었다.

소백은 죽은 체했고, 관중은 사람을 시켜 급히 魯나라에 소백의 죽음을 알렸다.

노에서 公子 규를 보내는 행차는 더욱 더뎌져서 6일 만에야 齊에 다다랐지만 소백은 이미 입국하였고, 고혜가 그를 즉위케 하니 이가 곧 환공이다.

환공은 화살이 갈고리에 명중하자 죽은 체하여 관중을 속이고 곧 밀폐된 수레를 타고 급히 달려왔으며, 또 고혜와 國大夫의 內應이 있었기에 먼저 들어와 즉위하고, 군대를 내어 魯軍을 막았다.

가을에 노와 乾時에서 싸우니 魯軍은 패주하고 齊의 군사는 노의 귀로를 막아 버렸다.

齊에서 노에 서신을 보내 일렀다.

"공자 규는 형제간이니 차마 직접 죽일 수 없으니 노에서 죽게 하기를 바라며, 소홀과 관중은 원수가 되었으니 그들을 잡아다가 젓을 담가야 마음이 풀리겠다. 그리하지 않으면 곧 노를 포위하겠다."

노의 백성들이 齊를 두려워하여 마침내 공자 규를 笙瀆(생두)에서 죽였다.

소홀은 자살하였으나 관중은 형벌을 자청했다.

[原文] 桓公之立 發兵攻魯 心欲殺管仲. 鮑叔牙曰 「臣幸得從君 君竟以立.[1] 君之尊 臣無以增君.[2] 君將治齊 卽高傒與叔牙足也. 君且[3]欲霸王 非管夷吾[4]不可. 夷吾所居國國重[5] 不可失也.」於是桓公從之. 乃詳爲召管仲欲甘心 實欲用之. 管仲知之 故請往. 鮑叔牙迎受管仲 及堂阜[6]而脫桎梏[7] 齋祓[8]而見桓公. 桓公厚禮以爲大夫 任政. 桓公旣得管仲 與鮑叔・隰朋[9]・高傒修齊國政 連五家之兵[10] 設輕重[11]魚鹽之利 以贍貧窮[12] 祿賢能 齊人皆說.

[註解] 1) 君竟以立 : 임금께선 마침내 즉위하셨다.

2) 無以增君 : 임금께 도움이 될 것이 없다. 臣의 能力이 不足하다는 뜻.

3) 且 : 만약에(若也). 假說之辭.
   【用例】且予與其死於臣之手也 無寧死於二三子之手乎(만약 내가 家臣들 앞에 죽는 것보다는 차라리 너희들 앞에 죽겠다).「論語, 子罕」
   • 無寧의 無는 뜻이 없음. 無字가 없는 版本도 있음.

4) 夷吾 : 관중의 이름.

5) 夷吾所居國國重 : 夷吾가 사는 그 나라는 나라가 강해진다.

6) 堂阜(당부) : 魯의 北境. 齊의 지명이라고도 함.

7) 桎梏(질곡) : 刑具. 罪人을 拘禁하는 刑具 중에서 在足者를 桎, 在
手者를 梏이라 한다.
【用例】盡其道而死者 正命也. 桎梏死者 非正命也.「孟子, 盡心 上」

8) 齋祓(재불) : 齋戒하고 除災求福함. 祓은 祭名.

9) 隰朋(습붕) : 인명.

10) 連五家之兵 : 5家를 연결하는 兵制. 5家를 1軌, 10軌를 1里, 4里를
1連, 10連을 鄕으로 하여 軍令의 체계를 세웠다.

11) 輕重 : 錢也. 나라의 財幣를 담당하는 輕重九府를 설치했다고 함.

12) 以贍貧窮 : 가난하고 궁색한 사람을 돕다. 贍은 돕다(賙給也).

[語譯] 환공은 즉위한 뒤 군사를 보내 노를 치고 관중을 죽이려
고 했었다.

포숙아가 환공에게 말했다.

"신은 다행히 임금을 모실 수 있었고 임금께선 마침내 즉위
하셨습니다. 임금님의 존엄을 높이기 위해 저로서는 더 보탤
만한 능력이 없습니다. 임금께서 앞으로 齊만 다스리겠다면 고
혜와 이 포숙아만으로도 충분할 것입니다. 임금께서 만약 覇王
이 되시겠다면 관중이 아니면 안 됩니다. 관중이 있는 그 나라
는 곧 나라가 강성해질 것이니 관중을 놓쳐서는 안 됩니다."

이에 환공은 포숙아의 말을 따랐다.

짐짓 관중을 불러다가 원풀이를 한다 하였고, 사실은 관중을
등용하려고 했다. 관중도 이를 알고 있어 齊로 돌아가겠다고
자청했었다.

포숙아는 관중을 맞이하여 堂阜에서 형틀을 벗기고, 목욕 재
계하고 제사를 올린 뒤 환공을 뵈었다.

환공은 예를 후하게 갖추고 大夫로 삼아 정치를 맡겼다.

환공은 관중을 얻은 뒤 포숙아 습명·고혜 등과 함께 齊의 국
정을 바로잡고 五家를 연결하는 병제를 실시하고, 錢利를 제정

하고 어염의 이익을 얻어, 그것으로 빈궁한 백성을 돕고 현명하고 유능한 인재를 등용하니 齊나라 백성들이 모두 기뻐하였다.

[原文] 二年 伐滅郯[1) 郯子[2)奔莒. 初 桓公亡時 過郯 郯無禮 故伐之. 五年 伐魯 魯將師[3)敗. 魯莊公請獻遂邑[4)以平 桓公許與魯會柯而盟.[5) 魯將盟 曹沫[6)以匕首[7)劫桓公於壇上[8) 曰「反魯之侵地」[9) 桓公許之. 已而曹沫去匕首 北面就臣位.[10) 桓公後悔 欲無與魯地而殺曹沫. 管仲曰.「未劫許之[11)而倍信殺之[12) 愈一小快耳[13) 而棄信[14)於諸侯 失天下之援 不可.」於是遂與曹沫三敗所亡地[15)於魯. 諸侯聞之 皆信齊而欲附焉. 諸侯會桓公於甄[16) 而桓公於是始覇焉.

[註解] 1) 郯(담) : 國名. 譚이라고도 쓴다.「左傳」魯莊公 10年에는「齊師滅譚」이라 씌어 있다.

2) 郯子 : 담의 임금. 이때 子는 君也. 子는 인칭대사로 아주 다양하게 쓰인다. 여기서는 尊者의 代稱으로 쓰였다.

3) 將師 : 將士. 군대.

4) 遂邑 : 魯之邑名.

5) 會柯而盟 : 柯에서 만나 盟約하다. 柯는 祝柯. 지금의 山東省 長淸縣 부근.

會盟은 제후들이 모여 약속하는 일.

[參考] 令諸侯 三歲而聘 五歲而朝 有事而會 不協而盟.「左傳, 昭公 三年」

6) 曹沫(조말) : 魯人.「史記, 刺客列傳」에 실려있음.

7) 匕首(비수) : 칼 중에서 가장 작은 것. 칼끝이 匕字와 비슷하여 이 이름이 붙었음.

8) 壇上 : 會盟할 때 3층의 階段이 있는 三尺 높이의 壇에서 서로 맞이하며 약속을 한다.

9) 反魯之侵地 : 魯의 뺏은 땅을 돌려달라. 反은 反還, 反納.

10) 北面就臣位 : 북쪽을 향해 臣位에 엎드리다(君은 南面하고 臣은 北面
한다). 曹沫은 魯臣이지만 환공을 주군으로 섬기겠다는 뜻. 就는 나
아가다. 여기서는 엎드리다.

11) 夫劫許之 : 협박을 받고 허락하다. 夫는 發語辭. 劫은 협박하다.
之는 魯地를 반환한다는 것.

12) 倍臣殺之 : 倍는 違背. 背와 같음.
　【用例】 上恤孤而民不倍.「大學」
　殺之의 之는 曹沫. 之는 代詞로 사물이나 사람을 나타낼 때 두루
　쓰이나, 賓語 자리에만 쓰이지 구의 주어로 쓰이지는 않는다.

13) 愈一小快耳 : 조금 통쾌할 뿐이다. 마음에 一小快함을 보탤 뿐이
다. 즉, 조금 통쾌할 뿐이다. 愈는 보태다, 더하다(益也)의 뜻.

14) 棄信 : 信義를 잃다.

15) 曹沫三敗所亡地 : 曹沫이 三敗하여 잃은 땅.

16) 甄(견) : 춘추시대 衛의 지명.

【語譯】 환공 2년에 담을 쳐 멸망시키자 담의 임금은 거나라로
망명했다. 그전에 환공이 망명할 때 담을 지나는데, 담에서 환
공에게 무례했기 때문에 담을 정벌한 것이다.

5년에 노를 정벌하였는데 노의 군대가 싸움에 졌다. 노의 莊
公이 遂邑을 바치고 화평코자 하니 환공이 허락하고, 魯와 柯
에서 회맹하였다. 魯國이 誓盟하려 할 때, 曹沫은 비수를 갖고
단상에서 환공을 협박하며 말했다.

"노에서 뺏아간 땅을 돌려주시오."

환공이 이를 허락했다. 조말은 곧 비수를 던지고 북쪽을 향
해 신하의 자리에 꿇어엎드렸다.

환공은 후회하고 노의 땅을 돌려주지 않고 조말까지 죽이려
하였다.

관중이 환공에게 말했다.

"협박을 받아 허락했더라도 배신하여 그를 죽이는 것은 조금 통쾌할 뿐이나, 제후들의 신의를 저버리고 온 천하의 후원을 잃게 되니 불가합니다."

환공은 이에 조말이 세 번이나 패하여 잃은 땅을 노나라에 돌려주었다.

제후들이 이를 듣고 모두 齊國을 믿으며 歸附코자 하였다.

환공 7년에 모든 제후와 견에서 회맹하였고 환공은 비로소 패권을 잡았다.

23. 周公攝政(節魯周公世家)

[原文] 周公旦[1)]者 周武王弟也. 自文王[2)]在時 旦爲子孝[3)] 篤仁[4)]
異於群子. 及武王即位 旦常輔翼武王 用事居多.[5)] 武王九年
東伐至盟津[6)] 周公輔行.[7)] 十一年 伐紂 至牧野[8)] 周公佐武王
作牧書.[9)] 破殷 入商宮. 已殺紂 周公把大鉞 召公[10)]把小鉞 以
夾[11)]武王 釁社[12)] 告紂之罪于天 及殷民. 釋箕子[13)]之囚. 封紂
子武庚・祿父[14)] 使管叔・蔡叔[15)]傅之 以續殷祀.[16)] 徧封功臣
同姓戚者. 封周公旦於少昊之虛曲阜[17)] 是爲魯公. 周公不就
封[18)] 留佐武王.

[註解] 1) 周公旦 : 姓은 姬(희). 文王의 次子. 殷을 치고 천하를 차지
하는 데 결정적인 역할을 하였다. 周의 제도 및 관제의 정비 및 禮
樂의 제정 등 周의 문물은 周公에 의해 이루어졌고, 특히 조카인
어린 成王을 잘 보필하였다.
　　周公은 정치가인 동시에 사상가로서 인간의 이성을 바탕으로 한 학
문과 도덕을 발전시켜 사회의 윤리화를 도모하였으니 동양 윤리의
선각자였다. 그래서 공자도 周公을 가장 이상적인 인물로 생각했
다. 공자 만년에는 "꿈에 다시 周公을 보지 못한다"고 한탄까지 하
였다.
[參考] 子曰 甚矣 吾衰也. 久矣 吾不復夢見周公.「論語, 述而」
　　2) 文王 : 太王인 고공단보의 長子는 太伯이고(季札觀樂 註 參照), 三子
인 季歷의 아들이 文王이다. 名은 昌이고, 殷에 의하여 西伯에 봉

해졌다. 文王은 岐山에서 豊으로 동천하였고 문왕의 아들 무왕은 殷을 멸하고 천하를 차지했다.

周本紀에는 서백(文王)이 천명을 받았다고 기록하고 있다.

[參考] 諸侯聞之曰　西伯蓋受命之君.「史記, 周本記」

3) 旦爲子孝 : 旦은 자식으로서 효성스러웠다.

4) 篤仁 : 돈독한 仁德을 쌓다.

5) 用事居多 : 해야 할 일이 많았다. 用事는 해야 할 일(有所事也). 居多는 '多數를 차지한다'는 뜻.

6) 盟津 : 河南省 孟縣의 지명. 孟津과 같음.

[參考] 是時 諸侯不期而會盟津者八百.「史記, 周本紀」

7) 輔行 : 副使也.

【用例】孟子爲卿於齊 出弔於勝 王使蓋大夫王驩爲輔行(蓋大夫王驩을 副使로 삼았다).「孟子, 公孫丑 下」

8) 牧野 : 武王의 紂를 친 곳. 지금의 河南省 淇縣 남쪽.

9) 牧書 :「書經」중 周書의 章名. 牧은 牧野. 牧野에서 紂를 치기 전에 武王이 군사들에게 한 訓示.

10) 召公 : 周文王의 庶子. 名은 奭. 周公과 함께 成王을 잘 보필했으며 선정을 베풀었다.

11) 夾(협) : 보필하다. 좌우에서 모시다.

【用例】太公曰 五侯九伯 若實征之 以夾輔周室.「史記, 齊太公世家」

12) 釁社(흔사) : 犧牲을 죽여 그 피로 社稷에 제사하다.

釁은 틈(隙也). 짐승 피로 그릇의 틈을 바르다(牲血塗器)의 뜻.

13) 箕子(기자) : 殷紂王의 諸父로 箕에 封해져서 箕子라 한다. 紂王이 無道하여 諫하였으나 듣지 않자 거짓으로 미친 체하고 종이 되었다가 옥에 갇혔다.

周武王이 箕子를 풀어주고 天道에 대하여 묻자 箕子가「洪範九條」를 지었다 함. 武王에 의하여 朝鮮의 王으로 封해졌다고 한다.

[參考] 箕子懼 乃詳狂爲奴 紂又囚之.

釋箕子之囚 封比干之墓.「史記, 殷本紀」

於是武王 乃封箕子於朝鮮 而不臣也.「史記, 宋微子世家」

14) 武庚·祿父 : 두 사람 다 紂王의 아들이다.

15) 管叔·蔡叔 : 管叔은 武王의 弟이나 周公에게는 兄이었다. 蔡叔은 文王의 五子로 蔡에 封해졌다. 管叔의 名은 叔鮮, 蔡叔은 叔度이다.

16) 以續殷祀 : 殷의 제사를 계속하게 했다.

17) 少昊之虛曲阜 : 少昊의 옛터인 曲阜. 少昊는 黃帝의 子로 金德으로 帝王이 되었기에 金天氏라고도 부르며, 曲阜에 都邑했었다.

18) 不就封 : 封地에 가지 않고.

[語譯] 주공 단은 주무왕의 아우이다. 문왕이 생존할 때에 단은 효성스런 아들이었고 돈독한 인덕을 쌓아 다른 아들과는 달랐다.

무왕이 즉위하자 단은 늘 무왕을 도우며 많은 일을 했다.

무왕 9년에 동쪽으로 은을 치러 盟津까지 갔을 때도 주공은 무왕의 副使가 되었다.

무왕 11년, 紂를 치러 牧野에 이르러 주공은 무왕을 도와 牧書를 지었다.

은을 격파하고 은의 궁궐에 들어갔다.

紂를 죽인 뒤 주공은 큰 도끼를 들고 소공은 작은 도끼를 들고 무왕을 좌우에서 모시었고, 짐승을 잡아 사직에 제사하고 紂의 죄악을 하늘과 은의 백성에게 알렸다.

갇혀 있던 기자를 석방시켰고, 紂의 아들 武庚과 祿父를 봉한 뒤, 관숙과 채숙으로 돕게 하여 은의 제사를 계속 받들게 하였다.

공신과 同姓의 친척들을 두루 봉하였다. 무왕은 주공 단을 少昊氏의 옛터인 곡부에 봉하니 이가 바로 魯公이다. 그러나 주공은 봉지에 내려가지 않고 호경에 남아 무왕을 보좌했다.

[原文] 武王克殷二年 天下未集[1] 武王有疾 不豫[2] 群臣懼 太

公[3)]・召公乃繆卜. [4)] 周公曰 「未可以戚[5)]我先王.」 周公於是
乃自以爲質[6)] 設三壇. [7)] 周公北面立 戴璧秉圭[8)] 告于太王・王
季・文王. 史策祝[9)]曰 「惟爾元孫王發[10)] 勤勞阻疾. [11)] 若爾三
王[12)]是有負子之責於天[13)] 以旦代王發之身. [14)] 旦巧能[15)] 多材
多藝 能事鬼神. 乃王發不如旦多材多藝[16)] 不能事鬼神. 乃命
于帝庭[17)] 敷佑[18)]四方 用能定汝子孫于下地 四方之民罔不敬
畏. [19)] 無墜天之降葆命[20)] 我先王亦永有所依歸. 今我其即命
於元龜. [21)] 爾之許我 我以其璧與圭歸 以俟爾命. [22)] 爾不許我
我乃屛[23)]璧與圭.」

[註解] 1） 天下未集 : 천하가 아직 화합하지 못했다. 集은 화합하다.
평안하다.

2） 不豫 : 마음이 기쁘지 않다(不悅也).
　　【用例】 吾王不豫 吾何以助.「孟子, 梁惠王 下」
　　• 豫는 樂也(天子有疾曰 不豫).

3） 太公 : 太公望 呂尙.

4） 繆卜(목복) : 삼가 점을 치겠다. 繆은 穆과 같음(敬而有和意).

5） 戚(척) : 근심(憂也). 슬픔(哀也).
　　【用例】 喪與其易也 寧戚.「論語, 八佾」
　　여기서는 무왕의 질병으로 先王들을 근심하게 만들 수야 없다는 뜻
　　(「書經, 集註」).

6） 自以爲質 : 자기의 일로 여기다. 以爲는 ～이라고 생각하다. 質은
主也. 일을 주관한다는 뜻.
　　「書經」에는 '自以爲功'이라 했고, 功은 事라는 註가 있다.

7） 設三壇 : 3개의 壇을 쌓다.
　　「書經」에는 太王・王季・文王을 위한 3개의 祭壇이라 했다.

8） 戴璧秉圭 : 璧과 圭를 들고.
　　璧은 神에 祭祀할 때 쓰는 둥근 구슬. 圭는 일종의 祭物이다. (璧以
禮神 圭以爲贄).

9) 史策祝 : 太史가 글을 읽어 고하였다. 史는 太史, 즉 史官. 策은
周公이 지은 簡書, 즉 제문. 祝은 簡書를 읽어 三王에게 고한다는
뜻.

10) 王發 : 임금인 發이 ～. 發은 武王의 이름.
爾(이)는 너(汝也). 祖先을 말함. 元孫은 天子之子孫, 즉 무왕.

11) 勤勞阻疾 : 政事에 힘쓰다가 병에 걸리다.

12) 若爾三王 : 만약 당신들 三王께서.
＊若은 假說之辭. 爾는 2인칭 代詞(汝, 而와 같음).「詩經」에는 신
하가 稱君할 때도 爾라 하였으며, 상대방에 대한 卑稱으로 쓰이기
도 한다.
【用例】㉠ 天保定爾 亦孔之固「詩經, 小雅」
•이때 爾는 君을 指稱.
㉡ 人能充無受爾汝之實 無所往 而不爲義也(사람이 얘, 너 하는 소리를
듣지 않을 만큼 실력을 채울 수 있다면 어디엘 가든 의롭지 않을 수 없다).
「孟子, 盡心 下」
•爾汝는 輕賤之稱임.

13) 是有～於天 : 하늘에 대하여 자손을 보호할 책임이 있다.

14) 以旦～之身 : 제가(旦) 王發의 몸을 代身토록 해주십시오. 즉, 무
왕 대신 제가 병에 걸리게 해주십시오.

15) 旦巧能 : 게다가 나는 기교도 있고 능력도 있다. 巧能은 妙技與才
能也.

16) 多材多藝 : 多才多藝와 같음.
周公 자신이 더 다재다능하다고 말한 것은 자신이 죽어 하늘에서
諸神을 잘 섬길 수 있으니, 자신이 무왕 대신 죽게 해 달라고 거듭
간청하는 뜻임.

17) 命于帝庭 : 하늘의 명을 받아. 帝庭은 上帝之庭, 즉 하늘. 于는 於
也.

18) 敷佑(부우) : 덕을 널리 펴 천하를 돕다. 敷는 펴다(布也, 陳也). 佑
는 助佑하다.

19) 罔不敬畏 : 敬畏하지 않는 사람이 없다. 罔(망)은 無, 亡과 같음.

20) 葆命 : 寶命, 즉 천명. 葆는 풀 더부룩할 보(草盛貌)로 寶와 通함.

【用例】果見穀城山下黃石 取而葆祠之(~ , 가저가 보배로 여기며 黃石
을 제사했다).「史記, 留侯世家」

21) 元龜(원귀) : 큰 거북.

22) 以俟爾命 : 당신들(祖先)의 명을 기다리다. 俟(사)는 待也.

23) 屛(병) : 가리다. 거두어들이다(藏也).

[語譯] 무왕이 은을 멸한 지 2년이 되던 해, 천하는 아직 평온
하지 못한데 무왕이 병에 걸려 평안치 않아 뭇 신하들이 두려워
하자, 태공망과 소공이 경건하게 점을 치려 했다.

주공이 말했다.

"아직은 우리의 선왕들을 근심케 할 수 없습니다."

주공은 이에 자신의 일이라 여기고 3개의 제단을 쌓았다.

주공은 북쪽을 바라보고 서서, 璧과 圭를 들고 太王과 王季
와 문왕 앞에 고하였다. 태사가 제문을 읽었다.

"당신들의 원손인 王發이 政事에 힘쓰다가 질병에 걸렸습니
다. 만약 당신들 세 분께서 하늘에 대해 천자를 보호할 책임이
있으시다면, 저의 몸으로 왕의 병을 대신할 수 있게 해주십시
오. 저는 기교와 능력도 있고 다재다예하여 귀신을 잘 섬길 수
있습니다.

그러나 임금인 發은 저만큼 다재다예치 못하여 귀신을 잘 섬
길 수 없습니다. 하늘에서 왕께 명을 내리시어 사방에 덕을 행
하고 도와 땅에 사는 당신의 자손들을 안정할 수 있도록 하셨으
니, 사방의 백성들이 경외하지 않는 이가 없습니다.

하늘이 내리신 寶命을 잃지 않도록 보살펴 주시어야만 先王
들께서도 영원히 의지할 곳이 있게 됩니다.

이제 저는 큰 거북으로 점을 치겠습니다. 당신들께서 제게
허락해 주신다면 저는 璧과 圭를 바치고 당신들의 하명을 기다
리겠습니다. 당신들께서 나에게 허락치 않으신다면 저는 곧 璧

과 圭를 거두겠습니다."

[原文] 周公已令史策¹⁾告太王・王季・文王 欲代武王發 於是乃
即²⁾三王而卜. 卜人皆曰吉 發書³⁾視之 信吉.⁴⁾ 周公喜 開籥⁵⁾
乃見書遇吉. 周公入賀武王曰 「王其無害. 且新受命三王 維
長終是圖.⁶⁾ 茲道能念予一人.」⁷⁾ 周公藏其策金縢匱中⁸⁾ 誠守
者勿敢言. 明日 武王有瘳.⁹⁾ 其後武王旣崩¹⁰⁾ 成王少 在强
葆¹¹⁾之中. 周公恐天下聞武王崩而畔¹²⁾ 周公乃踐阼¹³⁾代成王攝
行政當國.¹⁴⁾ 管叔及其群弟流言於國¹⁵⁾曰. 「周公將不利於成
王.」

[註解] 1) 策 : 글을 쓴 나무 쪽(簡也). 策은 篇簡也. 冊과도 통함.
 2) 即(즉) : 나아가다(就也).
  【用例】 子夏曰 「君子有三變. 望之儼然 即之也溫 聽其言也厲.」(~
  외모를 바라보면 엄숙하고, 가까이 다가가면 온화하고, 그 말을 들으면 바
  르고 엄숙하다). 「論語, 子張」
 3) 發書 : 占兆가 쓰인 글을 꺼내다.
 4) 信吉 : 정말로 吉하다. 信은 誠也.
 5) 開籥(개약) : 열쇠로 상자를 열다. 籥은 열쇠.
 6) 維長終是圖 : 오직 길이 周 왕실을 보살펴 줄 것이다. 長終은 영원
  히. 圖는 꾀하다. 周의 국운을 보살펴 줄 것이다.
 7) 茲道~一人 : 이런 道로 나의 한 분을 돌보아 주실 것이다. 茲(자)
  는 此. 念은 염려하다, 보살펴 주다. 一人은 천자, 즉 무왕을 말함.
 8) 金縢匱中(금등궤중) : 쇠로 봉한 상자 속에(以金帶封緘之匱). 금등은
  「書經, 周書」의 篇名이기도 하다.
  뒷날 成王은 나라에 큰 재난이 닥쳤을 때 이 상자를 열어 살펴보고
  주공이 얼마나 왕실을 위했는가를 알고 감복하여 주공에 대한 의심
  을 풀고 주공을 다시 모셔왔고, 그러다 보니 나라의 재난도 없어졌

다고 「書經」에 기록되어 있다.

9) 有瘳(유추) : 병이 낫다(有病愈也).

　　【用例】 若藥不瞑眩 厥疾不瘳(만약 약이 눈을 어질게 하지 않으면 그 병
　　은 낫지 않는다).「孟子, 滕文公 上」

10) 旣崩(기붕) : 죽은 뒤.

　　參考 天子死曰崩. 諸侯曰薨. 大夫曰卒. 士曰不祿. 庶人曰死.「禮記, 曲
　　禮 下」

11) 强葆(강보) : 襁褓. 襁은 小兒를 업는 포대기. 褓는 小兒의 이불.

12) 畔(반) : 叛과 같음. 離叛하다.

　　【用例】 ㉠ 君子博學於文 約之以禮 亦可以弗畔矣夫.「論語, 雍也」
　　㉡ 乃謀畔逆, 夷滅宗族.「史記, 淮陰侯列傳」

13) 踐阼(천조) : 新君이 즉위하다. 踐은 履也, 升也. 阼는 주인의 계
　　단. 여기서는 정식 천자가 되었다는 뜻은 아니다.

14) 攝行政當國 : 행정을 대신하며 나라 살림을 꾸려 가다.

15) 流言於國 : 放言於國 以誣周公.

語譯 주공이 태사에게 명하여 글로 太王·王季·文王에게 무
왕 發을 대신해서 죽어도 좋다는 것을 아뢰게 한 뒤, 三王의 신
위 앞에 나가 점을 쳤다.

卜人들이 모두 길하다고 말하였고, 주왕이 점괘의 글을 꺼내
보니 정말로 吉하였다.

주공은 기뻐하며 열쇠로 금궤를 여니 점책에도 길조가 있었
다.

주공은 들어가 무왕에게 하례하며 말했다.

"왕께선 아마도 해로움이 없을 것입니다. 제가 점을 쳐 三王
으로부터 새로운 명을 받았으니 오직 영원히 우리 왕실을 지켜
주실 것이며, 이런 도로써 나의 천자 한 분을 염려해 주실 것입
니다."

주공은 그 글을 쇠로 만든 궤속에 보관하며, 지키는 사람에

게 절대로 말하지 말라고 훈계했다.

다음날 무왕의 병은 다 나았다.

그뒤 무왕이 죽었을 때, 成王은 아주 어려 강보에 싸여 있었다.

주공은 사람들이 무왕이 죽었다는 말을 듣고 배반할까 걱정하여, 곧 섭정의 자리에 올라 행정을 대리하고 나라 살림을 꾸려갔다.

관숙 및 그의 여러 형제들은 나라에 거짓말을 퍼뜨리며 말했다.

"주공은 成王에게 해로운 짓을 할 것이다."

[原文] 周公乃告太公望·召公奭曰 「我之所以弗辟¹⁾ 而攝行政者 恐²⁾天下畔周 無以告我先王太王·王季·文王. 三王之憂勞天下久矣 於今而后成.³⁾ 武王蚤終⁴⁾ 成王少 將以成周 我所以爲之若此.」 於是卒相成王⁵⁾ 使其子伯禽代就封於魯.⁶⁾ 周公戒伯禽曰 「我文王之子 武王之弟 成王之叔父 我於天下亦不賤矣.⁷⁾ 然我一沐三捉髮⁸⁾ 一飯三吐哺⁹⁾ 起以待士¹⁰⁾ 猶恐失天下之賢人. 子之魯¹¹⁾ 愼無以國驕人.」¹²⁾ (中略) 成王長 能聽政. 於是周公乃還政於成王 成王臨朝.¹³⁾ 周公之代成王治 南面倍依¹⁴⁾以朝諸侯. 及七年後 還政成王 北面就臣位 躬躬¹⁵⁾如畏然.

[註解] 1) 我之所以弗辟 : 내가 피하지 않는 까닭은. 즉, 내가 섭정의 자리를 떠나지 않는 이유는.

弗은 不. 辟(피)는 避와 같음. 所以는 다음의 者까지 걸린다.

2) 恐 : 두려워하다. 걱정하다. 문장 끝의 文王까지가 恐의 빈어가 된다.

3) 於今而后成 : 오늘에야 왕업이 이루어졌다. 지금에야 겨우 周 왕실

이 안정을 이루려 한다는 뜻.

＊ 於今而后는 而今而後. 즉 自今以後, 當今以後와 같음.

【用例】而今而後 吾知免夫.「論語, 泰伯」

4) 蚤終(조종) : 일찍 죽다.

5) 於是卒相成王 : 이에 成王을 돕기로 하고. 글자 그대로 직역을 하면 '이에 마침내 成王을 돕다'가 된다. 卒은 마침내 竟也, 後也. 相은 돕다, 보필하다.

＊ 한문에서는 꼭 필요하거나, 있음으로 해서 뜻이 더욱 정확해지는 副詞나 語氣詞는 우리말로 번역할 때, 해석하지 않아도 문장의 뜻이 통할 때가 종종 있다.

6) 代就封於魯 : 代身 魯의 封地에 가다.

7) 我於~賤矣 : 나는 세상 사람들보다 결코 천하지 않다. 於는 비교 관계를 나타내는 介詞. 亦은 실제로, 사실상(實也)의 뜻.

8) 一沐三捉髮 : 머리 한 번 감는 동안에 세 번 머리를 움켜쥐고 나오다. 沐은 머리 감다. 捉(착)은 움켜잡다(握也). (喩求賢之殷勤).

9) 一飯三吐哺 : 한끼 식사에 세 번씩이나 입에 든 음식물을 뱉고 나오다. 吐(토)는 뱉다(口歐也). 哺(포)는 씹어먹다(口中嚼食). 입안에 든 음식물.

10) 起以待士 : 선 채로 손님을 기다리다.

11) 子之魯 : 네가 魯에 가거든.

12) 以國驕人 : 제후라고 사람들에게 교만하지 마라. 以國은 나라를 가졌다 해서. 人은 특정한 사람을 지칭하지는 않음.

13) 臨朝 : 親臨朝庭.

14) 南面倍依 : 천자의 자리에 南面하고 앉아.

천자는 南面한다. 倍依는 천자의 자리 뒤편에 大斧를 그린 병풍을 치고 앉는다는 뜻.

15) 躬躬(궁궁) : 삼가고 공경하는 모양(謹敬貌也).

【語譯】 주공은 곧 太公望과 召公奭에게 말했다.

"내가 물러나지 않고 섭정을 하는 까닭은 천하가 周에 반기를 들면 나의 先王인 太王과 王季와 文王께 무어라 말씀드릴 수가 없기 때문이오. 세 분께서 천하를 위해 근심하고 애쓰신 지 오래 되었으며 이제 겨우 성취가 된 것입니다. 무왕이 일찍 죽고 成王은 어리니 천하를 周의 것으로 만들려고 내가 이와 같이 섭정을 하는 것입니다."

이에 성왕을 돕기로 하고 그의 아들 伯禽을 시켜 노의 封地에 대신 가게 하였다. 주공이 伯禽을 훈계하며 말했다.

"나는 문왕의 아들이며 무왕의 동생이고 성왕의 숙부가 되니, 천하의 어느 누구보다도 결코 천하지 않다. 그런데도 나는 머리 한 번 감으면서 세 번씩이나 머리칼을 움켜쥐고 나왔으며, 한끼에 세 번이나 입에 든 밥을 뱉고 나와 賢士를 맞았으며, 일어선 채로 손님을 기다렸으니, 이는 혹시 천하의 賢士를 잃을까 걱정했기 때문이다. 네가 노에 가거든 삼가며 나라를 차지했다고 사람들에게 교만하지 않도록 하여라."(中略)

성왕이 자라서 정치를 맡을 수 있게 되었다. 이에 주공은 곧 성왕에게 정권을 반환하였고 성왕이 조회에 친림하였다. 주공이 성왕의 정치를 대신할 때, 주공은 천자의 자리에 南面하고 앉아 제후들을 조회했었다.

7년 뒤에 성왕에게 정권을 물리고선 北面하고 신하의 자리에 서서 마치 두려운 듯 삼가고 공경하였다.

24. 宋襄公伐鄭(節宋微子[1]世家)

[原文] 襄公八年 齊桓公卒. [2] 宋欲爲盟會. [3] 十二年春 宋襄公 爲鹿上之盟[4] 以求諸侯於楚[5] 楚人許之. 公子目夷[6]諫曰. 「小 國爭盟 禍也.」 不聽. 秋 諸侯會宋公盟于盂. [7] 目夷曰 「禍 其在此乎. 君欲已甚[8] 何以堪之.」 於是楚執宋襄公以伐宋. 冬 會于亳[9] 以釋宋公. 子魚曰 「禍猶未也.」 十三年夏 宋伐 鄭. 子魚曰 「禍在此矣.」 秋楚伐宋以救鄭.

[註解] 1) 宋微子 : 殷王 帝乙의 首子로 紂王의 庶兄. 이름은 開(또는 啓). 微는 國名이고 子는 爵이다.

紂王의 暴惡無道한 失政으로 은이 망할 무렵, 紂王에게는 3人의 賢 人이 있었다. 微子는 紂王의 음란을 諫하였으나 듣지 않자 祭器를 가지고 은을 떠나 微에 가서 宗祀를 保存시켰다. 紂王의 伯父 箕子 는 諫해도 듣지 않으므로 被髮하고 詳狂而爲奴하여 은거하다가, 은 이 망한 후 무왕이 天道에 대해 묻자 洪範九條를 짓고 조선의 王으 로 봉해졌다. 紂王의 친척 왕자 比干(비간)이 紂王을 極諫하자 紂가 怒하며, 聖人의 심장은 7개의 구멍이 있다던데 그러한가 보자면서 比干을 죽였다. 이들 三人을 공자는 三仁이라고 칭했다.

무왕이 은을 멸했을 때, 微子가 祭器를 갖고 周의 軍門에 투항하자 무왕은 옛 지위를 회복시켜 주었다. 무왕이 紂의 두 아들 武庚과 祿父를 封해 주고 管叔과 蔡叔으로 도우며 감시케 하였으나, 이들 이 무왕이 죽은 후 반란을 일으키자 주공은 이들을 토벌했다. 그리

　　고 微子開를 宋에 봉하고 은의 제사를 계속 지내게 하였다.
　　따라서 宋은 殷 유민들의 나라이며, 微子의 후손들에 의해 侯位가
　　계승되었다. 宋은 지금의 河南省 商丘縣 부근에 도읍하였으며, 뒷
　　날 齊에 의해 멸망했다.

　[參考] 微子去之 箕子爲之奴 比干諫而死. 孔子曰 「殷有三仁焉.」「論語,
　　微子」

2) 齊桓公卒 : 기원전 643년의 일(齊桓公稱覇篇의 註 참조).

3) 盟會 : 會盟과 같음. 會盟할 때는 희생(犧牲)을 죽여 그 피를 마시
　　고 서로 맹약함. 宋襄公은 覇者이던 齊桓公의 뒤를 이어 패권을 장
　　악하고 싶었다.

4) 鹿上之盟 : 鹿上의 會盟. 鹿上은 宋의 지명.
　　「左傳」僖公 21년에는 '壬午春 宋人齊人楚人盟于鹿上'이라고 씌어
　　있다.

5) 以求諸侯於楚 : 제후들을 모아달라고 楚에 부탁하다.
　　齊桓公이 죽고 覇主가 없었을 때 楚가 강성하였다. 宋襄公은 楚의
　　힘을 빌려 제후들을 모으려고 한 것이다.

6) 公子目夷 : 宋襄公의 庶兄. 字는 子魚.

7) 盂(우) : 宋의 지명. 盂는 밥그릇.

8) 已甚 : 지나치게 심하다.
　　【用例】孟子曰. 仲尼不爲已甚者也.「孟子, 離婁 下」

9) 會于亳 : 亳(박)에서 會盟하다. 于는 於와 같음. 亳은 宋의 지명.
　　宋襄公이 楚를 섬기기로 약속한 會盟.

　[語譯] 宋양공 8년에 齊의 환공이 죽었다. 宋은 회맹의 盟主가
되고자 했다. 12년 봄에 宋양공은 鹿上에서 회맹하기로 하고 제
후들을 불러 모아달라고 楚에 부탁하니, 楚에서 허락했다.
　公子인 目夷가 諫하여 말했다.
　"小國이 맹주자리를 다투니 화가 될 것입니다."
　그러나 양공은 따르지 않았다.
　가을에 제후와 宋양공은 盂에서 회맹했다. 目夷가 말했다.

"화는 틀림없이 여기에 있을 것이다. 임금의 욕심이 너무 심하니 백성들이 어찌 감당하겠는가?"

이때 楚는 宋양공을 잡아 놓고 宋을 공격해 왔다. 겨울에 박에서 회맹하고 宋양공을 풀어주었다.

子魚(目夷)가 말했다.

"화가 아직 끝나지 않았도다."

양공 13년 여름에, 宋은 鄭을 공격했다. 子魚가 말했다.

"화는 바로 여기에 있도다."

가을에 楚는 鄭을 구원해 주려고 宋을 공격했다.

[原文] 襄公將戰 子魚諫曰 「天之棄商久矣.[1] 不可.」冬十一月 襄公與楚成王戰于泓.[2] 楚人未濟[3] 目夷曰 「彼衆我寡[4] 及其未濟擊之.」公不聽. 已濟未陳[5] 又曰 「可擊.」公曰 「待其已陳.」[6] 陳成 宋人擊之. 宋師大敗 襄公傷股. 國人皆怨公. 公曰 「君子不困於阨[7] 不鼓不成列.」[8] 子魚曰 「兵以勝爲功 何常言與.[9] 必如公言 即奴事之耳[10] 又何戰爲.」

[註解] 1) 天之棄商久矣 : 하늘이 은을 버린 지 오래 되었다.
　　宋은 하늘이 버린 은 유민들의 나라이니 하늘의 도움을 기대할 수 없다는 뜻이 내포되어 있다.
2) 泓 : 水名. 河南省 柘城縣에 있다. 柘(자)는 산뽕나무.
3) 楚人未濟 : 楚 군사가 다 건너지 못했다. 人은 때로는 병사들이란 뜻이 있다.
　　未는 부정사로 不·非·弗·無와 통한다. 여기서는 '아직 ~ 않다'의 뜻임.
　　＊未의 용례 몇 가지를 든다.
　　【用例】㉠ 譬如爲山 未成一簣 止 吾止也「論語, 子罕」

· 未는 不와 같음.

㉡ 子曰 由也升堂矣 未入於室也「論語, 先進」

· 未는 '아직 ~ 않다'의 뜻. 已의 반대.

· 升堂 入室은 학문의 성취 정도를 뜻하는 말임.

㉢ 勸齊伐燕 有諸. 曰. 未也(齊를 권하여 燕을 치라고 했다는데 그런 일이 있었습니까? 대답하기를 없다).「孟子, 公孫丑 下」

· 未는 無와 같음.

4) 彼衆我寡 : 저편은 수가 많고 우리는 적다. 彼我와 衆寡의 대응 관계임.

5) 已濟未陳 : 다 건넜으나 아직 陣을 치지 못했다. 陳은 陣.

6) 待其已陳 : 저들이 陣을 다 칠 때까지 기다리자.

7) 不困於阨(불곤어액) : 험로에서 곤란을 당하게 하지 않는다. 困은 곤경에 처넣다. 阨은 險路. 막다른 곳. 막힌 곳.

8) 不鼓不成列 : 陣列을 갖추지 못한 상대방을 공격하지 않다. 옛날에 싸움은 북소리(鼓)와 함께 공격하고 징소리(鉦)에 따라 퇴각했다. 不鼓는 不攻也, 不成列은 未成陣也.

9) 何常言與 : 무슨 어리석은 말입니까? 何는 의문사. 常言은 庸俗한 이론. 與는 의문 어기사로 歟와 같다.

10) 奴事之耳 : 노예가 되어 그들을 섬기면 된다.

11) 又何戰爲 : 왜 전쟁을 합니까?

[語譯] 양공이 싸움을 일으키려하자 子魚가 諫하며 말하였다. "하늘이 은을 버린 지 오래 되었습니다. 전쟁은 불가합니다."

겨울인 11월에, 양공은 楚의 성왕과 홍수에서 싸우게 되었다. 楚의 군사가 아직 강을 다 건너지 않았을 때 目夷가 말했다.

"저편은 숫자가 많고 우리는 적으니 그들이 건너지 못했을 때 공격해야 합니다."

그러나 양공은 그 말을 따르지 않았다. 적이 다 건너와 아직

陣을 치지 못했을 때 目夷가 또 말했다.

"공격할 때입니다."

양공이 말했다.

"그들이 대열을 갖출 때까지 기다려라."

楚가 대열을 갖추었을 때 宋의 군사들이 공격했다. 宋의 군사가 크게 패했고, 양공은 다리에 상처를 입었다.

백성들이 모두 양공을 원망했다. 그러자 양공이 말했다.

"군자는 궁지에 있는 적을 치지 않고, 대열을 갖추지 않은 적을 공격치 않는다."

子魚가 말했다.

"전쟁은 승리를 얻기 위한 것인데 무슨 그런 어리석은 말을 하십니까? 꼭 임금의 말대로 해야 한다면 노예가 되어 그들을 섬기면 될 뿐이지 왜 싸움을 하십니까?"

[參考] 原文에 目夷와 子魚가 뒤섞여 나와 두 사람 같지만 目夷의 字가 子魚이므로 한 사람이다. 宋양공처럼 사리를 분별 못하고 착하기만 한 것을 비유하여 宋襄之仁이라 한다. 이 사실은 「左傳」僖公 22年 條에도 실려 있다.

25. 驪姬殺太子(節晉世家)

[原文] 十九年 獻公[1] 私謂驪姬[2] 曰 「吾欲廢太子[3] 以奚齊代之.」驪姬泣曰 「太子之立 諸侯皆已知之 而數將兵[4] 百姓附之 奈何[5]以賤妾之故廢適立庶.[6] 君必行之 妾自殺也.」驪姬詳[7]譽太子 而陰令人譖惡[8]太子 而欲立其子. 二十一年 驪姬謂太子曰 「君[9]夢見齊姜[10] 太子速祭曲沃[11] 歸釐[12]於君.」太子於是祭其母齊姜於曲沃 上其薦胙[13]於獻公. 獻公時[14]出獵 置胙於宮中. 驪姬使人置毒藥胙中. 居二日 獻公從獵來還 宰人[15]上胙獻公 獻公欲饗[16]之. 驪姬從旁止之 曰 「胙所從來遠 宜試之」祭地 地墳.[17] 與犬 犬死. 與小臣[18] 小臣死.

[註解] 1) 獻公 : 晉나라 왕. 재위 기원전 677~651년. 이름은 詭諸.

2) 驪姬(여희) : 獻公 5년에 西戎의 別種인 驪戎族을 정벌할 때 얻은 여인. 12년에 아들 奚齊를 낳았다.

3) 太子 : 獻公의 太子는 申生이었고, 그외 重耳(뒷날 文公이 되어 패업을 달성했음), 夷吾(뒷날 惠公) 및 여러 부인에게서 얻은 아들들이 있었다.

4) 數將兵 : 여러 번 군사를 거느리고 출정했었다. 申生은 獻公 17년에 융적의 일종인 東山族을 정벌하기도 했다.

5) 奈何(나하) : 어찌하여.

6) 廢適立庶(폐적입서) : 嫡子를 폐위시키고 庶子를 세우다. 適은 嫡.

7) 詳(양) : 거짓으로.

226

8) 譖惡(참오) : 참소하고 미워하다.

9) 君 : 獻公을 말함.

10) 齊姜 : 太子 申生의 生母는 齊桓公의 딸이었다. 齊姜은 齊나라의 姜氏라는 뜻. 이미 죽고 없었다.

11) 曲沃 : 晉 先祖의 묘당이 있던 곳으로, 태자가 거주하고 있었다. 지금의 山西省 聞喜縣 부근.

12) 歸釐(귀리) : 제사지내고 남은 고기를 보내다. 釐는 祭餘肉也.

13) 薦胙(천조) : 제사지낸 고기(供神之肉). 胙는 祭肉.

14) 時 : 時가 狀語(副詞)로 쓰이면 때마침, 그때에, 때때로의 뜻이 된다.

【用例】㉠ 學而時習之.「論語, 學而」

• 時는 때때로(時時也)의 뜻.

㉡ 孔子聖之時者也.「孟子, 萬章 下」

• 時는 '時宜에 합치하다'의 뜻.

15) 宰人(재인) : 요리사(廚夫).

16) 饗 : 흠향하다. 먹다.

17) 祭地 地墳 : 땅에 놓으니 흙이 솟아올랐다. 祭地는 음식을 들기 전에 땅에 제사한다는 뜻. 墳은 起也.

18) 小臣 : 궁중의 내시. 閹人(엄인). 宦官, 寺人.

[語譯] 헌공 19년, 헌공이 은밀히 여희에게 말했다.

"나는 태자를 폐하고 奚齊를 태자로 세우고 싶다."

여희는 눈물을 흘리며 말했다.

"申生을 태자로 정한 것은 다른 제후들도 다 알고 있고, 여러 차례 군사를 이끌고 출정하여 백성들도 태자를 따르고 있는데, 어찌 나 때문에 적자를 폐하고 서자를 세우려 하십니까? 임금께서 꼭 그리하시겠다면 저는 죽어버리겠습니다."

여희는 거짓으로 태자를 칭찬하면서 남몰래 사람을 시켜 태자를 참소하고 그의 소생 奚齊를 세우려 하였다.

21년에 여희가 태자에게 말했다.

"임금께서 꿈에 齊姜을 보셨다 하니 태자는 속히 曲沃에서 모친께 제사하고, 그 제육을 임금께 보내도록 하라."

태자는 이에 曲沃에서 생모 齊姜의 제사를 지내고 제사에 쓴 고기를 헌공에게 올렸다. 헌공은 그때 마침 사냥을 나갔기 때문에 제육을 궁중에 두었다. 여희는 사람을 시켜 고기 속에 독약을 넣었다.

이틀 후 헌공이 사냥에서 돌아오니 요리사가 헌공에게 그 고기를 올렸고, 헌공이 고기를 먹으려 했다. 여희가 옆에서 말리며 말했다.

"그 고기가 먼 데서 온 것이니 꼭 검사해 봐야 합니다."

고기를 땅에 놓아두었더니 흙이 솟아올랐다. 개에게 주었더니 개가 죽었다. 내시에게 먹였더니 내시가 죽었다.

[原文] 驪姬泣曰 「太子何忍也.[1] 其父而[2]欲弒代之 況他人乎.[3] 且君老矣 旦暮之人[4] 曾[5]不能待而欲弒之.」謂獻公曰 「太子所以然者[6] 不過以妾及奚齊之故. 妾願子母辟之他國.[7] 若[8]早自殺 毋徒使母子爲太子所魚肉也.[9] 始君欲廢之 妾猶恨之.[10] 至於今 妾殊[11]自失於此.」太子聞之 奔新城.[12] 獻公怒 乃誅其傅杜原款. 或謂太子曰 「爲此藥者乃[13]驪姬也 太子何不自辭明之.」太子曰 「吾君老矣[14] 非驪姬 寢不安 食不甘. 即辭之[15] 君且怒之. 不可.」或謂太子曰 「可奔他國.」太子曰 「被此惡名以出 人誰內我.[16] 我自殺耳.」十二月戊申 申生自殺於新城.

[註解] 1) 太子何忍也 : 태자는 어찌 이리도 잔인한가? 반어형 문장임.

228

* 忍은 不義, 不慈의 뜻. 잔학하고 不仁한 사람을 忍人이라고 한다.

【用例】商臣蜂目而豺聲 忍人也.「史記, 楚世家」

2) 其父而 : 자기 아버지인데도. 其는 태자를 가리키는 代詞. 其之 父라고 하지 않음(介詞 之는 생략됨).

* 而는 轉折關係를 나타내는 連詞이다.

【用例】其爲人也孝弟 而好犯上者 鮮矣.「論語, 學而」

3) 況他人乎 : 하물며 다른 사람이랴!

抑揚形 문장으로, 況・矧・而況・何況 등의 連詞가 쓰이고, 句尾에 語氣詞 乎가 쓰인다.

【用例】庸人尙羞之 況於將相乎(보통 사람도 오히려 부끄럽게 여기거늘 하물며 將相이야 더할 나위가 있겠나?)「史記, 廉頗藺相如列傳」

4) 旦暮之人 : 늙어서 곧 죽을 사람.

5) 曾(증) : 語氣詞. 則, 乃와 같다.

【用例】吾以子爲異之問 曾由與求之問(나는 당신이 다른 질문을 하리라 생각했었는데, 바로 仲由와 冉求에 대해서 물었다).「論語, 先進」

6) 所以然者 : 그렇게 하는 까닭은.

* 所以는 '理由, 까닭'이라는 뜻과 '~하기 위하여' 또는 '~하기 위한 것'의 뜻을 갖는다.

【用例】所以謂人皆有不忍人之心者(사람이 모두 타인에게 잔인하게 못하는 마음이 있다고 말하는 까닭은~).「孟子, 公孫丑 上」

7) 辟之他國 : 他國으로 태자를 피해가다. 之는 태자 申生. 辟는 避.

8) 若 : 만약 ~했더라면.

9) 毋徒~所魚肉也 : 공연히 母子로 하여금 태자에 의하여 魚肉이 되는 일은 없었을 것이다. 毋는 無와 같음.

* 使~爲~所 ~는 피동형 문장임.

【用例】先則制人 後則爲人所制(남보다 앞서면 남을 제압하지만, 늦으면 남에게 제압당한다).「史記, 項羽本紀」

10) 妾猶恨之 : 〔태자를 폐한다고 할 때〕 나는 그것을 오히려 한스럽게 생각했다. 즉, 오히려 그래선 안 된다고 생각했다.

猶는 '오히려 ~하다'의 뜻.

【用例】 寡人之囿 方四十里 民猶以爲大 何也(백성들이 오히려 크다고 생각하는 것은 무슨 이유입니까?).「孟子, 梁惠王 下」

11) 殊 : 심히. 아주.

12) 新城 : 曲沃. 당시 태자의 城으로 다시 축성했다고 한다.

13) 乃 : 바로. 곧(則과 같음).

14) 矣 : 상황의 변화를 나타내는 動態 語氣詞.

15) 即辭之 : 獻公 앞에 나아가 사건의 전말을 말씀드린다 하여도. 即은 나가다(就也). 之는 사건의 전말을 가리키는 代詞로 辭의 賓語이다.

16) 人誰內我 : 어느 누가 나를 받아 주겠는가? 內의 音은 납.

[語譯] 여희가 눈물을 흘리며 말했다.

"태자는 어찌 이리 잔인한가? 자기 부친도 죽이고 대신 왕이 되려 하는데 하물며 다른 사람은 죽이지 않겠는가? 더구나 임금은 늙어 곧 죽을 사람인데, 기다리지 못하고 죽이려 하다니!"

여희는 헌공에게 말했다.

"태자가 이런 짓을 하는 까닭은 저와 奚齊 때문입니다. 저는 아들을 데리고 태자를 피해 다른 나라로 가고 싶습니다. 만약 제가 그전에 죽었더라면 우리 모자가 까닭도 없이 태자에게 魚肉이 되는 일은 없었을 것입니다. 그전에 임금께서 태자를 폐한다고 하실 때, 저는 오히려 그래선 안 된다고 생각했습니다만 지금에 와서 보니 그것이 저의 크게 잘못된 생각이었습니다."

태자는 이 사실을 알고 新城으로 도망갔다. 헌공은 노하여 곧 태자의 스승 杜原款을 죽여버렸다.

어떤 사람이 태자에게 말했다.

"이번에 독약을 넣은 것은 바로 여희입니다. 당신은 왜 스스로 나서서 해명하지 않았습니까?"

태자가 대답했다.

"아버님은 늙으셨으니 여희가 없으면 자리도 편치 않고 음식도 맛이 없으실 것입니다. 제가 가서 이를 말씀드린다면 부친께선 더 노하실 것입니다. 그리할 수 없습니다."

또 다른 사람이 태자에게 말했다.

"다른 나라로 망명할 수 있잖습니까?"

태자가 대답했다.

"이런 나쁜 누명을 쓰고 망명한다면 그 누가 나를 받아 주겠습니까? 나는 오직 자살할 뿐입니다."

12월 무신일에 태자 申生은 新城에서 자살했다.

26. 晉靈不君(節晉世家)

[原文] 十四年 靈公[1]壯 侈 厚斂以彫牆.[2] 從臺上彈人 觀其避丸也. 宰夫[3]胹熊蹯不熟[4] 靈公怒 殺宰夫 使婦人持其屍出棄之 過朝.[5] 趙盾 隨會[6]前數諫 不聽. 已[7]又見死人手 二人前諫. 隨會先諫 不聽. 靈公患之 使鉏麑[8]刺趙盾. 盾閨門[9]開 居處節[10] 鉏麑退 歎曰 「殺忠臣 棄君命 罪一也.」[11] 遂[12]觸樹而死.

[註解] 1) 靈公 : 이름은 夷皐(이고) 在位는 기원전 621~607년. 襄公의 太子로 어린 나이에 즉위하였는데, 즉위할 때 趙盾의 도움이 컸다.

2) 厚斂以彫牆 : 세금을 많이 거두었고 담장을 장식하기도 했다. 彫는 畵也. 彫牆은 꽃을 새겨 담장을 장식하다.

 ＊ 以는 連詞로 而와 같다.

 【用例】城高以厚 地廣以深.「史記. 仲尼弟子列傳」

3) 宰夫 : 宰人. 요리사(廚夫).

4) 胹熊蹯不熟(이웅번불숙) : 곰 발바닥을 삶았으나 익지 않았다. 胹는 익히다 삶다(煮也, 熟也). 熊蹯은 곰 발바닥(熊掌). 맛은 좋으나 고루 익히기가 매우 어렵다. 蹯은 獸足也.

5) 過朝 : 관청 앞으로 지나가다. 朝는 聽政之處. 곧 관아.

6) 趙盾·隨會 : 趙盾은 晉의 大夫로, 秦의 침입을 격퇴하고 靈公을 즉위시켰다. 隨會는 晉의 大夫로 유능한 행정 관리였다.

7) 已 : 이미. 지금. 금방.

8) 鉏麑(서예) : 晉의 力士. 麑는 새끼사슴.

9) 閨門 : 內室之門也.

10) 居處節 : 家內에서의 행동이 예절에 어긋나지 않았다는 뜻.

11) 罪一也 : 罪는 마찬가지다.

    ＊ 也는 句尾語氣詞로 강한 긍정이나 단정 판단의 語氣를 나타낸다.

    【用例】㉠ 惻隱之心 仁之端也.「孟子, 公孫丑 下」

    ㉡ 生我者父母 知我者鮑子也.「史記, 管晏列傳」

12) 遂 : 마침내.

    【用例】遂伏劍自殺.「史記, 刺客列傳」

【語譯】 晉 영공 14년, 영공은 장년이 되었으나 사치하고 무겁게 세금을 거두고 담장을 장식하기도 했다. 누대 위에서 탄궁을 쏘아 사람이 탄궁알을 피하는 것을 보고 즐기기도 했다.

궁중 요리사가 웅장(熊掌)을 익혔으나 고루 익지 않았다고 화를 내어 요리사를 죽이고는 그의 아내로 하여금 그 시신을 갖다 버리게 하였는데, 마침 관아 앞으로 지나갔다.

趙盾과 隨會는 그전에도 여러 번 영공에게 간했으나 영공은 듣지 않았다. 지금 또 죽은 요리사의 축 늘어진 손을 보고, 두 사람은 영공에게 나가 간하기로 하였다. 수회가 먼저 임금에게 간했지만 영공은 듣지 않았다.

영공은 신하가 간하는 것이 싫어서 서예를 시켜 趙盾을 찔러 죽이라고 시켰다.

조순의 집 안채의 대문이 열려 있고 거처함에 절도가 있었다.

서예가 물러나 탄식하며 말했다.

"충신을 죽이는 것이나 임금의 명을 이행치 않는 것이나 죄는 마찬가지다."

서예는 마침내 나무에 머리를 부딪고 죽어 버렸다.

[原文] 初 盾常田首山[1] 見桑下有餓人. 餓人 示眯明[2]也. 盾與之食 食其半. 問其故 曰 「宦三年[3] 未知母之存不[4] 願遺母.」盾義之[5] 益與之飯肉. 已而[6]爲晉宰夫 趙盾弗復知也. 九月 晉靈公飮趙盾酒 伏甲將攻盾. 公宰[7]示眯明知之 恐盾醉不能起 而進曰 「君賜臣 觴三行[8]可以罷.」欲以去趙盾 令先[9] 母及難.[10] 盾旣去 靈公伏士[11]未會[12] 先縱齧狗名敖.[13] 明爲盾搏殺[14]狗. 盾曰 「棄人用狗 雖猛何爲.」[15] 然不知明之爲陰德也. 已而靈公縱伏士出逐趙盾. 示眯明反擊靈公之伏士 伏士不能進 而竟脫盾.[16] 盾問其故 曰 「我桑下餓人.」問其名 弗告. 明亦因亡去.[17]

[註解] 1) 常田首山 : 일찍이 首山에서 사냥했다.
常은 嘗과 같음. 田은 田獵(사냥). 首山은 山西省 永濟縣 부근의 山名.
2) 示眯明(시미명) : 「左傳」宣公 12年에는 提彌明이라 했음.
3) 宦三年 : 3년간 벼슬하기 위한 공부를 했다. 宦은 學也(「左傳」의 註).
4) 母之存不 : 모친이 생존해 있는지 아닌지.
5) 義之 : 그를 의롭다고 생각하다.
6) 已而 : 오래지 않아(不久也).
7) 公宰 : 靈公의 宰夫. 요리사.
8) 觴三行 : 술이 3회 돌다(行酒令三巡也). 觴(상)은 酒器. 또는 술을 권하다(進酒勸飮也).
9) 令先 : 먼저 가게 하다.
＊사역의 뜻을 가진 동사 令·使·遺·敎·俾 등은 사역형을 만든다.

234

【用例】何故深思高擧 自令放爲. 「屈原, 魚父辭」

10) 毋及難 : 환난이 미치지 못하게 하다.

11) 伏士 : 매복한 병사.

12) 未會 : 맞부딪치지 않았다.

13) 先縱獒狗名敖(선종설구명오) : 먼저 사람을 물어뜯는 敖라는 개를 풀어놓았다.

　　縱은 풀어놓다(放也). 獒은 깨물다. 敖는 四尺大犬之名.

14) 搏殺(박살) : 손으로 때려죽이다. 搏은 손으로 치다(手擊), 잡다(捕也).

15) 棄人用狗 雖猛何爲 : 사람을 쓰지 않고 개를 쓴다지만, 비록 사나워도 무슨 소용이 있겠는가?

16) 竟脫盾 : 마침내 趙盾을 탈출시켰다.

17) 明亦因亡去 : 시미명 또한 이로 인해 도망갔다.

語譯 그전에 趙盾은 首山에서 사냥을 할 때, 뽕나무 아래에 있는 몹시 굶주린 사람을 만났다. 그는 시미명이란 사람이었다. 조순이 그에게 먹을 것을 주니 그 사람은 반만 먹었다. 그 까닭을 묻자 그가 말했다.

"3년간 벼슬공부를 했는데, 지금 모친의 생사를 모르긴 하지만 모친께 드리려고 합니다."

조순은 그를 의인이라 생각하고 밥과 고기를 더 주었다.

그 뒤 오래지 않아 시미명은 靈公의 요리사가 되었고, 조순은 다시 그를 알아보지 못했다.

9월에 영공은 조순을 불러 술을 마시게 하고 무장한 장수를 매복시켰다가 조순을 죽이도록 하였다.

영공의 요리사인 시미명이 이를 알고, 조순이 취하여 몸을 못 가눌까 걱정되어 들어가 말했다.

"임금이 신하에게 술을 하사할 때는 술이 세 번 돌면 끝내야 합니다."

시미명은 조순을 먼저 나가게 해서 그에게 재난이 미치지 않도록 할 생각이었다. 조순은 이미 떠났으므로, 영공이 매복시킨 병사들이 조순을 만나지 못하자 우선 사람을 물어뜯는 敖(오)라는 개를 풀어놓았다.

시미명은 조순을 위해 개를 때려잡았다. 조순이 말했다.

"사람을 놔두고 개를 쓰지만, 개가 아무리 사나워도 무얼 하겠는가?"

그러나 조순은 시미명이 그런 음덕을 베푼 것을 알지 못하였다.

곧 영공은 숨긴 병사들을 풀어 조순을 추격케 하였다.

시미명이 영공의 병사들을 반격하니 병사들은 쫓아올 수 없게 됐고, 마침내 조순은 탈출할 수 있었다.

조순이 시미명에게 도와 주는 까닭을 물으니 시미명이 대답했다.

"저는 뽕나무 아래에 있던 그 굶주린 사람입니다."

성명을 물어도 시미명은 대답하지 않았다. 시미명 또한 이 사건 때문에 도망가야만 했다.

原文 盾遂奔 未出晉境. 乙丑 盾昆弟1)將軍趙穿襲殺2)靈公於桃園而迎趙盾. 趙盾素貴3) 得民和 靈公少 侈 民不附 故爲弑易.4) 盾復位. 晉太史董狐5)書曰 「趙盾弑其君」以視於朝.6) 盾曰.「弑者趙穿 我無罪.」太史曰 「子爲正卿7) 而亡不出境反不誅亂國8) 非子而誰.」9) 孔子聞之曰 「董狐 古之良史也書法不隱.10) 宣子11) 良大夫也 爲法受惡.12) 惜也. 出疆乃免.13)

註解 1）昆弟(곤제)：兄弟. 趙穿은 趙盾의 4촌 형제였다.

　　【用例】 孝哉 閔子騫 人不閒於其父母昆弟之言.「論語, 先進」

2）襲殺(습살)：습격하여 죽이다.

3）趙盾素貴：趙盾은 본래 고귀한 사람이었다. 여기서는 높은 벼슬 못지않게 품행이 고귀했다는 뜻.

4）故爲弑易：그러므로 弑殺이 용이했다. 易(이)는 쉽다.

5）董狐(동호)：인명. 晉의 史官.

6）以視於朝：쓴 것을 조정의 사람들에게 보여주다.

7）子爲正卿：당신은 나라의 大臣이면서.

8）反不誅亂國：돌아와서는 나라를 어지럽힌 자를 죽이지도 않았다.

9）非子而雖：당신이 안 그랬다면 누가 했는가? 子는 2인칭 代詞. 而는 連詞. 雖는 의문대사.

10）書法不隱：사실을 기록함에 숨김이 없다. 書法은 史筆(孔子作春秋 卽孔子之書法也).

11）宣子：趙盾의 시호.

12）爲法受惡：史筆에 의해 허물을 썼다.

13）出彊乃免：만약 趙盾이 國境을 넘었더라면 군신의 의가 단절되었고, 그렇게 되면 弑君의 허물도 없고, 돌아와 國賊을 칠 의무도 없다는 뜻.

參考「左傳」宣公 二年條에 자세히 실려 있다. 끝 부분의 공자의 말에 대해 공자의 말이 아닐 거라고 이의를 제기하는 사람도 있다. 董狐의 이론대로 直筆記事하며 無所忌憚하는 史筆을 董狐之筆이라고 한다.

語譯 조순이 드디어 망명하였지만 미처 晉의 국경을 넘지는 못했다. 을축일에 조순의 형제인 趙穿 장군이 桃園에서 영공을 습격 살해하고, 조순을 다시 불렀다. 조순은 평소 고귀한 인품을 갖고 있었고 민심을 얻을 만큼 온화하였으며, 영공은 어리고 사치하였으며 백성들이 따르지 않았으므로 弑殺하는 것이 용이했었다.

조순은 옛 지위를 회복했다.

晉의 태사 동호는 이 사실을 기록하며 '조순이 임금을 시해했다'고 써서 조정 신하들에게 보였다.

조순이 말했다.

"임금을 시해한 사람은 趙穿이며, 나는 죄가 없다."

太史 동호가 말했다.

"당신은 나라의 대신으로 망명하였지만 국경을 넘지 못했고 돌아와서는 나라를 어지럽힌 자를 죽이지도 않았으니, 임금을 시해한 것이 당신이 아니면 누구이겠는가?"

공자가 이 사실을 듣고 말하였다.

"동호는 옛날의 훌륭한 사관이다. 사실을 기록하되 숨김이 없었다. 宣子 조순은 훌륭한 大夫였으나 史筆 때문에 허물을 얻었었다. 안타깝구나! 국경을 넘었더라면 그런 허물은 면할 수 있었으리라."

27. 張儀說楚絶齊(節楚世家)

[原文] 楚懷王[1]十六年 秦欲伐齊 而[2]楚與齊從親[3] 秦惠王[4]患
之. 乃宣言張儀[5]免相 使張儀南見楚王 謂楚曰 「敝邑之王[6]
所甚說者[7]無先大王[8] 雖儀之所甚願爲門闌之廝[9]者亦無先大
王. 敝邑之王所甚憎者無先齊王 雖[10]儀之所甚憎者亦無先齊
王. 而大王和之[11] 是以敝邑之王不得事王 而今儀亦不得爲門
闌之廝也. 王爲儀閉關而絶齊 今使使者從儀西[12]取故[13]秦所
分楚商於之地[14]六百里 如是則齊弱矣. [15] 是北弱齊 西德於秦
私[16]商於以爲富 此一計而三利[17]俱至也.

[註解] 1) 懷王 : 재위 기원전 329~299년. 秦과 여러 차례 싸워 패하였
었다. 秦昭王이 화친하고 혼약하자는 제안을 받고 屈原의 반대에도
불구하고 秦에 들어갔다가 그곳에서 죽었다.

2) 而 : 連詞. 轉折關係를 표시.

3) 從親 : 合從의 약속. 전국시대에 韓·魏·趙·楚·燕·齊의 6국이
서로 친하고 연합하여 秦에 항거하자는 외교 방책.

[參考] 蘇秦起閭閻 連六國從親 此其智有過人者也.「史記, 蘇秦列傳」

4) 秦惠王 : 재위 기원전 338~311년.

5) 張儀 : 본래 魏人. 蘇秦과 함께 鬼谷 先生한테서 수업받았다. 趙相
이 된 蘇秦을 만나러 갔다가 받아들여지지 않자 秦에 가서 惠王을
만나 宰相이 되었다. 六國을 유세하며 合從을 깨고 連橫策을 펴 秦
을 섬기도록 했다. 뒷날 魏相이 되었다가 魏에서 죽었다.

6) 敝邑之王 : 우리 고을의 왕, 즉 楚王에 대하여 秦王을 낮춰 부른 말. 敝(폐)는 弊와 같음.

7) 所甚說者(소심열자) : 가장 좋아하는 분. 所에 의한 피동형임.

8) 無先大王 : 대왕보다 앞선 사람이 없다. 대왕이 제일이다. 대왕은 楚王.

9) 門闌之廝(문란지시) : 賤役. 門闌은 대문의 빗장, 즉 문지기. 廝는 役이니 문지기가 하는 일. 장작을 쪼개고 말을 기른다는 析薪養馬 같은 賤役을 뜻함.

10) 雖 : 發語辭로 惟와 같다. 雖는 만약(若)의 뜻이 있는데, 若과 같은 의미로 해석해도 된다.

11) 而大王和之 : 그런데 대왕은 그와 친하다. 大王은 楚王. 之는 齊王.

12) 從儀西 : 張儀를 따라 秦에 가서. 西는 서쪽으로 가다. 즉, 秦에 가다.

13) 故 : 옛날에. 그전에. 狀語로 쓰였음.

14) 商於之地 : 商於의 땅. 商於는 지금의 河南省 淅川縣 일대.

15) 齊弱矣 : 齊는 약해진다. 矣는 動態語氣詞.

16) 私 : 利也. 이익.
   【用例】而獨於富貴之中 有私龍斷焉(혼자 부귀하면서도 龍斷의 利를 차지했다).「孟子, 公孫丑 下」
   ＊龍斷은 壟斷과 같음. 농단은 높이 솟은 땅인데, 그곳에 올라가 눈에 보이는 시장의 이익을 독점했다는 뜻. 壟斷은 獨占의 뜻으로 쓰임.

17) 一計三利 : 楚와 齊와 斷交함으로 秦과 和親, 齊勢 弱化, 故地 收復하고 國富를 이룩하는 三利가 있다는 말.

[語譯] 초회왕 16년, 秦이 齊를 치려 했으나 楚와 齊가 合從을 맺고 있어 秦의 혜왕은 이를 걱정하고 있었다. 혜왕은 곧 張儀를 재상에서 면직시키고, 장의를 시켜 남으로 가서 楚王을 만나도록 하였다.

장의가 초왕에게 말했다.

"저의 왕이 가장 좋아하는 분은 바로 대왕이시며, 제가 문지기를 하면서라도 모시고 싶은 분이 있다면 바로 대왕뿐입니다. 저의 왕이 가장 미워하시는 사람은 齊王이며, 제가 가장 증오하는 사람이 있다면 그 또한 齊王입니다.

그러나 대왕께서는 齊王과 화친하고 계시니 이 때문에 저의 왕이 대왕을 섬길 수 없으며, 저 또한 천한 일이라도 하면서 대왕을 섬길 수 없습니다. 대왕께서는 저를 위해서라도 齊와의 국경을 폐쇄하고 절교하신 뒤, 사자로 하여금 저와 함께 秦나라로 가서 옛날에 秦이 쪼개어 가져간 商於의 땅 6백 리를 되찾게 하십시오. 이와 같이 하시면 齊는 쇠약해집니다. 이렇게 북으로 齊를 약화시키고, 秦에게는 은덕을 베풀고 商於의 利를 얻어 國富를 이룩할 수 있으니, 이는 一計를 써서 三利를 다 얻는 것입니다."

原文 懷王大悅 乃置相璽[1]於張儀 日與置酒[2] 宣言「吾復得吾商於之地」. 群臣皆賀 而陳軫獨弔.[3] 懷王曰 「何故」. 陳軫對曰 「秦之所爲重王者 以王之有齊也.[4] 今地未可而齊交先絶 是楚孤也[5] 夫秦又何重孤國哉. 必輕楚矣. 且先出地而後絶齊 則秦計不爲.[6] 先絶齊而後責地[7] 則必見欺於張儀[8] 則王必怨之. 怨之 是西起秦患 北絶齊交. 西起秦患 北絶齊交 則兩國之兵必至. 臣故弔.」楚王弗聽 因使一將軍西受封地.

註解 1) 相璽(상새) : 宰相之印.
2) 日與置酒 : 날마다 잔치를 벌여 주다.
3) 陳軫獨弔 : 陳軫만이 슬퍼했다. 陳軫은 游說에 能한 說客이었다.

弔(吊)는 凶事를 위문하다. 傷心하다.

4) 以王之有齊也 : 왕이 齊와 서로 친하기 때문이다. 以는 원인을 밝혀 주는 介詞.

有는 서로 친함이 있다(相親有也)의 뜻.

【用例】是不有寡君也(이는 우리 임금과 친함이 없는 것이다).「左傳, 昭公 20년」

5) 是楚孤也 : 이는 楚가 孤立된 것이다.

6) 秦計不爲 : 秦의 계교는 성공하지 못한다.

7) 責地 : 땅을 요구하다.

8) 見欺於張儀 : 張儀에게 기만당하다.

＊見은 ‘∼을 당하다’라는 뜻의 부사이고, 於는 ‘∼에 의해서’라는 뜻을 가진 介詞이다. 見이나 於 한 字만 있어도 피동의 뜻을 갖게 된다.

【用例】㉠ 吾嘗三仕 三見逐於君(세 번 君王에게 쫓겨나다.)「史記, 管晏列傳」

㉡ 子曰. 年四十而見惡焉 其終也已(나이 40에 남에게 미움을 사면 아마도 끝장일 것이다).「論語, 陽貨」

• 惡의 音은 오.

[語譯] 회왕은 크게 기뻐하며 재상의 직인을 장의에게 맡겼고, 날마다 주연을 베풀며 ‘내가 商於의 땅을 되찾았다’고 두루두루 말했다. 여러 신하들이 모두 치하하였으나 오직 陳軫만이 슬퍼하였다.

회왕이 무슨 까닭이냐고 묻자 진진이 대답하였다.

“秦나라가 왕을 중히 여기는 것은 왕께서 齊와 친하기 때문입니다. 지금 땅을 수복하지도 못하고 齊와 먼저 절교하는 것은 바로 楚가 고립되는 것입니다. 그렇게 되면 고립된 나라를 秦이 어찌 중히 여기겠습니까? 틀림없이 楚를 업신여길 것입니다. 만약 秦이 땅을 먼저 내놓으면 그 뒤에 齊와 절교해도 秦

242

의 계교는 성공할 수 없습니다. 齊와 먼저 절교하고 뒤에 땅을
요구한다면 틀림없이 장의에게 기만당할 것이며, 그렇게 되면
왕께선 秦을 원망하게 됩니다. 秦을 원망하면 서쪽으로는 秦의
兵患이 일어나고 북으로는 齊와 절교할 것입니다. 서쪽으로 秦
의 환난이 있고 북으로 齊와 절교하게 되면, 두 나라의 군사가
틀림없이 쳐들어올 것입니다. 저는 이런 까닭에 슬퍼하였습니
다."

楚王은 진진의 충고를 듣지 않고 곧 장군 한 사람을 보내 秦
에 들어가 땅을 인수하라고 했다.

原文 張儀至秦 詳醉墮車 稱病[1]不出三月 地不可得. 楚王曰
「儀以吾絶齊爲尚薄邪.[2]」乃使勇士宋遺北辱齊王. 齊王大怒
折楚符而合於秦.[3] 秦齊交合 張儀乃起朝 謂楚將軍曰 「子何
不受地. 從某至某[4] 廣袤[5]六里.」楚將軍曰 「臣之所以見命
者[6]六百里 不聞六里.」即以歸報懷王. 懷王大怒 興師將[7]伐
秦. 陳軫又曰 「伐秦非計也. 不如因賂之一名都[8] 與之伐齊
是我亡於秦 取償於齊也[9] 吾國尚可全.[10] 今王已絶於齊而責
欺於秦 是吾合[11]秦齊之交而來天下之兵也 國必大傷矣.」楚
王不聽 遂絶和於秦 發兵西攻秦. 秦亦發兵擊之.

註解 1) 稱病 : 託言有病. 與稱疾同.
【用例】常稱病閒居 不慕官爵.「史記, 司馬相如列傳」
2) 儀～薄邪 : 張儀는 내가 齊와 絶交한 것만으론 아직도 부족하다고
생각하는가?
以～爲는 ～을 ～이라고 생각하다. 尚은 오히려(猶也), 아직도(未
盡之辭). 薄은 적다(少也), 不足也.
* 邪(야)는 句尾語氣詞로 反語의 뜻이 있음.

【用例】 子乃爲所欲 顧不易邪(그대가 하고 싶은 일을 하는 것이 오히려 쉽지 않은가?).「史記, 刺客列傳」

3) 折楚符而合於秦 : 楚의 符節을 꺾어버리고 秦의 符節에 맞추었다. 즉, 楚와 단교하고 秦과 수교했다.

4) 從某至某 : 어디서부터 어디까지.

5) 廣袤(광무) : 東西曰廣 南北曰袤. 袤는 뻗치다.

6) 所以見命者 : 命 받은 바는. 피동형 어구임.

7) 將 : 장차 ~하려 하다.

8) 賂之一名都 : 秦에게 큰 도성을 하나 주다. 賂(뇌)는 주다(贈也).

9) 是我 ~ 齊也 : 우리는 秦에게 뺏기고 그 보상은 齊에서 받는 것이다. 亡은 잃다(失也). 뺏기다.

10) 吾國尙可全 : 우리나라는 오히려 온전할 수 있다.

11) 合 : 이루어 주다. 만들어 주다.

語譯 장의는 秦에 다다르자 거짓 취하여 수레에서 떨어져, 병을 핑계로 석 달 동안 조정에 나오지 않아 楚는 땅을 돌려받지 못했다.

楚王이 말했다.

"장의는 내가 齊와 절교한 것만으론 부족하다고 생각하는가?"

그리고는 용사 宋遺를 시켜 북으로 진격하여 齊王을 모욕하게 하였다.

齊王은 대로하며 楚의 부절을 꺾어 버리고 秦에 합쳐 버렸다. 秦과 齊의 수교가 이루어지자 장의는 곧 일어나 조정에 나와 楚의 장군에게 말했다.

"당신은 왜 땅을 받지 않았는가? 어디서부터 어디까지가 사방 6리의 땅이오?"

楚의 장군이 말했다.

"내가 명령 받기는 6백 리의 땅이지 6리라는 말은 듣지 않았습니다."

楚의 장군은 곧 돌아와 회왕에게 보고했다. 회왕은 크게 화를 내며 군대를 일으켜 秦을 치려고 했다.

陳軫이 다시 楚王에게 말했다.

"秦을 치는 것은 좋은 계책이 아닙니다. 秦에게 이름있는 큰 고을을 하나 주고 秦과 같이 齊를 치는 것만 못하니 이는 우리가 秦에게 잃은 것을 齊에서 보상받는 것이며, 우리나라는 오히려 온전할 것입니다. 지금 王께선 이미 齊와 절교했고, 기만 당했다고 秦을 책망하는 것은 우리가 秦과 齊의 우호를 두텁게 하여, 천하의 군사가 우리나라를 치게 하는 것이니 나라가 크게 다칠 것입니다."

楚王은 충고를 듣지 않고 마침내 秦과 절교하고 군사를 내어 서쪽으로 秦을 공격하였다. 秦도 군사를 내어 楚를 공격했다.

28. 陶朱公救中男(節越王句踐¹⁾世家)

[原文] 朱公²⁾居陶 生少子. 少子及壯³⁾ 而朱公中男殺人 囚於楚. 朱公曰 「殺人而死 職也.⁴⁾ 然吾聞千金之子不死於市.」⁵⁾告其少子往視之. 乃裝黃金千溢⁶⁾ 置褐器⁷⁾中 載以一牛車. 且⁸⁾遣其少子 朱公長男固請欲行. 朱公不聽 長男曰 「家有長子曰家督 今弟有罪 大人不遣 乃遣少弟 是吾不肖.」⁹⁾欲自殺. 其母爲言曰 「今遣少子 未必能生中子也 而先空亡長男¹⁰⁾ 奈何.」朱公不得已而遣長子 爲一封書遺故所善莊生.¹¹⁾曰 「至則進千金于莊生所¹²⁾ 聽其所爲 愼無與爭事.」¹³⁾ 長男旣行 亦自私齎¹⁴⁾數百金.

[註解] 1) 句踐 : 춘추 五霸 중의 한 사람. 吳王 夫差에게 항복한 뒤 會稽에서 臥薪嘗膽, 재기하여 패업을 이룩했다. 周元王에 의해 伯으로 봉해졌지만 왕을 僭稱했다. 句踐世家는 「史記」41권에 들어 있다.

2) 朱公 : 흔히 陶朱公이라 부르며 부자의 代名詞가 되었다(故言富者皆稱陶朱公).「史記, 貨殖列傳」

朱公의 본명은 范蠡(범리)이다. 越王 句踐을 20여 년간 섬겨 吳王夫差를 멸망시키고 渡江하여 齊와 晉을 누르고, 周 왕실을 존중하자는 패자의 업을 이룩하게 했다. 범리는 곧 句踐을 떠나 齊로 옮겨 갔다. 그 까닭은 구천의 爲人이 환난은 같이할 수 있으나 태평을 같이 누릴 수 없는 사람이기 때문이었다. 齊로 옮겨 간 범리는 성명을 바꾸고, 농경과 治産을 잘하여 수십만 금을 모았다. 齊에서 그를 재상으로 삼았다. 범리는 '居家하여 致千金하고, 居官하여 卿相의 位에 올랐으니, 이는 布衣之人의 極也라. 久受尊名은 不可하다'하면 相印을 반납하고 萬金을 흩어 知友와 鄕黨에게 나누어주고, 陶(지금의 山東省 定陶縣)로 몰래 이사하고 朱公이라 칭했다. 陶에서도 검소하게 살며 농경에 힘쓰고 장사하되 什一之利만을 취하여 다시 巨萬金을 모으니 世人들이 모두 陶朱公이라며 부러워했다.

3) 少子及壯 : 막내아들이 壯年이 되었을 때.

　　及은 '∼함에 이르다' '∼ 하자'의 뜻.

　　【用例】及小白立爲桓公.「史記, 管晏列傳」

4) 職也 : 당연한 일이다(應爲之事也).

　　【用例】我竭力耕田 共爲子職而已矣.「孟子, 萬章 上」

5) 千金之子不死於市 : 부잣집 아들은 공개처형을 당하지 않는다. 부잣집 아들은 죽지 않을 수도 있다는 뜻.

6) 千溢(천일) : 24냥을 1溢이라 한다.

7) 褐器(갈기) : 褐衣(굵은 삼베 옷)를 넣는 상자.

8) 且 : ∼하려 하다. 將과 같음.

　　【用例】一人蛇先成 引酒且飮之(뱀을 먼저 그리고 술을 당겨 마시려 했다).「戰國策趙策」

9) 不肖(불초) : 不似. 不似其先也. 不賢也.

　　【用例】堯知子丹朱之不肖.「史記, 五帝本紀」

　　•不肖子란 말은 愚子란 뜻으로, 謙詞로 쓰인다.

10) 先空亡長男 : 먼저 헛되이 장남만 잃게 되었다.

11) 故所善莊生 : 예부터 잘 아는 莊生. 善은 親也. 與人交驩曰善.

12) 莊生所 : 莊生의 處所.

13) 愼無與爭事 : 삼가 그가 하는 일에 대하여 따지지 않도록 하라.

14) 齎(자) : 갖고 가다(持也).

　語譯　주공은 陶에 살면서 막내아들을 얻었다. 막내아들이 장년이 되었을 때, 둘째아들이 살인하여 楚나라에 갇혔다.

주공이 말했다.

"살인하였으니 사형당하는 것은 당연하다. 그러나 나는 천금
의 재산을 가진 사람의 자식은 죽음을 당하지 않을 수도 있다고
들었다."

주공은 막내아들에게 형을 만나보라고 하였다. 곧 황금 천일
(千溢)을 꾸려 옷 상자에 넣어 우차에 실었다. 막내아들을 막
보내려 하는데 주공의 장남이 굳이 가겠다고 말했다. 주공이
허락하지 않자 장남이 말했다.

"집안의 장남을 家督이라고도 합니다. 지금 동생이 죄를 지
었는데 장자를 보내지 않고 제 동생을 보내는 것은 제가 불초한
탓입니다."

이렇게 말하며 자살하려고 했다.

그의 모친이 주공에게 말했다.

"지금 막내아들을 보낸다고 둘째를 꼭 살릴 수 있는 것도 아
닌데 공연히 먼저 장남만 잃게 됐으니 어찌하면 좋겠습니까?"

주공은 부득이 장남을 보내면서 편지 한 통을 써서 예부터 잘
아는 장생에게 주라 하며 말했다.

"그곳에 도착하면 이 황금을 장생의 거처에 보내고 그분이
하라는 대로 따르되, 일에 대하여 따지지 않도록 조심하여라."

장남은 자신의 여비로 수백금을 가지고 갔다.

[原文] 至楚 莊生家負郭[1] 披藜藿[2]到門 居甚貧. 然長男發書進
于金[3] 如其父言. 莊生曰「可疾去矣[4] 愼毋留. 即弟出[5] 勿[6]
問所以然.」長男既去 不過莊生而私留[7] 以其私賷獻遺楚國
貴人用事者.[8] 莊生雖居窮閻 然以廉直聞於國[9] 自楚王以下
皆師尊之. 及朱公進金 非有意受也 欲以成事後復歸之以爲

信耳. 故金至 謂其婦曰「此朱之金. 有如病不宿[10] 誠後復歸[11] 勿動.」[12] 而朱公長男不知其意 以爲殊無短長也. [13]

[註解] 1) 負郭 : 성곽을 등지고 있었다. 負는 背也. 郭은 城廓. 窮者의 집이란 뜻.

【用例】至其家 家乃負郭窮巷.「史記, 陳丞相世家.」

2) 藜藿(여조) : 명아주풀. 잎은 食用(賤菜, 布衣之所食也).

3) 進于金 : 황금을 드렸다.

＊于는 以와 같음.

【用例】歷告爾百姓于朕志.「書經, 盤庚 下」

4) 可疾去矣 : 빨리 떠나거라. 疾은 급히(迅速也, 急也).

5) 即弟出 : 만약 동생이 출옥하더라도. 即은 만약에(若也), 혹시(或也), 다만(但也)의 뜻.

6) 勿 : 禁止命令語.

【用例】娼妬勿起於心 讒言勿宣於口.「明心寶鑑, 省心」

7) 不過莊生而私留 : 莊生 집엔 다시 가지 않고 私處에 留宿했다.

8) 用事者 : 권력자.

用事는 권력을 쥐고 행하다(當權也).

【用例】趙太后新用事.「史記, 趙世家」

9) 聞於國 : 나라 안에 명성이 났다.

＊聞은 좋은 소문(令聞, 善譽)이 나다.

【用例】子曰 後生可畏 焉知來者之不如今也 四十五十而無聞焉 斯亦不足畏也 (後生이 두려우니 그들의 장래가 지금 우리만 못하리라 어찌 알리오. 40~50이 되어도 소문이 없으면 역시 두려울 것이 없느니라).「論語, 子罕」

10) 有如病不宿 : 病과 같아 묵힐 수 없다. 宿은 '묵히다'라는 뜻의 동사.

11) 誠後復歸 : 조심했다가 뒤에 다시 돌려주다. 誠는 경계하다.

12) 勿動 : 손대지 말라.

13) 以爲殊無短長也 : 특별한 효과가 없을 것이라 생각했다.

短長之術이란 戰國時代 謀士들의 術數를 말함. 殊는 '특수한' '특이한'의 뜻.

[語譯] 장남이 楚나라에 도착하였다. 장생의 집은 성벽 바로 밑에 있었고, 주공의 장남은 명아주풀을 헤치며 문앞에 당도했다. 그의 거처는 매우 가난했다. 그러나 장남은 그 부친의 말대로 편지와 황금을 장생에게 주었다.

장생이 장남에게 말했다.

"속히 이곳을 떠나거라, 이곳에 머물지 말라, 혹 아우가 출옥하더라도 어떻게 나왔는지 이유를 묻지 마라."

장남은 그곳을 나와 다시는 장생을 찾지 않고 다른 곳에 유숙하면서 私用으로 갖고 온 돈을 楚나라의 귀인이나 권력자에게 바쳤다.

장생이 비록 가난한 마을에 살고 있었지만 청렴하고 곧기로 나라 안에 알려졌었으며, 楚王 이하 모두가 그를 스승으로 존경하고 있었다.

주공이 돈을 보내왔을 때, 받을 생각이 있었던 것은 아니었으며 성사된 뒤에 다시 돌려보내어 신의를 지키려고 생각하고 있었다. 그러므로 돈이 들어왔을 때 그 부인에게 말했다.

"이것은 주공이 보내온 돈인데, 마치 질병과 같아 오래 묵혀 둘 수 없고 잘 두었다가 뒤에 다시 돌려보낼 것이니 손대지 마시오."

그러나 주공의 장남은 그 뜻을 알지 못하고 별다른 방법이 없다고 생각했다.

[原文] 莊生閒時¹⁾ 入見楚王 言「某星宿某²⁾ 此則害於楚」. 楚王

250

素信莊生 曰 「今爲奈何」莊生曰 「獨以德爲可以除之.」楚
王曰 「生休矣[3) 寡人將行之.」王乃使使者封三錢之府.[4) 楚
貴人驚告朱公長男曰 「王且赦.」[5) 曰「何以也.」曰 「每王且
赦 常封三錢之府. 昨暮[6)王使使封之.」朱公長男以爲赦 弟固
當出也[7) 重千金虛棄莊生 無所爲也[8) 乃復見莊生. 莊生驚曰
「若不去邪.」[9) 長男曰 「固未也. 初爲事弟 弟今議自赦 故
辭生去.」[10) 莊生知其意欲復得其金 曰 「若自入室取金.」長
男即自入室取金持去 獨自歡幸.[11)

註解 1) 閒時(한시) : 한가한 때에. 閒이 틈, 사이, 대신하다 등의 뜻
일 때는 讀音이 '간'이다.

2) 某星宿某 : 무슨 별이 어디에 있다. 宿(수)는 星座.

3) 生休矣 : 그대는 赦免을 말하는군. 生은 莊生. 休는 왕명으로 사면
함. 休는 宥之也.

4) 三錢之府 : 黃金 白銀 赤銅의 3종 화폐를 보관하는 창고. 三錢之府
를 封한다는 것은 사면에 앞서 도적을 예방하는 조처임.

5) 王且赦 : 王이 곧 사면하려 한다.

6) 昨暮(작모) : 어제 저녁.

7) 弟固當出也 : 동생은 틀림없이 당연히 출옥할 것이다.

8) 無所爲也 : 〔莊生은〕 한 일이 없다.

9) 若不去邪 : 자네는 가지 않았는가? 若은 2인칭 代詞.
*邪는 의문이나 감탄을 표시하는 語氣詞(耶와도 같음).
【用例】 由此觀之 怨邪 非邪.「史記, 伯夷列傳」

10) 故辭生去 : 그런고로 어른께 인사나 드리고 가겠습니다.

11) 獨自歡行 : 속으로 기뻐하며 돌아갔다.

語譯 장생은 한가한 때에 楚王을 만났다.
"무슨 별이 어디에 있어 楚에 해로울 것입니다."
楚王은 평소에 장생을 신임하였으므로 장생에게 물었다.

"지금 어떻게 하면 좋겠소?"

"오직 은덕을 베풀어야 이 재앙을 없앨 수 있습니다."

"그대는 죄인을 사면하란 뜻이군. 과인이 곧 실행하겠소."

楚王은 곧 사자를 시켜 三錢의 府庫를 봉하게 했다.

楚의 귀인이 소식을 듣고 놀라 朱公의 장남에게 말했다.

"왕께서 곧 사면할 것이오."

"어찌 알았습니까?"

"매번 왕께서 사면할 때면 늘 三錢의 府庫를 봉합니다. 어제 저녁 사자를 시켜 봉하게 했습니다."

주공의 장남은 사면이 되면 동생은 틀림없이 출옥할 것이며, 막중한 천금의 돈을 아무 일도 안한 장생에게 헛되이 버렸다고 생각했다. 그래서 곧 다시 장생을 찾아가 만났다.

장생이 놀라며 물었다.

"자네 아직 가지 않았는가?"

"가지 못했습니다. 저번에 동생일을 부탁드렸는데, 동생은 이번에 사면된다는 말이 있어 어른께 인사나 올리고 떠나겠습니다."

장생은 그 뜻이 돈을 되돌려 받으려는 것임을 알고 그에게 말했다.

"자네가 방에 들어가 그 돈을 갖고 가게."

장남은 곧바로 방에 들어가 돈을 갖고 가면서 속으로 좋아하였다.

[原文] 莊生羞爲兒子所賣[1] 乃入見楚王曰 「臣前言某星事　王言欲以修德報之.　今臣出　道路皆言陶之富人朱公之子殺人囚楚　其家多持金錢賂王左右[2]　故王非能恤[3]楚國而赦　乃以朱公

子故也.」楚王大怒曰 「寡人雖不德耳 奈何以朱公之子故而
施惠乎」令論殺[4]朱公子 明日[5]遂下赦令. 朱公長男竟[6]持其
弟喪[7]歸.

1) 爲兒子所賣 : 젊은이한테 이용당하다. 爲 ～ 所에 의한 피동
　　　형 문장이다. 兒子는 본래 어린아이(孺子)란 뜻이지만 尊長者가 젊
　　　은이를 말할 때 兒子라고도 한다.
　　　賣는 속이다(欺也), 이용당하다(害人以利己也)의 뜻.
　　　【用例】自知見賣.「史記, 范雎蔡澤列傳」

3) 左右 : 側近也. 手下人也. 近臣也.
　　　【用例】左右皆曰賢 未可也.「孟子, 梁惠王 下」

3) 恤(휼) : 불쌍히 여기다(愍憂也).

4) 論殺 : 사형을 판결하다.
　　　【用例】所論殺甚象.「史記, 酷吏傳」

5) 明日 : 그 다음날. 여기선 朱公의 아들을 사형시킨 다음날.

6) 竟 : 마침내. 결국은.

7) 喪 : 柩也. 屍身.
　　　【用例】送喪不由徑.「禮記, 曲禮 上」

語譯 장생은 젊은이한테 이용당한 것이 부끄러웠다. 그래서
궁궐에 들어가 楚王을 뵙고 말했다.

"제가 전에 어떤 별에 관해 말씀드렸더니 왕께서는 덕을 닦
아 보답하시겠다고 말씀하셨습니다. 오늘 제가 밖에 나가 들으
니 길 가는 모든 사람들이 말하기를, 지금 陶에 사는 부자 주공
의 아들이 살인하고 우리나라에 갇혀 있는데 그 집에서 많은 돈
을 갖고 와 왕의 근신들에게 주었기에, 왕께서는 우리나라 사
람들을 불쌍히 여겨 사면하는 것이 아니고 주공의 아들 때문이
라고 하였습니다."

楚王은 크게 화를 내며 말했다.

"과인이 아무리 덕이 없기로서니 어찌 주공의 아들 때문에
은혜를 베푼다 하겠소?"

楚王은 주공의 아들을 사형에 처하라 명령하고, 다음날 사면
령을 내렸다.

주공의 장남은 결국 동생의 시신을 갖고 돌아왔다.

[原文] 至 其母及邑人盡哀之. 唯朱公獨笑 曰 「吾固知必殺其
弟也. 彼[1]非不愛其弟 顧有所不能忍者也. [2] 是少與我俱[3] 見
苦 爲生難 故重棄財. [4] 至如少弟者生而見我富 乘堅驅良[5]逐
狡兎[6] 豈知財所從來 故輕棄之 非所惜吝. [7] 前日吾所爲欲遣
少子 固爲其能棄財故也. 而長者不能 故卒以殺其弟 事之理
也[8] 無足悲者. 吾日夜[9]固其喪之來也.」

[註解] 1） 彼 : 그 사람. 여기서는 長男.

   【用例】彼丈夫也 我丈夫也 吾何畏彼哉(그도 사나이 나도 사나이인데,
   내가 어찌 그를 두려워하겠나?). 「孟子, 勝文公 上」

2） 顧有~者也 : 생각해 보면 재물에 대해 인색한 점이 있다(의역).
   顧는 돌이켜 생각하다(思念也).
   不能忍者는 견디지 못하는 것, 차마 그렇게 못하는 것. 즉, 재물을
   버리지 못하고 지나치게 아긴다는 뜻이다.

3） 少與我俱 : 어려서부터 나와 함께 생활하다.

4） 重棄財 : 버려야 할 재물도 소중히 여기다.

5） 乘堅驅良 : 튼튼한 수레를 타고 좋은 말을 몰다(乘堅車驅良馬).

6） 逐狡兎 : 재빠른 토끼를 쫓다. 사냥하다.

7） 非所惜吝 : 아까워하는 것이 없다.

8） 事之理也 : 그 일의 당연한 이치다. 당연한 일이다.

9） 日夜 : 밤낮으로. 연일.

[語譯] 집에 도착하니 그의 모친과 마을 사람들이 모두 슬퍼하였다. 오직 주공은 혼자 웃으며 말했다.

"나는 큰애가 틀림없이 동생을 죽일 거라고 본디부터 알고 있었다. 그애가 동생을 사랑하지 않는 것은 아니지만 큰애는 재물에 너무 인색한 점이 있다. 이것은 큰애가 어려서부터 나와 함께 생활하면서 고통을 겪었고, 산다는 것이 어려운 줄을 알기 때문에 의당 버려야 할 재물도 아깝게 여긴다. 막내는 태어날 때부터 내가 부자였고, 견고한 수레를 타고 좋은 말을 몰며 사냥을 하였으니 재물을 어떻게 모았는지 어찌 알겠는가. 그래서 재물을 쉽게 버리며 아낄 줄 모른다.

그전에 내가 막내아들을 보내려 했던 것도 그 애는 재물을 버릴 수 있기 때문이었다. 그러나 큰애는 재물을 버리질 못해 결국엔 동생을 죽게 하였으니, 이는 일의 당연한 이치이므로 슬퍼할 것이 못 된다. 나는 그 애가 동생의 시신을 갖고 오기를 밤낮으로 기다리고 있었다."

29. 程嬰存孤(節趙[1]世家)

晉景公[2]之三年 大夫屠岸賈[3]欲誅趙氏. 屠岸賈者 始有
寵於靈公 及至於景公而賈爲司寇. 將作難 乃治靈公[4]之賊 以
致趙盾[5] 徧告諸將曰 「盾雖不知 猶爲賊首. 以臣弑君 子孫
存朝 何以懲罪[6] 請誅之.」 韓厥曰 「靈公遇賊 趙盾在外 吾
先君[7]以爲無罪 故不誅. 今諸將軍誅其後 是非先君之意而
今[8]忘誅. 忘誅謂之亂. 臣有大事而君不聞[9] 是無君也.」[10] 屠
岸賈不聽. 韓厥告趙朔趣亡.[11] 朔不肯 曰 「子必不絶趙祠
朔死不恨.」 韓厥許諾 稱疾不出. 賈不請而擅[12]與諸將攻趙氏
於下宮 殺趙朔・趙同・趙括・趙嬰齊 皆滅其族.

1) 趙 : 趙나라는 晉을 분할하여 이룩한 나라이다. 晉悼公(재위
  기원전 572~558년) 때부터 韓・魏・趙・知・范・中行氏의 六卿이 晉
  의 국정을 장악하고, 이후 100여 년간 그 지위를 세습하다가 결국
  韓・魏・趙가 晉을 分割 독립하니, 이를 보통 三晉이라 한다(기원전
  453년). 이들 韓・魏・趙는 이름뿐인 周 威烈王에 압력을 가하여 공
  식적으로 제후에 봉해진다(기원전 403년). 「史記」의 각 世家는 그 조
  상의 興起부터 서술하기 때문에 趙世家이지만 晉代의 일을 기록한
  것이다.
2) 晉景公 : 재위 기원전 600~581년.
3) 屠岸賈(도안고) : 인명.
4) 靈公 : 本書의 ‘26. 晉靈不君’편 참조.

5) 以致趙盾 : 屠岸賈가 靈公을 죽인 죄인들을 다스린다고 한 것이 결 국 趙盾에까지 이르렀다. 조순은 본래 영공을 옹립하였지만, 결국 영공을 피해 망명하다가 영공이 趙穿에 의해 살해되자 돌아왔었다 (本書 '晉靈不君'편 참조).
여기선 조순은 이미 죽었지만 죄인에 해당된다. 그러니 그 후손을 죽여야 한다는 것이 屠岸賈의 뜻이다.

6) 何以懲罪 : 어떻게 그 죄를 문책해야겠는가? 懲(징)은 責罰하다.

7) 先君 : 靈公 다음에 즉위한 成公. 지금 재위 중인 景公의 父.

8) 而今 : 지금(如今). 而後는 以後.

9) 君不聞 : 君에게 報告하지 않다.

10) 是無君也 : 이는 임금을 업신여기는 것이다. 無는 업신여기다. 무 시하다.
【用例】無父無君 是禽獸也.「孟子, 勝文公 下」

11) 告趙朔趣亡 : 趙朔에게 빨리 도망하라고 말하다. 趙朔은 趙盾之 子. 趣(촉)은 재촉하다(促也, 催也).

12) 擅(천) : 마음대로 하다(自專也).

[語譯] 晉景公 3년, 대부 도안고는 趙氏들을 죽이려 했다. 도안 고란 사람은 옛날에 영공의 총애를 받았었고, 경공 때에 司寇 가 되었다. 도안고는 모반을 꾀하여 영공을 시해한 賊臣들을 治罪한다 하여 조순의 허물을 거론하며 여러 장수들에게 널리 말했다.

"조순이 비록 몰랐다고 하지만 賊臣의 우두머리나 마찬가지 였다. 신하로서 임금을 시해했는데도 그 자손들이 조정에 있으 니, 어떻게 그 죄를 문책해야겠는가? 그들을 죽여야 한다."

그때 韓厥이 말했다.

"영공이 시해될 때 조순은 망명가는 중이었으며, 先君인 成 公도 죄가 없다 생각하여 죽이지 않았다. 지금 여러분이 그 후 손을 죽이려 하는데 이는 先君의 뜻이라 할 수도 없고, 지금 죽인다는 것은 사람을 함부로 죽이는 것이다. 함부로 죽이는 것은 난이라 할 수 있다. 또 신하들이 큰일을 하면서 임금에게 보고하지 않는 것은 임금을 무시하는 것이다.”

그러나 도안고는 따르지 않았다.

韓厥은 趙朔에게 빨리 도망가라고 말했다. 趙朔은 도망가려 하지 않았다.

“그대가 틀림없이 趙氏의 제사가 끊기지 않도록 해준다면 이 趙朔은 죽어도 한이 없겠습니다.”

韓厥은 그리하겠다고 허락하였고, 병을 핑게대고 나가지 않았다.

도안고는 임금의 재가를 청하지도 않고 제멋대로 여러 장수와 함께 下宮으로 趙氏들을 쳐서 趙朔·趙同·趙括 및 趙嬰齊 등, 그 일족을 모두 죽였다.

[原文] 趙朔妻成公姊 有遺腹 走公宮匿. 趙朔客曰公孫杵臼[1] 杵臼謂朔友人程嬰曰 「胡不死.」[2] 程嬰曰 「朔之婦有遺腹 若幸而男[3] 吾奉之. 即女也[4] 吾徐死耳.」[5] 居無何[6] 而朔婦免身[7] 生男. 屠岸賈聞之 索於宮中. 夫人置兒絝中[8] 祝曰 「趙宗滅乎 若號.[9] 即不滅[10] 若無聲.」 乃索 兒竟無聲. 已脫 程嬰謂公孫杵臼曰 「今一索不得 後必且復索之 奈何.」 公孫杵臼曰 「立孤與死孰難.」[11] 程嬰曰 「死易 立孤難耳.」 公孫杵臼曰 「趙氏先君遇子厚 子彊爲其難者[12] 吾爲其易者 請先死.」 乃二人謀取他人嬰兒負之 衣以文葆[13] 匿山中.

[註解] 1) 公孫杵臼(공손저구) : 인명. 複姓임. 杵는 절구공이. 臼는 절구.

2) 胡不死 : 왜 죽지 않는가?

　　＊胡는 何와 같다. 胡와 何는 方言의 差異이며 奚(해)와 曷(갈)도
마찬가지로 모두 疑問詞이다. 이들이 賓語로 쓰일 때는 '무엇'의
뜻이고, 狀語로 쓰일 때는 '어찌하여' '어떻게'의 뜻을 가진다.

　　【用例】㉠ 弗慮胡獲 弗爲胡成(사려하지 않으면 무엇을 얻고, 하지 않으
면 무엇을 이루겠는가?). 「書經, 太甲」

　　㉡ 或謂孔子曰. 子奚不爲政(어떤 사람이 공자께 물었다. 선생께서는 왜
정치를 하지 않습니까?). 「論語, 爲政」

3) 若幸而男 : 만약 다행히도 사내를 낳으면. 而는 연사이다. 즉 '행
운이 있어, 그리고 남자를 낳으면'의 뜻이다.

4) 即女也 : 만약 여아를 낳으면. 即은 若과 같다.

5) 吾徐死耳 : 나는 그때 가서 죽겠다. 徐는 천천히(緩也).

　　＊耳는 주로 句尾에서 한정의 語氣를 나타내는데, 而已의 合音이
다.

　　【用例】前言戲之耳. 「論語, 陽貨」

6) 居無何 : 얼마 안 있다가.

　　＊無何는 小時也, 無幾時也.

　　【用例】居無何 使者果召參. 「史記, 曹相國世家」

7) 免身 : 出産하다(婦人産子也).

8) 絝中(고중) : 치마 속. 絝는 袴와 같음(바지, 股衣也).

9) 若號 : 네가 울 것이다. 若은 2인칭 代詞. 다음의 若無聲의 若도
같음.

10) 即不滅 : 만약 집안이 멸족되지 않으려면.

11) 立孤與死孰難 : 고아를 키워 家門을 일으키는 것과 의리로 죽는 것
중 어느 것이 더 어려운가?

　　＊與는 連詞. 孰은 의문사로 '누가' '무엇이'의 뜻.

　　【用例】子謂子貢曰.「女與回也孰愈.」(너와 顔回 중 누가 더 나으냐?)
「論語, 公冶長」

12) 子彊爲其難者 : 그대는 힘써 어려운 일을 하시오. 彊은 勉也.

13) 文葆 : 아기의 이불(小兒被曰 葆).

[語譯] 趙朔의 아내는 成公의 누이였는데 임신중이었고, 성공의 궁으로 달아나 숨었다. 조삭의 식객에 公孫杵臼라는 사람이 있었는데, 杵臼가 조삭의 벗인 程嬰에게 물었다.

"어찌하여 같이 죽지 않았는가?"

程嬰이 대답했다.

"조삭의 부인이 임신중이니 만약 행운으로 사내를 낳으면 내가 그 아이를 받들어야 하고, 만약 딸이라면 그때 가서 죽겠다."

얼마 안 있어 조삭의 부인이 몸을 풀어 아들을 낳았다. 도안고가 이 일을 알고 궁중을 수색하였다. 부인은 어린아이를 치마밑에 감추어 놓고 마음속으로 빌었다.

"조씨 문중이 멸망하려면 네가 울 것이며, 멸망치 않을 것이라면 너는 소리 내지 말아라."

아이는 끝까지 소리내지 않았다.

위험에서 벗어나자 程嬰이 公孫杵臼에게 말했다.

"지금 한 번 뒤져서 찾지 못했으나 나중에는 틀림없이 또 찾을 터인데 어찌하면 좋겠는가?"

"고아를 길러 문중을 다시 세우는 것과 죽는 것 중 무엇이 더 어려운가?"

"죽는 것은 쉽고 고아를 키우는 것이 더 어렵다."

"趙氏 先君께서 그대에게 후한 대우를 해주었으니 그대가 그 어려운 일을 하라. 내가 쉬운 일을 하기로 하고 먼저 죽겠다."

곧 두 사람은 일을 의논한 뒤, 다른 사람의 어린아이를 데려다가 수놓은 옷을 입혀 가지고 산 속으로 들어가 숨었다.

[原文] 程嬰出 謬[1]謂諸將曰 「嬰不肖 不能立趙孤. 誰[2]能與我

千金 吾告趙氏孤處.」諸將皆喜 許之 發師隨程嬰攻公孫杵
臼. 杵臼謬曰「小人哉. ³⁾ 程嬰. 昔下宮之難不能死 與我謀匿
趙氏孤兒⁴⁾ 今又賣我. 縱不能立⁵⁾ 而忍賣之乎.」⁶⁾ 抱兒呼曰
「天乎天乎. 趙氏孤兒何罪. 請活之 獨殺杵臼可也.」諸將以
爲趙氏孤兒良已死⁷⁾ 皆喜. 然趙氏眞孤乃反在 程嬰卒俱匿山
中.

[註解] 1) 謬(류) : 속이다(欺也). 그르치다(誤也).

2) 誰(수) : 누구. 疑問代詞.

【用例】 子曰. 吾之於人也 誰毁 誰譽(내가 남에 대하여 누구를 헐뜯고
누구를 칭찬하겠는가?). 「論語, 衛靈公」

3) 小人哉 : 소인이로구나! 哉는 감탄어기사.

【用例】 南宮适出. 子曰.「君子哉 若人. 尙德哉 若人.」(君子로다! 이
사람이여. 德을 받드는구나! 이 사람이여)「論語, 憲問」

4) 孤兒 : 부모를 여의어 의지할 곳이 없는 아이. 이 鰥寡孤獨을 天下
四窮이라 함.

[參考] 幼而無父曰孤. 老而無妻曰鰥. 老而無夫曰寡. 老而無子曰獨.「孟
子, 梁惠王 下」

5) 縱不能立 : 설령 고아를 키울 수 없다고.

＊縱은 설령 ～일지라도.

【用例】 縱江東父兄憐而王我 何面目見之.「史記, 項羽本紀」

6) 而忍賣之乎 : 그렇다고 고아를 팔 수 있는가?

而는 連詞. 賣는 이용하다, 속이다. 乎는 의문어기사로 앞의 忍과
연결되어 차마 ～할 수 있는가?

＊語氣詞 乎의 用法은 다음과 같다.

㉠ 疑問語氣詞로 쓸 경우.

【用例】 二三子以我爲隱乎(너희들은 내가 숨긴다고 생각하느냐?).「論
語, 述而」

㉡ 선택식 의문형.

【用例】事齊乎 事楚乎.「孟子, 梁惠王 下」

ⓒ 抑揚形語尾.

【用例】庸人尙羞之 況於將相乎.「史記, 廉頗藺相如列傳」

ⓔ 감탄어기사.

【用例】嗟乎 燕雀安知鴻鵠之志哉.「史記, 陳涉世家」

ⓜ 句中에서 語氣의 일시적 중지를 나타낸다.

【用例】君子去仁人 惡乎成名(君子가 仁을 버리면 어찌 이름을 지키겠는가?).「論語, 里仁」

7） 良已死 : 정말로 이미 죽었다. 良은 정말로(實也, 信也).

[語譯] 程嬰이 산에서 내려와 거짓으로 여러 장수들에게 말했다.

"나는 능력이 없어 趙氏네 고아를 키워 그 가문을 일으킬 수 없소. 누구든 나에게 천금을 주면 趙氏 고아가 숨어 있는 곳을 말해 주겠소."

여러 장수들은 모두 기뻐 제안을 승낙하고, 군사를 데리고 정영을 따라가 公孫杵臼를 잡았다.

公孫杵臼가 거짓으로 말했다.

"소인이로구나! 정영이여. 옛날 하궁의 환난에 죽지도 못하고서 나와 함께 趙氏댁 고아를 데리고 숨자고 약속하고선 이제는 나를 배신하다니! 고아를 키워 문중을 일으키진 못할망정 고아를 차마 팔 수 있는가?"

公孫杵臼는 아이를 끌어안고 울부짖으며 말했다.

"하늘이여! 하늘이여! 趙氏 집안의 이 어린 고아에게 무슨 죄가 있습니까? 이 아이를 살려 주십시오. 오직 나만 죽이면 됩니다."

장수들은 허락지 않고 결국 杵臼와 고아를 죽였다. 장수들은 趙氏 고아를 정말로 죽인 줄 알고 모두 기뻐했다. 그러나 진짜 고아는 오히려 살아 있었으며, 정영은 마침내 고아를 데리고 산속에 숨어 버렸다.

[原文] 居十五年 晉景公疾 卜之 大業之後不遂者爲崇.[1] 景公
問韓厥 厥知趙孤在 乃曰 「大業之後在晉絶祀者 其趙氏乎.[2]
叔帶[3]去周適晉 事先君文侯 至于成公 世有立功 未嘗[4]絶祀.
今吾君獨滅趙宗 國人哀之 故見龜策.[5] 唯君圖之.」[6] 景公問.
「趙尙有後子孫乎.」 韓厥具以實告. 於是景公乃與韓厥謀立
趙孤兒 召而匿之[7]宮中. 諸將入問疾 景公因韓厥之衆以脅[8]
諸將而見趙孤. 趙孤名曰武. 諸將不得已 乃曰 「昔下宮之難
屠岸賈爲之. 矯以君命[9] 幷命群臣.[10] 非然 孰敢作難.[11] 微君
之疾[12] 群臣固且請立趙後. 今君有命 群臣之願也.」

[註解] 1) 崇(수) : 빌미. 禍의 징조를 귀신이 암시하는 것. 不遂者는
　　뜻을 펴지 못한 者. 大業之後란 대업을 이룩한 사람의 후손.
2) 其趙氏乎 : 아마 趙氏가 아니겠습니까? 其는 아마도. 乎는 의문어
　　기사.
　　＊乎는 其 또는 無乃 등과 호응하여 추측을 나타낸다.
　　【用例】有一言而可以終身行之者乎. 子曰. 其恕乎 己所不欲 勿施於
　　人. 「論語, 衛靈公」
　　•여기에서 앞에 나온 乎는 순수한 의문을 나타내는 句尾語氣詞로
　　쓰였고, 뒤의 乎는 추측을 나타내는 句尾語氣詞로 쓰였다.
3) 叔帶 : 인명. 周幽王이 無道하여 周를 버리고 晉에 와 文侯를 섬겼
　　다. 晉나라 趙氏의 선조이다.
4) 未嘗 : 일찍이 없었다. 일찍이 제사가 중단된 일이 없었다.
5) 故見龜策 : 그런 까닭에 점괘로 나타났다. 見(현)은 보이다, 나타
　　나다의 뜻. 龜策은 거북껍질의 글귀, 또는 갈라진 모양. 占치는 道
　　具.
6) 唯君圖之 : 임금께서 이를 생각해 주십시오. 唯는 발어사. 圖는 의

도하다.

7) 召而匿之 : 趙氏孤兒를 불러 숨겨 놓다.

8) 脅(협) : 협박하다. 강요하다.

9) 矯以君命 : 君命이라 거짓말을 하다. 矯는 詐也.

10) 幷命群臣 : 저희들에게 강요했습니다(의역). 幷命(병명)은 效命, 곧
　　목숨을 내놓다. 즉 君命이다, 그러니 群臣들은 목숨을 바쳐 趙氏들
　　을 없애라고 강요했다는 뜻.

11) 孰敢作難 : 누가 감히 변란을 일으키겠습니까? 孰은 의문대사.
　　【用例】 季康子問, 弟子孰爲好學.「論語, 先進」

12) 微君之疾 : 임금이 병이 없을 때. 즉, 임금의 병이 나기 전에도.
　　微(미)는 無와 같음.
　　【用例】 微管仲 吾其被髮左衽矣(管仲이 없었더라면 우리는 머리를 풀고
　　오랑캐 옷을 입었을 것이다).「論語, 憲問」

語譯 15년이 지난 후에 경공이 병이 들어 점을 치니, 대업을
이룩한 후손으로 뜻을 펴지 못한 자가 있어서 생긴 병이라고 하
였다.

　경공은 韓厥에게 이를 물었고, 한궐은 趙氏의 고아가 살아
있다는 것을 알고 있어 곧 대답하였다.

　"대업을 이룬 사람의 후손으로 晉에서 제사가 끊어진 것은
아마 趙氏가 아니겠습니까? 그들의 선조 叔帶가 周를 떠나 晉
에 와서 先君이신 文侯를 섬기었고, 成公에 이르기까지 여러
세대에 공을 세웠으며 제사가 끊어진 적도 없었습니다. 지금
오직 임금께서만 趙氏 집안을 멸족시켰고 백성들은 이를 애통
해하고 있어 이번 점괘에 나타난 것이오니, 임금께서 헤아려
주십시오."

　"趙氏의 자손들이 남아 있는가?"

　한궐은 사실대로 모두 말하였다. 이에 경공은 곧 한궐과 같
이 趙氏 고아를 다시 세울 계획을 의논하고, 趙氏 고아를 데려

다가 궁중에 숨겨 두었다.

　여러 장수들이 들어와 문병하자 경공은 한궐의 부하들로 여러 장수를 위협하여 趙氏 고아를 만나보게 하였다.

　趙氏 고아의 이름은 武라고 했다.

　여러 장수들은 어쩔 수 없이 말했다.

　"옛날 하궁의 환난은 도안고가 저지른 것이며, 군명을 사칭하고 저희들에게 목숨을 강요하며 시켰던 일입니다. 그렇지 않았다면 누가 감히 그런 환난을 일으켰겠습니까? 임금께서 병드시기 전부터 저희들은 진심으로 趙氏의 후손을 세우고 싶었었는데, 지금 임금께서 명을 내리시니 이는 저희 모두가 바라는 것입니다."

原文 於是召趙武·程嬰 偏拜[1]諸將. 遂反與程嬰[2]·趙武攻屠岸買 滅其族. 復與[2]趙武田邑[3]如故. 及趙武冠[4] 爲成人 程嬰乃辭諸大夫 謂趙武曰 「昔下宮之難 皆能死.[5] 我非不能死 我思立趙氏之後. 今趙武旣立 爲成人 復故位 我將下報[6] 趙宣孟[7]與公孫杵臼.」 趙武啼泣頓首固請 曰 「武願苦筋骨以報子[8]至死[9] 而子忍去我死乎.」[10] 程嬰曰 「不可. 彼[11]以我爲能成事 故先我死. 今我不報 是以我事爲不成.」 遂自殺. 趙武服齊衰三年[12] 爲之祭邑 春秋祠之 世世勿絶.

註解 1) 偏拜 : 모두에게 절하다. 偏은 두루두루(周也).

2) 復與 : 다시 주다. 돌려주다.

3) 田邑 : 封地. 采邑地.

4) 及趙武冠 : 趙武가 冠禮를 치를 때. 及은 介詞로 ～할 때, 때가 되어서.
　　冠은 冠禮를 치르다. 남자는 나이 20에 관례를 치르고 성인이 되었

　　다. 國君은 12세에 加冠하였다.

[參考] 人生十年曰幼 學. 二十曰弱 冠. 三十曰壯 有室. 四十曰强 而仕　五
　　十曰艾 服官政. 六十曰耆 指使. 七十曰老 而傳.「禮記, 曲禮 上」

5） 皆能死 : 모두 마땅히 죽어야만 하다(忠義에 의해). 能은 마땅히 ～
　　해야 한다(該也).

6） 下報 : 지하에 가서 아뢰다.

7） 趙宣孟 : 趙盾. 宣孟은 시호.

8） 子 : 程嬰. 子는 존칭.

9） 至死 : 죽을 때까지. 趙武 자신이 죽을 때까지 모신다는 뜻.

10） 而子忍去我死乎 : 그런데 어른께서는 모질게도 나를 버리고 죽으
　　려 하십니까?

11） 彼 : 그들. 公孫杵臼나 다른 사람.

12） 服齊衰三年 : 재최로 3년을 服喪하다.

　　齊衰(재최)는 五服 중의 하나로 斬衰(참최) 다음의 喪服임. 孫이 祖
　　父母喪에 齊衰로 期年服喪하는데, 여기서 3년간 服喪하였다는 것은
　　父母喪에 해당하는 예우를 했다는 뜻임.

　　【用例】見齊衰者 雖押必變(공자는 상복을 입은 사람을 보면 아무리 친해
　　도 얼굴빛을 엄숙히 하셨다).「論語, 鄕黨」

[語譯] 이에 조무와 정영을 불러 여러 장수에게 인사를 하게 했
다. 여러 장수들은 드디어 정영·조무와 함께 도안고를 치고
그 일족을 멸하였다. 경공은 조무의 田邑을 옛날과 같이 다시
지급하였다. 조무가 관례를 치르고 성인이 되자 정영은 여러
大夫들에게 마지막 인사를 하고 나서 조무에게 말하였다.

　"옛날 하궁의 환난 때 모두가 충의로 죽었어야 했네. 내가 죽
을 수 없었던 것은 趙氏의 후사를 세우려 했기 때문이네. 이제
그대가 이미 자립했고 성인이 되어 옛 지위를 회복했으니, 나
는 죽어 지하에 계신 趙宣孟과 公孫杵臼에게 이를 아뢰어야 하
네."

조무는 울며 머리를 조아리고 간절하게 말했다.

"저는 뼈와 살이 다하여 죽을 때까지라도 은공에 보답하려 했는데, 어찌 저를 버리시고 죽으려 하십니까?"

정영이 대답했다.

"그렇지 않네. 그분들은 내가 능히 일을 성사시키리라 생각 했기에 나보다 먼저 간 것일세. 지금 내가 죽어 아뢰지 않는다면 이는 내가 일을 성사하지 못했다고 생각할 것일세."

정영은 끝내 자살하였다. 조무는 재최로 3년을 복상하고 정영을 위한 祭邑을 마련하고 봄, 가을로 제사를 지냈는데 대대로 끊이지 않았다.

30. 觸龍說趙太后(節趙世家)

[原文] 孝成王元年[1] 秦伐我 拔三城.[2] 趙王新立 太后用事[3] 秦急攻之. 趙氏求救於齊[4] 齊曰「必以長安君爲質[5] 兵乃出.」太后不肯 大臣彊諫.[6] 太后明謂左右[7]曰「復言長安君爲質者 老婦必唾其面.」[8] 左師觸龍言願見太后 太后盛氣而胥之.[9] 入 徐趣[10]而坐 自謝曰「老臣病足 曾[11]不能疾走 不得見久矣. 竊自恕[12] 而恐太后體之有所苦也 故願望見太后.」太后曰「老婦恃輦[13]而行耳.」曰「食得無衰乎.」曰「恃粥耳.」[14] 曰「老臣閒者[15]殊[16]不欲食 乃彊步 日三四里 少益嗜食[17] 和於身也.」[18] 太后曰「老婦不能.」太后不和之色少解.

[註解] 1) 孝成王 元年 : 기원전 266년.

2) 拔三城 : 세 개의 城을 빼앗다.

3) 太后用事 : 太后는 惠文王妃. 用事는 권력을 장악하다.

4) 趙氏求救於齊 : 趙나라는 齊에 구원을 요청했다.

5) 以長安君爲質 : 長安君을 人質로 보내다. 長安君은 惠文王의 次子로 孝成王의 弟. 質은 抵押也.

　　【用例】周鄭交質 王子孤爲質於鄭 鄭公子忽爲質於周.「左傳, 隱公三年」

6) 彊諫 : 강력히 諫爭하다. 彊(강)은 强과 통함. 勉也.

7) 左右 : 近臣也.

8) 唾其面 : 얼굴에 침을 뱉다(辱之至也).

9) 盛氣而胥之 : 노기를 띠고 그를 기다리다. 盛氣는 얼굴이 붉어지며 노기를 띠다(勃然蓄怒之氣). 長安君 이야기를 할 줄 알고 미리 怒氣를 띠고 있었음.

　　胥(서)는 기다리다(須也 待也).

　　【用例】帝將胥天下而遷之焉.「孟子, 萬章 上」

10) 徐趨 : 천천히 걷다. 趨(추)는 걷다(走也, 疾走也).

　　【用例】鯉 趨而過庭 曰. 學詩乎 對曰. 未也.「論語, 季氏」

　　• 鯉는 孔子之子名.

11) 曾 : 그래서. 이에. 곧(乃, 則과 같음).

　　【用例】㉠ 子曰. 吾以子爲異之問 曾由與求之問(나는 그대가 다른 사람에 대해 물으리라 생각했는데 바로 仲由와 冉求에 대해 묻는군).「論語, 先進」

　　• 曾은 乃와 같음.

　　㉡ 爾何曾比予於管仲.「孟子. 公孫丑 上」(曾은 則과 같음)

12) 竊自恕(절자서) : 삼가 용서 바랍니다. 겸손한 표현으로 상대방의 양해를 구할 때 쓰는 말임.

　　竊은 '훔치다'의 뜻도 있지만, '내 개인의(私也)'의 뜻이 있다. 즉, 나의 잘못이란 뜻.

　　自恕는 누구든 자기 잘못을 용서하는 데는 관대하다. 그래서 관대히 용서해 달라는 뜻이 된다.

　　【用例】子曰.「述而不作 信而好古 竊比於我老彭.」「論語, 述而」

　　• 老彭은 殷의 賢人.

13) 恃輦(시연) : 연을 타고 다니다. 恃는 依也, 賴也. 의지하다. 輦은 天子之車. 또는 사람이 당기는 수레(車之用人挽者也).

14) 恃粥耳 : 죽만 먹습니다. 粥(죽)은 미음. 粥(육)은 팔다(賣也).

15) 閒者 : 요즈음(近者以來也).

　　【用例】閒者 累年凶奴竝暴邊境.「史記, 文帝本紀」

16) 殊(수) : 심히(甚也). 특별히(異也).

17) 少益嗜食 : 조금씩 좋아하는 음식을 더 먹다. 嗜의 音은 기.

18) 和於身也 : 몸에 좋다(調和於其身也).

[語譯] 효성왕 원년, 秦은 우리나라를 공격하여 세 개의 성을 빼앗았다.

趙王이 새로 즉위한 뒤 태후가 권력을 장악했고, 秦은 맹렬히 공격해 왔다. 趙나라에서는 齊에 구원을 요청했는데 齊에서는 꼭 장안군을 인질로 보내야만 구원병을 보내겠다고 했다.

태후는 장안군을 인질로 보내려 하지 않았고, 대신들은 강력하게 보내야 한다고 간쟁하였다. 그러자 태후는 근신들에게 분명히 말했다.

"또다시 장안군을 인질로 보내자고 말하는 사람의 얼굴에 이 늙은이가 침을 뱉겠다."

左師로 있는 觸龍이 태후를 뵙겠다고 하자, 태후는 노기를 띠고 觸龍이 들어오기를 기다렸다. 觸龍은 천천히 걸어와 앉으면서 스스로 사죄하듯 말했다.

"老臣이 다리가 아파 빨리 걷지도 못하며 태후를 뵈온 지도 오래 되었습니다. 제 허물을 너그러이 용서하시기 바라며, 태후의 옥체에 불편하신 데는 없으신지 걱정이 되어 뵙고자 왔습니다."

태후가 말했다.

"나는 연을 타야만 다닐 수 있습니다."

觸龍이 물었다.

"식욕이 줄지는 않으셨습니까?"

태후가 대답했다.

"겨우 미음만 먹습니다."

觸龍이 말했다.

"저는 요즈음 더욱 식욕이 없어 하루에 3, 4리씩 억지로 걸었더니 좋아하는 음식을 조금씩 더 먹게 되고 또 몸도 좋아졌습니다."

태후가 그 말에 대답했다.

"나는 그렇게 할 수 없습니다."

태후의 언짢았던 기색이 조금씩 풀어졌다.

原文 左師公曰 「老臣賤息[1] 舒祺最少 不肖[2] 而臣衰 竊憐愛之 願得補黑衣[3]之缺以衛王宮. 昧死以聞.」[4] 太后曰 「敬諾. 年幾何矣.」[5] 對曰 「十五歲矣. 雖少 願及未塡溝壑[6]而託之.」 太后曰. 「丈夫亦愛憐少子乎.」 對曰 「甚於婦人.」 太后笑曰 「婦人異甚.」[7] 對曰 「老臣竊以爲媼[8]之愛燕后[9]賢於長安君.」[10] 太后曰 「君過矣[11] 不若長安君之甚.」 左師公曰 「父母愛子則爲之計深遠. 媼之送燕后也 持其踵[12] 爲之泣 念其遠也[13] 亦哀之矣. 已行[14] 非不思也 祭祀則祝之曰「必勿使反.[15] 豈非計長久 爲子孫相繼爲王也哉」 太后曰 「然」

註解 1) 賤息 : 천한 자식. 卑稱임.

2) 不肖 : 不似其先也. 不賢也. 자식에 대한 謙詞.

3) 黑衣 : 軍服也. 戎服也. 侍衛之職曰黑衣. 缺은 缺員.

4) 昧死以聞 : 죽음을 무릅쓰고 말씀드리다(冒死言之 而奉聞於其上也).
   【用例】 臣去病昧死再拜 以聞皇帝陛下. 「史記. 三王世家」
   • 去病은 郭去病(人名).

5) 年幾何矣 : 나이가 몇입니까?
   * 幾何는 얼마? 量·數·時間 등을 물을 때 쓴다.
   【用例】 孔子居魯 得祿幾何. 「史記, 孔子世家」

6) 未塡溝壑(미전구학) : 죽기 전에. 흙구덩이 속에 묻히기 전에. 觸龍 자신의 죽음을 낮춰 표현한 말.

7) 婦人異甚 : 婦人이 특별히 심하다. 異는 非常也.
   【用例】 子亦有異聞乎. 「論語, 季氏」

8) 媼(오) : 老母. 노파(母老之稱也. 또는 婦人老者之通稱). 여기서는 太

后를 지칭함.

【用例】高帝母曰劉媼.「史記, 高祖本紀」

9) 燕后 : 太后의 딸. 燕王에게 출가했었다.

10) 賢於長安君 : 長安君에 대한 애정보다 더 많다.

賢은 이기다(勝也), 많다(多也), 두텁다(厚也)의 뜻.

【用例】不有博奕者乎. 爲之猶賢乎已(골패나 바둑이 있지 않느냐? 그 것이라도 하는 것이 아무것도 안하는 것보다 낫다).「論語, 陽貨」

11) 君過矣 : 左師公이 잘못 생각했습니다.

12) 持其踵 : 뒤를 따라가며. 踵(종)은 발뒤꿈치.

13) 念其遠也 : 출가한 곳이 너무 멀다고 말하다. 其는 代詞로 쓰였음.

14) 已行 : 떠나고 난 뒤. 출가한 뒤엔.

15) 必勿使反 : 제발 돌아오지 않게 해주시오. 옛날에 제후의 딸이 출 가했으면 폐위되거나 나라가 망하지 않으면 부모의 나라에 돌아올 수 없었다. 딸인 燕后가 폐위되지 않기를, 또 燕나라가 망하지 않 게 되기를 빌었다는 뜻.

[語譯] 좌사공이 말했다.

"저의 천한 자식 舒祺는 어리고 불초하지만 신이 노쇠하였으 니 저로선 은근히 가엾고 귀엽습니다. 왕궁 시위대에 결원이 있으면 보충이 되어 왕궁을 호위할 수 있게 선처해 주십사고 죽 기를 무릅쓰고 아뢰옵니다."

태후가 말하였다.

"그렇게 하겠습니다. 나이는 몇입니까?"

좌사공이 대답했다.

"열다섯 살입니다. 비록 어리지만, 제가 죽어 묻히기 전에 부 탁드립니다."

태후가 물었다.

"사내 대장부들도 어린 자식을 귀엽고 가련하게 생각하는가 요?"

272

좌사공이 대답했다.

"부인보다 심합니다."

태후가 웃으며 말했다.

"부인들이 더 심하겠지요."

좌사공이 대답했다.

"제 생각으로는 태후께서 燕后를 사랑하시는 것이 장안군에 대한 사랑보다 더하신 것 같았습니다."

태후가 말했다.

"좌사공이 잘못 생각하셨습니다. 장안군에 대한 사랑과 같지 않습니다.

좌사공이 말했다.

"부모가 자식을 사랑하면 자식을 위한 계획이 심원한 것입니다. 태후께서 燕后를 보내실 때, 뒤를 쫓아가시며 울면서 너무 먼 곳으로 간다고 말씀하시며 슬퍼하셨습니다. 출가한 뒤라고 해서 생각 안 하신 게 아니었습니다. 제사 때마다 '제발 돌아오지 않게 해주십시오'하며 축원하셨으니, 이 어찌 燕后의 자손들이 오래오래 서로 뒤를 이어 왕이 되기를 바라신 것이 아니겠습니까?"

태후가 말했다.

"그렇습니다."

原文 左師公曰 「今三世¹⁾以前 至於趙主之子孫爲侯者 其繼有在者乎.」²⁾ 曰 「無有.」曰 「微獨趙³⁾ 諸侯⁴⁾有在者乎.」曰 「老婦不聞也.」曰 「此⁵⁾其近者⁶⁾禍及其身 遠者及其子孫. 豈人主之子侯⁷⁾則不善哉.⁸⁾ 位尊而無功 奉厚而無勞 而挾重器多也.⁹⁾ 今媼尊長安君之位 而封之以膏腴之地¹⁰⁾ 多

與之¹¹⁾重器 而不及今有功於國 一旦山陵崩¹²⁾ 長安君何以自
託於趙. 老臣以媼爲¹³⁾長安君之計短也. 故以爲愛之不若燕
后.」太后曰 「諾 恣君之所使之.」¹⁴⁾ 於是爲長安君約車
百乘¹⁵⁾ 質於齊 齊兵乃出.

[註解] 1) 三世 : 三代(夏・殷・周). 祖父에서 孫까지 三代를 三世라고
도 한다.
【用例】醫不三世 不服其藥.「禮記, 曲禮 下」
또「春秋」에서 말하는 三世란 所見之世, 所聞之世, 所傳聞之世를
말하기도 한다.

2) 其繼有在者乎 : 제후의 후손으로 지위를 누리는 자가 있습니까?
其는 爲侯者를 지칭하는 代詞. 繼는 後繼者, 즉 後孫. 在者는 在其
位者, 즉 조상의 지위를 누리고 있는 자. 有乎는 있습니까? 有가
在者 앞에 나갔음.

3) 微獨趙 : 비록 趙뿐만 아니라. 微는 非와 같다(微假借爲非).

4) 諸侯 : 다른 제후들 중에는.

5) 此 : 제후와 그 후손들이 그 지위를 오래 누리지 못하는 사실. 此
다음의 其는 '아마도'의 뜻.

6) 近者 遠者 : 가깝게는 ~, 멀리는 ~. 遠者 다음에 禍자가 생략되
었음. 及은 동사로 미치다의 뜻(至也 逮也).

7) 侯 : 侯가 되다(동사적 용법).

8) 豈~哉 : 어찌 ~한가? 반어형. 不善은 좋은 일이 아니다.

9) 挾重器多也 : 보물을 많이 갖고 있다. 挾은 持也.
重器는 寶物. 所重之器.
【用例】若殺其父 毀其宗廟 遷其重器 如之何其可也.「孟子, 梁惠王
下」

10) 膏腴之地(고유지지) : 肥沃한 땅.
【用例】又爲大國 居天下膏腴之地.「史記, 梁孝王世家」

11) 與之 : 之는 長安君을 뜻하는 代詞. 앞에 나오는 封之도 마찬가지
다.

274

12) 一旦山陵崩 : 하루아침에 태후가 죽으면. 山陵崩은 帝王之死也.

13) 以 ~ 爲 ~ : ~를 ~이라 생각하다. 다음에 오는 以爲도 마찬가지.

14) 恣君之所使之 : 左師公의 뜻대로 長安君을 보내도록 하시오.
所 다음에 見을 삽입하면 문장이 확실해진다. 君은 左師公. 之는 介詞. 所는 所見, 생각. 使는 使臣으로 삼다. 之는 長安君을 가리키는 代詞로 使의 賓語.

15) 約車百乘 : 兵車 百輛을 준비하다.
約車는 수레를 준비하다(整頓車輛也).
【用例】逐約車而遣之.「史記, 魏世家」
＊百乘은 兵車 百輛. 百乘之家란 卿・大夫之家를 뜻함.
【用例】㉠ 千室之邑 百乘之家 可使爲之宰.「論語, 公治長」
• 宰는 宰相.
㉡ 千乘之國 弑其君者 必百乘之家.「孟子, 梁惠王 上」

[語譯] 좌사공이 말했다.
"三代 이전부터 지금까지 趙王의 자손으로 제후가 되었거나 그 후손으로 지위를 누리는 사람이 있습니까?
태후는 없다고 대답했다.
"비단 趙뿐만 아니라 다른 제후들 중에는 있습니까?"
"나는 그런 말 듣지 못했습니다."
"이는 화가 가깝게는 그 자신에 미쳤고, 멀리는 그 자손에게 미쳤기 때문입니다. 군왕의 아들이 제후가 되는 것이 어찌 나쁘다고 할 수 있습니까? 지위는 존귀하나 나라에 공이 없고, 봉록은 많이 받으며 나라 위해 애쓰지도 않으면서 많은 보물들을 갖고 있기 때문입니다. 지금 태후께서는 장안군의 지위를 높이고 비옥한 땅에 봉하고 많은 보물을 주었으나, 지금까지 나라를 위해 공을 쌓지 않게 하셨으니, 만일 하루아침에 태후께서 돌아가시면 장안군은 어떻게 趙에 붙어살 수 있겠습니

까? 저는 태후께서 장안군을 위하는 계책이 부족하다고 생각
하였으며, 그래서 장안군에 대한 사랑이 燕后에 대한 사랑과
같지 않다고 말씀드린 것입니다."

그러자 태후가 말했다.

"좋습니다. 좌사공의 뜻대로 장안군을 보냅시다."

이에 장안군을 위해 병거 100량을 준비하여 齊에 인질로 보내
자 齊의 구원병이 곧 출동했다.

31. 信陵君諫伐韓(節魏[1]世家)

原文 魏王[2]欲親秦而伐韓[3] 以求故地. 無忌[4]謂魏王曰 「秦與
戎翟同俗[5] 有虎狼之心[6] 貪戾好利無信 不識禮儀德行. 苟[7]有
利焉[8] 不顧親戚兄弟 若禽獸耳.[9] 此天下之所識也 非有所施
厚積德也. 故太后母也 而以憂死.[10] 穰侯[11]舅也 功莫大焉[12]
而竟逐之. 兩弟無罪 而再奪之國. 此於親戚若此 而況於仇讎
之國乎.[13] 今王與秦共伐韓而益近秦患 臣甚惑之. 而王不識
則不明 群臣莫以聞則不忠.」

註解 1) 魏 : 본래 韓·趙와 함께 晉이 三分되어 성립된 나라이다.
처음엔 安邑에 도읍했다가 惠王 때 大梁으로 천도했기 때문에 魏를
梁이라고도 부른다. 「孟子」 첫구 '孟子見梁惠王한데'는 바로 이를
말한 것이다.

2) 魏王 : 魏 安釐王(기원전 277~243년) 22년의 일이다. 이때 秦은 昭
襄王이 재위중이었다. 魏가 齊·楚의 공격을 받아 위태로울 때 秦
이 도와 준 일도 있었다.

3) 韓 : 당시에 桓惠王이 재위중이었으나 母后가 권력을 장악하고 있
었다.

4) 無忌 : 魏昭王의 少子로 安釐王의 이복동생. 信陵君이라 부른다.
일찍이 食客 3,000명을 거느리고 있었으며, 제후들도 信陵君의 현
명함을 알고 감히 魏를 넘보지 못했다 한다. 뒤에 王이 참소를 믿
고 信陵君을 멀리하자 飮酒로 消日하다 病死했다.

5) 與戎翟同俗 : 戎狄과 풍속이 같다. 오랑캐 나라이다.

6) 虎狼之心 : 心地가 殘酷함.

7) 苟 : 若也. 或也. 但也.

8) 焉 : 於之의 축약. 代詞 겸 語氣詞로 쓰인다.

   【用例】㉠ 三人行 必有我師焉.「論語, 述而」

   ㉡ 寡人之於國也 盡心焉耳矣(과인은 나라에 대해서 마음을 다할 뿐이다).「孟子, 梁惠王 上」

9) 若禽獸耳 : 금수와 같을 뿐이다.

   ＊耳는 而已의 合音. 爾와 같음. 한정의 語氣를 표시한다.

   【用例】人皆有之 賢者能勿喪耳.「孟子, 告子 上」

10) 而以憂死 : 그런데도 근심으로 죽었다. 而는 轉切關係를 表示하는 連詞.

    秦 昭襄王의 모친은 宣太后인데, 아들이 폐위시켜 關外로 放逐하니 근심과 울분으로 병사했다.

11) 穰侯 : 宣太后의 형제이니 昭襄王의 외숙이었다. 태후와 함께 放逐되었다. 秦의 영토 확장과 세력 증대에 공이 컸다.

12) 功莫大焉 : 공이 이보다 큰 사람이 없었다. 焉은 앞의 註 8)을 참조할 것.

    ＊焉 속에 於가 있기 때문에 비교의 뜻을 가진 문장이다. 莫은 어떤 것도 ～하지 않다.

    【用例】㉠ 莫見乎隱 莫顯乎微 故君子愼其獨也(숨겨져 있는 것보다 더 잘 드러나는 것은 없고 ～).「中庸」

    ㉡ 子曰 莫我知也夫(나를 알아주지 않는구나).「論語, 憲問」

13) 況～乎 : 하물며 ～하겠는가? 이런 표현법을 抑揚形이라 한다.

    ＊억양형의 구문에는 況・而況・何況 등의 연사가 쓰이고 句尾에 語氣詞 乎가 보통 쓰인다.

    【用例】死馬且買之五百金 況生馬乎(죽은 말도 5백금에 사는데 하물며 살아 있는 말이야！).「戰國策, 燕策」

語譯 魏의 안리왕은 秦과 친교하며 韓을 쳐 옛땅을 되찾고자

했다.

신릉군 無忌가 魏王에게 말했다.

"秦은 戎狄과 풍속이 같아 심지가 사납고 탐욕스러우며, 이익만을 좇고 신의도 없으며 예의와 덕행도 알지 못합니다. 모름지기 이익만 있다면 친척, 형제도 돌아보지 않으니 짐승과 똑같습니다.

이것은 천하의 사람들이 다 아는 바이며, 남에게 은혜를 베풀거나 은덕을 쌓지도 않습니다. 그러하니 선태후는 왕의 모친인데도 쫓겨나 근심 끝에 죽었고, 양후는 외숙으로 큰 공을 세우고서도 끝내 방축되었으며, 두 아우는 아무 죄도 없이 영지를 빼앗겼습니다. 秦이 친척들에게도 이러하거늘 하물며 원수의 나라에 대하여야 이를 데 있겠습니까?

지금 왕께선 秦과 함께 韓을 치고 秦나라에 의한 화근을 더욱 가까이 불러들이려고 하시니 저로서는 심히 곤혹스러울 뿐입니다.

왕께서 이 점을 모르셨다면 明君이 아니오며, 신하들이 이를 아뢰지 않았다면 불충이옵니다."

原文「秦非無事之國也 韓亡之後 必將更事[1] 更事必就易與利[2] 就易與利必不伐楚與趙矣. 是何也.[3] 夫越山踰河[4] 絶韓上黨[5] 而攻彊趙[6] 是復閼與之事[7] 秦必不爲也. 若道河內[8] 倍鄴・朝歌[9] 絶[10]漳滏水 與趙兵決[11]於邯鄲[12]之郊 是知伯之禍[13]也 秦又不敢. 伐楚 道涉谷[14] 行三千里. 而攻冥阨之塞[15] 所行甚遠 所攻甚難 秦又不爲也. 若道河外[16] 倍大梁 右召陵 與楚兵決於陳郊 秦又不敢. 故曰 秦必不伐楚與趙矣 又不攻衛與齊矣.」

[註解] 1) 更事 : 다른 일.

2) 就易與利 : 쉬운 일과 이로운 일을 좇을 것이다.

就는 따르다(從也), 좇다(因也), 이루다(成也). 易는 容易. 與는 連詞. 利는 이익.

【用例】所就三 所去三(벼슬길에 나가는 경우가 세 가지 있고, 물러나는 경우가 세 가지 있다).「孟子. 告子 下」

與가 연결해 주는 것은 名詞나 代詞 또는 名詞性詞組이다. 본문의 경우 易는 용이함, 또는 용이한 일로 해석해야 한다. 그러나 우리말로 옮길 때는 품사를 바꾸어 옮길 수도 있다.

3) 是何也 : 이는 무엇 때문인가?(是何故也).

＊何는 사물을 가리키는 의문사로 주로 賓語, 定語, 狀語로 쓰이며, 우리말로는 무엇, 어느, 무슨, 무엇 때문에 등의 뜻으로 쓰인다.

【用例】㉠ 君子居之 何陋之有.「論語, 子罕」

㉡ 民猶以爲大 何也(백성은 오히려 크다고 여기는데, 무슨 까닭인가?).「孟子, 梁惠王 下」

4) 越山踰河(월산유하) : 산을 넘고 강을 건너(爬山渡河).

5) 上黨 : 韓의 지명. 지금의 山西省 長治縣 부근.

6) 彊趙 : 강한 趙나라.

彊은 勢가 아주 盛한 모양. 强과 通함.

【用例】天下固畏齊之彊也.「孟子, 梁惠王 下」

7) 是復閼與之事 : 이는 알여지사를 되풀이하는 것이다.

閼與(알여)는 韓의 지명. 그전에 秦은 韓을 치려고 閼與에 주둔했었다. 趙王은 趙奢에게 命하여 韓을 救援케 하였던 바, 여기서 秦이 대패하고 물러났다.

8) 若道河內 : 만약 河內를 지나. 道는 지나가다(行也)의 뜻. 河內는 河南省 汲縣 부근.

9) 倍鄴·朝歌 : 鄴과 朝歌를 뒤로 하다. 倍는 背와 통함. 鄴은 지명. 朝歌는 지명으로 殷의 舊都이다. 周武王이 여기서 紂王을 치고 康叔을 封하니, 이것이 바로 衛나라이다. 邑號가 朝歌라 하여 墨子가 수레를 돌려 다른 길로 갔다는 말도 있다.

10) 絶 : 여기서는 건너가다(渡過)의 뜻. 漳·滏는 모두 水名.

11) 決 : 決戰을 벌이다.

12) 邯鄲(한단) : 趙의 國都.

    인생의 榮枯盛衰가 一場之夢이란 뜻의 故事成語로 邯鄲之夢이 있음.

13) 知伯之禍 : 知伯은 춘추시대 晉의 六卿의 하나인 知氏를 말한다. 「戰國策 趙策」에 의하면 韓과 魏가 막았던 강물을 터트려 知伯軍에게 흘려보내어 知伯軍이 물을 막느라고 혼란에 빠지자, 韓·魏가 협공하여 知伯을 사로잡았다. 趙襄子는 知伯을 극도로 미워하여 그 해골에 옻칠을 하고 便器로 썼다는 말도 있다.

14) 道涉谷 : 涉谷을 지나. 涉谷은 秦에서 楚에 이르는 險路.

15) 冥阨之塞(명액지새) : 楚의 險한 要塞. 河南省 信陽縣과 羅山縣의 경계.

16) 河外 : 黃河 이북을 보통 河內라고 부르고, 以南을 河外 또는 河東이라 부른다.

    【用例】河內凶 則移其民於河東 移其粟於河內.「孟子, 梁惠王 上」

[語譯] "秦은 일을 저지르지 않을 그런 나라가 아닙니다. 韓이 멸망하면 틀림없이 다른 일을 일으킬 것입니다. 다른 일이란 반드시 쉽고도 이로운 일을 좇는 것이고, 쉽고도 이로운 일을 좇는다면 절대로 楚와 趙를 정벌하지는 않을 것입니다. 이는 무슨 까닭이겠습니까?

산을 넘고 물을 건너 韓의 上黨을 가로질러 강한 趙나라를 침공한다면, 이는 關與에서의 敗戰을 반복하는 것이니 秦으로선 결코 하지 않을 것입니다.

만약 河內를 지나 업과 조가를 뒤로하고 장수와 부수를 바로 건너 趙나라 군사와 한단의 교외에서 결전을 벌이는 것은 知伯의 화와 같은 것이니, 秦으로선 더더욱 하지 않을 것입니다.

楚를 정벌하기로 한다면 섭곡을 지나 3천 리를 행군하여 명

액의 요새를 공격해야 하니 거리가 너무 멀고 공격이 어려워 秦
으로선 침공하지 않을 것입니다. 만약 河外를 지나고 大梁을
뒤로하고 오른편으로 소릉을 두고서 楚의 군사와 陳나라의 성
밖에서 싸우는 것을 秦은 더욱 할 수 없을 것입니다. 그런고로
秦은 틀림없이 楚와 趙를 정벌하지 않을 것이며, 또 衛와 齊를
공격하지도 않을 것입니다."

[原文]「夫¹⁾韓亡之後 兵出之日 非魏無攻已. ²⁾ 夫憎韓不愛安
陵氏³⁾可也 夫不患秦之不愛南國⁴⁾非也. 異日者⁵⁾ 秦在河西⁶⁾
晉國去梁千里⁷⁾ 有河山以闌之⁸⁾ 有周韓以閒之. ⁹⁾ 從林鄕軍¹⁰⁾
以至于今 秦七攻魏 五入圍中¹¹⁾ 邊城盡拔 文臺墮¹²⁾ 垂都焚
林木伐 麋鹿盡 而國繼以圍. ¹³⁾ 又長驅梁北 東至陶衛之郊 北
至平監. ¹⁴⁾ 所亡¹⁵⁾於秦者 山南山北¹⁶⁾ 河外河內 大縣數十 名
都數百. 秦乃在河西 晉去梁千里 而禍若是矣. 又況於使秦無
韓 有鄭地¹⁷⁾ 無河山而闌之 無周韓而閒之 去大梁百里 禍必
由此矣.」

[註解] 1) 夫 : 발어사. 우리말로 해석 안 해도 좋음.
【用例】夫明堂者 王者之堂也.「孟子, 梁惠王 下」
＊夫는 감탄의 뜻을 나타내는 語氣詞로 쓰일 때가 있다. 이때는
乎와 같다.
【用例】子曰. 莫我知也夫(나를 알아주지 않는구나！).「論語, 憲問」
2) 非魏無攻已 : 魏가 아니면 공격할 곳이 없습니다. 已(이)는 句尾語
氣詞.
【用例】皆失其本已.「史記, 太史公自序」
＊已의 용법을 정리하면 다음과 같다.
㉠ 그치다(止也)
【用例】學不可以已.「荀子, 勸學」

　㉡ 심하다(甚也). 크다(大也). 너무.

【用例】 仲尼不爲已甚者.「孟子, **離婁 下**」

　㉢ 겪다. 마치다(과거를 표시하며 旣와 같은 뜻을 가진다).

【用例】 張儀已學 而遊說諸侯.「史記, 張儀列傳」

　㉣ 감탄어기사로 已矣乎 已矣哉는 '끝났구나' '다 되었구나' 등의 뜻으로 절망을 나타낸다.

【用例】 子曰. 已矣乎. 吾未見好德 如好色者也.「論語, 衛靈公」(끝이로구나！～).

3) 安陵氏 : 魏의 附庸國.

4) 南國 : 韓에 속한 許昌을 말하는데, 衛의 남쪽에 있기 때문에 南國이라 했다.

5) 異日者 : 지난날(從前에는). 장래의 다른 날을 뜻할 때도 있다.

6) 河西 : 황하의 서쪽 지역. 지금의 섬서성과 감숙성 일대를 지칭한다.

7) 晉國去梁千里 : 晉國은 이미·韓魏趙 三國으로 분할되어 소멸했었다. 여기서는 晉의 國都였던 絳州(강주)를 뜻한다. 河西나 絳州가 모두 大梁에서 千里 밖이었다.

8) 闌之 : 秦을 막아주다. 闌(난)은 문지방, 또는 막아주다(遮也, 阻隔也)의 뜻.

9) 閒之 : 秦을 갈라놓다. 閒(간)은 간격을 두다(空隙也). 間은 閒의 俗字.

10) 從林鄕軍 : 林鄕에 주둔한 이후로. 林鄕은 大梁 부근의 지명. 軍은 동사로 쓰여 '주둔하다'의 뜻.

11) 囿中(유중) : 지명. 囿는 논밭.

12) 墮(타) : 허물어지다.

13) 而國繼以圍 : 나라는 계속 포위되었다.

14) 陶衛·平監 : 모두 지명.

15) 所亡於秦者 : 秦에게 빼앗긴 것. 亡은 잃다. 所～於는 피동형 문장임.

16) 山南山北 : 華山 일대의 魏地.

17) 使秦無韓有鄭地 : 秦으로 하여금 韓을 없애고 鄭地를 所有하게 하

며. 鄭地는 옛 鄭이 있던 땅.

[語譯] "韓이 망하고 난 뒤 秦의 군사가 출동하는 날에는 위가 아니면 공격할 곳이 없습니다. 韓을 증오하여 안릉씨를 탐내지 않는 것은 괜찮으나, 秦나라가 우리의 남쪽 땅을 욕심내지 않을 것이라며 걱정하지 않는 것은 옳지 못합니다. 지난날 秦이 하서에 있을 때 晉의 강주는 우리의 大梁에서 천 리나 떨어져 있었고, 강과 산이 있어 秦을 막아주었으며, 周와 韓이 秦나라와 우리를 갈라놓고 있었습니다. 秦이 林鄕에 주둔한 이래 지금까지 일곱 번이나 우리 魏를 공격했고 다섯 번이나 圍中을 침입하니, 우리의 국경 지방 城들은 모두 빼앗겼고 文臺는 허물어졌으며, 垂都는 불탔고 수풀은 베어지고 사슴 떼도 없어졌으며, 나라는 계속 포위되어 있었습니다.

또 秦이 大梁 북쪽을 쓸고 지나가 동쪽으로는 陶와 衛(楚丘城)의 교외에 이르렀고, 북으로는 平監까지 도달했었습니다. 그때 秦에게 빼앗긴 것이 華山 남북과 河外 河內에 걸쳐 大縣이 수십 곳이었으며, 큰 성이 수백 개였습니다.

秦이 하서에 있었고 晉의 강주가 천 리나 떨어져 있었을 때도 그 화가 이와 같았습니다.

그런데 하물며 秦으로 하여금 韓을 없애고 鄭地를 차지하게 하여 산하가 막아주는 것도 없고, 周와 韓이 갈라놓는 것도 없어 우리의 大梁에서 백 리쯤 떨어진 곳까지 진출하게 한다면 틀림없이 모든 화는 바로 여기서부터 생길 것입니다."

[原文] 「異日者[1] 從之不成也[2] 楚·魏疑而韓不可得也.[3] 今韓受兵三年 秦橈之以講[4] 識亡不聽[5] 投質於趙[6] 請爲天下雁行[7]

頓刃[8] 楚·趙必集兵 皆[9]識秦之欲無窮也 非[10]盡亡天下之國
而臣海內 必不休矣. 是故臣願以從事王[11] 王速受楚趙之約
而挾韓之質以存韓 而求故地 韓必效之.[12] 此士民不勞而故地
得 其功多於與秦共伐韓 而又與彊秦隣之禍也.」

[註解] 1）異日者 : 장래에. 他日의 뜻.

2）從之不成也 : 合從이 이루어지지 않으면.

　　＊也는 句中에 쓰여 語氣의 일시적 중지와 다음 내용을 이끌어내는
　　역할을 하는 語氣詞이다. 也字의 용법을 몇 가지 예를 들면 다음과
　　같다.

　　㉠ 말의 끝남을 나타낸다.

　　【用例】人而無信 不和其可也.「論語, 爲政」

　　㉡ 語氣의 일시적 중지와 강조를 나타낸다.

　　【用例】聽訟吾猶人也 必也使無訟乎.「論語, 顏淵」

　　㉢ 다음의 말을 이끄는 역할을 한다.

　　【用例】夫子至於是邦也 必聞其政.「論語, 學而」（본문의 從之不成也
　　의 也와 같다.）

　　㉣ 의문어기사로도 쓰인다.

　　【用例】子張問十世可知也.「論語, 爲政」

　　㉤ 한정의 어기를 나타낸다.

　　【用例】由也升堂矣 未入於室也.「論語, 先進」

　　•也는 耳와 같음.

　　㉥ 反問의 語氣를 나타낸다.

　　【用例】君子何患乎無兄弟也.「論語, 顏淵」

　　•也는 邪·歟와 같다.

3）韓不可得也 : 韓은 존속할 수 없게 된다. 이때 也는 확신이나 판단
　　을 나타낸다.

4）橈之以講 : 韓을 굴복시키고서 강화하려 한다. 橈(뇨)는 꺾다, 굽
　　히다(任也). 講은 講和하다.

5) 識亡不聽 : 〔韓은〕 망할 줄 알면서도 秦의 요구를 들어주지 않는 다.

6) 投質於趙 : 趙나라에 인질을 보내다.

7) 雁行(안행) : 맨 앞에 서다. 선봉이 되다. 顔行이라고도 쓴다. 雁行 은 형제들이 차례로 나서는 것이 기러기 행렬과 같다 해서 兄弟란 뜻으로도 쓰인다(이 경우 안항이라 읽는다).

　　본문에서는 앞서 나아가다(先鋒), 맨 앞에 서서 싸우다(士爭前戰謂雁 行).

　　【用例】 先爲雁行以攻關. 「韓非子, 存韓」

8) 頓刃(돈인) : 칼날이 무뎌지다.

9) 皆 : 韓을 비롯한 楚와 趙.

10) 非 : 盡 ~ 內까지 해당된다.

11) 以從事王 : 合從策으로 王을 섬기다.

12) 韓必效之 : 韓은 틀림없이 땅을 돌려줄 것이다. 效는 致也. 之는 故地(韓必致故地於魏也).

【語譯】 "앞으로 合從이 이루어지지 않으면 楚와 魏는 서로 의심 하게 되고, 韓은 멸망하지 않을 수 없습니다.

지금 韓은 3년간이나 秦의 침략을 받고 있으며 秦은 韓을 아 주 굴복시키고 나서 강화하려고 하나, 韓은 망한다는 것을 알 면서도 秦의 요구를 들어주지 않고 버티며 趙에 인질을 보내 천 하를 위해 앞장서서 싸워주길 바라고 있습니다. 楚와 趙는 틀 림없이 군사를 출동시킬 것인데, 이는 모든 나라들이 秦의 욕 심은 끝이 없어 천하의 나라들을 멸망시켜 海內를 굴복시키지 않으면 절대로 그치지 않으리라는 것을 알고 있기 때문입니다.

저는 合從의 방책으로 왕을 보필코자 합니다. 왕께서는 속히 楚와 趙의 약속을 수용하시며, 韓의 인질을 받아들이도록 하시 어(趙에 외교적 압력을 넣으라는 뜻) 韓을 존속시키고 韓에게 옛 땅을 돌려달라 요구하면, 韓은 틀림없이 땅을 돌려줄 것입니

286

다.

이렇게 되면 백성들이 고생을 하지 않고서도 옛 땅을 찾는 것이니 그 공은 秦과 함께 韓을 멸망시키는 것보다도 크며, 또 강한 秦나라와 이웃이 되어 화근을 만드는 것보다도 좋은 것입니다.”

原文「夫存韓安魏而利天下 此亦王之天時已.¹⁾ 通韓上黨於共‧寧²⁾ 使道安成³⁾ 出入賦之⁴⁾ 是魏重質⁵⁾韓以其上黨也. 今有其賦⁶⁾ 足以富國. 韓必德魏⁷⁾愛魏重魏畏魏 韓必不敢反魏 是韓則魏之縣也.⁸⁾ 魏得韓以爲縣 衛‧大梁‧河外必安矣. 今不存韓 二周⁹⁾‧安陵必危 楚‧趙大破 衛‧齊甚畏 天下西鄕¹⁰⁾而馳秦入朝而爲臣不久矣.」

註解 1) 天時已 : 하늘이 내린 순리이다.
　본래 '天道는 以時運行한다'하여 天道를 天時라고도 한다.
　【用例】天時不如地利 地理不如人和.「孟子. 公孫丑 下」
2) 共‧寧(공영) : 모두 지명. 지금의 河南省 修武縣 동쪽.
3) 使道安成 : 도로를 안전 무사하게 다스리다(상업용 도로로 만든다는 뜻).
4) 出入賦之 : 출입하는 사람들에 대해 세금을 부과하다. 賦는 稅也.
5) 重質 : 소중한 담보물.
6) 今有其賦 : 만약 그 賦稅를 취할 수 있다면.
　今은 若也. 有는 取也.
　【用例】㉠ 今夫水搏而躍之 可使過顙 ~.「孟子, 告子 上」
　•今夫는 발어사로 若彼와 같음.
　㉡ 今墓遠則其葬也如之何.「禮記, 曾子問」
7) 德魏 : 魏에 감사한다. 魏가 자기네 나라에 恩德을 베푼다고 생각한다.

8) 韓~縣也 : 韓은 魏의 縣과 같다.
9) 二周 : 西周와 東周를 통칭하여 二周라 하는데, 여기서는 東周의
   도읍지인 洛陽과 그 부근을 말한다.
10) 西鄕 : 서쪽으로 향하다. 즉, 秦으로 向하다. 鄕은 向과 같음.

[語譯] "韓을 보전케 하고 우리 魏를 안정케 하여 천하를 이롭
게 할 수 있으니, 이는 왕께서 취할 천도입니다.

韓의 上黨에서부터 共과 寧까지 길을 열어 도로를 안전하게
하고 물자의 출입에 賦稅할 수 있다면, 이는 魏가 韓의 上黨을
소중한 담보물로 잡은 것과 같습니다.

만약 그런 賦稅를 거둘 수 있다면 충분히 나라를 부유케 할
수 있고, 韓은 우리의 은덕에 감사하며 우리를 좋아하고 중하
게 여기며 또한 두려워 할 것이며, 틀림없이 우리에게 반하는
일을 감히 하지 못할 것입니다.

이것은 韓이 곧 우리의 현이나 마찬가지입니다. 우리가 韓을
우리의 현으로 삼는다면 衛와 大梁과 河外가 꼭 평안할 것입니
다.

만약 韓을 보존치 못하면 東周의 낙양과 안릉이 틀림없이 위
태롭게 되고, 楚와 趙는 대파되며, 衛와 齊는 秦을 매우 두려워
할 것이니, 그렇게 되면 천하의 모든 나라들이 서쪽을 향해 달
려가 秦에 조공하며 秦의 신하가 될 날이 머지않을 것입니다."

32. 孔聖生於魯(節孔子世家¹⁾)

原文 孔子生魯昌平鄕陬邑.²⁾ 其先宋人也³⁾ 曰孔防叔. 防叔生伯夏 伯夏生叔梁紇.⁴⁾ 紇與顔氏女⁵⁾野合⁶⁾而生孔子 禱於尼丘⁷⁾得孔子. 魯襄公二十二年而孔子生.⁸⁾ 生而首上圩頂⁹⁾故因名曰丘云. 字仲尼¹⁰⁾ 姓孔氏. 丘生而叔梁紇死¹¹⁾ 葬於防山.¹²⁾ 防山在魯東 由是¹³⁾孔子疑其父墓處 母諱之也.¹⁴⁾ 孔子爲兒嬉戲¹⁵⁾ 常陳俎豆¹⁶⁾ 設禮容.¹⁷⁾ 孔子母死¹⁸⁾ 乃殯¹⁹⁾五父之衢²⁰⁾ 蓋其愼也.²¹⁾ 郰²²⁾人輓父之母²³⁾誨孔子父墓 然後往合葬於防焉.

註解 1) 孔子世家 : 공자는 侯伯의 지위가 없었는데 世家에 들어 있다. 공자가 布衣의 신분이었지만 그 후손들이 10여 세를 전해왔고, 학자들이 공자를 祖宗으로 받들며 천자나 王侯 이하 모든 중국인들이 '학문(六藝)은 夫子로부터 시작되었다'라고 말하니 가히 至聖이라 할 수 있다. 때문에 太史公이 공자를 世家에 넣었다(이상은 唐 張守節의 「史記正義」에 실린 해설임).

「史記」太史公自序에는 다음과 같이 기록되었다.

"周室이 쇠퇴하자 제후들이 방자해졌다. 중니는 예악이 붕괴되어 가는 것을 안타깝게 여겨 經義를 밝히고 왕도를 내세웠으며, 亂世를 바로잡아 正道로 돌아가게 했다. 공자의 文辭를 보면, 천하의 의례와 법도의 본보기가 되었고 모든 학문의 바른 기강을 후세를 위해 세워주었으니, 17번째로 孔子世家를 지었다."

2) 魯昌平鄕陬邑 : 陬邑(추읍 : 鄒와 같음)은 孔子 부친 紇(흘)이 다스
　　리던 邑名이다. 昌平은 鄕名이고 살던 마을(자연부락 단위)은 闕里
　　(궐리)였다. 그 闕里는 洙水를 등지고 泗水에 面해 있었다. 뒷날 공
　　자는 泗水와 洙水의 물가에서 제자들을 가르쳤으니 孔門之學을 泗
　　洙之學이라고도 한다. 공자의 출생지는 지금의 山東省 曲阜縣 남쪽
　　80리 지점에 있는 鄒縣과의 경계에 있는 마을이라 한다.

3) 其先宋人也 : 그의 선조는 宋나라 사람이었다. 그 조상은 宋나라
　　微子의 후손으로 공자의 증조 防叔 때에 華氏의 핍박을 피하여 魯
　　로 이주했다.

4) 叔梁紇(숙량흘) : 叔梁은 字이고 이름은 紇이다. 숙량흘은 勇力이
　　過人하였고 추읍의 大夫였다. 「左傳」襄公 10년과 17년에 그에 관
　　한 기록이 있다.
　　숙량흘은 魯人 施氏의 딸을 아내로 맞이하여 딸만 아홉을 보았고,
　　妾의 所生으로 아들 孟皮가 있었는데 불구자였다.

5) 顔氏女 : 顔氏집 딸. 徵在(징재).
　　徵在는 顔氏의 三女였는데 父命에 따라 숙량흘과 결혼하니 당시
　　그는 70세, 徵在는 15~16세였다.

6) 野合 : 정당한 혼례를 치르지 않고 남녀가 구차스럽게 交合한다는
　　뜻이다. 결국 至聖先師로 받드는 공자가 私生兒가 되니 後儒들을
　　대단히 난처하게 만들지 않을 수 없었다. 이 점에 대해 司馬貞의
　　「史記索隱」에서는 野合의 뜻을 다음과 같이 밝히고 있다.
　　"여기서 野合했다고 하는 것은 숙량흘은 늙고 징재는 상대적으로
　　어려, 壯年에 장가들고 適齡에 시집가는 禮儀에 맞지 않음을 뜻한
　　다."
　　「論語」子路篇에 「野哉. 由也.」라는 말이 있고, 先進篇에도 「先進
　　於禮樂 野人也. 後進於禮樂 君子也」라는 말이 있는데, 이때 野란
　　'不合禮하다'는 뜻이다.

7) 禱於尼丘 : 尼丘山(이구산)에 기도하다. 尼丘山은 지금의 山東省
　　曲阜縣 동남쪽에 있는데 숙량흘의 추읍 변두리에 있다.

8) 孔子生 : 魯襄公 22년은 기원전 551년이고, 출생일은 周正 10월 27
　　일. 현행 음력 8월 27일, 양력 9월 28일이다. 이날 중국과 우리나라

290

에서는 釋奠祭를 지낸다. 참고로 공자는 석가모니보다 7년, 소크라
테스보다 82년, 예수보다 551년 앞서 살았다. 공자의 逝去日은 魯
哀公 16년(기원전 479년) 4월 11일로, 향년 73세였다.

9) 圩頂(우정) : 머리가 움푹 패이다.(中低而四傍高也)

10) 字仲尼(중니) : 字는 仲尼이다.

仲은 둘째라는 뜻이다. 숙량흘에게는 妾 所生의 아들 孟皮가 있었
으니 공자는 두번째인 셈이다.

11) 叔梁紇死 : 「孔子家語」에는 공자 3세에 부친을 여의었다고 기록되
어 있다.

12) 防山 : 지금의 兗州府 曲阜縣 동쪽 25리에 있는 산.

13) 由是 : 이 때문에. 이로 말미암아.

【用例】由是則生而有不用也(이 때문에 살면서 그 방법을 쓰지 않는 경우
가 있고).「孟子, 告子 上」

14) 母諱之也 : 모친이 父墓를 일러주지 않았다.

諱(휘)는 숨기다(隱也), 피하다(避也), 숨기는 일(所隱之事也).

공자는 너무 어렸고 모친은 젊은 과부로 葬地에 가지 못했을 것이
니, 묘의 위치를 정확히 말해 줄 수 없었을 뿐이지 일부러 숨기지
는 않았을 것이다.

15) 嬉戱(희희) : 놀이(遊也).

16) 常陳俎豆 : 늘 祭器를 벌여놓다.

俎豆(조두)는 祭物을 담는 禮器.

【用例】孔子對曰 俎豆之事嘗聞之矣 軍旅之事未之學也.「論語. 衛
靈公」

•俎豆之事는 禮儀之事.

17) 設禮容 : 禮를 行하는 시늉을 하다. 設은 置也. 禮容은 禮制儀容
也.

18) 孔子母死 : 공자는 24세에 모친을 여의었다.

19) 殯(빈) : 빈소를 마련하다(가매장했다는 뜻). 시신을 입관한 뒤 관을
수개월 또는 수년씩 집에 모셔 두는데, 이를 殯所라 한다.

【用例】朋友死無所歸曰 於我殯(친구가 죽어 돌볼 이 없으면 내 집을
殯所로 하라고 말했다).「論語, 鄕黨」

20) 衢(구) : 네거리(四達街通曰 衢). 五父는 거리 이름.

21) 蓋其愼也 : 아마 신중히 하려는 뜻일 것이다.

　　공자는 본래 周의 喪禮에 따라 부모를 合葬하려고 했는데, 父墓가
　　확실치 않아 신중을 기하기 위해 가매장했다는 뜻.

22) 郰(추) : 땅 이름(孔子之鄕). 鄒・陬와 같음.

23) 輓父之母 : 상여꾼의 母親.

24) 誨(회) : 일러주다(敎也).

參考 공자의 모습에 대해「孔子世家」에 다음과 같은 기록이 있다.

　　"孔子長九尺有六寸 人皆謂之長人 而異之."

　　孔子는 키가 커서 사람들이 키다리(長人)라 한 것 같다. 숙량흘은
　　十尺이라 했다. 당시의 周尺은 지금 미터법으로 약 20cm에 해당하
　　니 孔子의 키는 약 192센티 정도가 된다.

語譯 공자는 노나라의 창평향 추읍에서 태어났다. 그의 선조
는 宋人이었으며 공방숙이라 했다. 방숙은 백하를 낳고, 백하
는 숙량흘을 낳았다.

　숙량흘은 顔氏의 딸을 맞아 혼인 적령에 맞지 않은 결혼을 하
여 공자를 낳았는데, 이구산에 기도하여 공자를 얻었다.

　魯襄公 22년에 공자가 출생했다.

　공자는 태어나면서 머리가 움푹 패였으므로 그로 인해 이름
을 구라 불렀다. 자는 중니이고 성은 공씨였다.

　공자가 태어난 뒤 곧 숙량흘이 죽어 방산에 장사지냈다. 방
산은 노나라의 동쪽에 있었는데, 이 때문에 공자는 부친의 묘
를 모르고 있었고, 모친도 일러주지 못했었다.

　공자가 어려서 놀이를 할 때, 늘 제기를 차려놓고 예를 행하
는 시늉을 하며 놀았다.

　공자의 모친이 죽자 五父의 네거리에 빈소를 마련했는데, 아
마 신중하게 장사하려는 뜻이었으리라.

추 사람 상여꾼의 모친이 공자 부친의 묘를 일러주자 방산에 합장했다.

33. 夾谷之會(節孔子世家)

[原文] 定公[1]九年 是時孔子年五十. 定公以孔子爲中都宰[2] 一年 四方皆則之.[3] 由[4]中都宰爲司空[5] 由司空爲大司寇.[6] 定公十年春 及齊平.[7] 夏齊大夫黎鉏言於景公曰 「魯用孔丘 其勢危齊.」 乃使使告魯爲好會[8] 會於夾谷.[9] 魯定公且以乘車好往.[10] 孔子攝相事[11] 曰 「臣聞有文事者[12]必有武備 有武事者必有文備. 古者諸侯出疆[13] 必具官以從.[14] 請具左右司馬.」[15] 定公曰 「諾.」 具左右司馬. 會齊侯夾谷 爲壇位 土階三等 以會遇之禮[16]相見 揖讓[17]而登.

[註解] 1) 定公 : 재위 기원전 510~495년.

2) 中都宰 : 中都의 지방관. 中都는 魯의 읍명. 지금의 山東省 汶上縣 부근.

3) 四方皆則之 : 주위에서 모두 이를 본받다. 之는 공자의 행정 또는 치적. 則은 法則也. 效也.
  「孔子家語」에는 西方皆則之로 되어 있다.

4) 由 : ~에서(自也). ~을 거쳐(從也). 명사로 쓰이면 '경과, 연유'의 뜻.
  【用例】 子曰. 視其所以 觀其所由. 「論語, 爲政」

5) 司空 : 官名. 掌水利土木之事.

6) 大司寇(대사구) : 古之六卿之一. 周制의 秋官. 掌刑罰之事.

7) 及齊平 : 齊와 講和하다. 당시 齊는 景公이 재위중이었다. 及은 與

와 같다.

8) 爲好會 : 화해의 모임을 가지다. 好會는 和好之會也.

당시 齊와 魯는 서로 적대국이었다. 齊는 魯의 변경을 자주 약탈했고, 魯는 大夫들의 발호로 국정이 문란하여 齊의 침공에 잘 대응하지 못할 때였다.

9) 會於夾谷 : 夾谷(협곡)에서 만나다.

夾谷은 접경 지대에 있는 齊邑. 당시 萊라는 미개족이 살고 있었는데, 齊의 속셈은 萊人을 시켜 定公을 납치하려 했다.

10) 且以乘車好往 : 곧 乘車를 잘 꾸며가지고 가려고 했다. 好는 보기좋게 장식하다의 뜻.

11) 攝相事 : 재상의 일을 겸하다. 攝은 兼官也. 署理.

【用例】管氏有三歸 官事不攝 焉得儉. 「論語, 八佾」

12) 有文事者 : 文臣.

13) 出疆 : 영토 밖으로 나가다. 疆(강)은 疆域, 즉 領土.

14) 具官以從 : 官員들을 고루 갖추어 수행케 하다.

15) 左右司馬 : 掌軍旅之事者.

16) 會遇之禮 : 禮之簡略也(간단한 의례).

본래 先約하고 만나는 것을 會, 기약이 없이 만나는 것을 遇라고하는데 여기서는 간략한 예로 相見하다는 뜻.

17) 揖讓 : 賓主가 相見하여 두 손을 가슴까지 들어 인사하는 것.

【用例】子曰 君子無好爭 必也射乎 揖讓而升 下而飮. 「論語, 八佾」

【語譯】노정공 9년, 이때 공자는 50세였다. 정공은 공자를 중도재로 삼았고, 공자가 부임한 지 일 년간에 사방에서 모두 공자의 치적을 본받았다.

공자는 중도재를 거쳐 사공이 되었고, 사공을 거쳐 大司寇가되었다.

정공 10년 봄, 齊와 화평했다.

여름에 제의 大夫 여서가 제경공에게 말했다.

"노는 孔丘를 등용하였습니다. 노의 세력이 제를 위협하니

다."

경공은 곧 사자를 보내 노에게 화해의 모임을 협곡에서 갖자고 알려 왔다.

노정공은 곧 수레를 잘 꾸며 타고 가려 했다. 공자는 相臣의 일을 겸하고 있었는데 정공에게 말했다.

"제가 듣기로는 文臣에게는 반드시 武備가 있어야 하고, 武臣에게는 반드시 文備가 있어야 합니다. 옛날에 제후가 국경을 나갈 때는 반드시 관원을 고루 데리고 갔습니다. 좌우 사마를 데리고 가십시오."

정공이 수락하고 좌우 사마를 수행케 했다. 제경공과 협곡에서 만나 단을 만드니 흙계단이 3단이었다. 우선 간략한 예로 서로 만나보고 읍양하고서 단으로 올라갔다.

[原文] 獻酬之禮畢1) 齊有司2)趨而進曰 「請奏四方之樂.」 景公曰 「諾.」 於是旄旌羽袚3) 矛戟劍撥4)鼓譟5)而至. 孔子趨而進歷階而登6) 不盡一等7) 擧袂8)而言曰 「吾兩君爲好會 夷狄之樂何爲於此. 請命有司.」 有司卻之9) 不去 則左右視晏子10)與景公. 景公心怍11) 麾而去之. 有頃12) 齊有司趨而進曰 「請奏宮中之樂.」 景公曰 「諾.」 優倡侏儒13)爲戲前. 14)

[註解] 1) 獻酬之禮畢 : 相見하는 술잔을 들고 나서. 相見之禮를 다 마치고.

獻酬(헌수)는 賓主가 술을 주고받음. 畢(필)은 마치다, 끝내다.

2) 有司 : 관리. 諸臣也(職有專事故曰有司).

3) 旄旌羽袚(정모우발) : 깃발과 깃털(舞者所執之物也). 장목대기 정. 쇠꼬리기 모. 오랑캐옷 발.

4) 矛戟劍撥(모극검발) : 창과 칼과 큰 방패. 撥은 큰 방패(大楯也). 矛

戟은 창의 종류.

5) 鼓譟(고조) : 북을 치며(擊鼓) 떠들어대다(讙譟).

6) 歷階而登 : 계단을 급히 올라가다.

歷階는 계단을 올라가되 발을 모으지 않는 것.

【用例】 毛遂按劍歷階而上 謂平原君曰 從之利害 兩言而決耳(毛遂는 平原君의 食客. 從은 合從策).「史記, 平原君列傳」

7) 不盡一等 : 맨 위 한 계단을 올라서지 않고. 3단 중 2단까지만 올라갔다는 뜻.

8) 擧袂(거메) : 옷소매를 들어. 팔을 저으며. 袂는 소매(袖也).

9) 有司卻之 : 魯의 有司가 그들을 물러가라하다. 卻(각)은 물리치다(退也).

10) 晏子 : 이름은 嬰(영). 字는 平仲.

齊의 賢相으로 靈公, 莊公, 景公을 섬겼다. 節儉質朴하여 不食重肉하고 그 아내는 비단옷을 입어보지 못했고 狐裘(호구) 하나로 20년을 입었다. (때문에 晏嬰之狐裘는 節儉을 뜻하는 말이 되었다).

晏子春秋를 지었다고 한다.「論語」에도 晏子에 대한 언급이 있다.

參考 子曰 晏平仲善與人交 久而敬之(안평중은 사람과 잘 사귄다. 오래 되어도 남을 공경한다).「論語, 公冶長」

11) 心怍(심작) : 마음에 부끄럽다. 怍은 부끄럽다(慙也).

【用例】 子曰 其言之不怍 則爲之也難(자기가 한 말이 부끄럽지 않아도 그 말을 실천하기는 어렵다).「論語, 憲問」

12) 有頃 : 잠시 후(時不久也).

13) 倡優侏儒(창우주유) : 광대(扮演雜戲之人)와 난쟁이(短小之人也).

14) 爲戲前 : 잡희를 공연하려고 앞으로 나오다.

語譯 상견례가 다 끝나자 제의 관리가 달려나와 말했다.

"사방의 음악을 연주하고자 합니다."

경공은

"그래라."

하고 말했다.

　그러자 깃발과 깃털과 창과 칼과 방패를 든 사람들이 북치고 떠들며 앞으로 나왔다.

　공자는 그를 보고 달려나와 급히 계단을 올라 마지막 한 계단을 남겨 놓고 소매를 들어 말했다.

　"여기 두 임금의 화해 회담에 夷狄의 음악이 무슨 소용이 있겠습니까? 관리를 시켜 물리치게 해주십시오."

　노의 관리가 그들을 물리쳐도 그들이 가지 않자, 공자는 곧 좌우로 눈을 돌려 안자와 경공을 주시했다.

　경공은 마음속으로 부끄러워 손을 휘저어 그들을 물러가게 했다.

　이윽고 齊의 관리가 달려나와 말했다.

　"궁중의 음악을 연주하고자 합니다."

　경공이

　"좋다."

　하고 말했다.

　그러자 광대와 난쟁이들이 연기를 하려고 앞으로 나왔다.

原文 孔子趨而進 歷階而登 不盡一等 曰 「匹夫[1]而營惑[2]諸侯者罪當誅.[3] 請命有司.」 有司加法焉[4] 手足異處.[5] 景公懼而動[6] 知義不若[7] 歸而大恐 告其群臣曰 「魯以君子之道輔其君 而子[8]獨以夷狄之道敎寡人 使得罪於魯君[9] 爲之奈何.」 有司進對曰 「君子有過則謝以質 小人有過則謝以文. 君若悼之則謝以質.」[10] 於是齊侯乃歸所侵魯地鄆·汶陽·龜陰[11]之田以謝過.

註解 1) 匹夫 : 庶人也.

【用例】 三軍可奪帥也 匹夫不可奪志也.「論語, 子罕」

2) 營惑(영혹) : 일을 꾸며서 사람을 현혹시키다(經營而惑亂也). 熒惑
(형혹)이라고 쓴 版本도 있다.

3) 罪當誅 : 그 罪가 사형〔誅殺〕에 해당한다.

4) 加法焉 : 그들에게 법이 집행되다.

　　＊焉은 於之의 뜻. 代詞 겸 介詞로 쓰이나 의미상 於字의 뜻을 포
함하지 않고 之字와 같은 의미로 쓰였다.

　　【用例】 非曰能之 願學焉.「論語, 先進」

　　＊焉은 '어찌 ~하겠느냐'의 뜻으로 쓰이기도 한다.

　　【用例】 敢問死. 曰. 未知生 焉知死(죽음에 대해 묻겠습니다. 공자가 말
했다. "삶도 아직 모르는데 어찌 죽음에 대해 알겠느냐?").「論語, 先
進」

5) 手足異處 : 손발이 떨어져 나갔다(旣斬而手足分離也).

6) 懼而動 : 겁이 나서 안색이 바뀌다.

7) 知義不若 : 義가 孔子와 같지 못함을 알다.

8) 子 : 너희들은. 그대들은.

9) 使得罪於魯君 : 寡人으로 하여금 魯君에게 죄만 짓게 했다. 使 다
음에 寡人을 보충하면 뜻이 명확해진다.

10) 謝以質 : 실질적인 것으로 謝罪하다.

11) 鄆·汶陽·龜陰 : 地名. 운·문양·龜山 북쪽.

參考 齊人歸女樂 季桓子受之 三日不朝. 孔子行.「論語, 微子」

　　孔子世家에는 공자가 魯를 떠난 사연을 자세히 기록하고 있다.

　　공자 54세, 定公 12년에 攝相의 지위에 올라 큰 치적을 남겼다. 齊
에서는 이를 두려워하여 定公 14년 공자 56세 때에 음탕한 가무를
익힌 미녀 80명과 화려한 말 120필을 魯에 선물로 보냈다. 이에 魯
定公과 최고 실권자 季桓子가 이를 받고 정치를 게을리하고 大夫
들을 천대하자(祭肉을 보내주지 않았음) 魯를 떠나 각국을 遍歷하게
된다.

[語譯] 공자는 달려나와 급히 계단을 올라 맨 위 계단 하나를 남겨 놓고 말했다.

"필부로서 일을 꾸며 제후를 현혹시키는 자는 그 죄가 사형에 해당합니다. 관리에게 명령해 주십시오."

관리가 그들에게 형을 집행하니 손과 발이 떨어져 나갔다.

경공은 두려워 안색이 변했고, 의가 공자와 같지 못함을 알고 귀국하여 크게 두려워하며 그 신하들에게 말했다.

"노에서는 군자의 도로 임금을 보필하는데, 그대들은 유독 夷狄의 도로 과인을 가르쳐 노임금에게 죄만 짓게 하였으니 이를 어찌해야겠는가?"

제의 신하가 나서서 대답했다.

"군자는 잘못이 있으면 실질적인 것으로 사과하고, 소인은 잘못이 있으면 글로써 사과합니다. 임금께서 그 잘못이 마음에 걸리시면 실질적인 것으로 사과하십시오."

이에 제 임금은 곧 노에서 빼앗았던 운과 문양과 구음의 땅을 반환하여 사과했다.

34. 孔子陳蔡之阨(節孔子世家)

[原文] 孔子遷于蔡三歲[1] 吳伐陳. [2] 楚救陳[3] 軍于城父. [4] 聞孔子在陳蔡之閒 楚使人聘孔子. 孔子將往拜禮 陳蔡大夫謀曰 「孔子賢者 所刺譏皆中諸侯之疾. [5] 今者久留陳蔡之閒[6] 諸大夫所設行[7]皆非仲尼之意. 今楚 大國也 來聘孔子. 孔子用於楚 則陳蔡用事大夫危矣.」[8] 於是乃相與發徒役[9]圍孔子於野. 不得行 絶糧. 從者病 莫能興. [10] 孔子講誦弦歌[11]不衰. 子路慍見[12]曰 「君子亦有窮乎.」[13] 孔子曰 「君子固窮[14] 小人窮斯濫矣.」[15] 子貢色作. 孔子曰 「賜[16] 爾[17]以予爲多學而識之者與.」[18] 曰 「然. 非與」[19] 孔子曰 「非也 予一以貫之.」[20]

[註解] 1) 遷于蔡三歲 : 蔡에 옮겨간 지 3년이 되었다.

蔡는 지금의 河南省 上蔡縣 부근을 차지하고 있던 小國으로 당시 吳·楚·越·晉 등의 강국 사이에 끼여 피해를 보고 있었다. 공자는 61세에 蔡에 갔다가 그 부근 陳·葉(섭) 등 小國 사이를 왕래하고 있었다. 蔡에 간 지 3년째니까 공자 63세 때였다.

2) 吳伐陳 : 吳가 陳을 공격했다. 당시 吳王은 夫差였다.

3) 楚救陳 : 楚가 陳을 도와주었다. 당시 楚昭王은 先代에 陳과 盟約이 있었기 때문에 陳을 구원하려 했다.

4) 軍于城父 : 城父에 주둔하다. 于는 於와 같음. 城父(성보)는 楚의邑名. 지금의 河南省 寶豊縣 城父村.

5) 所刺譏~之疾 : 그가 풍자하는 것은 모두 제후들의 병폐에 딱 들

어맞는다. 刺譏(자기)는 풍자하다. 中은 들어맞다. 疾은 병폐, 폐
단.

6) 陳蔡之閒 : 陳과 蔡 두 나라에. 있는 위치가 陳과 蔡의 중간 지점
이란 뜻이 아니라 '陳에도 蔡에도 있었다'는 뜻.

7) 所設行 : 만들어서 하는 행위.

8) 用事大夫危矣 : 권력을 쥐고 있는 大夫들은 위태롭게 된다.

9) 徒役 : 勞役에 종사하는 죄수들.

10) 莫能興 : 일어날 수 있는 사람이 없었다. 莫은 無.

11) 講誦弦歌 : 詩書를 읽고 彈琴하다.

12) 慍見(온현) : 慍色을 보이다. 성난 기색을 내보이다. 慍은 恨也, 怨
也.
子路慍 見曰 ~로 읽으면 '子路는 화가 나서 공자를 뵙고 말하다'
가 된다. 이 부분은 「論語, 衛靈公」에 실려 있다.

13) 君子亦有窮乎 : 군자라 하는 사람들이 이렇게까지 궁색할 수 있느
냐는 강한 불만의 표시임.
＊亦은 더욱, 뜻이 거듭됨(重也)을 나타낸다.
【用例】 學而時習之 不亦說乎.「論語, 學而」
＊亦은 또한(又也)의 뜻이 있어 두 가지가 서로 같다는 뜻을 나타
낸다.
【用例】 是亦爲政也.「論語, 爲政」

14) 君子固窮 : 君子한테도 窮할 때가 틀림없이 있다.
固窮은 固有窮時. 그러나 固窮을 '窮함을 固守한다(固守其窮)'의 뜻
으로 새겨도 의미는 통한다.

15) 窮斯濫矣 : 궁하면 곧 외람된 짓을 하게 된다(小人窮則放溢爲非行).
斯는 곧(則), 이에(乃)의 뜻. 濫은 넘치다(溢也), 즉 분수나 도를 넘
는 지나친 행동이나 非行을 저지른다는 뜻.
＊斯의 用法 몇 가지 예를 들면 다음과 같다.
㉠ 지시대사로 '이것'의 뜻이 있다.
【用例】 逝者如斯夫 不舍晝夜(가는 것이 이와 같구나! 밤낮으로 그치지
않도다).「論語, 子罕」
㉡ 곧(則), 이에(乃)의 뜻이 있다.

302

ⓒ 어기사로 其, 然의 뜻이 있다.

16) 賜 : 子貢의 이름. 子貢의 학문이 博多하고 能識하여 질문을 던져
    대화를 유도하였음. 이 구절도 「論語, 衛靈公」에 실려 있다.

17) 爾(이) : 너(2인칭 代詞). 予(여)는 1인칭 代詞.

18) 與 : 의문어기사. 歟와 같음.
    【用例】是魯孔丘與(魯의 孔丘인가?). 「論語, 微子」

19) 然. 非與 : 그렇지요. 안 그렇습니까? 與는 어문어기사(方信而忽
    疑).

20) 一以貫之 : 仁 하나를 가지고 관철할 따름이다. 以一貫之를 강조하
    기 위해 도치되었음.
    「論語, 里仁」에는 曾參에게 吾道一以貫之라고 말하니 曾子는 곧 唯
    (예)하고 대답했다. 曾子는 孔子의 道가 仁 하나라는 것을 알고 있
    었고, 다른 제자들이 물었을 때는 忠恕라고 대답하였다.

[語譯] 공자가 蔡나라에 와서 3년이 되었을 때 오가 陳을 공격
했다. 楚는 陳을 구원하기 위해 성보에 군대를 주둔시켰다. 초
왕은 공자가 陳과 蔡에 있다는 말을 듣고 사람을 보내 공자를
초빙했다. 공자가 楚를 예방하려고 할 때, 陳과 蔡의 대부들이
서로 모의하며 말했다.

"공자는 현자여서 그가 풍자하는 것은 모두 제후들의 병폐에
들어맞는다. 여태까지 陳과 蔡에 오래 머물러 있었고 우리 大
夫들이 꾸며서 하는 것들은 모두 중니의 뜻에 맞지 않는다. 지
금 楚는 대국인데 공자를 초빙해가려 한다. 공자가 楚에서 등
용된다면 우리 陳과 楚의 권력을 쥔 大夫들은 위태롭게 될 것이
다."

이에 곧 그들은 다같이 노역하는 죄수들을 시켜 공자를 들판
에서 포위하였다. 공자 일행은 나아갈 수도 없었고, 양식도 떨
어졌다. 제자들은 병에 걸려 일어설 만한 사람도 없었다. 그러
나 공자는 詩書를 읽고 彈琴하며 노래부르기를 그치지 않았다.

자로가 성을 내며 말했다.

"군자가 이처럼 곤궁할 수도 있습니까?"

공자가 대답했다.

"군자에게도 궁할 때가 틀림없이 있으나, 소인은 곤궁하면 외람된 짓을 한다."

자공도 불쾌한 낯빛이었다.

공자가 자공을 불러 물었다.

"사야! 너는 내가 많이 배웠고 또 그것들을 모두 알고 있는 사람이라고 생각하느냐?"

"예! 그렇지 않습니까?"

공자가 대답했다.

"아니다. 나는 오직 仁 한 가지를 가지고 관철할 따름이니라."

原文 孔子知弟子有慍心 乃召顔回[1]而問曰 「回 詩云[2] '匪兕匪虎[3] 率彼曠野'[4] 吾道非邪.[5] 吾何爲於此.」顔回曰 「夫子之道至大. 故天下莫能容.[6] 雖然[7] 夫子[8]推而行之 不容何病[9] 不容然後見君子.[10] 夫道之不修也 是吾醜也. 夫道旣已大脩而不用 是有國者之醜也.[11] 不容何病 不容然後見君子.」孔子欣然而笑曰 「有是哉[12] 顔氏之子. 使爾多財[13] 吾爲爾宰.」[14] 於是使子貢至楚. 楚昭王興師迎孔子 然後得免.

註解 1) 顔回：魯人. 字는 子淵. 天資明敏하고 貧而好學하여 孔門十哲 중 德行에 들었고, 공자 제자중 가장 현명하였다. 「論語」나 「孔子家語」에 안회에 대한 칭찬이 많다. 너무 가난했고 또 그 때문에 극도의 영양실조에 걸렸던 것 같다. 29세에 머리가 하얗게 변했고, 32살에 죽으니 공자가 통곡을 했다.

안회가 죽었을 때 孔子는 '아! 하늘이 나를 망치는구나(天喪予)'하면서 슬퍼했다.

2) 詩云 : 「詩經, 小雅」의 何草不黃章.

3) 匪兕匪虎 : 외뿔소도 아니고 호랑이도 아닌 것이. 匪는 非와 통함. 兕(시)는 외뿔난 들소.

4) 率彼曠野 : 넓은 들을 쏘다니고 있네. 率(솔)은 循의 뜻으로 行과 통한다. 짐승들의 자유로움을 보며 자신의 부자유를 한탄한 것이다.

   朱子의 「詩經集傳」의 해석은 周 말기에 行役이 그치지 않자 백성들의 괴로움을 읊은 시라고 하였는데, 공자는 그 한 구절만을 인용하여 질문을 했다.

5) 吾道非邪 : 내 道가 틀린 것인가? 邪(야)는 疑問語氣詞.

6) 莫能容 : 수용할 사람이 없다.

7) 雖然 : 비록 그러하지만.

8) 夫子 : 춘추시대 선생이나 長者에 대한 칭호였다. 따라서 孔門弟子들이 공자를 칭할 때 夫子라 했다.

9) 不容何病 : 받아들여지지 않는다고 무엇이 나쁩니까? 용납되지 않는다고 무슨 탈이 있겠습니까?

10) 見君子 : 군자로 보여진다. 곧 군자임을 알게 된다. 見의 音은 현.

11) 是有國者之醜也 : 이는 나라를 가진 자들이 부끄러워해야 할 일이다.

12) 有是哉 : 그렇구나! 네 말이 옳다!

13) 使爾多財 : 만약 네가 재산이 많다면.

   * 使는 가정의 뜻이 있음(假定之辭).

   【用例】 使驕且吝 其餘不足觀而已. 「論語. 泰伯」(만약 교만한데다가 인색하기까지 하면, 그 나머지는 볼 것도 없다).

14) 吾爲爾宰 : 나는 네 재산 관리인이 되겠다. 爾는 2인칭대사. 宰는 主財者也. 너를 위해 재산 관리자가 되겠다는 것은 너와 나의 뜻이 같다는 말.

語譯 공자는 제자들이 성난 마음을 품고 있다는 것을 알고 안

회를 불러 물었다.

"회야, 시경에 '외뿔소도 아니고 호랑이도 아닌 것이 저 넓은 들을 돌아다니고 있다.' 하였는데 나의 도가 옳지 않은가? 우리는 여기서 무엇을 할 수 있단 말인가?"

안회가 대답했다.

"선생님의 도는 지극히 큽니다. 그래서 천하가 받아들이지 못하는 것입니다. 비록 그러하다지만 선생님께서 그 도를 추진하며 행하신다면 용납되지 않는다 해서 무슨 탈이 있겠습니까? 용납되지 않은 뒤에야 군자라는 것을 알게 됩니다. 도를 닦지 못한다면 그것은 우리가 부끄러워해야 할 일입니다. 그러나 도가 이미 크게 닦아졌는데도 쓰여지지 않는다면, 그것은 나라를 가진 자가 부끄러워해야 합니다. 용납되지 않은들 무슨 탈이 있겠습니까? 용납되지 않은 뒤에야 군자임을 알게 됩니다."

공자는 기뻐 웃으며 말했다.

"네 말이 옳도다. 顏氏 아들아! 만약 네가 재산이 많다면 나는 네 재산 관리인이 되겠다."

이에 자공을 楚나라에 보내자, 楚昭王이 군사를 보내 공자 일행을 영접했다. 그런 뒤 그 위기에서 벗어날 수 있었다.

原文 昭王將以書社地七百里[1]封孔子. 楚令尹[2]子西曰 「王之使使諸侯[3]有如子貢者乎.」[4] 曰 「無有.」「王之輔相[5]有如顏回者乎.」曰 「無有.」「王之將率[6]有如子路者乎.」曰 「無有」「王之官尹[7]有如宰予者乎.」曰 「無有」「且楚之祖封於周 號爲子男五十里. 今孔丘述三五之法[8] 明周召之業.[9] 王若用之 則楚安[10]得世世堂堂方數千里乎. 夫文王在豊 武王在鎬

百里之君¹¹⁾ 卒王天下. ¹²⁾ 今孔丘得據土壤¹³⁾ 賢弟子爲佐¹⁴⁾ 非
楚之福也.」昭王乃止. 其秋 楚昭王卒于城父.

[註解] 1) 以書社地七百里 : 戶口가 등록된 땅 7백 리. 書는 등록하다
    (籍也). 社는 25戶를 말함. 즉 社의 戶口를 조사하여 人丁과 토지
    등을 장부에 올리는 것을 書社라 함.
  2) 令尹 : 楚의 官名. 上卿으로 執政한 者.
  3) 使使諸侯 : 제후에게 사신으로 보내다.
  4) 乎 : 의문어기사.
  5) 輔相 : 보필하는 宰相.
  6) 將率 : 군대를 거느리다. 여기서는 將軍.
  7) 官尹 : 관리. 장관.
  8) 三五之法 : 三皇 五帝의 법.
  9) 明周召之業 : 周公과 召公의 일을 잘 알다.
 10) 安 : 어찌. 어떻게. 다음의 得은 차지하다, 소유하다.
 11) 百里之君 : 백 리 땅의 임금.
 12) 卒王天下 : 마침내 천하의 왕이 되었다.
 13) 今~土壤 : 만약 孔丘가 땅에 근거지를 마련하면. 土壤은 영토.
 14) 爲佐 : 보좌하다.

[語譯] 楚昭王은 호구가 등록된 땅 7백 리로 공자를 봉하려 했
다. 楚의 영윤 자서가 楚王에게 말했다.
    "왕의 사신으로 제후에게 보낼 사람 중에 자공만한 사람이
있습니까?"
    "없소이다."
    "왕을 보필하는 재상 중에 안회만한 사람이 있습니까?"
    "없소이다."
    "왕의 장수 중에 자로만한 사람이 있습니까?"
    "없소이다."

"왕의 장관 중에 재여만한 사람이 있습니까?"

"없소이다."

"그런데 楚의 선조가 周에서 封받은 것은 子·男이라고 부르는 50리 땅이었습니다. 지금 孔丘는 三皇 五帝의 법을 말하며, 주공과 소공의 일에 밝습니다. 왕께서 만약 孔丘를 등용하신다면 楚가 어떻게 사방 수천 리의 땅을 대대로 당당히 차지할 수 있겠습니까?

문왕은 풍에서 일어났고 무왕은 호경에서 겨우 백 리의 땅을 가진 임금이었으나 마침내 천하의 왕이 되었습니다.

만약 孔丘가 웅거할 땅이 있고, 현명한 제자들이 그를 보좌한다면 그것은 楚의 복이라 할 수 없습니다."

昭王은 공자를 봉하려는 생각을 바로 그만두었다.

그해 가을에 楚昭王은 성보에서 죽었다.

[原文] 太史公曰 1) 詩有之. 2)「高山仰止 3) 景行行止.」 4) 雖不能至 然心鄉往之. 5) 余讀孔氏書 6) 想見其爲人. 適魯 7) 觀仲尼廟堂 8) 車服禮器 9) 諸生以時習禮其家 余祇廻留之 10) 不能去云. 11) 天下君王至于賢人 12) 衆矣 13) 當時則榮 沒則已焉. 14) 孔子布衣 15) 傳十餘世 16) 學者宗之. 17) 自天子王侯 中國言六藝者折中 18) 於夫子 可謂至聖矣. 19)

[註解] 1) 太史公曰 : 孔子世家의 말미에 있는 贊이다.

2) 詩有之 : 詩經에 실려 있다. 之는 다음에 인용하는 詩句. 여기서 인용된 詩는「詩經, 小雅」의 한 구절이다.

3) 高山仰止 : 높은 산은 우러러보고. 高山은 덕이 높음을 비유했음. 仰은 마음으로 思慕한다는 뜻을 내포. 止는 語氣詞로 之와 같다.

4) 景行行止 : 德行은 본받아 실천한다. 景行은 高明한 덕행. 行止의

行은 본받아 행하다. 止는 어기사.

이 시의 뜻은 高山을 可仰하는 것처럼 景行을 실천해야 한다는 것을 강조했다.

5) 心鄕往之 : 마음으로는 늘 그쪽을 향하고 있다. 鄕은 嚮, 즉 向과 같음. 之는 高大光明한 景行.

6) 孔氏書 : 공자가 남긴 책. 司馬遷은 「論語」와 「春秋」를 많이 인용했다.

7) 適魯 : 魯國에 가다. 適은 至也, 往也.

【用例】子適衛 冉有僕(孔子께서 衛에 가실 때, 염유가 수레를 몰았다). 「論語, 子路」

8) 廟堂 : 종묘. 사당.

9) 車服禮器 : 車子(수레), 衣服, 祭禮之器.

【用例】魯諸儒持孔氏之禮器 往歸陳王 「史記 儒林列傳」

10) 余祗回留之 : 나는 경건하게 머뭇거리며. 祗는 敬也. 回留는 머뭇거리다. 之는 孔氏之家.

11) 不能去云 : 돌아갈 수 없었다.

云은 句尾語氣詞로 然과 같다. 云云은 如此如此하다, 즉 하찮은 일들을 다 열거하지 않고 줄이려 할 때 쓴다.

12) 至于賢人 : 賢人에 이르기까지.

13) 衆矣 : 많으나.

＊矣는 動態를 나타내는 語氣詞로 그 용법이 다양하다.

㉠ 語意의 확실함을 나타낸다. 이때는 어기사 也와 같다.

【用例】言寡尤 行寡悔 祿在其中矣(말에 허물이 적고 행실에 뉘우칠 바가 적으면 祿은 그 안에 있다). 「論語, 爲政」

㉡ 있었던 사실이나 이론상 확실한 것을 강조하는 뜻이 있다.

【用例】仁遠乎哉. 我欲仁 斯仁至矣(仁이 멀리 있는가? 내가 仁을 바라면 仁은 따라오는 것이다). 「論語, 述而」

㉢ 감탄의 語氣를 표시한다.

【用例】甚矣. 吾衰矣. 「論語, 述而」

㉣ 矣는 때로 의문이나 한정을 표시하는 기능이 있고, 또 다음에 오는 말을 提示, 이끌어내는 구실도 한다.

14) 沒則已焉 : 죽으니 그뿐이었다. 죽고 나니 후세에 남긴 것이 없다
    는 뜻.

15) 布衣 : 庶人. 無官服者.

16) 傳十餘世 : 사마천은 공자의 14세손 孔安國으로부터 학문을 배웠
    다. 孔安國은 武帝 때 博士로 在職했었다. 「史記」에는 孔安國이 仰
    (앙)을 낳고 仰은 驩(환)을 낳은 것까지 기록했다.

17) 學者宗之 : 학자들이 공자를 宗主로 삼는다.

18) 折中 : 꺾어 맞추다. 표준으로 삼다. 折은 斷也, 中은 正也. 모든
    사람들이 공자의 언행을 표준으로 삼아 자신의 언행을 거기에 맞춘
    다는 뜻.

19) 至聖矣 : 聖의 최고봉이다(聖之至者也).
    공자가 魯哀公 16년 4월 己丑일에 죽자, 哀公은 尼父라는 시호를
    내렸다. 그뒤 역대 제왕들에 의해 새로운 시호가 계속 추증되었다.
    唐 玄宗은 文宣王, 宋 眞宗은 至聖文宣王, 明 世宗은 至聖先師孔子라
    했고 淸 世祖는 大成至聖文宣先師孔子라 추존했다.

[語譯] 태사공이 말했다.

"「시경」에 '높은 산은 우러러보고, 덕행은 실천해야 한다.'
는 시가 있다.

내가 비록 공자의 경지에 이르지는 못하지만 늘 마음은 그곳
으로 향하고 있었다. 나는 공자의 저서를 읽으며 그 모습을 보
고 싶어했었다.

노에 가서 중니의 묘당에서 수레와 의복, 제기와 여러 유생
들이 그곳에서 때때로 예를 배우고 있는 것을 보았다.

나는 경건한 마음으로 그곳을 서성대었고 차마 떠날 수 없었
다.

이 세상에 군왕에서부터 현인까지 많은 사람들이 있어, 그
살아 생전에 영광을 누렸으나 죽은 뒤엔 그뿐이었다.

공자는 布衣에 머물렀으나 후손이 10여 세 전해 내려오고 있

으며, 모든 학자들이 공자를 宗主로 삼고 있다.

천자나 王侯로부터 중국에서 학문을 말하는 모든 이들이 공자의 언행을 표준으로 삼고 그에 맞추려 하니 가히 至聖이라 할 수 있다."

35. 竇太后幸遇(節外戚世家¹⁾)

註解 1) 外戚世家 : 外戚(외척)은 后나 妃의 친족을 말한다. 后族 또한 代물림할 수 있는 封爵을 받기 때문에 世家에 넣었다. 「漢書」에는 列傳에 포함되어 있다.

2) 竇太后 : 漢 5代 文帝(재위 기원전 180~157년)의 황후. 竇(두)는 구멍.

3) 淸河觀津人 : 淸河는 漢代의 郡名. 觀津은 지금의 河北省 武邑縣 부근.

4) 出宮人以賜諸王 : 궁녀들을 여러 왕들에게 하사하기 위해 내보내다.

5) 與在行中 : 退出당하는 사람들 중에 있었다. 行의 音은 항.

6) 欲如趙近家 : 趙나라에 가서 집 가까이 있고 싶었다. 집 가까운 趙나라에 가고 싶었다. 如는 가다.

7) 籍 : 문서. 문서에 기록하다.

8) 誤置其籍代伍中 : 잘못하여 그녀를 代나라로 보내지는 사람 속에 적어넣었다. 其는 代詞로 置의 빈어가 됨. 代는 國名.

9) 當行 : 출발에 당면하여. 보내지려 할 때.

10) 相彊 : 옆 사람들이 서로 强勸하다. 彊은 强과 같음.

11) 代王 : 뒷날 文帝. 고조의 아들로 이름은 恒(항). 당시에 代國은 지금의 산서성 북동에 위치한 변방이었다.

12) 生女嫖 : 딸 嫖를 낳았다. 嫖(표)는 어여쁘다.

13) 更 : 잇달아(續也).

[語譯] 두태후는 趙의 淸河郡 觀津 사람이다. 여태후 때에 두희는 양가의 딸로 궁에 들어와 여태후의 시중을 들었다.

태후는 궁녀들을 내보내 여러 왕들에게 5명씩 하사하기로 했는데, 두희는 그 무리 속에 들어 있었다.

두희는 집이 淸河이기 때문에 집 가까운 趙나라로 가고 싶어서 궁녀 보내는 일을 담당한 환관에게

"나를 꼭 趙나라로 가는 사람들 속에 적어 주시오."

하고 부탁했었다.

환관은 이를 잊고 두희를 代나라에 가는 사람 속에 잘못 기입했다. 그 문서가 주청되자 가하다는 분부가 내렸다. 출발할 때, 두희는 울면서 환관을 원망하며 가지 않으려 했으나 옆 사람들이 강권하여 결국 가야만 했다.

代國에 도착한 뒤, 代王은 오직 두희만을 사랑했고 두희는 딸 표를 낳고 이어 두 아들을 낳았다.

그리고 代王의 왕후는 아들 넷을 낳았다. 代王이 황궁에 들어가 황제가 되기 전에 왕후가 먼저 죽었다. 代王이 황제로 즉위할 무렵 왕후가 낳은 네 아들들은 잇달아 병사했다.

[原文] 孝文帝立數月 公卿請立太子 而竇姬長男最長 立爲太子.

立竇姬爲皇后 女嫖爲長公主. 其明年 立少子武爲代王 已而[1]
又徙[2]梁 是爲梁孝王.[3] 竇皇后親蚤卒.[4] 竇皇后兄[5]曰竇長君
弟曰竇廣國 字少君. 少君年四五歲時 家貧爲人所略賣[6] 其家
不知其處. 傳十餘家[7] 至宜陽 爲其主入山作炭.[8] 寒臥岸下百
餘人 岸崩 盡壓殺臥者 少君獨得脫 不死. 自卜數日當爲侯[9]
從其家之[10]長安. 聞竇皇后新立 家在觀津 姓竇氏. 廣國去時
雖小 識其縣名及姓. 又常與其姉採桑墮[11] 用爲符信[12] 上書自
陳.[13]

[註解] 1) 已而 : 얼마 뒤에(不久也). 旣而와 같다.

【用例】 旣而曰. 鄙哉 硜硜乎. 莫己知也 斯已而已矣. 深則厲 淺則揭
(얼마 뒤에 말했다. 천하구나, 깐깐하구나. 자기를 알아주지 않으면 이를
곧 그만둘 뿐이지! 물이 깊으면 옷을 벗어 들고, 얕으면 걷어올리라 했
다). 「論語, 憲問」

2) 徙 : 옮기다(封地를 바꾸다).

3) 梁孝王 : 두태후의 대단한 사랑을 받았다. 「史記」58권에 世家가
있다.

4) 蚤卒(조졸) : 일찍 죽다. 蚤는 早.

5) 兄 : 오빠. 다음의 弟는 남동생.

6) 爲人所略賣 : 다른 사람에게 略取당해 팔려갔다. 爲～所는 피동형
임. 略賣는 他人의 婦女나 어린이를 略取하고 팔아서 利를 取함.

7) 傳十餘家 : 10여 집을 팔려다녔다.

8) 作炭 : 숯을 굽다.

9) 自卜數日當爲侯 : 혼자 점을 쳐보니 며칠 뒤 틀림없이 제후가 된
다.

10) 之 : 〔주인집을 따라〕장안에 가다.

11) 採桑墮 : 뽕을 따다가 떨어지다.

12) 用爲符信 : 그 사실을 증거로 삼다.

13) 上書自陳 : 上書하여 자신의 뜻을 陳情하다.

語譯 효문제가 즉위한 몇 달 뒤, 公卿들은 태자를 세우라고 주청했고, 두희의 장남이 제일 맏이어서 태자가 되었다. 두희는 황후가 되었고 딸 표는 長公主가 되었다. 그 다음해 작은 아들 武를 代王으로 삼았다가 얼마 안 있어 다시 梁으로 封地를 옮기니 이가 梁孝王이다.

두황후의 양친은 일찍 죽고 없었다. 두황후의 오빠는 두장군이고 동생은 두광국으로 字는 소군이었다.

소군은 너더댓 살 되었을 때 집이 가난하여 남에게 팔려갔고, 그의 집에서는 그가 어디 있는지 알지 못했다.

소군은 10여 집을 팔려다니다가 宜陽에 이르러 주인을 위해 산에 들어가 숯을 굽고 있었다. 날이 추워 벼랑 아래 백여 명이 누워 있었는데, 벼랑이 무너져 누워 있던 사람들이 모두 압사했으나 소군만은 홀로 빠져나와 죽지 않았다. 소군은 혼자 점을 쳐 며칠 후 틀림없이 제후가 되리라는 것을 알았고, 주인집을 따라 장안으로 갔다.

소군은 두황후가 새로 세워졌고, 그 집은 觀津에 있으며 성이 두씨라는 말을 들었다. 廣國(少君)이 집을 떠날 때 비록 어리긴 했으나 고향 이름과 성은 알고 있었다. 또 그전에 누이와 같이 뽕을 따다가 떨어지곤 했는데, 그것을 증거로 글을 올려 자신의 사정을 진정했다.

原文 竇皇后言之於文帝 召見 問之 具言其故[1] 果是. 又復問他何以爲驗.[2] 對曰 「姉去我西時 與我決於傳舍中[3] 丐沐沐我[4] 請食飯我[5] 乃去.」 於是竇皇后持之而泣 泣涕[6]交橫下. 侍御左右皆伏地泣 助皇后悲哀.[7] 乃厚賜田宅金錢 封公昆弟[8] 家於長安. 絳侯[9]・灌將軍[10]等曰 「吾屬不死 命

乃且[11]縣[12]此兩人. 兩人所出微[13] 不可不爲擇師傅賓客. 又復
效呂氏[14]大事也.」於是乃選長者[15]士之有節行者[16]與居. 竇長
君 少君由此退讓君子[17] 不敢以尊貴驕人.[18]

[註解] 1) 具言其故 : 그의 옛일을 모두 말하다.

2) 以爲驗 : 증거로 삼다.

3) 決於傳舍中 : 傳舍에서 이별하다. 決은 訣別也. 傳舍는 驛舍, 客
舍.

4) 丐沐沐我 : 쌀뜨물을 얻어다가 내 머리를 감겨 주었다. 丐는 빌 개
(乞也). 거지 갈(乞人).
沐은 머리감을 목(濯髮也) 쌀뜨물(쌀 씻은 물, 米藩也, 用以洗髮者也).
沐浴(목욕)의 浴은 몸을 씻는다는 뜻.
【用例】新沐者必彈冠 新浴者必振衣.「屈原, 漁父辭」

5) 請食飯我 : 밥을 얻어다가 나에게 먹였다.

6) 泣涕(읍체) : 눈물을 흘리며 울다(因悲泣而出涕也). 涕는 눈물.

7) 助~哀 : 皇后와 슬픔을 같이했다.

8) 昆弟 : 兄弟. 公昆弟는 同祖의 兄弟들, 즉 사촌까지 포함. 公은 祖
父.

9) 絳侯(강후) : 周勃. 沛人. 고조의 功臣. 絳은 짙게 붉을 강.

10) 灌將軍 : 灌夫. 爲人의 성품이 매우 강직했다.

11) 乃且 : 다만(且也). 또(且也).
【用例】乃且願變心易慮 割地謝前過 以事秦.「史記, 張儀列傳」

12) 縣 : 달려 있다. 매달다(繫也, 係也). 懸과 같음.
【用例】心搖搖然如縣旌(마음 흔들리는 것이 매어 단 旌旗 같다).「史
記, 蘇秦列傳」

13) 所出微 : 출신이 미천하다. 寒微하다.

14) 復效呂氏 : 다시 呂氏들을 본받으면. ~呂氏는 여태후의 일족을 말
함.

15) 長者 : 有德行者.

16) 士之有節行者 : 節操品行이 바른 선비.

17) 退讓君子 : 겸손한 군자. 謙退遜讓.

18) 以尊貴驕人 : 자기의 존귀함을 가지고 타인에게 교만하다.

[語譯] 두황후는 이 사실을 문제에게 말하였고, 문제가 불러 묻자 소군은 그의 옛일을 모두 말하였는데, 틀림없는 동생이었다. 또다시 소군에게 증험할 만한 다른 것이 있느냐고 물었다.

소군이 대답했다.

"누님이 나와 헤어져 서쪽으로 갈 때, 나와 객사에서 헤어지는데 누님이 쌀뜨물을 얻어다가 내 머리를 감기고 밥을 얻어다가 나를 먹이고서 갔습니다."

그러자 두황후는 소군을 잡고 우는데 눈물이 엇갈려 흘러내렸다. 좌우에 모시고 있던 사람들도 모두 바닥에 엎드려 울면서 황후와 슬픔을 같이했다.

곧 많은 토지와 집과 금전을 하사하고 사촌 형제들까지 작위를 주고 장안에 살도록 하였다.

강후 周勃과 灌夫 장군 등이 말했다.

"우리들이 죽지 않으려면 우리의 목숨은 다만 이 두 사람에게 달려 있다. 이 두 사람의 출신이 한미하니 사부와 빈객을 골라 주지 않을 수 없다. 이들이 呂氏들을 다시 본받는다면 큰일이다."

이에 곧 덕이 있고 품행이 바른 선비를 골라 같이 살게 하였다.

두장군, 소군 형제는 이 때문에 겸손한 군자가 되었다.

36. 高祖封功臣(節蕭相國世家)

註解 1) 漢五年 : 기원전 202년. 漢고조 劉邦의 황제 즉위는 기원전 202년이다. 「史記」에서는 秦王 子嬰이 劉邦에게 항복하고 劉邦이 咸陽에 入城한 기원전 206년을 元年으로 잡고 있다. 秦楚之際月表의 漢 5년(기원전 202년) 正月의 記事는 '殺項籍 天下平 諸侯臣屬漢'이다. 二月에는 '甲午 更號 即皇帝位於定陶'로 되어 있다.

2) 歲餘功不決 : 일 년이 지나도록 論功이 끝나지 않았다. 결정되지 않았다.

3) 蕭何 : 沛豊人으로 고조 微時부터 잘 알고 있었다. 高祖가 戰場에서 살다시피하면서 後方과 軍需를 걱정 안 한 것은 전적으로 蕭何에 의존했기 때문이었다. 論功에서 首功을 차지했지만 그 생활은 극히 검소하였다. 죽으면서 후손에 유언을 남겼는데, '후손이 현명

하다면 나의 검소함을 본받고, 현명치 못하다면 권세가한테 뺏기지
나 말아라.' 했다.

蕭何의 후손은 곧 죄로 몰려 侯의 지위를 잃었다.

4) 鄼(찬) : 지명.

5) 食邑 : 食其邑之租入 如古之采地.

6) 被堅執銳 : 갑옷을 입고 병기를 들고(被堅甲 執銳器).

7) 汗馬之勞 : 戰功也. 戰馬疾馳而汗出 故云汗馬.

8) 徒 : 다만(但也). 한낱.

9) 持文墨 : 문서나 꾸미고. 文墨은 文辭를 뜻함.

10) 顧反居臣等上 : 도리어 臣들의 위에 있다. 顧反은 反과 같음(도리
어).

11) 發縱 : 묶은 끈을 풀어주다(解絏而放之也).

絏은 맬 설. 말고삐 설.

12) 耳 : ~뿐이니. 限定語氣詞.

13) 擧宗 : 온 집안이 다. 宗은 본래 조상을 같이하는 사람을 총칭함
(同祖 爲 宗. 同姓 曰 宗).

[語譯] 漢 5년, 항우를 죽이고 천하를 평정한 뒤 공을 따져 제
후를 봉하는데, 여러 신하들이 서로 공을 다투어 일 년이 지나
도록 논공이 끝나지 않았다.

고조는 蕭何의 공이 가장 크다고 생각하여 찬후로 봉하고 주
어진 식읍도 많았다.

그러자 공신들이 모두 말했다.

"저희들은 갑옷을 입고 병기를 들고, 많은 자는 백여 차례 전
투를 했고 적은 자는 수십 합을 싸웠고, 성을 공격하고 땅을 뺏
은 것이 크고 작건 각자가 차이는 있습니다. 그러나 蕭何는 전
공도 세운 것이 없고 다만 문서를 만들고 의논만 하면서 싸우지
도 않았는데, 도리어 우리들 위에 놓는 것은 무슨 까닭입니
까?"

高帝가 물었다.

"제군들은 사냥을 아는가?"

"예, 알고 있습니다."

"사냥개에 대해서도 알고 있는가?"

"알고 있습니다."

"사냥에서 짐승이나 토끼를 쫓아 잡는 것은 사냥개이지만, 고삐를 풀어주고 짐승이 있는 곳을 지시하는 것은 사람이다. 지금 제군들은 다만 도망가는 짐승을 잡았을 뿐이니 사냥개의 공이라 할 수 있다. 簫何로 말하자면 고삐를 풀어주고 지시하였으니 사람의 공이다. 게다가 제군들은 단신으로 나를 따랐고 많아야 두세 사람이었다. 그러나 簫何는 온 집안 수십 명이 모두 나를 따라주었으니 그 공은 잊을 수가 없다."

여러 신하들은 아무도 감히 말하는 자가 없었다.

[原文] 列侯[1]畢已[2]受封　及奏位次[3] 皆曰 「平陽侯曹參[4]身被七十創[5] 攻城略地 功最多 宜弟一.」上已橈[6]功臣 多封簫何 至位次未有以復難之[7] 然心欲何第一. 關內侯鄂君[8]進曰 「群臣議皆誤. 夫曹參雖有野戰略地之功 此特[9]一時之事. 夫上與楚相距五歲 常失軍亡衆 逃身遁者數矣. 然簫何常從關中遣軍補其處 非上所詔令召.[10] 而數萬衆會[11]上之乏絶者數矣. 夫漢與楚相守滎陽[12]數年 軍無見糧 簫何轉漕[13]關中 給食不乏. 陛下雖數亡[14]山東 簫何常全關中以待陛下 此萬世之功也. 今雖亡[15]曹參等百數 何缺於漢.[16] 漢得之[17]不必待以全.[18] 奈何[19]欲以一旦之功[20]而加萬世之功哉. 簫何第一 曹參次之.」高祖曰 「善.」於是乃令簫何第一 賜帶劍履上殿 入朝不趨.[21]

320

註解 1) 列侯 : 漢은 제후를 봉하는데 2등급으로 나누었다. 즉 皇子를 봉하여 제후왕이라 했고, 群臣(異姓) 중 유공자를 봉하여 徹侯라고 했는데, 武帝 때부터 徹侯를 列侯라 改稱했다. 이는 武帝의 이름이 徹이었기 때문에 諱하여 列侯로 바꾸었다.

2) 畢已 : 마치다(終也). 다하다(盡也).

3) 位次 : 서열(位序也).
   【用例】以絳侯勃爲右丞相 位次第一.「史記, 陳丞相世家」

4) 曹參 : 沛人. 蕭何와 함께 고조를 도와 천하평정에 공이 많았다. 蕭何가 죽은 다음 相國이 되었다. 蕭何와 曹參은 평소 감정이 안 좋았으나 蕭何가 죽으면서 曹參을 후임으로 惠帝에게 추천했다.「史記」에 曹相國世家가 있다.

5) 身被七十創 : 몸에 70군데 상처를 입다. 創은 傷也. 瘡과 같음.

6) 撓(뇨) : 꺾다. 굽히다(屈也).

7) 以復難之 : 다시 공신들의 주장에 반대하다.

8) 關內侯鄂君 : 鄂君(악군)은 인명. 關內侯는 제19등급으로, 侯의 칭호는 있지만 京畿에 거주하며 國邑이 없는 者(言有侯號 而居京畿 無國邑也).

9) 特 : 다만(但也). 特은 소(牛也), 홀로(獨也), 특별한(特別也), 곧(乃), 겨우(纔也)의 뜻이 있다.

10) 非上所詔令召 : 皇上이 詔令으로 하라고 한 것이 아니다.

11) 會 : 적합하다(適也). 때맞추다(値也). 때맞추어 병력과 軍需를 공급했다는 뜻.

12) 滎陽(형양) : 지명. 옛 韓의 邑. 지금의 河南省 成皐縣 부근.

13) 轉漕 : 식량을 나르다.
    육로로 식량을 나르는 것을 轉運, 水路를 이용하는 것을 漕運이라 하고, 합하여 轉漕라 한다.

14) 數亡 : 여러 차례 도망하다.

15) 今雖亡 : 만약 曹參이 없었더라도. 亡은 없다(無也).

16) 何缺於漢 : 漢에 무엇이 부족했겠습니까?

17) 漢得之 : 漢에서 그들을 등용했지만. 得은 得用하다. 등용하다. 之는 曹參 같은 武臣들.

18) 不必待以全 : 꼭 그들(武臣들)에 의해 漢이 保全된 것은 아니다. 以
曹參等數百으로 保全漢室한 것은 아니다.

19) 奈何(내하) : 어찌하여(如何也).

20) 一旦之功 : 一時之功也. 一旦은 一日也, 一朝也.

21) 賜帶劍 ～ 不趨 : 帶劍한 채 大殿에 올라올 수 있고, 入朝時 종종걸
음으로 걷지 않아도 되는 恩典을 내렸다.

[語譯] 列侯들이 封地를 다 받고 공신들의 서열을 주청할 때,
모든 사람들이 말했다.

"平陽侯 曹參은 몸에 70군데의 상처를 입었고 성을 치고 땅을
빼앗는 데 공이 가장 많으니, 마땅히 첫째가 되어야 합니다."

고조는 공신들의 주장을 꺾고 蕭何에게 가장 많은 봉지를 주
었기에, 서열을 정하는데 다시 공신들의 주장에 반대할 수는
없었으나 마음속으론 蕭何를 첫째로 하고 싶었다.

그때 關內侯 악군이 나서며 말했다.

"여러 사람들의 의논이 모두 틀렸습니다. 曹參이 비록 野戰
과 略地에 공이 있다지만 이는 다만 한때의 업적일 뿐입니다.
황상께서 楚와 싸우는 5년 동안 늘 군사와 백성을 잃고 쫓겨 몸
을 숨긴 적이 자주 있었습니다. 그러나 蕭何는 늘 관중으로부
터 황상이 계신 곳으로 군사들을 보내왔는데, 이는 황상의 명
령이 있어 응한 것이 아니었습니다. 또 수만의 병력을 황상께
서 매우 어려웠던 시기에 맞추어 보내준 일도 여러 차례였습니
다.

형양에서 漢과 楚가 서로 싸우던 수년 동안, 진중에 군량이
부족할 때면 蕭何가 관중으로부터 군량을 공급해 주어 급식에
궁핍하지 않았습니다.

폐하께서 여러 번 산동에 쫓겨 지냈지만, 蕭何는 늘 관중을
보전하며 폐하를 기다렸으니 이는 만세의 공에 해당됩니다. 만

322

약 曹參 등 수백 사람이 없었다 하더라도 漢에 무엇이 부족했겠습니까?

漢이 그들을 등용했지만 꼭 그들에 의해 보전된 것은 아닙니다. 어찌하여 한때의 공로를 만세의 공 위에 둘 수 있습니까? 蕭何의 공이 첫째이고 曹參의 공은 다음입니다."

그 말을 듣고 고조는 옳다고 말했다. 이에 곧 분부를 내려 蕭何를 공신 서열 첫째로 하고, 蕭何에게 칼을 찬 채로 대전에 오를 수 있고 입조할 때 종종걸음으로 빨리 걷지 않아도 되는 특전을 내리셨다.

原文〈中略〉. 漢十一年[1] 陳豨[2]反 高祖自將 至邯鄲.[3] 未罷[4] 淮陰侯謀反[5]關中. 呂后用蕭何計[6] 誅淮陰侯 語在淮陰事中. 上已聞淮陰侯誅 使使拜[7]丞相何爲相國 益封五千戶 令卒五百人一都尉爲相國[8]衛. 諸君[9]皆賀 召平獨弔. 召平者 故秦東陵侯. 秦破 爲布衣 貧 種瓜[10]於長安城東 瓜美 故世俗謂之「東陵瓜」. 從召平以爲名也.[11] 召平謂相國曰「禍自此始矣. 上暴露[12]於外而君[13]守於中. 非被矢石之事[14]而益君封置衛者 以今者淮陰侯新反於中 疑君心矣. 夫置衛衛君[15] 非以寵君也.[16] 願君讓封勿受 悉[17]以家私財佐軍[18] 則上心說.」相國從其計 高祖乃大喜.

註解 1) 漢王十一年 : 기원전 196년
2) 陳豨(진희) : 인명. 豨는 큰 돼지. 고조를 섬겨 侯에 封해져 趙와 代國의 邊兵을 監務하다가 많은 賓客을 招致하고, 外兵을 모아 代王이라 자칭하며 반란을 일으켰다.
3) 邯鄲(한단) : 전국시대 趙의 수도.

4）未罷 : 아직 평정치 못했다.

5）淮陰侯謀反 : 淮陰侯 韓信은 楚王에서 회음후로 격하되어 장안에 머물고 있었다. 진희와 사전에 밀약이 있었다고 하지만 자신의 병력과 준비도 없이, 또 告變당할 정도로 허술하게 관중에서 모반했다는 데에 많은 의문점이 있다.

고조도 韓信의 천재적 용병술을 두려워하여 천하 통일 후 제거해야 할 필요성을 느끼고 있었으니, 呂后와 蕭何에 의해 제거된 것으로 볼 수 있다.

6）蕭何計 : 蕭何는 진희의 반란이 평정되었다는 보고가 왔다고 거짓말을 하여 韓信한테 呂后에게 賀禮하라고 권유했고, 입궁한 韓信을 呂后가 잡아서 죽였다.

7）拜 : 관직에 임명하다(授官也).

【用例】至拜大將 乃信也.「史記, 淮陰侯列傳」

8）相國 : 官名. 位尊於丞相. 漢初에 朝庭 및 侯國에 相國을 두었다.

9）諸君 : 諸公. 諸位.

10）種瓜 : 오이를 심다.

11）從召平以爲名也 : 召平의 爵號를 따라 이름을 붙였다.

12）暴露 : 이슬을 맞다. 야외에서 고생하다(在野日暴露).

13）君 : 蕭何를 지칭함(同輩彼此相稱曰 君). 호칭으로 君은 아주 폭넓게 쓰인다.

＊父母에 대한 칭호. 先祖, 先父에 대하여도 쓴다. 夫之父曰 君. 夫稱妻曰 君. 下位者가 上位者 또 上位者가 下位者를 稱할 때도 君이라 한다.

형제나 조정에서 부른 선비에게도 君이란 칭호를 쓸 수 있다.

14）矢石之事 : 전쟁.

【用例】矢石之難 汗馬之勞 此復受次賞.「史記, 晉世家」

15）置衛衛君 : 衛를 두어 그대를 호위하다.

16）非以寵君也 : 그대를 총애하기 때문이 아니다.

17）悉(실) : 모두. 다(皆也).

18）佐軍 : 軍資에 보태다.

324

[語譯] 漢 11년, 진희가 모반하니 고조는 몸소 군사를 거느리고 한단에 주둔했다. 아직 난을 평정치도 못했는데 회음후가 관중에서 모반했다.

여후가 蕭何의 계책을 써서 회음후를 주살한 일은 淮陰侯列傳에 실려 있다.

고조는 회음후가 주살되었다는 소식을 듣고 사자를 보내 丞相 蕭何를 相國으로 승진시키고, 5천 호의 봉지를 더 주어 군사 5백명과 도위 한 명을 시켜 相國을 호위케 하였다.

여러 사람들이 모두 蕭何를 축하하였으나 召平만은 나쁜 일이라며 위로하였다. 召平은 옛 秦나라의 東陵侯였는데, 秦이 망하자 평민이 되어 가난하게 살며 장안성 동쪽에서 참외를 심었는데 그 참외가 크고 좋아서 사람들이 동릉과라 하였다. 이것은 그의 작위를 따서 이름붙인 것이었다.

召平이 蕭何에게 말했다.

"禍端은 지금부터요. 황제는 외지에서 전투를 치르고 있고, 그대는 관중 땅을 지키고 있소. 전투를 겪지도 않은 그대에게 封地를 늘려주고 호위 병사까지 붙여준 것은 요즈음 회음후가 관중에서 모반하였기에 그대의 마음을 의심한 것이오. 위병을 두고 그대를 호위케 한 것은 그대를 총애하기 때문이 아니오. 그대가 봉지를 사양하며 받지 않고 집안의 전재산을 군자로 보탠다면 황제가 마음속으로 기뻐할 것이오."

相國 蕭何는 그 계책을 따랐고, 고조는 크게 기뻐하였다.

37. 蕭規曹隨[1] (曹相國世家)

[原文] 惠帝[2]二年 蕭何卒. 參[3]聞之 告其舍人[4] 趣治行[5] 「吾將
入相」. 居無何[6] 使者果[7]召參. 參始微時 與蕭何善[8] 及爲將
相 有郤.[9] 至何且死[10] 所推賢唯參.[11] 參代何爲漢相 擧事[12]
無所變更 一遵蕭何約束.[13] 擇郡國吏木詘於文辭[14] 重厚長者
卽召除[15]爲丞相吏.[16] 吏之言文刻深[17] 欲務聲名者[18] 輒[19]斥去
之. 日夜飮醇酒.[20] 卿大夫已下吏及賓客見參不事事[21] 來者
皆欲有言. 至者 參輒飮以醇酒 閒之[22] 欲有所言 復飮之 醉
而後去 終莫得開說 以爲常.[23]

[註解] 1) 蕭規曹隨 : 蕭何가 만든 법규나 약속을 曹參이 준행하여 고
치지 않았다는 고사성어.
2) 惠帝 : 재위 기원전 195~188년.
3) 參 : 曹參. 平陽侯로 봉해졌으며, 당시 齊의 승상이었다.
4) 舍人 : 전국시대나 漢初의 貴人들은 좌우에 친근한 食客이나 賓客
을 많이 거느리고 있었다. 이들을 舍人이라 한다.
5) 趣治行 : 행차를 준비하라고 재촉하다. 趣(촉)은 재촉하다(催也).
促과 같음. 治行은 행장을 수습하다(整治行裝也).
6) 居無何 : 얼마 안 있어.
7) 果 : 과연. 竟也.
8) 與蕭何善 : 蕭何와 친했다. 與人交驩曰善.
9) 有郤 : 틈이 벌어지다(有嫌隙也).

【用例】今有小人之言 令將軍與臣有郤.「史記, 項羽本紀」

10) 至何且死 : 蕭何가 죽음에 임박하여. 且는 막 ~하려 하다.

11) 所推賢唯參 : 현명한 사람이라며 추천한 것은 오직 曹參이었다.

參考 孝惠曰.「曹參何如.」何頓首曰.「帝得之矣. 臣死不恨矣.」「史記, 蕭相國世家」

12) 擧事 : 모든 일. 擧는 皆也.

【用例】擧世皆濁我獨淸.「屈原, 漁父辭」

13) 一遵蕭何約束 : 蕭何가 만든 규칙을 한결같이 따르다. 一은 한결같다(純一也, 齊一也). 약속은 규칙, 법제, 慣行 등을 말함.

14) 木訥於文辭 : 文辭가 質朴하다. 木訥(목눌)은 質朴하고 꾸밈이 없다(質朴無飾也). 訥은 말 막히다(辭塞也).

15) 除 : 제수(除授)하다.

16) 丞相吏 : 丞相府의 屬官.

17) 刻深 : 일을 처리하고 사람을 대할 때 刻薄하고 준엄하며 인정이 없는 것.

18) 欲務聲名者 : 칭송이나 명망을 얻으려 힘쓰는 자. 聲名은 聲譽와 名望.

19) 輒(첩) : 번번히(每事卽然). 문득(忽然也).

20) 醇酒(순주) : 진하고 좋은 술(濃烈之酒也).

【用例】陳平爲相 非治事 日夜飮醇酒.「史記, 陳丞相世家」

21) 參不事事 : 曹參이 丞相의 일을 하지 않는다.

22) 間之 : 틈을 봐서.

23) 以爲常 : 늘 그리하였다. 常例로 삼았다.

語譯 惠帝 2년, 蕭何가 죽었다. 曹參은 이 소식을 듣자 그의 舍人들에게 행장을 꾸리라고 재촉하며

"나는 곧 입궐하여 승상이 될 것이다."

하고 말했다.

얼마 안 있어 과연 사자가 曹參을 부르러 왔다.

曹參이 처음 미천했을 때는 蕭何와 친했었으나, 將相이 되어

서는 틈이 벌어졌다.

蕭何가 죽음에 임박하여 현명하다고 추천한 사람은 오직 曹參이었다. 曹參은 蕭何의 뒤를 이어 漢의 승상이 되어 모든 일에 변경한 바 없이 한결같이 蕭何가 만든 규칙을 따랐다.

각 군이나 侯國의 관리 중 文辭가 질박하고 꾸밈이 없는 중후한 장자가 있으면 곧 불러들여 丞相府의 屬官을 제수했다.

관리의 언어와 문사가 각박하고 칭송이나 명성을 얻기에 힘쓰는 자는 곧 물리쳐 내보냈다.

曹參은 밤낮으로 술만 마셨다.

경이나 대부 이하 관리나 빈객들은 曹參이 승상 일을 돌보지 않는 것을 보고 모두 무슨 말이든 하려고 하였다. 사람이 찾아오면 曹參은 곧 술을 권하였고, 틈을 보아 할 말을 하려고 하면 다시 술을 마시게 하여 취하게 한 뒤에 돌려보내어 끝내 말을 꺼내지 못하게 하였으니, 언제나 그러하였다.

原文 參見人之有細過 專掩匿覆蓋之[1] 府中無事. 參子窋[2]爲中大夫. 惠帝怪[3]相國不治事 以爲「豈少朕與.」[4] 乃謂窋曰「若歸 試[5]私從容[6]問而父[7]曰 ‘高帝新棄群臣 帝富於春秋[8] 君爲相 日飮 無所請事 何以憂天下乎.[9] 然無言吾告若也.」[10] 窋旣[11]洗沐[12]歸 閒侍 自從其所諫參.[13] 參怒 而笞[14]窋二百 曰.「趣入侍[15] 天下事非若所當言也.」[16] 至朝時 惠帝讓[17]參曰.「與窋胡治乎.[18]乃者[19]我使諫君也.」

註解 1) 專掩匿覆蓋之 : 한결같이 가려주고 덮어주었다. 專은 오로지, 한결같이(一意如此也). 之는 細過를 지칭하는 代詞

2) 窋 : 인명. 窋은 뾰족히 내밀다(物將出穴貌).

328

3) 怪 : 괴이하게 생각하다.

4) 豈少朕與 : 어찌하여 나를 경시하나? 少는 부족하다의 뜻(不足之詞也). 與는 의문어기사. 惠帝는 曹參이 자신을 부족하다고 여기지 않는가 하는 생각을 했다는 뜻.

5) 試 : ～을 해보아라의 뜻.

6) 私從容 : 은밀하게 조용히.

7) 而父 : 너의 부친.

8) 帝富於春秋 : 황제는 나이가 많다.

9) 何以憂天下乎 : 어찌 천하를 걱정하지 않는가? 만약 반란이라도 일어나면 어떻게 하겠느냐는 뜻.

10) 然無言吾告若也 : 그러나 내가 너에게 얘기했다고는 말하지 마라. 無는 禁止辭. ～하지 마라(勿과 같음). 吾는 惠帝. 若은 너, 즉 窋. 결국 네가 스스로 생각해서 여쭙는 말로 하라는 뜻.

11) 旣 : 이미(已也) 무슨 일이 끝났음을 나타냄. 여기서는 휴가를 얻어 돌아왔음을 뜻한다.

12) 洗沐 : 漢代의 관리들은 5일마다 휴가를 얻을 수 있었는데 이를 洗沐이라 하며, 목욕하며 쉰다는 뜻이다.

13) 自從其所諫參 : 惠帝의 말대로 부친 參에게 諫하다. 自從은 '～대로' '～에 따라' '～할 때부터'의 뜻. 自는 從과 같음. 其所는 惠帝의 말.

14) 笞(태) : 종아리를 때리다.

15) 趣入侍(촉입시) : 빨리 入侍나 하거라. 趣는 促也.

16) 非若所當言也 : 네가 말할 바가 아니다.

17) 讓 : 나무라다. 꾸짖다(詰責也). 詰責以辭 謂之讓.

18) 與窋胡治乎 : 窋에게 왜 매질을 했는가? 胡는 의문사. '왜' '어찌'의 뜻. 治는 징벌하다는 뜻. 乎는 의문어기사.

19) 乃者 : 지난번은(往時也).
　　【用例】乃者有司言星度未定也.「史記, 曆書」

[語譯] 曹參은 관리들의 사소한 잘못을 보면 오로지 숨겨주고

덮어주니 승상부가 무사하였다.

曹參의 아들 줄은 中大夫였다.

惠帝는 相國이 일을 처리하지 않는 것을 괴이하게 여기며 어찌 나를 경시하는가? 라고 생각했다. 그리고 줄에게 말했다.

"네가 집에 가거든 남모르게 조용히 너의 부친께 물어보아라. 高帝가 돌아가시어 신하들과 이별한 지 얼마 되지도 않았고, 황제의 나이는 많으신데 아버님은 相國이 되어 날마다 술만 마시고 황제께 소청하는 일도 없으니 어찌하여 천하를 걱정 안 하십니까? 하고 묻되, 내가 너에게 시켰다고는 말하지 마라."

줄이 휴가를 얻어 집에 와서 부친을 모시고 있다가 惠帝의 말대로 參에게 간하였다. 그러자 曹參은 크게 화를 내며 줄의 종아리를 2백 대 때리고서 말했다.

"빨리 들어가 근무나 하여라. 천하의 일은 네가 입에 담고 말할 것이 아니다."

조회시에 惠帝는 曹參을 나무라며 말했다.

"왜 줄을 그렇게 혼냈습니까? 지난번 일은 내가 시켜 그대에게 간하게 한 것이오."

[原文] 參免冠謝曰 「陛下自察聖武孰與高帝.」[1] 上曰 「朕乃安敢[2]望先帝乎.」曰 「陛下觀臣能孰與蕭何賢[3].」上曰 「君似不及也.」[4] 參曰 「陛下言之是也[5]. 且高帝與蕭何定天下法令旣明 今陛下垂拱[6] 參等守職 遵而勿失[7] 不亦可乎.」惠帝曰 「善. 君休矣.」[8] 參爲漢相國 出入三年. 卒 諡懿侯. 子窋代侯. 百姓歌之曰 「蕭何爲法 顜若畫一[9]. 曹參代之 守而勿失. 載其淸淨 民以寧一.」

330

[註解] 1) 陛下～孰與～ : 폐하가 볼 때, 聖과 武가 高帝와 비교하여 누가 더 낫습니까? 自察은 스스로 생각하다. 자신을 생각해 볼 때. 聖과 武는 비교하는 내용. 비교 대상자는 惠帝 자신과 高帝. 孰與는 비교를 나타내는 말.

* 비교 선택을 나타내는 말에는 孰與나 孰若, 寧 등이 쓰인다.

【用例】 ㉠ 惟坐而待亡 孰與伐之(단지 앉아 망하기를 기다리는 것과 그들을 치는 것 중 어느 것이 낫겠습니까?).「諸葛孔明, 後出師表」

㉡ 吾寧鬪智 不能鬪力(나는 차라리 지혜를 겨루지 勇力을 다투지는 않는다).「史記, 項羽本紀」

2) 安敢 : 어찌 감히.

3) 賢 : 낫다. 능력이 많다(勝也).

4) 君似不及也 : 그대가 못 따를 것 같다. 君은 曹參을 지칭하는 代詞.

5) 言之是也 : 말한 것이 맞다. 之는 代詞로 言의 빈어가 된다.

6) 垂拱(수공) : 옷을 늘어뜨리고 팔짱을 끼다(垂衣拱手). 아무것도 안 하는 것을 뜻한다. 여기서는 天子가 無爲의 治를 해야 한다고 강조한 것임.

[參考] 老子曰 我無爲而民自化 我好靜而民自淨 我無事而民自富 我無欲而民自樸.「老子道德經, 57章」

7) 遵而勿失 : 법도를 따르며 失道하지 않는다.

8) 君休矣 : 그대는 쉬도록 하라. 無爲의 治를 인정한 셈이다.

9) 顢若畫一(강약획일) : 一字를 쓴 듯 곧았다. 顢은 곧다(直也), 밝다(明也).

[語譯] 曹參은 관을 벗고 사죄하며 말했다.

"폐하가 보실 때, 폐하와 高帝 중 누가 더 聖과 武가 낫다고 생각하십니까?"

"짐이 어찌 감히 先帝를 넘보겠소."

"폐하께서 보실 때 저와 蕭何 중 누가 더 능력이 낫다고 생각하십니까?"

"그대가 못 따라갈 것 같소."

"폐하가 말씀하신 것이 옳습니다. 또 高帝와 蕭何가 천하를 평정하였고, 법령도 이미 밝게 정하셨습니다. 폐하께서는 팔짱을 끼고 계시고 저희들은 직분을 지키면서 옛 법도를 따르기만 하고 잃지 않는 것이 또한 좋지 않겠습니까?"

"좋소, 이제 그대는 쉬도록 하시오."

曹參이 漢의 相國이 되어 출입한 지 삼 년이었다. 曹參이 죽자 시호를 의후라 했다. 아들 줄이 대를 이었다.

백성들이 이런 노래를 불렀다.

'蕭何가 지은 법, 一字처럼 곧았네.

曹參이 대를 이어 지켜가며 잃지 않았네.

그들의 맑고 정결함에 힘입어, 온 백성들 한결같이 편안하네.'

38. 留侯遇圯上老人(節留侯世家)

原文 良[1]嘗學禮淮陽[2] 東見倉海君[3] 得力士. 爲鐵椎[4]重百二
十斤. 秦始皇東游 良與客[5]狙擊[6]秦始皇帝博浪沙中[7] 誤中副
車.[8] 秦皇帝大怒 大索天下 求賊甚急[9] 爲張良故也.[10] 良乃
更名姓 亡匿下邳.[11] 良嘗閒[12]從容[13]步游下邳圯上[14] 有一
老父[15] 衣褐[16] 至良所 直[17]墮其履圯下. 顧謂良曰 「孺子[18]下
取履.」[19] 良鄂然[20] 欲毆之 爲其老[21] 彊忍[22]下取履. 父曰.
「履我.」 良業[23]爲取履 因長跪履之. 父以足受 笑而去. 良殊
大驚 隨目之.[24] 父去里所[25] 復還 曰 「孺子可敎矣. 後五日
平明[26]與我會此.」

註解 1) 良：張良. 본래 韓의 名門 출신으로, 良이 어렸을 때 秦이
韓을 멸망시키자 복수하려다가 실패하였다. 뒷날 劉邦을 도와 천하
평정에 큰 역할을 하였다. 字는 子房이었다. 공신을 봉할 때 齊 땅
3만 호를 싫다 하고 고조와 처음 留에서 만났으니 留侯가 되고 싶
다 하였다. 만년에는 辟穀하고 道引을 하는 등, 神仙을 몹시 좋아
하였다.

2) 淮陽：지명. 지금 河南省 淮陽縣 부근.

3) 倉海君：당시 東夷의 족장으로 생각된다. 秦代에는 倉海라는 郡縣
이 없었다.

4) 鐵椎(철추)：쇠몽둥이. 당시 1斤은 약 250그램.

5) 客：倉海君을 만났을 때 데려온 力士를 말함.

6) 狙擊(저격) : 엿보고 나서 공격하다. 狙는 엿보다(伺也). 당시 시황 제 29년이었음.

7) 博浪沙中 : 박랑사에서. 박랑사는 河南省 陽武縣 남쪽.

8) 誤中副車 : 잘못하여 副車를 맞추었다. 副車는 천자를 隨從하는 수레. 中은 동사로 쓰였음.

9) 求賊甚急 : 매우 엄하게 범인을 수색했다.

10) 爲張良故也 : 장량이 저질렀기 때문이었다.

11) 亡匿下邳 : 도망하여 下邳(하비)에 숨다. 하비는 지금 강소성의 비현.

12) 閒(한) : 閑과 같음.

13) 從容 : 조용히. 한가하게(從容謂從任其容止 不矜莊也).

14) 圯上(이상) : 다리 위에서. 圯는 흙으로 만든 다리(土橋). 下邳人들은 다리(橋)를 圯라 했다(일종의 方言임).

15) 老父 : 노인. 父는 尊老之稱. 父老라고도 한다.

16) 衣褐 : 굵은 베옷을 입은. 褐은 賤者所服.

17) 直 : 일부러. 고의로.

18) 孺者 : 젊은이. 童子.
　　【用例】有孺子歌曰 滄浪之水淸兮 可以濯我纓.「孟子, 離婁 上」

19) 下取履 : 내려가 신발을 주워 오너라. 下는 내려가다.

20) 鄂然(악연) : 놀라며. 鄂은 愕과 같다(驚貌). 愕은 倉卒驚愕.

21) 爲其老 : 그가 늙었기 때문에. 爲는 ~하기 때문에(因爲也).
　　【用例】仲尼曰.「始作俑者 其無後乎.」爲其像人而用之也 ("처음에 나무 사람을 만든 사람은 후손이 없을 것이다."라고 하셨는데 그것이 사람의 형상을 본떠 만들었기 때문이다.「孟子, 梁惠王. 上」

22) 彊忍 : 억지로 참으며.

23) 業 : 이미 已然. 기왕에 旣也.

24) 隨目之 : 〔노인이 가는 곳을〕 따라 노인을 쳐다보다. 즉, 노인이 가는 곳을 쳐다보았다. 隨는 따르다. 目은 쳐다보다라는 뜻의 동사로 쓰였음. 之는 老父를 가리키는 代詞.

25) 父去里所 : 노인은 1里 되는 곳까지 갔다. 里所는 그 다리에서 1里 쯤 되는 장소.

26) 平明 : 새벽(初曉也).

[語譯] 장량은 일찍이 회양에서 禮를 공부했었는데, 동쪽 지방에서 창해군이란 사람을 만나 力士를 한 사람 데려왔다. 그 역사는 120근의 철추를 던질 수 있었다. 진시황이 동쪽을 유람할 때 장량은 그 역사와 함께 진시황을 박랑사란 곳에서 저격했으나 잘못해서 副車에 맞았다.

진시황제가 크게 노하여 온 나라를 뒤져 매우 삼엄하게 범인을 잡으려 했으니, 장량이 저격했기 때문이었다.

장량은 이내 성명을 바꾸고 도망하여 하비에 숨었다.

장량이 한가하여 조용히 하비의 다리 위를 걷고 있을 때 베옷을 입은 한 노인이 장량이 있는 곳까지 와서, 일부러 신발을 다리 아래로 떨어뜨렸다.

노인은 장량을 바라보며 말했다.

"젊은이! 내려가서 신발 좀 주워 오게."

장량은 깜짝 놀라며 노인을 때려주려고 했으나, 그가 노인이기에 억지로 참고 내려가서 신발을 주워 왔다.

노인은

"신겨 주게."

라고 말했다.

장량은 기왕 신발을 집어 왔으므로 무릎을 꿇고 신발을 신겨 주었다.

노인은 발을 뻗어 신발을 신은 다음 웃으면서 가 버렸다.

장량은 너무 놀라 노인을 바라보고만 있었다. 노인은 1리쯤 가더니 다시 돌아와 말했다.

"젊은이는 가르칠 만하군! 5일 뒤 새벽에 이곳에서 나와 만나도록 하자."

[原文] 良因怪之 跪曰 「諾.」五日平明 良往. 父已先在 怒曰
「與老人期 後 何也」1) 去 曰 「後五日早會.」五日鷄鳴 良往.
父又先在 復怒曰「後 何也.」去 曰「後五日復早來.」五日
良夜未半往. 有頃2) 父亦來 喜曰 「當如是.」出一編書 曰
「讀此則爲王者師矣.」3) 後十年興 十二年孺子見我濟北4) 穀城
山下黃石5)即我矣.」遂去 無他言 不復見. 旦日視其書 乃太
公兵法也.」6) 良因異之 常習誦讀之.

[註解] 1) 與～何也 : 老人과 약속하고 늦는 것은 무슨 까닭인가?

2) 有頃 : 잠시 후(時不久也).

3) 爲王者師矣 : 왕이 되는 사람의 스승이 된다.

4) 濟北 : 郡名. 지금의 山東省 長淸縣 부근.

5) 穀城山下黃石 : 穀城山은 山東省 東阿縣 동북에 있는 山名. 留侯가
   만난 노인은 黃石公이라고도 했는데 두발과 눈썹이 모두 하얗고 丹
   黎 지팡이를 짚고 다녔다 한다. 뒷날 장량이 고조를 따라 濟北을
   지날 때, 穀城山 아래서 黃石을 보았다. 장량은 그 돌을 집에 가져
   다가 보물처럼 제사지냈고, 장량이 죽었을 때 같이 묻었다 한다.

6) 太公兵法也 : 太公望이 지은 兵法書였다. 太公은 姜太公이라 하는
   呂尙.

[語譯] 장량은 이상히 여기면서도 무릎을 꿇고

"예."

하고 대답했다.

5일 뒤 새벽에 장량은 다리로 갔다. 노인은 먼저 나와 있다가
화를 내며 말했다.

"노인과 약속을 하고 늦게 오는 이유는 무엇인가?"

노인은 그냥 가면서 말했다.

"5일 뒤에 일찍 만나자."

5일 뒤 닭이 울 때 장량은 다리로 나갔다. 노인은 또 먼저 나와 있다가 다시 화를 내며 말했다.

"왜 늦게 나왔는가?"

노인은 자리를 뜨며 말했다.

"5일 뒤 다시 일찍 나오너라."

5일 뒤, 장량은 한밤이 되기도 전에 나갔다. 조금 있으니 노인도 나와 웃으면서 말했다.

"마땅히 이렇게 해야지!"

그리고 책 한 권을 주며 말했다.

"이 책을 읽으면 왕이 되는 자의 스승이 될 것이다. 10년 뒤에 크게 일어날 것이고, 젊은아는 12년 뒤에 濟北에서 나를 볼 것이니 穀城山 아래 黃石이 바로 나다."

그리고는 떠나버려 아무 말도 없었고 다시는 만나지 못했다.

날이 밝아 그 책을 보니 바로 太公의 병법서였다. 장량은 이상하다 생각하며 늘 그 책을 읽었다.

39. 留侯輔翼太子(節留侯世家)

[原文] 留侯性多病 即道引[1]不食穀[2] 杜門[3]不出歲餘. 上欲廢太子 立戚夫人子趙王如意. [4] 大臣多諫爭 未能得堅決者也. [5] 呂侯恐 不知所爲. 人或謂呂侯曰 「留侯善畫計筴[6] 上信用之.」 呂侯乃使建成侯[7]呂澤[8]劫留侯[9]曰 「君常爲上謀臣 今上欲易太子 君安得高枕而臥[10]乎.」 留侯曰 「始上數在困急[11]之中 幸用臣筴. 今天下安定 以愛欲易太子 骨肉之閒[12] 雖臣等百餘人何益.」 呂澤彊要曰 「爲我畫計.」

[註解] 1) 道引：導引이라고도 쓴다. 道家의 養生之術. 일종의 맨손체조와 호흡조절로 몸의 氣를 조절하는 養生法.

2) 不食穀：辟穀(벽곡)하다. 火食하지 않고 솔잎 등을 生食한다는 뜻 (服辟穀之藥 而靜居行氣).

3) 杜門(두문)：杜는 塞也, 閉塞其門也.

4) 戚夫人 如意：高祖의 寵姬와 그 아들. 뒷날 呂后에 살해당함. 見 呂后本紀.

5) 未能 ~ 也：확실한 결정을 얻을 사람이 없었다. 즉, 태자를 폐하지 않겠다는 확약을 얻어낸 사람이 없었다.

6) 善畫計筴：畫(획)은 計策을 잘 세우다. 계책을 쓰다(設計策). 筴은 계교책(謀也). 젓가락 협(著也).

7) 建成侯：呂后의 次兄, 이름은 呂釋.

8) 呂澤：呂后의 長兄. 周呂侯.

9) 劫留侯 : 留侯에게 강요하다. 劫(겁)은 刼과 같다. 강요하다. 위협
하다.

10) 高枕而臥 : 安閒也. 高枕無憂.

　【用例】無楚韓之患 則大王高枕而臥 國必無憂矣.「史記, 張儀列傳」

11) 困急 : 困難危急也.

12) 骨肉之閒 : 至親之間. 부모 형제 사이.

[語譯] 유후는 체질이 병이 많아 道引術을 하고 생식을 하며 일
년이 넘도록 두문불출하였다. 황상은 태자를 폐위시키고 戚夫
人 소생의 趙王인 如意를 태자로 세우려 했다. 대신들이 여러
번 간쟁하였지만 확실한 언질을 받아낸 사람이 없었다.

　여후는 두려워하며 어찌할 줄을 몰랐다. 어떤 사람이 여후에
게 말했다.

　"유후는 계책을 잘 쓰고, 폐하가 그를 신임하고 있습니다."

　여후는 곧 오라버니 建成侯와 呂澤을 보내 유후에게 강권하
였다.

　"당신은 늘 폐하의 謀臣이었습니다. 지금 폐하가 태자를
바꾸려 하는데 당신은 어찌 편안히 지낼 수 있습니까?"

　유후가 대답했다.

　"전에는 폐하가 자주 곤궁하고 위급했기에 다행히 나의 계책
에 따른 것이오. 지금은 천하가 안정되었고, 또 애정 때문에 태
자를 바꾸려 하며, 폐하 부자간의 일이니 비록 저와 같은 사람
백 명이 있다한들 어찌하겠습니까?"

　呂澤은 강요하듯 말했다.

　"우리들을 위해 계책을 마련해 주시오."

[原文] 留侯曰 「此難以口舌爭¹⁾也. 顧上有不能致者²⁾ 天下有

四人. 四人者年老矣. 皆以爲上慢侮人³⁾ 故逃匿山中 義不爲
漢臣. ⁴⁾ 然上高⁵⁾此四人. ⁶⁾ 今公誠能無愛⁷⁾金玉璧帛 令太子爲
書 卑辭安車⁸⁾ 因使辯士固請 宜來. 來以爲客 時時從入朝⁹⁾
令上見之 則必異而問之. 問之 上知此四人賢 則一助也.」於
是呂后令呂澤使人奉太子書 卑辭厚禮 迎此四人. 四人至
客¹⁰⁾建成侯所.

[註解] 1) 口舌爭 : 언어로 논쟁하다.

입과 혀는 言語之具니, 引申하여 말하다의 뜻.

【用例】 而藺相如徒以口舌爲勞 而位居我上(그리고 인상여는 한낱 말로
만 수고했을 뿐인데 지위는 나보다 위에 있다). 「史記, 廉頗藺相如列傳」

2) 不能致者 : 招致하지 못한 者.

3) 皆以爲上慢侮人 : 모두가 皇上이 사람을 무시한다고 생각하여. 慢
侮(만모)는 남을 낮춰보고 업신여김.

漢 고조는 특히 儒生들을 싫어하여 儒冠을 쓰고 있는 자가 있으면
그 관을 벗겨 오줌을 누기도 하였다. 「史記. 酈生陸賈列傳」

4) 義不爲漢臣 : 義理로는 漢의 臣이 되려 하지 않는다. 의를 명분으
로 내세웠다.

5) 高 : 崇也. 尊也.

6) 四人 : 당시에 常山 四皓라 하였다.

7) 愛 : 아까워하다. 인색하다(吝也).

【用例】 爾愛其羊 我愛其禮(너는 양을 아끼지만 나는 그 예를 아끼고자
한다). 「論語, 八佾」

8) 卑辭安車 : 겸손한 言辭와 좋은 수레.

9) 從入朝 : 太子를 따라 入朝하다.

10) 客 : 묵다(寄也). 앞에 나온 來以爲客의 客은 賓客, 즉 빈객으로 대
우하다의 뜻.

[語譯] 유후가 말했다.

"이런 일은 말로 논쟁하기는 어렵습니다. 생각해 보면 황상

이 招致하지 못한 사람이 천하에 네 사람이 있습니다. 네 사람은 모두 나이가 많습니다. 이들 모두가 황상이 사람을 깔보고 무시한다고 생각하여 도망하여 산중에 숨어 살며, 의리상 漢의 신하가 되지 않았습니다. 그러나 황상은 이 네 사람을 존경하고 있습니다. 만약 당신들이 정녕 금옥과 비단을 아끼지 않고, 태자가 편지를 쓰게 하여 겸손한 언사로 말하며 좋은 수레를 보내고 변사를 보내 간청을 한다면, 그들이 꼭 올 것입니다. 네 사람이 태자에게 오면 빈객으로 대우하며 때때로 태자를 따라 입조하여 황상이 그들을 볼 수 있게 되면, 틀림없이 기이하게 여겨 누구냐고 물을 것입니다. 그들에 대해 물으면 황상도 그 네 사람의 현명함을 알기 때문에 아마 태자에게 도움이 될 것입니다."

이에 여후는 使人으로 하여금 태자의 편지를 받들고 겸손한 언사와 후한 예물로 그 네 사람을 데려오게 하라고 呂澤에게 분부하였다.

네 사람은 장안에 와서 建成侯의 집에 머물러 있었다.

[原文] 〈中略〉[1] 漢十二年 上從擊破布[2]軍歸 疾益甚 愈欲易太子.[3] 留侯諫 不聽 因疾不視事.[4] 叔孫太傅[5]稱說引古今 以死爭太子.[6] 上詳許之 猶欲易之.[7] 及燕[8] 置酒 太子待. 四人從太子 年皆八十有餘 鬚眉皓白[9] 衣冠甚偉. 上怪之 問曰「彼何爲者.」四人前對[10] 各言名姓 曰東園公 角里先生 綺里季 夏黃公. 上乃大驚曰「吾求公數歲 公辟[11]逃我 今公何自從吾兒游乎.」

[註解] 1)〈中略〉: 漢 11년에 淮南王 黥布(경포)가 반란을 일으켰을

때, 고조는 태자에게 군대를 거느리고 나가 평정하라고 했다. 그러
자 常山 四皓들은 유약한 태자가 고조와 동고동락한 장군들을 거느
릴 수 없으며, 이는 결국 태자에게 크게 불리할 것이라며 呂后가
직접 고조에게 泣訴하라고 계책을 말해 주었다. 그래서 고조가 병
중인데도 몸소 난을 평정하러 출정했었다.

2) 布 : 淮南王 黥布. 처음에는 항우에 의해 九江王에 봉해졌다가 고
조에 투항하였다. 해하에서 항우를 치는 데 큰 공을 세워 淮南王에
봉해졌다가 彭越·韓信 등이 주살되는 것을 보고 모반, 擧兵하였
다. 「史記」에 黥布列傳이 있다.

3) 愈欲易太子 : 더욱 太子를 바꾸고 싶었다. 愈는 益也. 易의 音은
역.

4) 因疾不視事 : 병을 핑게대며 公事를 돌보지 않았다.
留侯 張良은 고조의 정식 즉위 이후로는 고의로 정치에서 손을 떼
려는 의도가 곳곳에서 분명히 나타나고 있다. 아마 천하평정 후 필
연적으로 있을 공신들의 제거를 예측했던 것 같다.

5) 叔孫太傅 : 太傅 叔孫通. 叔孫通은 魯人으로 漢의 朝廟 典禮를 제
정했다. 이때 太子의 太傅(태부)로 있었고, 장량은 少傅였다(傅는 師
也, 輔佐也).

6) 以死爭太子 : 죽음을 무릅쓰고 태자를 위해 諫爭하다.

7) 猶欲易之 : 더욱 태자를 바꾸고자 했다. 猶는 더욱(甚也), 오히려
더(尙且也). 之는 태자를 가리키는 代詞.
   【用例】 管仲且猶不可召 . (관중도 오히려 부를 수 없거늘). 「孟子, 公孫丑
   下」

8) 及燕 : 饗宴을 베풀 때. 燕 假借爲宴 饗宴也. 燕飮과도 같음.

9) 鬚眉皓白(수미호백) : 수염과 눈썹이 아주 희고. 皓白은 純白也, 潔
白也. 皓는 素也. 皓皓는 潔白也.

10) 前對 : 앞으로 나가서 대답하다.

11) 辟(피) : 避也.

[語譯] 漢 12년, 황상은 경포의 반군을 격파하고 돌아왔으나,
병은 더욱 깊어졌고 그럴수록 더 태자를 바꾸고 싶었다.

　유후가 간쟁하였으나 듣지 않자, 유후는 병을 칭하며 공사를 돌보지 않았다. 太傅 叔孫通은 고금의 예를 들어가며 죽음을 무릅쓰고 태자를 위해 간쟁하였다. 황상이 짐짓 허락은 하였으나 오히려 더 태자를 바꾸고 싶었다.

　궁에서 향연이 있어 술을 마실 때, 태자가 父皇을 侍立하고 있었다.

　네 사람이 그때 태자를 따라왔는데, 나이가 모두 80여 세였고 수염과 눈썹이 아주 희었으며 의관에 매우 위엄이 있었다.

　황상이 이상히 여겨 물었다.

　"저들은 누구인가?"

　네 사람이 앞으로 나와 대답하며 각자 東園公·角里先生·綺里季·夏黃公이라고 성명을 말하였다.

　그러자 황상이 크게 놀라 말했다.

　"내가 그대들을 수년 동안이나 불렀으나 공들은 나를 피해 도망했었는데, 지금 어찌하여 공들은 스스로 내 아들을 따라다니는가?"

原文 四人皆曰 「陛下輕士善罵[1] 臣等義不受辱 故恐而亡匿. 竊聞太子爲人仁孝 恭敬愛士 天下莫不延頸[2] 欲爲太子死者 故臣等來耳.」上曰 「煩[3]公幸卒[4]調護[5]太子.」四人爲壽已畢 趨去. 上目送之 召戚夫人指示四人者曰 「我欲易之 彼四人 輔之 羽翼已成.[6] 難動矣.[7] 呂后眞而主矣.」[8] 戚夫人泣 上曰 「爲我楚舞 吾爲若楚歌.」[9] 歌曰 「鴻鵠[10]高飛 一擧千里. 羽翮已就[11] 橫絶四海. 橫絶四海 當可奈何. 雖有矰繳[12] 尚安 所施.」[13] 歌數闋[14] 戚夫人嘘唏[15]流涕. 上起去 罷酒. 竟不易 太子者 留侯本[16]招此四人之力也.

[註解] 1) 輕士善罵 : 선비를 업신여기고 욕을 잘한다.

2) 延頸(연경) : 목을 길게 늘이다(引領也). 간절히 바란다는 뜻(喩仰慕之切也). 頸은 목(項也, 領也).

3) 煩 : 수고롭겠지만(勞也). 謙辭.

4) 卒 : 끝까지(竟也).

5) 調護 : 도와주고 지켜주다(調養保護 使之平安也).

6) 羽翼已成 : 날개가 벌써 다 생겼다. 좌우에 보좌할 사람이 벌써 정해졌다. 세력이 이미 공고해졌다는 뜻.
또 다른 뜻으로는 소년이 성장하여 부모의 도움이 필요치 않다. 또는 부모의 명을 따르지 않는다는 뜻도 있다.

7) 難動矣 : 움직이기가 어렵다. 밀어낼 수가 없다는 뜻.

8) 呂后眞而主矣 : 呂后가 眞正으로 너의 주인이다. 而는 代詞로 戚夫人을 가리킴.

9) 吾爲若楚歌 : 내가 너를 위해 楚歌를 부르겠다. 若은 너(汝也). 楚歌는 漢初부터 유행하기 시작한 시가의 한 형태.

10) 鴻鵠(홍혹) : 큰 기러기.
鴻은 큰 기러기 홍(鴻은 雁之最大者也). 鵠은 고니 (天鵝). '곡'으로 읽으면 과녁(射之的也)의 뜻임. 홍혹은 합해서 기러기의 뜻.
【用例】 燕雀安知鴻鵠之志哉.「史記, 陳涉世家」

11) 羽翮已就 : 羽翼已成과 같은 뜻. 羽翮(우핵)은 羽也, 羽本也.

12) 矰繳(증격) : 주살(새잡는 사냥도구, 以絲繫矢射鳥之具也).

13) 尙安所施 : 어디에 쏜단 말인가?
尙은 거의(庶幾也), 오히려(猶也), 또(且也).

14) 闋(결) : 노래가 한 번 끝나는 것을 결이라고 한다(樂終也)

15) 噓唏(허희) : 흐느껴 울다(悲泣也). 噓는 歎息聲. 唏는 哀聲.

16) 本 : 여기서는 본래(始也)의 뜻.

[語譯] 네 사람이 다 같이 말했다.

"폐하께선 선비를 업신여기고 욕을 잘하시니, 저희들은 의리상 욕을 당할 수 없다 생각하고 두려워서 도망가 숨었었습니다. 태자는 사람됨이 인자하고 효성스러우며 사람을 공경하고 선비들을 아끼기 때문에, 천하 사람들이 아주 간절히 태자를 위해 죽기를 바라지 않는 사람이 없다고 들었습니다. 그렇기 때문에 저희들이 태자에게 온 것입니다.”

황상이 말했다.

“수고스럽겠지만 그대들이 끝까지 태자를 보살피고 지켜주면 고맙겠소이다.”

네 사람은 황제에게 헌수를 마치고 바삐 물러나갔다.

황상은 눈으로 그들을 전송하고 戚夫人을 불러 네 사람을 가리키며 말했다.

“나는 태자를 바꾸고 싶지만, 저 네 사람이 태자를 도우니 날개가 이미 다 생긴 셈이오. 바꾸기 어렵겠소. 여후가 진정 당신의 주인이오.”

戚夫人이 흐느껴 울자, 황상이 말했다.

“나를 위해 楚舞를 추어 주시오. 부인을 위해 楚歌를 부르리다.”

그 노래는 이러했다.

‘큰 기러기 높이 날아
단숨에 천 리를 가도다.
날개가 벌써 생겨났으니
四海를 가로질러 나는구나.
四海를 가로질러 나니
이를 어이하겠나?
주살이 있다한들
어디를 쏜단 말인가?’

노래를 몇 번 부르자 戚夫人은 흐느껴 울며 눈물을 쏟았다.

황상이 일어서서 나가자 술자리도 끝났다.

끝내 태자를 바꾸지 않은 것은 본래 유후가 네 사람의 힘을
빌려 왔기 때문이었다.

[原文] 太史公曰 [1] 學者多言無鬼神 然言有物. [2] 至如留侯所見
老父與書 亦可怪矣. 高祖離困者[3]數矣 而留侯常有功力焉 豈
可謂非天乎. [4] 上曰 「夫運籌策[5]帷帳[6]之中 決勝千里外 吾不
如子房.」 余以爲其人 計[7]魁梧奇偉[8] 至見其圖 狀貌如婦人好
女. 蓋孔子曰 「以貌取人 失之子羽.」[9] 留侯亦云.

[註解] 1) 太史公曰 : 留侯世家 끝에 있는 留侯世家에 대한 贊이다.

2) 然言有物 : 그러나 괴이한 물건은 있다고 말한다. 여기서 物이란
물건 또는 藥物 등, 좀 괴이한 것을 말한다. 정신적, 영적인 것은
부정해도 可視的인 것의 존재를 긍정하는 태도이다. 留侯世家의 내
용 중 太公兵法書나 穀城山下의 黃石 같은 것을 實存의 것으로 인
정한 것이다.

3) 離困者 : 곤란을 당한 것. 위기에 처했던 경우. 離는 재난, 액운을
만나다(遭也). 離는 罹와 음과 뜻이 같음. 罹는 被也.

4) 豈～乎 : 어찌 ～하겠는가?

5) 運籌策(운주책) : 作戰을 세우다(主持戰略也).

6) 帷帳(유장) : 計劃作戰之所也.

7) 計 : 총체적으로. 대략. 대개.

8) 魁梧奇偉 : 허우대가 장대하고 기이하다. 魁梧(괴오)는 壯大貌. 奇
偉는 奇異하다(偉亦奇).

9) 以貌取人 失之子羽 : 외모를 보고 사람을 취하면 子羽 같은 사람을
잃게 된다.
子羽는 공자의 제자로, 狀貌甚惡하여 공자도 처음엔 바탕이 나쁘리
라 생각했는데, 가르침을 받고 물러나 행하고, 길을 가더라도 지름
길로 가지 않고, 公事가 아니면 관리들을 만나지 않았다(「史記, 仲

尼弟子列傳」).

子羽의 성명은 澹臺滅明(담대멸명)이었다.「論語」雍也 편에는 다음과 같이 기록되었다.

「有澹臺滅明者 行不由徑 非公事 未嘗至於偃之室也」(偃은 子游. 당시 武城宰였다).

그러나 「孔子家語」에는 전혀 다른 내용으로 씌어 있다. 즉,「子羽有君子之容而行不勝其貌」로 되어 있다.

여하튼 외모와 행실이 서로 같지 않은 경우가 많은 것은 사실이다.

[語譯] 태사공이 말했다.

"학자들은 흔히 귀신이 없다고들 말하나 괴이한 물질은 있다고 말한다. 유후가 만난 노인이 준 책 또한 괴이한 것이다.

고조가 곤란한 지경에 빠진 것이 여러 번 있었고 그때마다 늘 유후의 공로가 있었으니, 어찌 하늘의 뜻이 아니라고 할 수 있겠는가?"

고조가 말하였다.

"군막 안에서 전략을 세우고 천 리 밖에서 싸워 이기는 것은 내가 자방을 따라갈 수 없다."

나는 유후의 생김새가 틀림없이 장대하고 기이하리라 생각했는데, 그 초상화를 보니 생김이 마치 부인이나 미녀 같았다.

아마 그러기에 공자도 '외모로 사람을 고른다면 子羽 같은 사람을 잃을 것이다.' 하였으니, 유후에 대해서도 마찬가지라 할 수 있다.

40. 陳平微時(節陳丞相世家)

原文 陳丞相平[1]者 陽武戶牖鄉[2]人也. 小時家貧好讀書 有田三十畝 獨與兄伯居. 伯常耕田 縱平使游學.[3] 平爲人長 美色. 人或謂陳平曰 「貧何食而肥若是.」[4] 其嫂嫉平之不視家生產 曰 「亦食糠覈[5]耳 有叔如此 不如無有.」[6] 伯聞之 逐其婦而棄之. 及平長 可取妻 富人莫肯與者[7] 貧者平亦恥之. 久之 戶牖富人有張負 張負女孫五嫁而夫輒死[8] 人莫敢娶 平欲得之.

註解 1) 陳平 : 처음엔 항우를 섬겨 信武君이 되었으나 魏無知를 따라 고조를 섬겼다. 자주 奇計를 써 漢軍이 이겼다. 惠帝時 좌승상이 되었다가 呂后가 죽은 뒤 呂氏 일파를 제거하고 劉氏를 보전케 했다. 文帝 때 승상을 역임하고 죽었다.

2) 陽武戶牖鄉 : 지금의 河南省 陽武縣 부근. 牖(유)는 창.

3) 縱平使游學 : 陳平을 마음대로 游學하게 했다. 縱은 放任也. 游學은 스승을 찾아가 배우다.
   【用例】荀卿游學於齊. 「史記, 荀卿列傳」

4) 貧何食而肥若是 : 가난한데 무얼 먹어 이처럼 살이 쪘는가?

5) 糠覈(강핵) : 겨(열악한 음식).
   糠은 겨(穀皮). 覈은 겨 무거리(뉘. 방아 찧을 때 벗겨지지 않은 쭉정이 같은 것).

6) 有叔如此 不如無有 : 시동생이 있다는 게 이 모양이니 없느니만 못

348

하다.

　형제 서열은 伯·仲·叔·季로 나감.

7) 莫肯與者 : 〔딸을〕 주려고 하는 자가 없다. 莫은 無也.

8) 夫輒死 : 남편이 번번이 죽다. 輒(첩)은 번번이(每也), 홀연히(忽然
也).

　[語譯] 승상 陳平은 양무현 호유향 사람이었다. 어려서 집이 가
난하였으나 독서를 좋아하였고, 땅 30무를 갖고 다만 형이랑
같이 살았다.

　형은 늘 농사일을 하였지만 동생만은 마음대로 스승을 찾아
다니며 공부하게 했다.

　진평은 자라면서 미남이 되었다. 사람들이 가끔 진평에게 말
했다.

　"집도 가난한데 무얼 먹어 이처럼 살이 쪘는가?"

　그의 형수는 진평이 집안일을 돌보지 않는 것을 미워하며 이
렇게 말했다.

　"이렇게 겨우 겨죽을 먹고 사는데, 시동생 있다는 게 이꼴이
니 차라리 없느니만 못하다."

　형이 그 말을 듣고 아내를 내쫓아 버렸다.

　진평이 자라서 아내를 얻어야 하는데 부자들은 딸을 주려 하
지 않았고, 가난한 집 여자는 진평이 오히려 창피하게 여겼다.

　그 후에, 호유향에 張負란 부자가 있었는데, 그의 손녀는 다
섯 번이나 시집을 갔으나 번번이 남편이 죽으니 아무도 그녀와
혼인하려 안 했으나, 진평은 그 여자를 얻고자 했다.

　[原文] 邑中有喪 平貧 侍喪 以先往後罷[1]爲助. 張負旣見之喪
所 獨視偉平[2] 平亦以故後去. 負隨平至其家 家內負郭窮巷[3]

以敝席⁴⁾爲門 然門外多有長者車轍.⁵⁾ 張負歸 謂其子仲曰
「吾欲以女孫予陳平.」張仲曰 「平貧不事事⁶⁾ 一縣中盡笑其
所爲⁷⁾獨奈何予女乎.」 負曰 「人固有好美⁸⁾如陳平而長⁹⁾貧賤
者乎.」 卒與女. 爲¹⁰⁾平貧 乃假貸幣以聘 予酒肉之資以
內婦.¹¹⁾ 負誡¹²⁾其孫曰 「毋以貧故 事人不勤. 事兄伯如事父
事嫂¹³⁾如母.」平旣娶張氏女 齎用¹⁴⁾益饒¹⁵⁾ 遊道日廣.¹⁶⁾

註解 1) 先往後罷 : 다른 사람보다 먼저 가고 늦게 파하다.

2) 獨視偉平 : 다만 陳平의 奇偉한 것만 보았다. 陳平의 좋은 풍채만
을 보았다(視而悅其奇偉也).

3) 負郭窮巷 : 성 바로 밑의 가난한 동네. 負郭은 負背郭居也.

4) 敝席 : 다 떨어진 자리. 敝는 壞也, 破也. 弊와 같음.

5) 車轍(거철) : 車行之跡也. 轍은 바퀴자국.

6) 平貧不事事 : 陳平은 가난한데도 일을 하지 않는다.

　　＊ 不事의 事는 營也, 治也의 뜻.

　　【用例】 卿大夫以下吏 及賓客 見參不事事.「史記, 曹參列傳」

7) 其所爲 : 그가 하는 것. 여기서는 멸시, 조롱의 뜻이 있음.

　　＊ 所는 동사와 결합하여 '～하는 사람' '～하는 것'이란 뜻을 가진
다. 所와 동사가 결합하여 만든 詞組는 名詞性을 갖기 때문에 定語
에 의해 수식될 수 있고, 그때 定語는 所 다음 동사의 의미상 주어
가 된다.

　　본문의 경우 其(그가, 다음에 나오는 爲의 의미상 주어)와 所와 爲(동
사, 하다)의 형태이다. 其가 所爲를 수식하는 관계인데, 代詞이기
때문에 그 다음에 之가 생략된 것이다.

　　【用例】 子曰. 其恕乎. 己所不欲 勿施於人(바로 恕이다! 내가 원하지
않는 일을 남에게 강요하지 마라).「論語, 衛靈公」

8) 好美 : 아주 좋다(甚美也). 외모와 덕행이 좋다는 뜻.

9) 長 : 끝까지, 平生.

10) 爲 : ～했기 때문에.

11) 內婦(납부) : 아내를 데려가다. 內은 옛날에 納과 통용 됐음.

350

12) 誡 : 훈계하다.

13) 嫂 : 兄이 본처를 이미 放逐했기 때문에 아마 후처일 것이다.

14) 廥用(재용) : 資用. 廥는 持也. 필요한 물품이나 재물을 뜻함.

15) 益饒(익요) : 더욱 넉넉해지다. 饒는 豊也, 餘也.

16) 日廣 : 날마다 넓어졌다.

＊日은 본래 시간을 뜻하는 명사이나, 종종 狀語로 사용되어 동사 또는 형용사를 수식한다. 이때 해석은 '날로' '매일매일'의 뜻으로, 상황이 점차 발전되어 감을 나타낸다.

【用例】田單兵日益多 乘勝 燕日敗亡.「史記, 田單列傳」

[語譯] 마을에 초상이 있으면 진평은 가난하였기에 喪事를 돕는데, 남보다 일찍 가고 뒤에 옴으로써 일을 도왔다.

장부는 상가에서 진평을 보았는데 다만 진평의 奇偉함을 보고 좋아했으며, 진평 역시 고의로 늦게 돌아가곤 했다. 뒷날 張負가 진평을 따라 그의 집에 가보니 집은 성 밑 가난한 동네 안에 있고 떨어진 자리로 문을 만들었지만, 문 밖엔 長者들의 수레자국이 많이 있었다.

장부는 돌아와 그의 아들 장중에게 말했다.

"나는 손녀를 진평에게 주고 싶다."

아들 張仲이 말했다.

"진평은 가난한데도 일을 하지 않으며 온 마을 사람들이 그가 하는 일을 비웃고 있는데, 아버님만이 왜 손녀를 주려 하십니까?"

장부가 대답했다.

"진평같이 그렇게 잘생긴 사람이 평생토록 빈천하겠느냐?"

마침내 손녀를 진평에게 시집보냈다.

진평이 가난했기 때문에 돈을 주어 聘禮를 하도록 하고, 술과 고기를 살 돈을 주어 아내를 데려가도록 했다.

장부는 손녀를 훈계하며 말했다.

"그가 가난하다고 남편 섬기기를 게을리해서는 안 된다. 시숙을 섬기기를 아버지 섬기듯이 하고 시동서를 어머니처럼 섬겨라."

진평은 張씨집 딸을 아내로 맞은 다음 재용이 더욱 넉넉해지자 배우러 다니는 곳이 날로 넓어졌다.

41. 陳平計擒韓信(節陳丞相世家)

原文 淮陰侯破齊 自立爲齊王[1] 使使言之漢王. 漢王大怒而罵[2] 陳平躡漢王.[3] 漢王亦悟 乃厚遇[4]齊使 使張子房 卒立信爲齊王. 封平以戶牖鄕.[5] 用其奇計策 卒滅楚. 漢六年 人有上書告楚王韓信[6]反. 高帝問諸將 諸將曰 「亟[7]發兵阬豎子[8]耳.」高帝默然. 問陳平 平固辭謝[9] 曰 「諸將云何.」上具告之. 陳平曰 「人之上書言信反 有知之者乎.」曰 「未有.」曰 「信知之乎.」曰 「不知.」陳平曰 「陛下精兵孰與[10]楚.」上曰 「不能過.」

註解 1) 自立爲齊王 : 漢 4년(기원전 203년), 대장군 韓信은 齊 땅을 평정하고서 형양에서 楚王에게 포위된 漢王에게 齊 땅의 중요성을 강조하며, 假王으로 그곳에 주둔해 있겠다는 서신을 보내왔다.

2) 大怒而罵 : 크게 노하여 韓信을 욕하다. 漢王은 使臣을 만나보고 욕을 하며 말했다. "나는 여기서 곤경에 빠져 아침 저녁으로 네가 와서 나를 도와주길 기다리는데, 네 스스로 왕이 된단 말이냐?" (吾困於此 且暮望若來佐我 乃欲自立爲王).

3) 躡漢王 : 漢王의 발을 밟다. 躡(섭)은 밟다(踏也).
   陳平이 漢王의 발을 밟고 귀에 대고 말했다. "우리가 불리하니 韓信이 왕이 된다는 것을 어찌 막겠습니까? 이 기회에 왕으로 삼고 잘 대우해서 그곳을 지키게 하느니만 못합니다. 그렇지 않으면 변란이 생깁니다"(漢方不利, 寧能禁信之王乎. 不如因而立, 善遇之, 使自爲

守. 不然, 變生).

4) 厚遇 : 후하게 대접하다.

5) 戶牖鄕(호유향) : 陳平의 고향.

6) 楚王韓信 : 齊王이 된 韓信은 항우로부터 楚·齊·漢을 三分天下
　　하자는 제의를 받았으나 漢王에 대한 충성심으로 그를 거절한다.
　　관상가 蒯通(괴통)이 韓信보고 천하를 三分鼎立하라고 건의하기도
　　했다.
　　항우를 해하에서 격파한 뒤, 漢王 5년 정월에 齊王 韓信을 楚王으
　　로 삼고 하비에 定都하도록 했다.

7) 亟(극) : 빨리(疾也).

8) 豎子(수자) : 어린아이(童子). 천한 놈(卑鄙者). 바보 같은 놈(愚弱無
　　能者). 사람을 깔보고 욕하는 말임.

9) 辭謝 : 사양하다.

10) 孰與 : 누가 더 나은가? 비교하는 말.

[語譯] 회음후 한신이 齊를 격파하고 자립하여 齊王이 되겠다고
사자를 보내 漢王에게 말했다.

한왕이 대로하며 욕을 하자, 진평은 한왕의 발을 고의로 밟
았다.

한왕도 곧 깨닫고 한신이 보낸 齊의 사자를 후하게 대접하
고, 張子房을 시켜 마침내 한신을 齊王으로 삼았다.

한왕은 진평을 그의 고향 호유향에 봉했다. 한왕은 그의 기
이한 계책을 써서 마침내 楚를 멸하였다.

漢 6년, 어떤 사람이 글을 올려 楚王 한신의 모반을 고발했
다.

高帝가 여러 장수들에게 물으니 그들이 대답했다.

"빨리 군대를 내어 그 천한 놈을 파묻어 버리면 됩니다."

高帝는 아무 말도 하지 않았다.

진평에게 물었으나 진평은 사양하다가 高帝에게 물었다.

"여러 장군들은 무어라 했습니까?"

高帝가 자세하게 진평에게 들려 주었다.

진평이 물었다.

"누군가가 한신이 모반했다는 글을 올렸는데, 이를 아는 사람이 있습니까?"

"없소."

"한신 본인은 이 사실을 알고 있습니까?"

"모르고 있소."

"폐하의 정병을 楚와 비교할 때 어느 쪽이 더 낫습니까?"

"그들보다 나은 게 없소."

[原文] 平曰 「陛下將¹⁾用兵有能過韓信者乎.」 上曰 「莫及也.」 平曰 「今兵不如楚精 而將不能及 而擧兵攻之 是趣之戰也²⁾ 竊爲陛下危之.」 上曰 「爲之奈何」 平曰 「古者天子巡狩³⁾ 會⁴⁾諸侯. 南方有雲夢⁵⁾ 陛下弟⁶⁾出僞游雲夢 會諸侯於陳.⁷⁾ 陳 楚之西界 信聞天子以好出游 其世必無事而郊迎謁.⁸⁾ 謁 而陛下因禽之 此特⁹⁾一力士之事耳.」 高帝以爲然 乃發使告諸侯會陳「吾將南游雲夢」. 上因隨以行. 行未至陳 楚王信果郊迎道中.

[註解] 1) 將 : 將帥가 되어. 將帥로서.

2) 是趣之戰也 : 이는 그에게 전쟁을 재촉하는 것이다. 趣(촉)은 催促也.

3) 巡狩(순수) : 제후의 관할 지역을 돌아보는 일(巡諸侯所守之地也). 巡은 視行也. 狩는 守와 通함.

【用例】 天子適諸侯曰巡狩. 巡狩者 巡所守也. 「孟子, 梁惠王 下」

4）會 : 모으다(聚集也).
5）雲夢 : 揚子江의 洞庭湖를 가리킴.
6）弟 : 다만(但也).
7）陳 : 지명. 지금의 河南省 宛丘縣 부근.
8）郊迎謁 : 교외에 나와 영접하고 알현할 것이다.
9）特 : 다만(但也).

[語譯] 진평이 물었다.
"폐하께서 장사가 되어 용병할 경우 한신보다 나은 것이 있습니까?"
"내가 못 따라갈 것이오."
"그렇다면 군사들은 楚의 정병만 못하고 장수도 따라가지 못하면서 군대를 일으켜 한신을 공격하는 것은 그에게 전쟁을 재촉하는 것이니, 제 생각으로는 폐하에게 위험할 것입니다."
그러자 高帝가 물었다.
"이를 어떻게 해야 하는가?"
진평이 대답했다.
"옛날에 천자가 巡狩할 때는 제후들을 불러모았습니다. 남쪽 지방에 운몽이란 곳이 있으니 폐하께서는 다만 거짓으로 운몽에 유람한다고 하시며 제후들을 陳에 모으십시오. 陳은 楚의 서쪽 경계이므로, 한신이 천자가 좋은 일로 유람을 나가니 천자의 군사력이 약하여 아무 일도 없으리라 생각하고 교외까지 나와서 알현할 것입니다. 알현할 때 폐하께서 한신을 체포케 하신다면 이는 다만 장사 한 사람의 일입니다."
高帝는 그 계책을 옳다고 생각하여 곧 제후들에게 사자를 보내어
"내가 남방의 운몽에 유람할 것이다."
하며 陳으로 모이도록 하였다.

高帝는 곧 출발하였다. 행차가 陳에 이르기도 전에 楚王 한
신은 진평의 예상대로 교외까지 나와 길에서 황제를 영접했다.

[原文] 高帝豫具[1]武士 見信至 即執縛之 載後車. 信呼曰 「天
下已定 我固當烹.」[2] 高帝顧謂信曰 「若無聲.[3] 而反 明
矣.」[4] 武士反接之.[5] 遂會諸侯於陳 盡定楚地.[6] 還至雒陽[7]
赦信以爲淮陰侯. 而與功臣剖符定封.[8] 於是與平剖符 世世
勿絶[9] 爲戶牖侯. 平辭曰 「此非臣之功也.」 上曰 「吾用先
生謀計 戰勝剋敵 非功而何.」 平曰 「非魏無知[10]臣安得進.」
上曰 「若子[11]可謂不背本矣.」 乃復賞魏無知.

[註解] 1) 豫具 : 미리 준비하다. 미리 장사를 숨겨 놓다.
2) 我固當烹 : 나를 정말 삶아 죽이는구나. 當烹(당팽)은 烹刑에 처하
다.
　　烹은 삶다(煮也), 죽이다(殺也).
[參考] 信曰 「果若人言. 狡兔死 良狗烹. 高鳥盡 良弓藏. 敵國破 謀臣亡.
天下已定 我固當烹.」「史記, 淮陰侯列傳」
3) 若無聲 : 입 닥쳐라. 若은 汝也.
4) 而反 明矣 : 돌아가 보면 확실할 것이다.
5) 反接之 : 양팔을 뒤로 묶다(反縛兩手).
6) 盡定楚地 : 楚地를 다 평정하다.
　　고조는 楚를 나누어, 장군 劉賈를 荊王으로 삼고, 동생 交를 楚王
으로 分封했다.
7) 雒陽 : 洛陽. 지금의 河南省 洛陽縣.
　　한때 漢의 도읍지로 거론되었다.
8) 剖符定封 : 符節을 나누어 신표로 주며 제후를 分封하다.
　　諸侯를 封할 때 符節을 반으로 나누어 그 반쪽을 封받는 사람에게
신의의 표시로 준다.

9) 世世勿絶 : 대대로 君臣之義를 단절치 말라.
10) 魏無知 : 陳平을 漢王에게 처음 소개하여 준 사람.
11) 若子 : 그대 같은 사람을. 子는 2인칭 代詞.

[語譯] 高帝는 미리 무사들을 매복시켰다가 한신이 들어오는 것을 보고 즉시 포박하여 수레의 뒤에 실었다.

한신이 소리지르며 말했다.

"천하가 평정되니 이제 나는 죽음을 당하는구나."

高帝가 한신을 돌아보며 말했다.

"너는 말하지 마라. 돌아가 보면 밝혀질 것이다."

무사는 한신의 팔을 뒤로 묶었다.

陳에서 모든 제후들을 만나본 뒤, 楚地를 다 평정하였다.

낙양으로 돌아와 한신의 죄를 용서하여 회음후로 삼았다. 高帝는 공신들에게 부절을 나누어 주며 제후로 봉했다. 이때에 진평에게도 부절을 나누어 주며 대대로 변함없이 호유후로 봉한다 하였다.

진평이 사양하며 말했다.

"이는 저의 공이라 할 수 없습니다."

高帝가 말했다.

"나는 선생의 謀計를 써서 전쟁에 이기고 적을 꺾었는데 선생의 공이 아니라면 누구의 공이오."

진평이 말했다.

"위무지가 아니었더라면 제가 어떻게 폐하 앞에 설 수 있었겠습니까?"

高帝가 말했다.

"그대 같은 사람을 근본을 잊지 않는 사람이라 할 수 있도

다."

　곧 위무지에게도 다시 상을 주었다.

42. 管晏列傳¹⁾(全)

> [原文] 管仲夷吾者 穎上²⁾人也. 少時常與鮑叔牙³⁾游⁴⁾ 鮑叔知其
> 賢. 管仲貧困 常欺鮑叔⁵⁾ 鮑叔終善遇之⁶⁾ 不以爲言.⁷⁾ 已而⁸⁾
> 鮑叔事齊公子小白⁹⁾ 管仲事公子糾.¹⁰⁾ 及小白立爲桓公 公子
> 糾死 管仲囚焉.¹¹⁾ 鮑叔遂進管仲.¹²⁾ 管中旣用 任政於齊 齊桓
> 公以覇 九合諸侯¹³⁾ 一匡天下¹⁴⁾ 管仲之謀也.

[註解] 1) 管晏列傳 : 管仲與晏嬰之列傳. 列傳者 謂敍列人臣事跡 令可
　　傳於後世, 故曰列傳.

2) 穎上(영상) : 今在安徽省 穎上縣 부근.

3) 鮑叔牙 : 齊의 大夫.

4) 游 : 交遊하다.

5) 常欺鮑叔 : 관중과 포숙은 南陽에서 같이 장사를 하였는데, 그 이
　　익을 나눌 때 늘 포숙을 속였다. 포숙은 그것을 알면서도 관중을
　　모친이 계시고 가난하기 때문이라 생각했다고 한다.

6) 終善遇之 : 끝까지 관중을 잘 대우했다. 遇는 대우하다(以恩相接也
　　處待之也).

7) 不以爲言 : 따지지 않다. 言은 '의논하다'의 뜻이 있다.

8) 已而 : 오래지 않아(時不久也).

9) 小白 : 뒷날 齊의 桓公.

10) 公子糾 : 小白之兄(본서 22課 齊桓公稱覇 참조).

11) 管仲囚焉 : 관중은 죄수가 되어 刑을 받겠다고 했다.

360

12) 遂進管仲 : 마침내 관중을 추천했다.
13) 九合諸侯 : 제후들이 9차에 걸쳐 會盟했다. 「春秋」에는 '糾合諸侯'
　　라 기록되어 있다. 지금도 규합이란 말은 자주 쓰인다.

[參考] 桓公九合諸侯 不以兵車 管仲之力也. 「論語, 憲問」

14) 一匡天下 : 천하를 한 번 바로잡다. 匡(광)은 正也.

[參考] 子曰. 管仲相桓公, 霸諸侯 一匡天下. 民到于今受其賜. 微管仲 吾
　　其被髮左衽矣(관중은 桓公을 　제후의 패자가 되게 했고 천하를 　바로잡
　　았다. 그리하여 백성들은 오늘에 이르도록 그 혜택을 입고 있다. 관중이 없
　　었더라면 우리는 아마도 머리를 풀고 오랑캐 옷을 입었을 것이다). 「論語,
　　憲問」

　[語譯] 管夷吾(仲은 字)는 영상 사람이다. 젊어서 늘 포숙아와
사귀었기에 포숙아는 그의 현명함을 알고 있었다. 관중은 가난
하여 늘 포숙을 속였으나 포숙은 끝까지 관중을 잘 대우하며 따
지지 않았다.

　얼마 후 포숙은 齊의 公子 소백을 섬겼고 관중은 公子 규를
섬겼다.

　소백이 환공으로 즉위할 때, 公子 규는 자살했고 관중은 죄
수로 잡혔다.

　포숙은 마침내 관중을 환공에 추천했다. 관중이 등용되어 齊
의 정치를 맡자, 제환공은 霸者가 되어 제후를 모아 9차에 걸쳐
회맹했고, 천하를 바로잡은 것은 모두 관중의 지모 때문이었
다.

　[原文] 管仲曰　吾始困[1]時　嘗與鮑叔賈[2]　分財利多自與[3]　鮑叔
不以我爲貪[4]　知我貧也. 吾嘗爲鮑叔謀事而更窮困　鮑叔不以
我爲愚　知時有利不利也. 吾嘗三仕三見逐於君[5]　鮑叔不以我

爲不肖 知我不遭時也. 吾嘗三戰三走⁶⁾ 鮑叔不以我爲怯⁷⁾ 知
我有老母也. 公子糾敗 召忽死之⁸⁾ 吾幽囚受辱⁹⁾ 鮑叔不以我
爲無恥 知我不羞小節¹⁰⁾而恥功名不顯¹¹⁾于天下也. 生我者父
母 知我者鮑子也.

[註解] 1) 困 : 貧乏也. 乏(핍)은 결핍.

2) 賈(고) : 장사하다(賈市也). 팔다(售也). 賈는 한 장소에서만 물건을
판매하는 것(坐賣曰賈). 장소를 옮겨 다니며 파는 것은 商이라 함.

3) 多自與 : 스스로 많이 갖다.

4) 不以我爲貪 : 나를 탐욕하다고 생각하지 않았다. 以 ~爲 ~는 ~
을 ~이라 생각하다(여기다).

5) 三見逐於君 : 임금한테 세 번 방축당하다. 見 ~於 ~는 ~에게 ~
당하다. 전형적인 피동형 문장이다.

6) 三走 : 세 번이나 도주하다.

7) 怯(겁) : 두려워하다(畏也). 겁쟁이(懦弱也).

8) 召忽死之 : 召忽이 그 때문에 죽다. 召忽은 관중과 같이 公子 糾를
섬긴 사람으로 公子 糾가 죽자 자살했다.
之는 小白과의 다툼에서 진 것. 또는 公子 糾의 죽음을 가리키는
代詞. 무엇인가 구체적으로 말할 수 없을 때 代詞 之를 쓴다.

9) 幽囚受辱 : 구금되어 치욕을 당하다. 幽(유)는 닫히다(閉也), 갇히
다(囚也). 幽囚는 拘禁也.

10) 不羞小節 : 조그만 절개를 잃는 것을 부끄러워하지 않다.
小節은 微末之節也. 즉, 公子 糾가 죽었는데 그 家臣으로 召忽처럼
따라 죽는 것이 節義이긴 하나, 보다 큰일을 위해 그런 小節을 잃
은 것을 부끄럽게 생각지 않는다는 뜻.

11) 功名不顯 : 공명이 드러나지 않다. 드러내지 못하다. 공명은 공적
과 명성.

[語譯] 관중이 말했다.
"내가 처음 가난했을 때, 포숙과 함께 장사를 했는데 이익을

362

나누면서 내가 많이 가졌으나 포숙은 내가 탐욕하다고 여기지 않았으니, 그것은 내가 가난하다는 것을 이해했기 때문이었다.

내가 일찍이 포숙과 어떤 일을 꾸몄는데, 더욱 곤궁해졌으나 포숙은 내가 어리석다고 생각하지 않았으니, 이는 때가 유리할 경우와 불리할 경우가 있다는 것을 이해했기 때문이었다.

내가 세 번 벼슬에 나갔다가 임금에게 세 번씩이나 쫓겨났는데 포숙은 내가 능력이 없다고 생각하지 않았으니, 이는 내가 때를 못 만났다고 이해해 주었기 때문이었다.

내가 세 번 전장에 나가 세 번이나 도망했을 때, 포숙은 나를 겁쟁이라고 생각하지 않았으니 이는 나에게 노모가 있다는 것을 이해했기 때문이었다.

公子 糾가 싸움에 지고 소홀도 죽었으나 나는 갇혀서 욕을 당할 때, 포숙은 나를 염치없는 사람이라고 생각하지 않았으니, 이는 내가 조그만 절개를 잃는 것을 부끄러이 여기지 않고 천하에 공명을 드러내지 못함을 부끄럽게 여긴다는 것을 이해했기 때문이었다.

나를 낳아 준 이는 부모지만 나를 이해해 준 사람은 鮑子(포숙아)였다.

原文 鮑叔旣進管仲[1] 以身下之.[2] 子孫世祿於齊 有封邑者十餘世 常爲名大夫.　天下不多[3]管仲之賢而多鮑叔能知人也. 管仲旣任政相齊[4] 以區區之齊在海濱[5] 通貨積財 富國彊兵 與俗同好惡.[6] 故其稱[7]曰. 「倉廩實[8]而知禮節 衣食足而知榮辱 上服度[9]則六親固.[10] 四維不張[11] 國乃滅亡. 下令[12]如流水之原 令順民心.」 故論卑而易行.[13] 俗之所欲 因而予之.[14] 俗之所否 因而去之.

[註解] 1) 旣進管仲 : 관중을 추천했다. 旣는 동작이 끝났음을 뜻한다.
進은 추천하다(薦也), 이끌다(引而進也).

2) 以身下之 : 자신은 그 아래에 있다. 즉, 자신이 그를 받들었다. 下
는 동사로 쓰여 아래에 처하다(居次也). 之는 관중.

3) 不多 : 칭찬하지 않다. 多는 稱譽.

4) 任政相齊 : 정치를 맡아 齊의 재상이 되다.
桓公은 본래 포숙을 재상으로 삼으려 했으나, 포숙은 자신이 관중
보다 부족한 점 다섯 가지를 열거하며 관중을 재상으로 추천했다.

5) 以區區～海濱 : 바닷가에 있는 조그만 齊나라를 가지고. 區區는
小也. 海濱(해빈)은 바닷가.

6) 與俗同好惡 : 백성들과 好惡를 같이하다. 俗은 衆俗. 好惡(호오)는
愛憎. 또는 善惡.
【用例】 其好惡與人相近也者 幾希.「孟子, 告子 上」

7) 其稱 : 其著書所稱管子者. 그의 저서 管子라는 책.

7) 倉廩實(창름실) : 곡물 창고가 차다. 충실하다. 倉廩은 穀藏曰 倉.
米藏曰 廩. 곡물 창고란 뜻.
【用例】 而君之倉廩實 府庫充.「孟子, 梁惠王 下」

9) 上服度 : 위에서 법도를 잘 지키면. 본래는 在上之人의 服用에 절
도가 있으면. 服用은 일상생활의 모든 것.

10) 六親固 : 6친이 화목해지다. 6친은 父母兄弟妻子.

11) 四維不張 : 四維가 지켜지지 않다. 四維는 一曰禮, 二曰義, 三曰
廉, 四曰恥를 말함. 維는 벼리(綱)와 같다. 즉, 큰 원칙 大綱을 뜻
함. 不張은 펴지지 않다. 즉 지켜지지 않다, 무너지다의 뜻.

12) 下令 : 命令을 내리다.

13) 故論卑而易行 : 그런 까닭에 政令의 말이 卑近(비근)하여 그 政令
이 쉽게 실행된다.

14) 俗之所欲 因而予之 : 백성들이 바라는 것은 그것에 따라 백성에게
해준다.

[語譯] 포숙은 관중을 추천했고, 자신은 관중 아래에 있었다.
포숙의 자손은 대대로 齊의 녹을 받았으며 封邑을 소유하기를

10여 대에 걸쳤고, 늘 저명한 大夫들이었다. 세상사람들은 관중의 현명함을 칭찬하지 않았지만, 포숙이 사람을 잘 이해한 것을 칭찬했다.

관중은 정치를 맡아 齊의 재상으로서 해변에 위치한 작은 齊나라를 가지고 물자를 유통시키며, 재물을 축적하고 부국강병을 이룩하고, 백성과 좋아하고 증오하는 것을 같이하며 나라를 이끌었다.

그런 까닭에 그의 「管子」라는 책에 이렇게 말했다.

"곡식 창고가 가득하면 백성들이 예절을 알고, 의식이 족하면 영욕을 알며, 위에서 법도를 지키면 백성들도 6친이 서로 화합한다. 禮·義·廉·恥의 4개의 대원칙이 지켜지지 않으면 그 나라는 곧 망한다. 명령을 내릴 땐 물이 아래로 흐르는 원리와 같이 민심에 따라야 한다."

이러했기에 법령의 말들이 비근하여 백성들이 쉽게 실행하였다.

백성들이 원하는 것은 원하는 대로 해주었고, 백성들이 싫어하는 것은 그대로 제거하였다.

原文 其爲政也 善¹⁾因禍而爲福²⁾ 轉敗而爲功. 貴輕重³⁾ 愼權衡. ⁴⁾ 桓公實⁵⁾怒少姬⁶⁾ 南襲蔡 管仲因而伐楚 責包茅⁷⁾不入貢於周室. ⁸⁾ 桓公實北征山戎⁹⁾ 而管仲因而令燕修召公之政. ¹⁰⁾ 於柯之會¹¹⁾ 桓公欲背曹沫之約¹²⁾ 管仲因而信之 諸侯由是歸齊. 故曰 「知與之爲取¹³⁾ 政之寶也.¹⁴⁾」 管仲富擬於公室 有三歸¹⁵⁾·反坫¹⁶⁾ 齊人不以爲侈. 管仲卒 齊國遵其政 常彊於諸侯. 後百餘年而有晏子焉.

[註解] 1) 善 : 잘하다. ~에 뛰어나다.

【用例】子謂衛公子荊 善居室(孔子가 衛 公子 荊을 평하였다. "그는 家
産을 관리하는 데 뛰어났다."). 「論語, 子路」

2) 因禍而爲福 : 轉禍爲福과 같은 뜻.

3) 貴輕重 : 恥辱을 귀하게 생각하다. 輕重은 恥辱을 뜻함. 화폐라고
해석하기도 한다.

4) 愼權衡 : 得失에 대하여 신중하다(權衡謂得失也).

5) 實 : 실재로. 주목적은.
桓公이 무슨 이유로 무슨 일을 할 때에 관중은 겸해서 무슨 일을 했
다. 이때 桓公의 일을 實이라 한 것임.

6) 怒少姬 : 少姬의 일로 화를 내다.
少姬는 환공의 婦人으로 蔡에서 시집 온 여자였다. 환공과 뱃놀이
를 하면서 환공이 물을 무서워하는 것이 재미있어 환공이 말리는데
도 배를 흔들어댔다. 환공이 화가 나서 蔡로 돌려보냈는데, 蔡에서
는 곧 다른 데로 출가시켰다. 이에 환공이 蔡에 대해 화를 내고 공
격했다.

7) 包茅(포모) : 제사에 쓰는 靑茅라는 풀꾸러미. 包는 裹也(싸다). 茅
는 靑茅也.

8) 周室 : 周의 왕실.

9) 山戎 : 戎狄. 하북성 북쪽에 살던 異族으로 늘 燕과 齊의 걱정거리
였다.

10) 召公之政 : 召公奭(文王의 庶子로 燕에 封해졌었다)의 바른 정치.

11) 柯之會 : 齊桓公이 魯를 자주 공격하자 魯莊公의 요청에 따라 柯에
서 會盟했었다.

12) 曹沫之約 : 柯에서의 會盟 때 魯의 曹沫(조말)이 비수로 환공을 협
박하며 魯에서 뺏은 땅을 돌려달라고 했다.
협박 때문에 승낙은 했지만 환공은 뒤에 曹沫을 죽이고 약속을 지
키지 않으려 했으나, 관중이 협박에 의한 약속도 지켜야 한다며 땅
을 魯에 반환했다.

13) 知與之爲取 : 주는 것이 얻는 것이라는 사실을 알다.
知의 賓語는 與에서 取까지 전부이고, 與와 取는 서로 반대말이다.

与의 빈어는 之이고, 取 다음에 빈어인 代詞 之가 생략된 형태이다.

14) 寶也 : 보배이다, 즉 要諦이다.

15) 有三歸 : 三歸를 소유했다. 세 집안에서 시집 온 여자를 가졌다. 婦人이 세 명이었다(三歸는 三姓女也. 婦人嫁曰歸). 三歸를 臺의 이름이라고 해석하기도 한다.

16) 反坫(반점) : 흙을 돋우어 만든 술잔을 놓는 臺. 東西 두 기둥 사이에 만들었다. 獻酬之禮가 끝난 다음 반점에 잔을 올려 놓는 것은 제후의 禮이지 大夫의 禮는 아니었다. 「論語」八佾 편에서 공자는, 관중은 반점을 만들었으니 禮를 모른다고 하였다.

語譯 그의 정치는 화를 복으로 만들고, 전쟁에서의 실패를 성공으로 바꾸는 데에 뛰어났다. 치욕의 경험을 귀중하게 생각했고, 득실에 대해 신중했었다. 환공이 소희의 일로 노하여 남으로 蔡를 공격할 때, 관중은 그것을 이용해 楚를 쳐서 楚가 周왕실에 包茅를 공물로 바치지 않은 것을 꾸짖었다.

환공이 북으로 山戎族을 정벌할 때, 관중은 그 기회에 燕나라로 하여금 召公의 善政을 이룩하도록 하였다.

柯에서의 회맹 때 환공은 조말과의 약속을 배반하려 했으나 관중은 그것을 이용하여 제후들이 齊를 믿게 만들었으니, 이로 인해 모든 제후들이 齊에 歸付하였다.

그런 까닭에 관중은 이렇게 말했다.

"주는 것이 바로 얻는 것이라는 사실을 아는 것이 정치의 요체이다."

관중의 부귀는 齊의 公室에 비길 만하였으니, 三姓의 부인을 거느리고 집에 반점을 만들었으나 齊의 백성들은 관중이 사치한다고 생각하지 않았다.

관중이 죽은 뒤 齊나라는 그의 정치를 답습하여 언제나 제후들 중에서 강국이었다. 그뒤 100여 년이 지나 안자가 나타났다.

[原文] 晏平仲嬰者¹⁾ 萊²⁾之夷維人也. 事齊靈公・莊公・景公³⁾
以節儉力行 重⁴⁾於齊. 旣相齊 食不重肉⁵⁾ 妾不衣帛. 其在朝
君語及之⁶⁾ 卽危言.⁷⁾ 語不及之 卽危行.⁸⁾ 國有道 卽順命.⁹⁾
無道 卽衡命.¹⁰⁾ 以此三世¹¹⁾顯名於諸侯.

[註解] 1) 晏嬰 : 平은 그의 諡號이고, 仲은 字이다. 晏子라고도 한다.
2) 萊 : 지금의 山東省 掖縣 부근. 夷維는 邑名.
3) 靈公・莊公・景公 : 각각 재위 기원전 582~554, 554~548, 548~
   490년.
4) 重 : 重用되다.
5) 食不重肉 : 식사에 고기 두 종류를 먹지 않았다. 즉, 한 끼 식사에
   고기는 한 가지만 먹었다는 뜻.
6) 君語及之 : 임금의 下問이 있으면.
7) 危言 : 直言하다(言出而身危 故曰危言也).
8) 危行 : 高潔之行也.
   【用例】 子曰. 邦有道 危言危行 邦無道 危行言孫.「論語, 憲問」
9) 卽順命 : 命에 순종했다. 卽은 則과 같음.
10) 衡命 : 옳고 그름을 따져 행하다. 衡은 稱也. 저울에 달 듯 옳고
   그름을 따져 옳은 명령만 시행했다는 뜻.
11) 三世 : 靈公에서 景公까지.

[語譯] 안영(平仲)이란 사람은 萊의 夷維 사람이다. 齊의 영
공・장공・경공을 섬겼으며, 節儉과 力行으로 重用되었다. 齊
의 재상으로 있으면서 한 끼에 두 가지 고기를 먹지 않았고, 그
아내는 비단옷을 입지 않았다.

조정에 있을 때, 임금의 하문이 있으면 직언을 했고, 하문이
없을 때는 바른 행동을 하였다.

나라에 도가 있을 때는 곧 임금의 명령에 순응하였지만, 나

라에 도가 서지 않았으면 명령을 가려 행하였다. 이렇게 해서 영공에서 경공에 이르는 3대 동안에 제후들 사이에 크게 이름을 떨쳤다.

[原文] 越石父[1)]賢 在縲絏[2)]中. 晏子出 遭之塗[3)] 解左驂[4)]贖之[5)] 載歸. 弗謝[6)] 入閨.[7)]久之 越石父請絶 晏子懼然[8)] 攝衣冠[9)]謝 曰 「嬰雖不仁 免子於厄[10)] 何子求絶[11)]之速也.」石父曰 「不然. 吾聞君子詘[12)]於不知己而信[13)]於知己者. 方吾在縲絏中 彼[14)]不知我也. 夫子[15)]旣已感寤[16)]而贖我 是知己. 知己而無禮[17)] 固不如在縲絏之中.」晏子於是延入爲上客.

[註解] 1) 越石父(월석보) : 齊의 賢人.

2) 縲絏(류설) : 죄인으로 묶여 있다. 縲紲과 音義 같음. 縲의 俗音은 루. 죄인으로 묶여 있다. 縲는 검은 새끼줄(黑索也). 絏(紲)은 매다. 묶다. 옛날에는 죄인을 검은 새끼줄로 묶었음. 引申하여 감옥의 뜻.

【用例】 子謂公冶長 「可妻也 雖在縲絏之中 非其罪也.」以其子 妻之 ("딸을 시집보낼 만하다. 비록 감옥에 있지만 그의 죄가 아니다." 하고 그의 딸을 公冶長에게 시집보냈다). 「論語, 公冶長」

3) 遭之塗 : 그를 길에서 만나다. 遭는 조우(遭遇)하다. 之는 越石父. 塗는 道와 같음.

4) 左驂(좌참) : 왼쪽 곁말. 驂은 말 세 마리가 수레를 끈다는 뜻(謂三馬駕一車也). 이때 맨 옆에 있는 말을 그렇게 부르기도 한다(謂駕車馬之在旁者也).

5) 贖之 : 越石父를 속량하다.
   말을 풀어 주어 그 대가로 越石父가 지은 죄값을 보상하고 자유인이 되게 했다.

6） 弗謝 : 인사하지 않다. 말하자면 손님으로 모셔오고서 인사도 안 했다는 뜻.

7） 入閨 : 閨門(규문, 內室)로 들어가다.

8） 懽然(확연) : 놀라다(驚異貌).

9） 攝衣冠(섭의관) : 衣冠을 整齊하다.

10） 免子於厄 : 당신을 곤경에서 면하게 하였다. 厄(액)은 곤경, 재앙 (災也).

11） 求絶 : 절교하려 하다.

12） 詘(굴) : 굽히다(屈也). 꺾이다(折也).

13） 信 : 뜻을 펴다(伸也). 信假借爲伸.

14） 彼 : 저들(獄吏를 말함).

15） 夫子 : 당신. 晏嬰을 말함.

16） 感寤 : 느낀바(感動).

17） 無禮 : 앞에 나온 弗謝하고 入閨를 말함.

[語譯] 월석보는 현인이었으나 죄수가 되어 호송중이었다. 안자가 외출하다가 길에서 그를 보고 자기 수레의 왼쪽 곁말을 풀어 죄값으로 주고 수레에 태워 집으로 돌아왔다. 안자는 월석보에게 인사도 없이 안으로 들어가 버렸다. 얼마 후 월석보가 절교를 청하자 안자는 놀라 의관을 바로하고 사죄하며 말했다.

"내가 비록 어질지는 못하지만 당신을 곤경에서 면하게 해주었는데, 당신은 왜 이렇게 빨리 절교하려 하십니까?"

월석보가 말했다.

"그렇지 않습니다. 군자는 자기를 알아주지 못하는 자에게는 굴복할 수 있지만, 나를 이해해 주는 사람에게는 자기 뜻을 펼수 있다고 들었습니다. 얼마 전 내가 죄수들 사이에 있을 때 옥리들은 나를 이해해 주지 않았기에 굴복하고 있었습니다. 그러나 당신은 느낀바 있어 나를 풀어 주게 하였으니 나를 알아준 것입니다. 나를 알아주면서 나에게 무례하다면 차라리 죄수 사이에 있는 것만 못합니다."

안자는 이에 그를 맞아들여 上客으로 대우하였다.

原文) 晏子爲齊相 出 其御¹⁾之妻從門閒²⁾而閒³⁾其夫. 其夫爲相御 擁大蓋⁴⁾ 策駟馬 意氣揚揚 甚自得也. 旣而歸⁵⁾ 其妻請去.⁶⁾ 夫問其故. 妻曰 「晏子長不滿六尺 身相齊國 名顯諸侯. 今者妾觀其出 志念深矣⁷⁾ 常有以自下⁸⁾者. 今子長八尺 乃爲人僕御⁹⁾ 然子¹⁰⁾之意自以爲足 妾是以求去也.」 其後夫自抑損.¹¹⁾ 晏子怪而問之 御以實對. 晏子薦以爲大夫.

註解) 1) 御(어) : 馬夫. 使馬也.

2) 門閒 : 문틈.

3) 閒(규) : 엿보다(傾頭門中視).

4) 大蓋(대개) : 마차 덮개(車蓋也). 傘과 같음.

5) 旣而歸 : 돌아온 후에.

6) 請去 : 이혼하고 떠나겠다 하였다.

7) 志念深矣 : 心思가 매우 깊다.

8) 自下 : 스스로 낮추다(自居人下也).

9) 僕御(복어) : 마부(馭車馬者). 僕은 使役之人, 從者, 御車者의 뜻.

10) 子 : 당신. 남편을 부르는 말.

11) 抑損 : 겸손해지다(謙退也).

語譯) 안자가 齊의 재상으로 있을 때, 외출을 하는데 안자 마부의 아내가 문틈으로 자기 남편을 엿보았다.

그녀의 남편은 재상의 마부가 되었다고 마차 덮개를 만지작거리며 네 마리 말을 채찍질하며 의기양양하고 자못 만족한 것 같았다.

그 남편이 돌아오자 아내는 떠나가겠다고 말했다. 남편이 그 까닭을 묻자 그의 아내가 말했다.

"안자는 키가 6자도 안 되는 분인데 몸은 齊나라의 재상으로 이름을 제후들 사이에 날리고 있습니다. 오늘 내가 그분의 외출하는 모습을 보니 매우 생각이 깊고 늘 자기를 낮추는 기색이 있었습니다. 그런데 당신은 키가 8척이나 되며 겨우 남의 마부인데도 매우 만족해하고 있었습니다. 이 때문에 저는 떠나가겠습니다."

그뒤 마부는 스스로 억제하고 삼가는 겸손한 사람이 되었다. 안자가 이상히 여겨 물어보니 마부가 사실대로 대답했다. 안자는 마부를 추천하여 大夫로 삼았다.

[原文] 太史公曰　吾讀管氏牧民·山高·乘馬·輕重·九府[1] 及晏子春秋[2] 詳哉其言之也. 旣見其著書 欲觀其行事 故次[3] 其傳. 至其書 世多有之 是以不論 論其軼事.[4] 管仲世所謂賢臣 然孔子小之.[5] 豈以爲周道衰微 桓公旣賢 而不勉之至王[6] 乃稱覇哉. 語曰[7] 「將順其美[8] 匡救其惡[9] 故上下能相親也.」 豈管仲之謂乎. 方晏子伏莊公尸哭之[10] 成禮然後去 豈所謂 「見義不爲無勇」[11] 者邪.[12] 至其諫說 犯君之顏 此所謂「進思盡忠 退思補過」者哉. 假令晏子而在 余雖爲之執鞭[13] 所欣慕[14]焉.

[註解] 1) 牧民～九府 : 관중의 저서 「管子」의 篇名. 「管子」18篇이 있었다 했는데, 전체적으로 그의 사상은 諸子百家의 法家에 가까운 것 같다.

2) 晏子春秋 : 晏子의 저서. 다음 구절에 世多有之란 말을 보면 어느

정도 잘 알려진 책이었던 것 같다.

3) 次 : 책을 엮다. 傳을 쓰다(編次之也).

4) 軼事(질사) : 세상에 알려지지 않은 일들. 軼은 散失也. 逸事와 같음.

　　【用例】書缺有間矣 其軼乃時時見於他說.「史記, 五帝本紀贊」

5) 孔子小之 : 공자는 관중을 소인으로 생각했다.「論語, 八佾」에 '子曰. 管仲之器小哉'라는 말이 있다.

6) 不勉之至王 : 환공을 더욱 勸勉하여 王者가 되도록 하지 못하고 王과 覇는 큰 차이가 있다. 공자가 볼 때, 환공이 그만큼 현명하고 관중이 그만큼 능력이 있었으나 더 힘써 장려하고 보필하여 왕도정치를 이룩하지 못하고 겨우 覇者에 머물게 하였으니, 관중의 그릇이 작았다는 뜻이다.

7) 語曰 : 옛말에. 여기 인용한 것은「孝經」에 나온다.

8) 將順其美 : 좋은 점은 자꾸 장려하고. 將順은 순리에 따라 나가다(順而行之)의 뜻.

9) 匡救其惡 : 그 잘못은 바로잡아야 한다. 匡救는 바로잡다(救而正之也)의 뜻. 여기서는 국가의 잘못을 바로잡다.

10) 伏莊公尸哭之 : 莊公의 尸身 앞에 엎드려 통곡하다. 齊의 莊公이 崔杼(최저)에게 피살되자 晏子는 尸身앞에 나가 통곡하여 禮를 갖추었다. 이에 최저가 안자를 죽이려 했었다.

11) 見義不爲無勇 : 義를 보고 행하지 않는다면 이는 勇氣가 없는 것이다.

12) 邪(야) : 疑問語氣詞.

13) 執鞭(집편) : 채찍을 들다. 수레를 몰다. 馬夫.

　　【用例】子曰.「富而可求也 雖執鞭之士 吾亦爲之 如不可求 從吾所好.」(富가 꼭 구해야 할 것이라면 비록 마부 노릇이라도 하겠지만, 求해선 안 될 富라면 내가 좋아하는 바를 쫓아하겠다).「論語, 述而」

14) 欣慕(흔모) : 기꺼워하며 사모하다(悅喜慕也).

　　晏子가 살아있다면 그를 위해 채찍을 들고 수레를 모는 천직이라도 기꺼이 하겠다는 太史公의 好賢樂善의 심정을 표현한 글이니, 참으로 훌륭하다 아니할 수 없다.

[語譯] 태사공이 말했다.

나는 관중이 쓴 책의 牧民·山高·乘馬·輕重·九府의 여러 편과 안자가 저술한 「晏子春秋」를 읽었는데, 그 논한 것이 매우 상세하였다.

그의 저서를 보고 그의 행적을 알아보려고 그 열전을 적기로 하였다.

그들의 책에 대해서는 세상에 많이 나와 있기 때문에 논하지 않고, 세상에 알려지지 않은 이야기들을 엮었다.

관중은 세상 사람들이 賢臣이라 칭하나 공자는 小人이라고 하였다. 그 까닭은 周의 王道가 쇠미하였을 때에 환공이 현명하니 환공을 더욱 힘써 보필하여 王者가 되게 하지 못하고 霸者를 칭하게 했기 때문이 아니겠는가? 옛말에 '사람의 좋은 점은 더욱 장려하고 나쁜 점을 바로잡아 주어야 위와 아래가 서로 친할 수 있다.' 하였으니 이 어찌 관중을 두고 한 말이라 아니하겠는가?

안자가 장공의 시신 앞에 나가 통곡하여 예를 표시하고 가버린 것은 소위 '義를 보고 행하지 않으면 용기가 없는 것이다.' 라는 말에 해당하지 않겠는가?

안자가 바른말로 간쟁할 때 임금의 안색을 살피지 않는 것은 소위 '나아가서는 忠을 다한다 생각하고 물러나와서는 허물을 고치려 한다'는 말에 해당되리라!

가령 안자가 지금 살아있다면 나는 그를 위해서 천한 마부 노릇이라도 기꺼이 하겠노라!

●譯者 略歷●

• 1947년 충남 홍성 출생
• 서울 종로구에 있는 대동정보산업고등학교
  교감 재직 중

●譯 · 著書●

儒林外史(1991. 明文堂), 神人(1994. 사철나무),
史記人物評(1994. 일신서적), 聊齋誌異(1995. 범우사),
중국인의 土俗神과 그 神話(1996. 지영사),
三國志에서 배우는 인생의 지혜(1999. 지영사),
東遊記(2000. 지영사)

• 연락처 : (02) 763-1630(代), (02) 763-2228(直)

新譯 史 記 講 讀

初版 發行 ● 1992年   4月   15日
再版 發行 ● 2001年   1月   20日

著 者 ● 司 馬 遷
譯 者 ● 陳 起 煥
發行者 ● 金 東 求

發行處 ● 明 文 堂
        서울특별시 종로구 안국동 17~8
        대체   010041-31-001194
        전화   (영) 733-3039, 734-4798
              (편) 733-4748
        FAX 734-9209
        등록   1977. 11. 19. 제1~148호

● 낙장 및 파본은 교환해 드립니다.
● 불허복제 · 판권 본사 소유.

값 7,000원
ISBN 89-7270-649-3 93910